Was wird aus Hamburg?

Das Buch zur Stadtentwicklung

Matthias Iken

Was wird aus Hamburg?

Das Buch zur Stadtentwicklung

Ellert & Richter Verlag

Inhalt

Vorwort

Warum Hamburg wunderschön, aber nicht die schönste Stadt der Welt ist

Wie sehr darf man seine Stadt lieben? Für Hamburger gibt es da offensichtlich keine Grenzen. Wann immer ich in meinem Podcast „Was wird aus Hamburg“ Architekten, Stadtplaner, Politiker, Künstler oder Unternehmer nach ihrer Lieblingsstadt frage, gleicht sich die Antwort. Es kann nur eine geben: Hamburg.

Zweifellos ist die Hansestadt ein „Kunstwerk“, wie der geniale Architekt und Stadtplaner Fritz Schumacher (1869–1947) einst schrieb. Das städtebauliche Erbe ist reich, die Lage am Wasser – der große Strom Elbe, die liebliche Alster, die Bille, die Fleete und Kanäle – einzigartig. So schön, dass der Hamburger Stararchitekt Meinhard von Gerkan (1935–2022) sich 2002 beim Bau der chinesischen Reißbrettstadt Nanhui New City von Hamburg und der Außenalster inspirieren ließ.

Ist Hamburg die schönste Stadt der Welt? Auch wenn diese Botschaft gefühlt 100.000-mal am Tag irgendwo geseufzt, geschrieben, ins Mikrofon gerufen oder auf Papier gedruckt wird, beschleichen dem weltgewandten Bürger doch leise Zweifel.

Befragen wir die allwissende Suchmaschine Google. Wer sich den Spaß macht, als Begriff die „schönste Stadt der Welt“ einzugeben, ergänzt google.de automatisch die Anfrage um den Städtenamen Hamburg. 74.300-mal gibt es diese Kombination, Berlin liegt mit 48.500 Treffern dahinter, 53.800-mal taucht München in dieser Kombination auf, nur 36.300-mal Wien, 40.800-mal Heidelberg. Übersetzt man die Anfrage ins Englische, sieht die Welt schnell anders aus – da liegen Berlin mit 328.000 Treffern und München mit 99.600 Treffern sowie Wien (172.000) und Zürich mit 92.500 Treffern weit vor Hamburg mit 73.500 Treffern.

Machen wir uns nichts vor – im weltweiten Vergleich ist die Hansestadt eher eine Provinzgröße. Die britische Economist-Gruppe kürt jährlich die lebenswertesten Städte der Welt. Wien ist dabei Dauersieger. Zu den Kriterien zählen die Stabilität, das Gesundheitswesen, die Bildungseinrichtungen, Infrastruktur sowie Kultur und Umwelt. Hinter Wien folgen Kopenhagen, Melbourne, Sydney und Vancouver. Die Hansestadt taucht in dem Ranking unter den Top 15 seit Langem nicht auf.

Die gute Nachricht: Hamburg hat also Luft nach oben. Und deshalb will dieses Buch nicht nur das Wachsen und Werden einer schönen Stadt beschreiben, sondern auch die Gegenwart analysieren und einen Blick in die Zukunft wagen. Wo schlummern Chancen? Wo liegen Risiken? Was kann und soll noch besser werden? Und was ist eigentlich geplant? So lädt dieses Buch zu einer Zeitreise durch die Stadtentwicklung.

Das Buch beginnt bewusst mit einer Katastrophe – es waren derer sogar zwei, die das moderne Hamburg schufen. 1842 vernichtete ein Brand ein Drittel der Stadt, 101 Jahre später versanken nach den Luftangriffen der „Operation Gomorrha" große Teile des alten Hamburgs in Schutt und Asche.

Der Begriff des „Kunstwerkes Hamburg" ist untrennbar mit der Feuersbrunst von 1842 verbunden. Der Oberbaudirektor Fritz Schumacher prägte ihn 1917 in seinem Buch unter dem Titel „Wie das Kunstwerk Hamburg nach dem großen Brand entstand". Und der Kunsthistoriker Alfred Lichtwark (1852–1914), der gern und häufig zitierte erste Direktor der Hamburger Kunsthalle, sagte 1911: „Der neue Stadtkern, den Hamburg sich damals geschaffen, ist vom Standpunkt der heutigen Einsicht ganz einfach eine klassische Leistung... Ich wüsste nicht, dass um dieselbe Zeit in Europa etwas Bedeutenderes geschaffen wurde, selbst in Paris nicht."

Die für viele schönste Stadt der Welt, geschaffen in einer Feuersbrunst.

Wie aus Hamburg wurde, was es ist

Venedigs kleine Schwester – wie ein Feuer das moderne Hamburg schuf

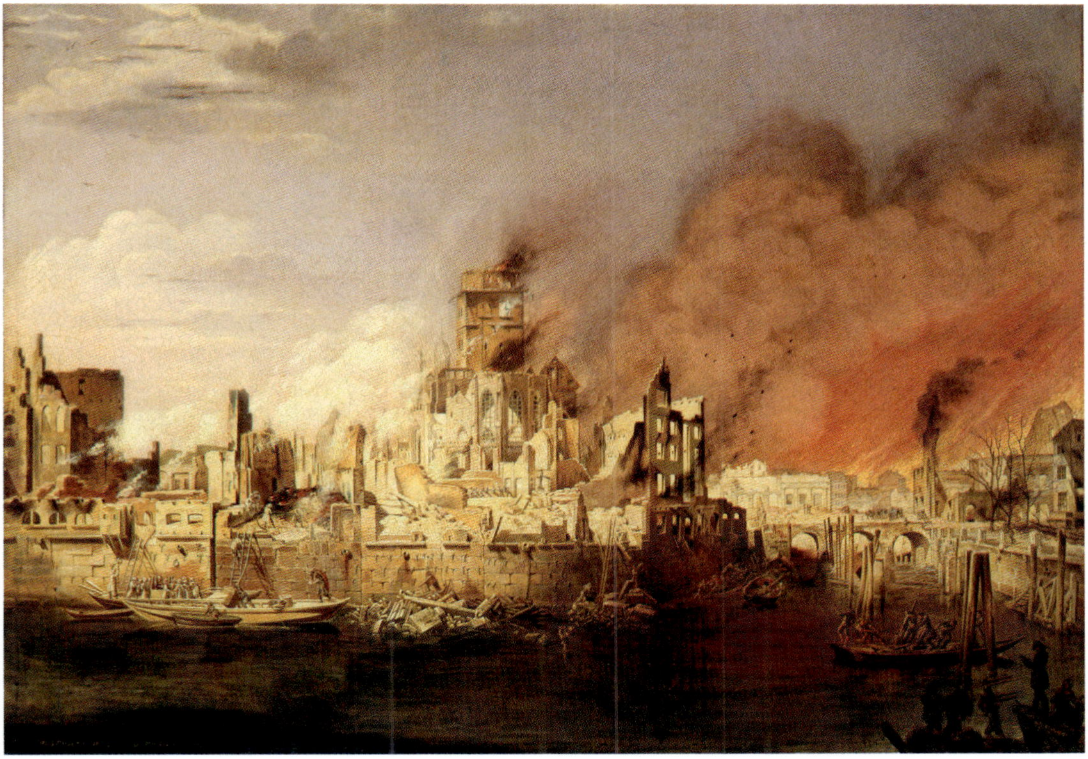

Die vernichtende Feuersbrunst von 1842 bewegte die Menschen weit über die Grenzen der Stadt hinaus. Das brennende Nikolai-Quartier hat der Maler Hans Detlev Christian Martens in seinem Gemälde „Brand der St. Nikolaikirche“ 1842 verewigt.

Hamburgs Stunde null begann am 8. Mai – allerdings nicht 1945, sondern exakt 103 Jahre zuvor. Am Himmelfahrtstag 1842, dem 5. Mai, brach um kurz nach Mitternacht in der Deichstraße 44 beim Cigarrenmacher Cohen ein Feuer aus. Eine lange Trockenheit und starke Südwinde verwandelten den kleinen Brand rasch in ein Inferno: Zunächst erfasste das Feuer das Nikolai-Quartier und zerstörte am Nachmittag die Nikolaikirche. Beständig fraß es sich vom Hafenrand weiter Richtung Alster: Das alte Rathaus an der Trostbrücke wurde am 6. Mai gesprengt, doch die Feuersbrunst war nicht zu stoppen – sie wütete weiter gen Norden. Einen weiteren Tag später brannte die Petrikirche nieder.

In der Stadt breiteten sich Panik und Anarchie aus, die Löscharbeiten verliefen chaotisch. Erst die Binnenalster und drehende Winde vermochten den Brand zu stoppen. Als Letztes wurde am 8. Mai ein Gebäude nahe dem Ballindamm ein Raub der Flammen, die Straße dort heißt bis heu-

Die gewaltige Zerstörung der alten Stadt zeigt der Plan „Incendie de la ville de Hambourg“ (Feuersbrunst in der Stadt Hamburg) aus dem Jahr 1863.

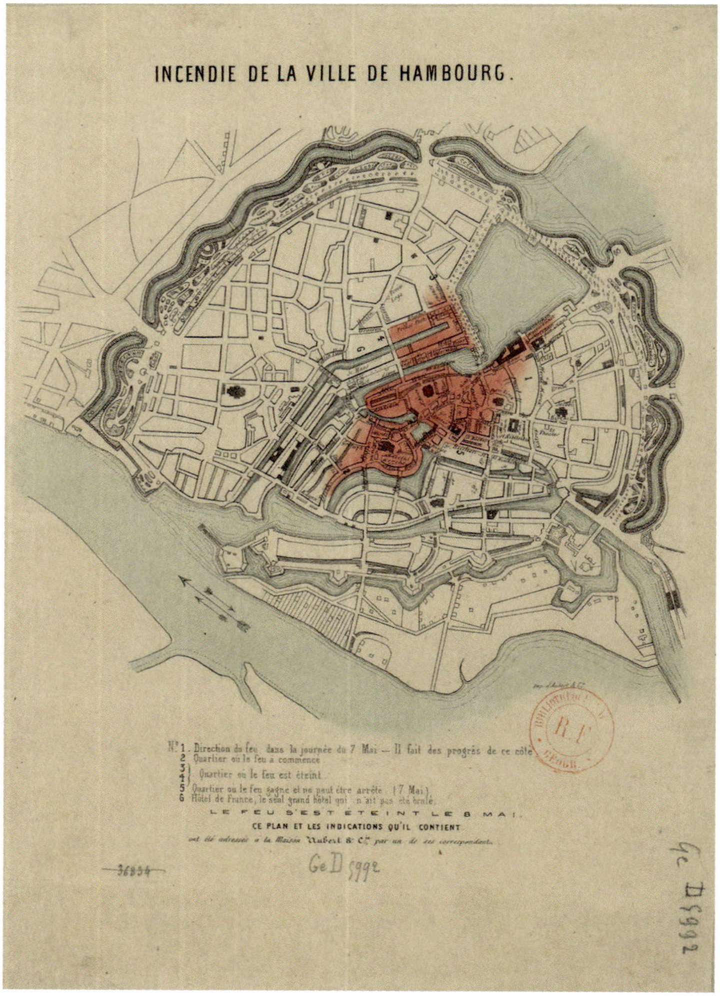

te Brandsende. Und auch der Ort, an dem das Feuer ausbrach, ist bis heute unvergessen: In der Deichstraße erinnert das Restaurant „Zum Brandanfang“ an jenen verhängnisvollen Himmelfahrtsmorgen des Jahres 1842.

Drei Tage Feuersbrunst hatten Hamburg verwüstet: Nur die neue Börse, erst 1841 am Adolphsplatz fertiggestellt, konnten zehn mutige Männer um den Commerzbürger Theodor Dill gegen die Flammen verteidigen. Sie ragte nun aus einem Meer von Trümmern, drum herum war alles niedergebrannt. 51 Menschen kamen bei dem Inferno ums Leben, mindestens 20.000 Hamburger waren obdachlos ge-

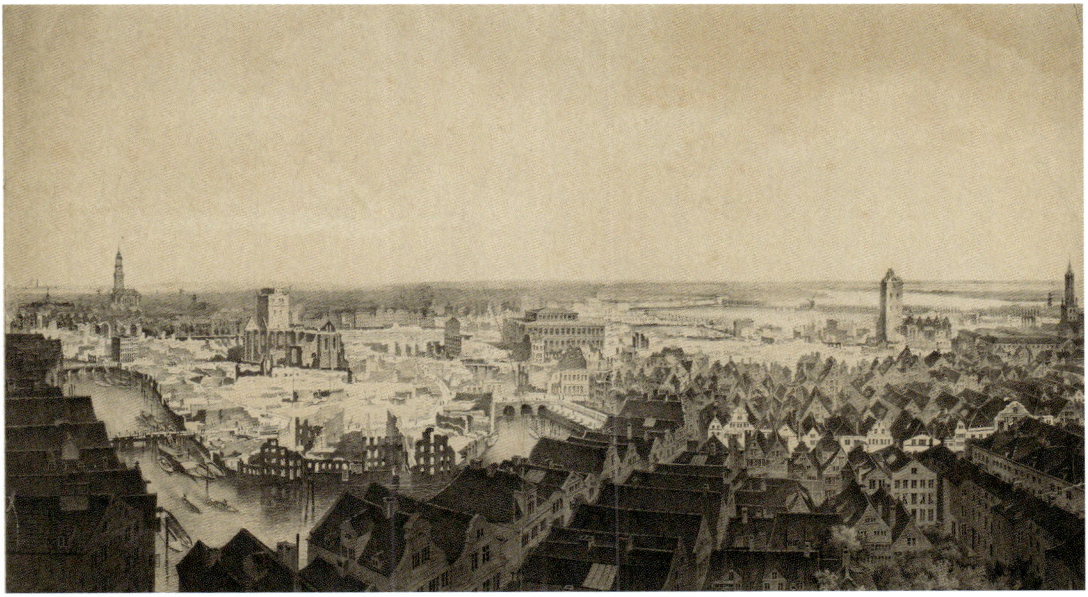

worden, das Rathaus, die Bank am Neß, die Synagoge, die alte Börse, ja ein Viertel der Stadt waren zerstört – insgesamt mindestens 1.000 Häuser, andere Quellen berichteten sogar von 1.779 Häusern.

Heinrich Heine, der in Paris von der Feuersbrunst erfuhr, dichtete: „Und mein armes Hamburg liegt in Trümmern, und die Orte, die mir so wohlbekannt, ... sind ein einziger Schutthaufen! Die Stadt wird bald wieder aufgebaut sein und mit neuen gradlinigen Häusern und nach der Schnur gezogenen Straßen, aber es wird doch nicht mehr mein altes Hamburg sein, mein altes, schiefwinkliches, schlabbriges Hamburg."

Heute mag man es nicht mehr für möglich halten, aber bis zum Großen Brand war Hamburg eine mittelalterliche Metropole und die größte Fachwerkstadt Deutschlands. Man muss sich Stade oder Lüneburg in groß vorstellen und bekommt einen ungefähren Eindruck, wie Hamburg bis 1842 ausgesehen hat: endlos lange Giebelreihen mit unterschiedlich hohen, meist schmalen Dreifensterhäusern, Sichtfachwerk aller Orten, enge, verwinkelte Gassen vorn und Wasserseiten hinten.

Der Hamburger Lithograph Christian Wilhelm Ludwig Heuer kehrte mit seiner Ehefrau unmittelbar nach dem Großen Brand 1842 in seine Heimat zurück. Schon im August desselben Jahres erschien Heuers Lithographie der abgebrannten Innenstadt.

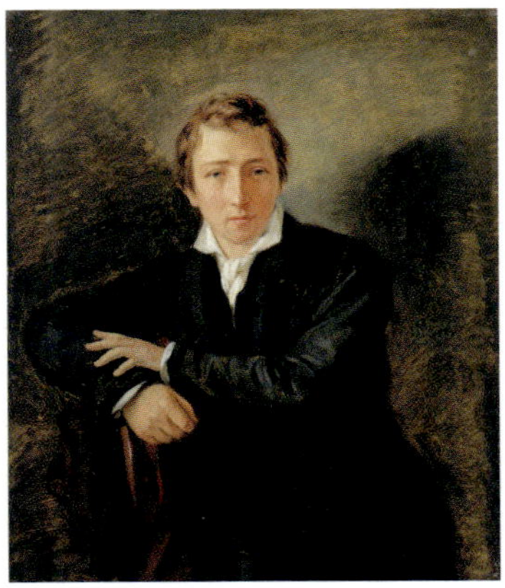

Der Dichter Heinrich Heine, hier gemalt von Moritz Daniel Oppenheim 1831, kannte Hamburg gut und war tieferschüttert vom Feuer. Sein Onkel Salomon Heine half als Bankier beim Wiederaufbau.

Die Kleine Alster in Hamburg vom Voglers Wall gesehen, vor dem Großen Brand vom 5. bis 8. Mai 1842. Die Straße Voglers Wall gibt es seitdem nicht mehr. Heute befinden sich dort die Alsterarkaden. Rechts ist ein Teil des Klosters St. Johannis zu erkennen. Die Kleine Alster war damals viel größer als heute. Sie wurde erst mit dem Wiederaufbau nach 1842 verkleinert. Handkolorierte Zeichnung von Peter Suhr von 1828. Im Hintergrund St. Petri.

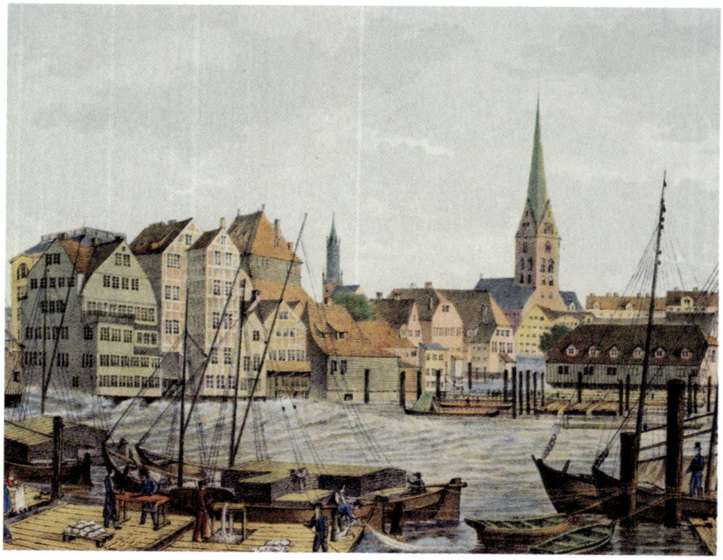

Der Kunsthistoriker Alfred Lichtwark beschrieb die Grundzüge der alten Stadthäuser: „Die Regel bildete das Dreifensterhaus. Große Speicherräume waren nötig, weil der Kaufmann die Ware, mit der er handelte, nicht als Spediteur vertrieb, sondern wirklich besaß, und er musste sie zu Wasser und zu Lande ans Haus und wieder fortschaffen können. Deshalb liegen die Grundstücke zwischen Straße und Fleet." Viele dieser Häuser gingen unter.

Auch der legendäre Fritz Schumacher erzählt vom alten Hamburg: „Ein Stadtbild taucht vor unserem geistigen Auge auf, wie es in deutschen Landen malerischer nicht leicht zu finden gewesen ist. An reich gegliederten, zierlich geschwungenen Straßen stehen die ehrwürdigen Giebelhäuser alter Kaufmannsgeschlechter, dazwischen schieben sich kostbar geschmückte Bauten, die der Allgemeinheit dienen, stolze Kirchen ragen empor an malerisch gruppierten Plätzen, überall spielt das Wasser in weitgesteckten Zügen und breiten Becken in das Häusermeer herein. Bild muss sich an Bild gereiht haben in bunter, lebendiger Fülle. Wenn alles das in wenigen Tagen in Qualm und Rauch verschwindet, ist wohl das erste Gefühl nur das des unersetzlichen, trostlosen Verlustes."

Der Moment der völligen Zerstörung, der Tod des alten Hamburg, wurde zur Geburtsstunde der modernen Stadt. Es ging rasend schnell: Schon gut fünf Wochen nach dem Großen Brand, am 16. Juni 1842, beschlossen Senat und Bürgerschaft den Bebauungsplan, der mit der mittelalterlichen Stadt brach und neue Straßenführungen wie Grundstückszuschnitte vorsah. Plötzlich konnten die schon länger diskutierten Ideen, der Stadt eine moderne Infrastruktur zu geben, umgesetzt werden. Der englische Ingenieur William Lindley (1808–1900) als Leiter der Technischen Kommission plante eine moderne Kanalisation; bis dahin waren die Abwässer noch über die Straßen in die Fleete gelaufen. Gaslampen ersetzten die alten Ölfunzeln, ein Pumpwerk übernahm die Wasserversorgung.

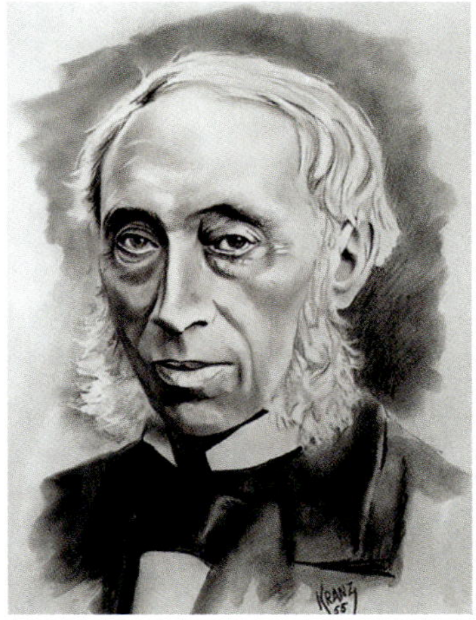

Der britische Ingenieur William Lindley arbeitete zwischen 1838 und 1860 in Hamburg und ist ein Schöpfer der modernen Stadt, vor allem auf dem Gebiet der Wasserversorgung, der Kanalisation und des Eisenbahnbaus.

Das Antlitz der Stadt wandelte sich radikal. Hamburg ist dabei eine echte Besonderheit: In einer wirtschaftlich schwierigen Situation, in der deutschlandweit wenig passiert ist, wurde Hamburg wieder aufgebaut. Und ähnlich wie heute stritten die Architekten wie die Kesselflicker um die künstlerische Form. Neorenaissance gegen Klassizismus, Backstein gegen Putz. Der erste Baudirektor Carl Ludwig Wimmel (1786–1845) und sein Mitarbeiter Franz Gustav Joachim Forsmann (1795–1878), der Schöpfer des Jenischhauses, behaupteten sich mit dem Bekenntnis zum Klassizismus. Schließlich setzte sich die weiße Bebauung durch.

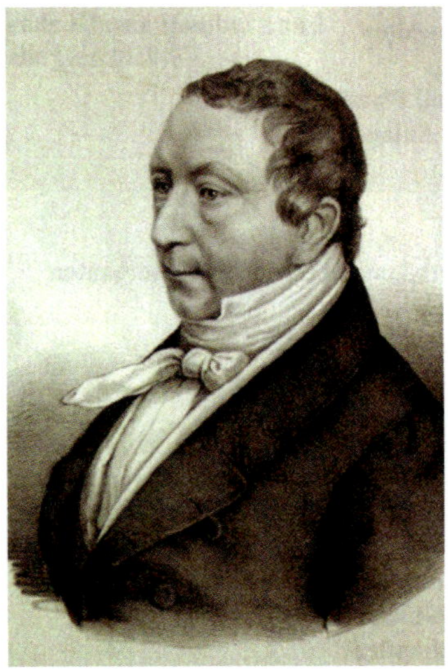

Der deutsche Architekt Carl Ludwig Wimmel, Schöpfer der Börse hinter dem Rathaus, wurde 1841 Baudirektor in Hamburg. Der Wiederaufbau fiel in seine Amtszeit bis zu seinem Tod 1845.

Auch der Hamburger Architekt Alexis de Chateauneuf (1799–1853) gestaltete das Gesicht der neuen Stadt – maßgeblich nach den Plänen des Architekten Gottfried Semper (1803–1879), der von einem „nordischen Venedig“ träumte. Die Anklänge an den Markusplatz sind unübersehbar: Die Kleine Alster wurde wie der Rathausmarkt zum „hanseatischen Markusplatz“. Andere Fleete hingegen schüttete man kurzerhand zu. Der Kriminalroman „Der Tote im Fleet“ von Boris Meyn entführt in das Hamburg dieser Tage und lässt den Großen Brand wie eine große Verschwörung aussehen: Tatsächlich gab es einige Profiteure der Hamburger

Die Ansicht, entstanden um 1860, zeigt, wie eng die Stadt einst bebaut war. Gut zu erkennen sind die Binnenalster, Ballindamm und Jungfernstieg. Der Rathausmarkt ist noch ein leerer Platz, die fünf Hauptkirchen (von links: St. Jacobi, St. Petri, St. Katharinen, St. Nikolai und St. Michaelis) dominieren die Stadt. Oben rechts liegt die Vorstadt St. Pauli, die ins damals noch dänische Altona übergeht.

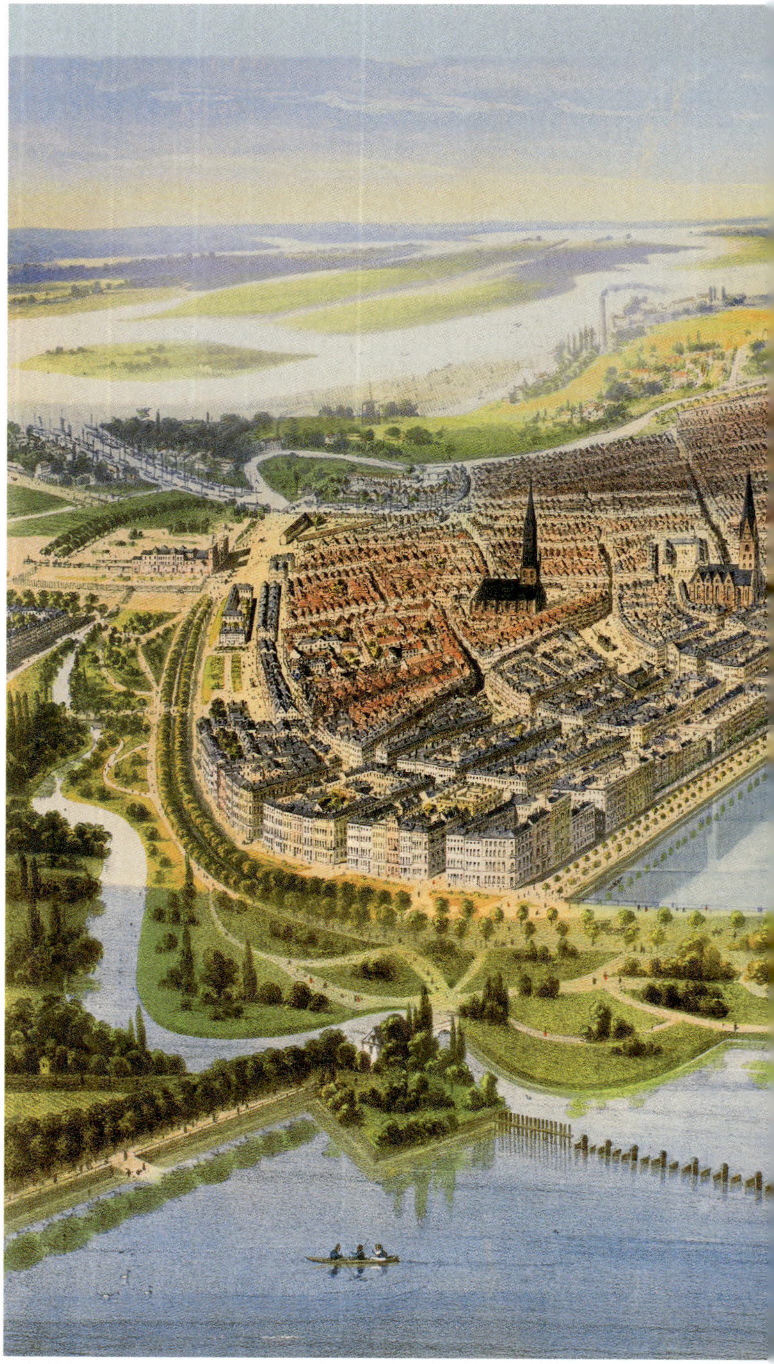

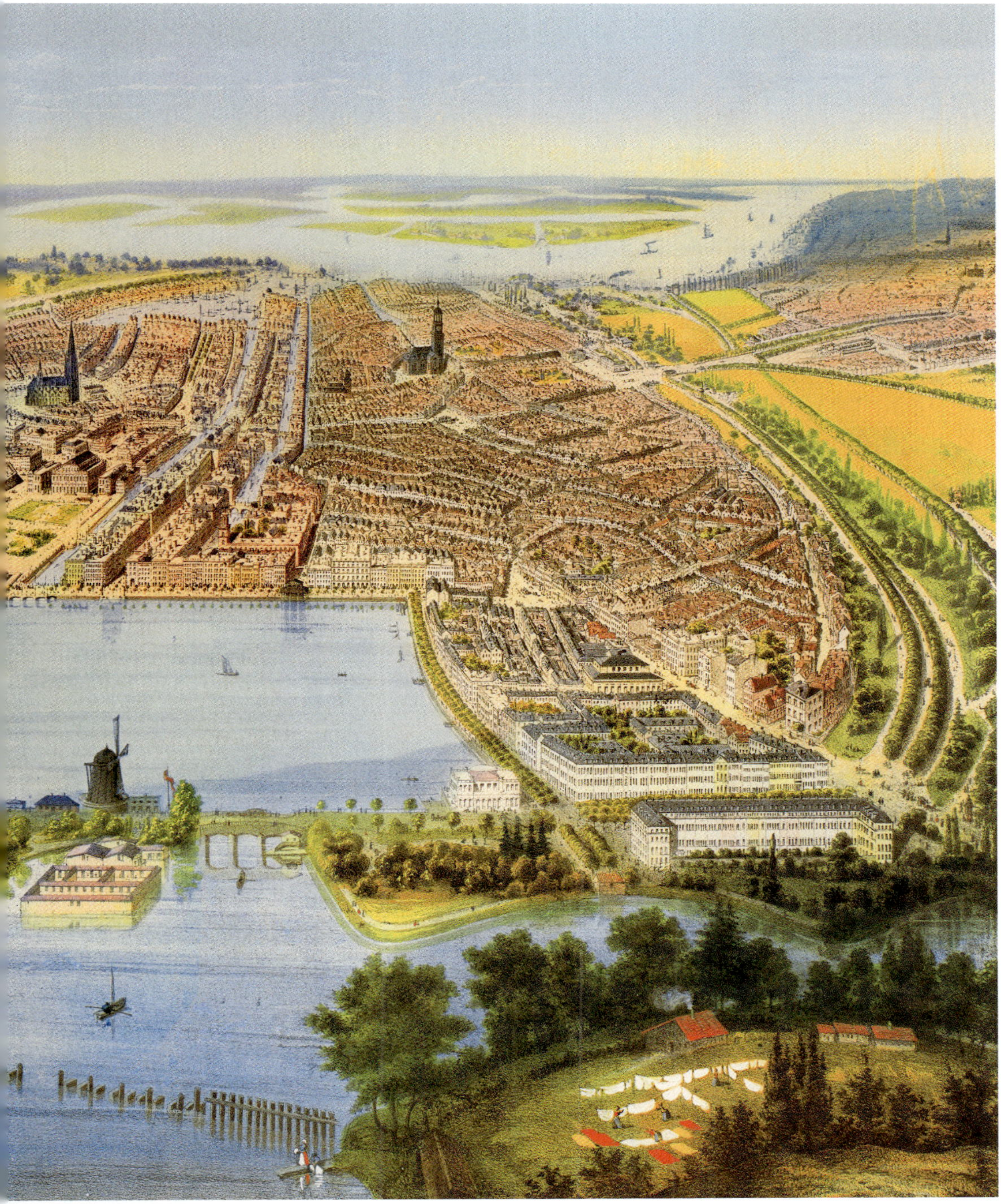

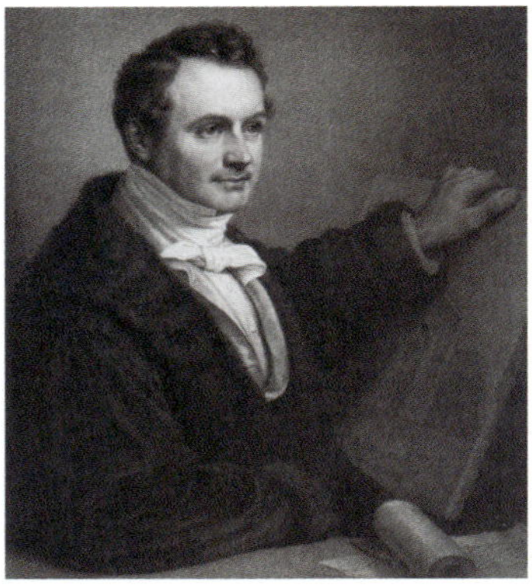

Der Hamburger Architekt und Stadtplaner Alexis de Chateauneuf (1799–1853) verlieh der Stadt nach dem Großen Brand ihr Gesicht.

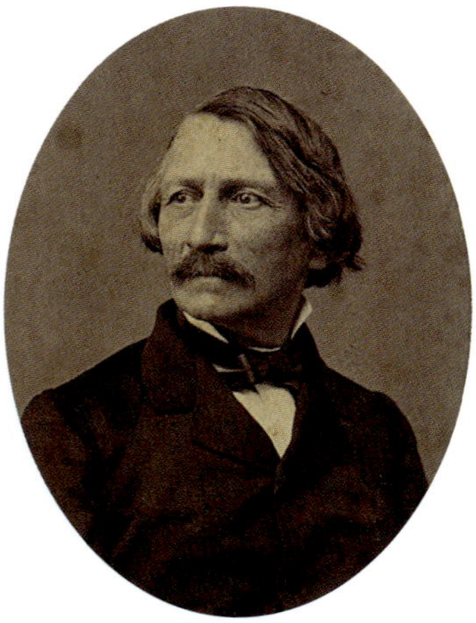

Der Hamburger Architekt Gottfried Semper (1803–1879) kam kurz nach dem Brand in seine Heimatstadt und legte einen Aufbauplan vor, von dem manche Idee aufgegriffen wurde.

Urkatastrophe, die durch das Wachstum der Stadt über die alten Grenzen hinweg märchenhafte Gewinne machten.

Neue Stadtteile wie Hammerbrook, Harvestehude und die Uhlenhorst entwickelten sich danach, teilweise aufgeschüttet mit den Brandtrümmern von 1842. Fritz Schumacher hat 1920 festgestellt: „Diese eigenartige Wirkung, Geschlossenheit und Überraschung miteinander zu verbinden, kenne ich unter allen Städten der Welt nur in Venedig und in Hamburg."

Die Stadt, in der zuvor der Zufall Baumeister war, wuchs fortan nach einem Plan und strengen künstlerischen Vorgaben. Die norddeutsche Fachwerkstadt verwandelte sich in eine europäische Metropole. Fachwerkbau war fortan verboten, Putzfassaden ersetzen ihn. Die Innenstadt selbst bekam ihr klassizistisches Gesicht, das heute von vielen Postkarten grüßt.

Die Alsterarkaden wurden nach italienischem Vorbild schon ein Jahr nach dem Brand fertiggestellt und waren zunächst ockergelb. Inzwischen weiß getüncht, sind sie zu „einem Markenzeichen für Hamburg als weiße Stadt geworden", sagte einmal Hamburgs ehemaliger Oberbaudirektor Egbert Kossak (1936–2016). Sie bilden eine Einheit mit dem rechtwinklig angeordneten Rathausmarkt und der Wassertreppe in Form eines Viertelkreises. Schumacher schwärmte: „Es gibt in der ganzen Geschichte des Städtebaus vielleicht kein Beispiel, an dem man diesen Durchbruch der Raumgewinnung deutlicher verfolgen kann als an dem Hamburg dieser Jahre."

Für die Zeitgenossen war die neue Binnenalster hingegen nicht wiederzuerkennen: Standen früher Fachwerkhäuser am ungleichmäßigen Ufer, ragten schon bald klassizistische Häuser entlang des schnurgeraden Alsterbeckens in die Höhe, die Stadt bekam ihr „weißes Gepräge".

Unweit der Alsterarkaden hat Alexis de Chateauneuf mit der Alten Post ein bleibendes Denkmal hinterlassen. Zwischen 1845 und 1847 errichtete er den seinerzeit größten Verwaltungsbau. Der an der italienischen Renaissance

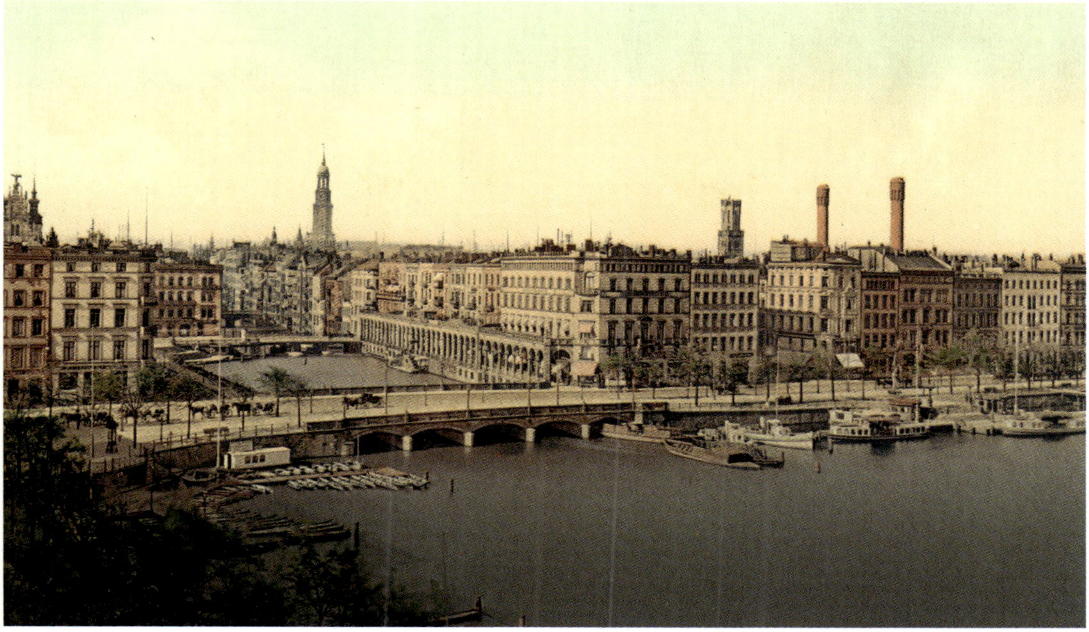

ausgerichtete Stil wurde nach der Erneuerung 2012 wieder deutlich herausgeputzt. Dafür wurde das Gebäude wie schon zwischen 1968 und 1971 entkernt.

Die Alsterarkaden, hier eine kolorierte Fotografie, die zwischen 1890 und 1900 entstand, gehen auf die Entwürfe von Alexis de Chateauneuf zurück.

Ein weiteres Erbe der Nachbrandzeit ist die Patriotische Gesellschaft an der Trostbrücke. Das Gebäude hebt sich bewusst von den verputzten klassizistischen Neubauten ab, die der Architekt Theodor Bülau (1800–1861) für eine „krankhafte Verirrung hielt". Er schuf lieber einen klassischen norddeutschen Backsteinbau. Bülau blieb ein Einzelgänger. „Für Industrie, Profanbauten und Kirchen war Backstein akzeptiert, im Wohnungsbau galten nur Sandstein oder Putz in den darauffolgenden Jahrzehnten als vornehm und edel", sagt der frühere Oberbaudirektor Jörn Walter.

Großen städtebaulichen Gewinnen stehen aber auch schwere Verluste gegenüber: Die im Brand zerstörte Gertrudenkapelle aus dem Jahr 1392 bauten die Hamburger nicht wieder auf – der zweite schwere Verlust eines Gotteshauses nach dem barbarischen Abriss des Hamburger Doms im Jahr 1806. Die Bürgerschaft war zu Beginn des 19. Jahrhunderts nicht bereit gewesen, den Erhalt der zur Hal-

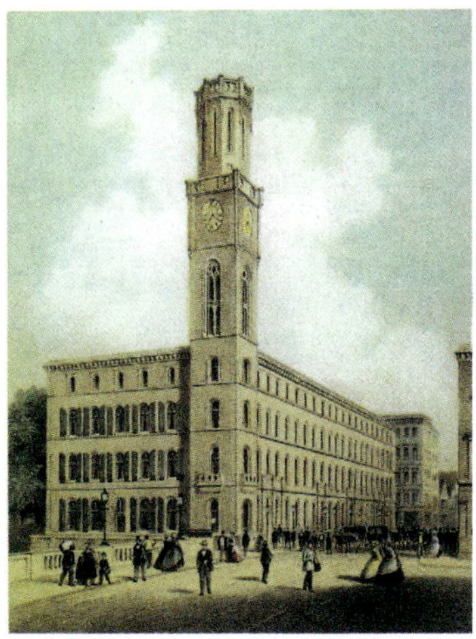

Auch die Alte Post, 1847 fertiggestellt, stammt von Alexis de Chateauneuf. Er brachte verschiedene Postanstalten unter einem Dach zusammen.

Der Hamburger Dom stammte aus dem 13. Jahrhundert, war vielen Stadtvätern als Enklave fremder Mächte aber ein Dorn im Auge. Wegen des Reichsdeputationshauptschlusses fiel das Gebäude an Hamburg zurück – und wurde bald darauf zwischen 1804 und 1806 abgetragen, Kurz vor dem Abriss 1804 entstand dieser Kupferstich von Johann Marcus David.

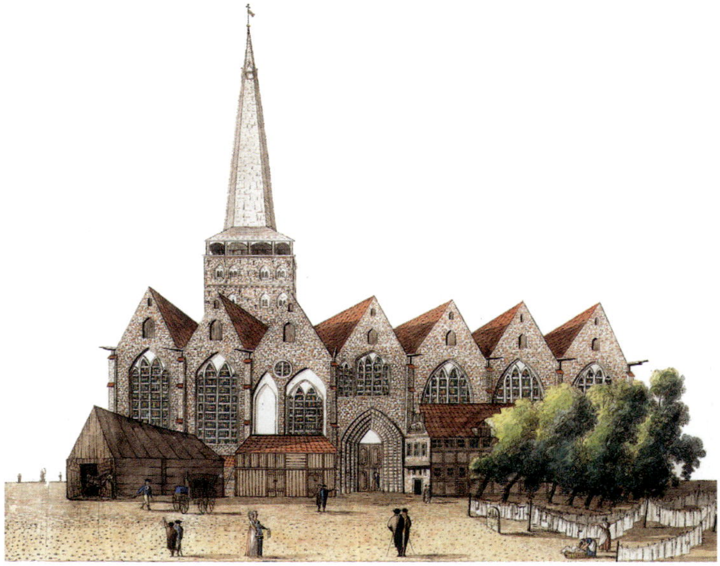

lenkirche umgebauten frühgotischen Basilika zu finanzieren, und hatte den spektakulären Bau kurzerhand geschleift. „Das Verschwinden einer Kathedrale ist europaweit ein so seltenes Phänomen, dass es Hamburg als einer Stätte der Hochkultur nicht gerade schmeichelt", kommentiert der Architekturhistoriker Pablo de la Riestra. Besser erging es der Petrikirche, die binnen sieben Jahren fast originalgetreu nach der Feuersbrunst wiederaufgebaut wurde.

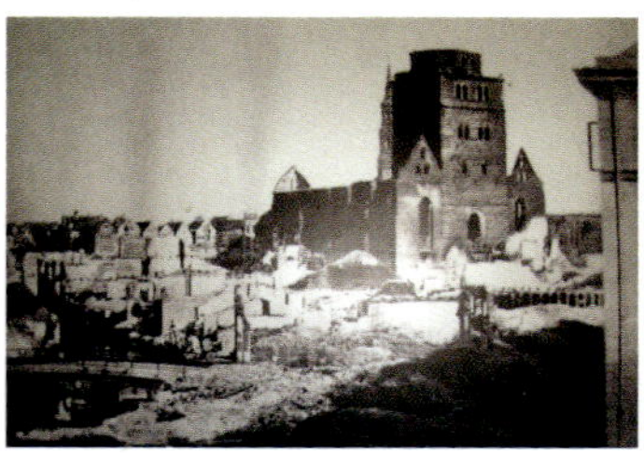

Das Foto von Carl Ferdinand Stelzner zeigt die Ruinen der Nikolaikirche kurz nach dem Brand 1842 – und die Zerstörungen im Viertel.

Anstelle der alten Nikolaikirche entstand einer der bedeutendsten neugotischen Kirchenbauten Deutschlands. Dabei war erst alles anders geplant: Eigentlich sollte der Hamburger Architekt Gottfried Semper das Sakralgebäude als Kuppelbau neu errichten, beeinflusst von der Frauenkirche aus seiner Wahlheimat Dresden. Der bekannte Baumeister hatte nach dem Brand rasch einen Aufbauplan für seine Vaterstadt eingereicht, den Chateauneuf in wichtigen Teilen aufgriff. Allerdings hatte Semper auch empfohlen, nicht den „ehrwürdigen Charakter des uralten Hamburg für die gehaltlose Modernität neuerer Städte zu vertauschen". Er wollte die Trümmer von St. Nikolai in seinen Neubau integrieren. Aber die Hamburger verzichteten auf diese Idee ihres großen Sohns.

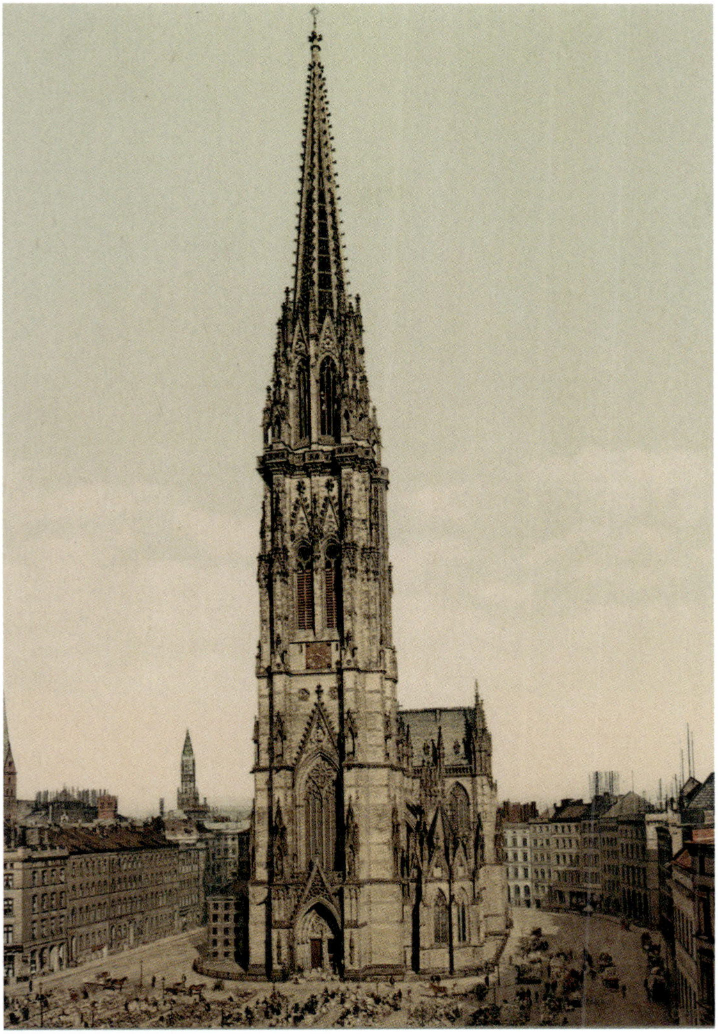

St. Nikolai wurde zu einem Denkmal des Wiederaufbauwillens: Den Wettbewerb hatte eigentlich Gottfried Semper mit dem Entwurf eines neoromanischen Kuppelbaus gewonnen, doch der Kirchenvorstand wünschte einen gotischen Bau. So kam der drittplatzierte Brite George Gilbert Scott zum Zuge. Schon 1846 wurde der Grundstein gelegt, 1863 die Kirche eingeweiht. Als der 147,3 Meter hohe Turm 1874 vollendet war, hatte Hamburg für kurze Zeit das höchste Bauwerk der Welt.

In Folge des Zeitgeists für die Gotik entschied sich das Kirchbaukollegium des Nikolai-Kirchspiels statt für den erstplatzierten Semper für den drittplatzierten Entwurf des Briten George Gilbert Scott. Dass der eher rheinisch geprägte gotische Stil nach dem Modell des Kölner Doms mit seiner reichen Formensprache so gar nicht in die Stadt der schlichten norddeutschen Backsteingotik passte, störte nicht weiter, auch nicht, dass er dreimal so teuer war wie Sempers Entwurf. Jahrzehnte baute Hamburg an seinem mittelalterlichen Dom. Der neue Turm mit seinen 147,3 Metern war nach seiner Fertigstellung 1874 bis zur Vollendung der Kathedrale von Rouen (151,5 Meter) 1877 das höchste Gebäude der Welt – und wurde zur Zielmarke der britischen Bomber im Zweiten Weltkrieg.

Im Krieg schwer getroffen und der Gemeinde beraubt, trugen die Hamburger 1951 die Kirche endgültig ab. Übrig blieben nur der Chor und der Turm – als Mahnmal gegen Krieg und Gewalt. Vom Turm lässt sich die Hansestadt bis heute wunderbar überblicken. Doch auch vieles, was nach

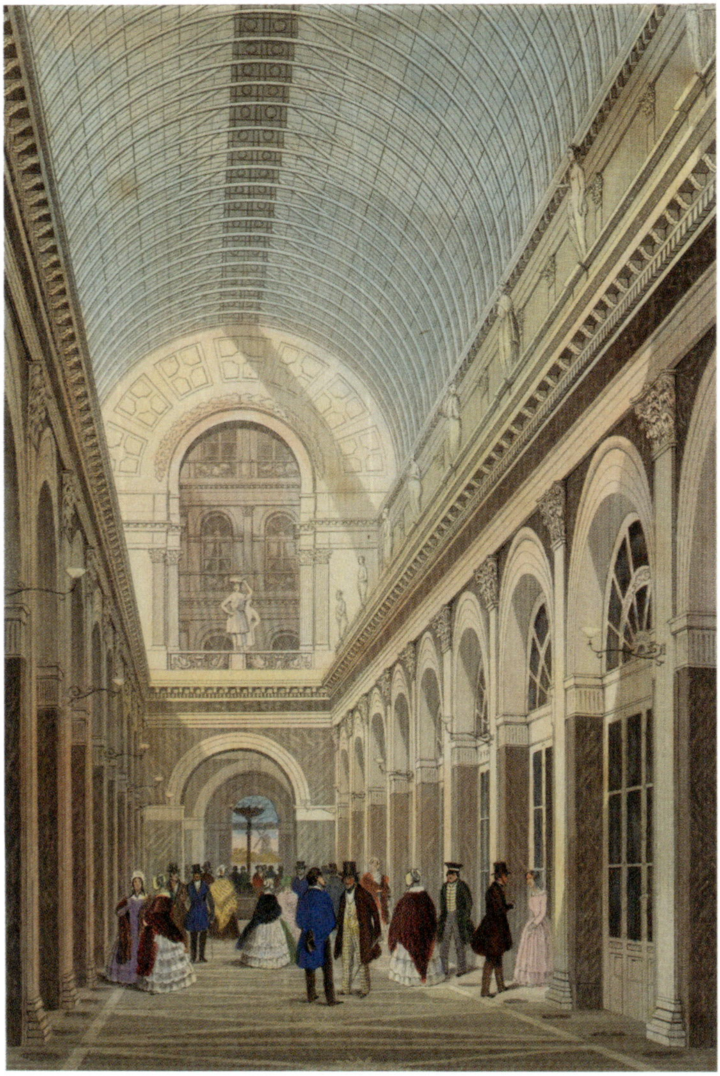

Auch die erste Luxuspassage entstand 1843 nach dem Großen Brand. Der Kaufmann Wilhelm Sillem ließ zwischen Jungfernstieg und der heutigen Poststraße Sillem's Bazar (das Bild zeigt die Passage von 1860) errichten – der Prachtbau mit seinem Glasdach, Spiegelscheiben und Marmorwänden beherbergte rund 30 Geschäfte. Doch der Bau floppte – schon nach 38 Jahren wurde das Gebäude abgerissen.

dem Brand entstand, ist längst dahin: im Krieg zerstört, im Wiederaufbau – oder schon im 19. Jahrhundert.

Ein besonders beeindruckendes Gebäude, ein Wahrzeichen Hamburger Wohlstands, überlebte nur 38 Jahre: Sillem's Bazar. Ein wenig erinnern die Bilder des längst verschwundenen Prachtbaus zwischen Jungfernstieg und Poststraße an die Galleria Vittorio Emanuele II in Mailand: Die großzügige Einkaufspassage Sillem's Bazar mit poliertem Marmor, französischen Spiegeln und bronzeverzierten Türen, mit Glasdächern und einem mehrgeschossigen Glasoktogon in der Mitte wurde hymnisch gefeiert. „Nach Hamburg fahren, und den Bazar nicht sehen, ist wie Rom ohne den Papst", jubelten Zeitgenossen. Die „Leipziger Illustrirte" schwärmte, diese Ladenstraße übertreffe ihre Vorbilder in Paris oder London an „Schönheit im allgemeinen und geschmackvoller Ausführung aller Einzelteile". Weniger begeistert waren die Hamburger – die 34 Geschäfte litten unter Mangel an Kundschaft, sodass ab 1881 an der Stelle der Sandsteinbau entstand, der heute den Hamburger Hof beheimatet.

Das Beispiel der spektakulären Einkaufspassage, die heute jeden Reiseführer schmücken würde, zeigt die hanseatische Art, mit dem kulturellen Erbe umzugehen: Alles muss sich rechnen – und es ist immer genug Geld da, das Alte durch etwas Neues, vermeintlich noch Schöneres zu ersetzen.

Der Aufbruch der Stadt

Viel Mühe gaben sich die Bürger beim Wiederaufbau des im Feuer zerstörten Rathauses: Es komplettierte, als es 1897 endlich fertig war, mit den Türmen der Hauptkirchen die Silhouette der Stadt, die bis heute das Kunstwerk Hamburg prägt.

„Die Form des Thurmhelms, das Product jahrelanger architektonischer Studien, lässt das weltliche Gebäude, schon aus der Ferne gesehen, sich wirksam von unsern zahlreichen Kirchen unterscheiden. Dass der Fernblick von der Lombardsbrücke aus unter dem Zusammenfallen des

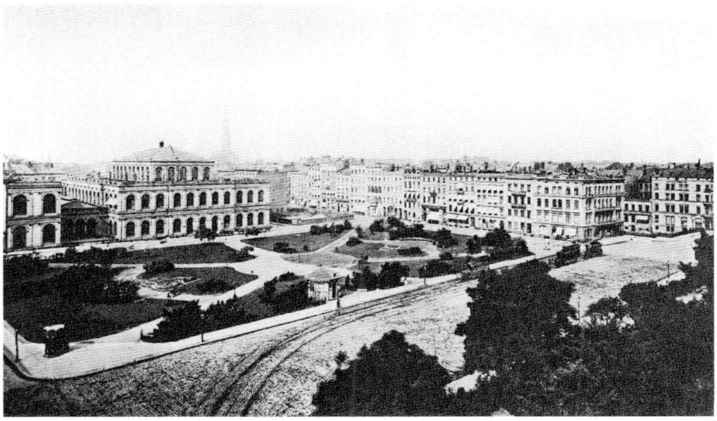

Die Handelskammer, als Hamburger Börse zwischen 1839 und 1841 durch Carl Ludwig Wimmel und Franz Gustav Forsmann im klassizistischen Stil errichtet, war das einzige Gebäude im Brandgebiet, das kein Raub der Flammen wurde. Der Platz davor wurde später mit dem Rathaus bebaut.

Rathhausthurms mit demjenigen der Nicolaikirche leidet, ist vielleicht der einzige Vorwurf, welchen man jenen umsichtigen Männern machen kann, die s. Z. den schönen Plan zum Wiederaufbau der Stadt nach dem grossen Brande entwarfen“, hielt Rathaus-Architekt Martin Haller (1835–1925) bei der Fertigstellung fest. Wer wollte ihm widersprechen? Mit der Elbphilharmonie wagte es nach 120 Jahren erstmals eine Kathedrale der Kunst, sich in die Skyline zu schieben.

Bevor der erste Stein des Rathauses gesetzt werden konnte, vollzog sich ein jahrzehntelanges Ringen darum, wie es aussehen sollte. Gleich mehrere Wettbewerbe brachten zwar viele Vorschläge, aber keiner vermochte die Stadtväter so recht zu überzeugen. Sowohl die 43 Entwürfe eines Wettbewerbs 1854 als auch die 128 Entwürfe 22 Jahre später blieben bloße Bleistiftzeichnungen. Spektakuläre und skurri-

Erst nach langen Debatten wurde im Mai 1886 – und damit 44 Jahre nach dessen Zerstörung – der Grundstein für das neue Hamburger Rathaus gelegt. Den historischen Moment hat der Fotograf Georg Koppmann eingefangen.

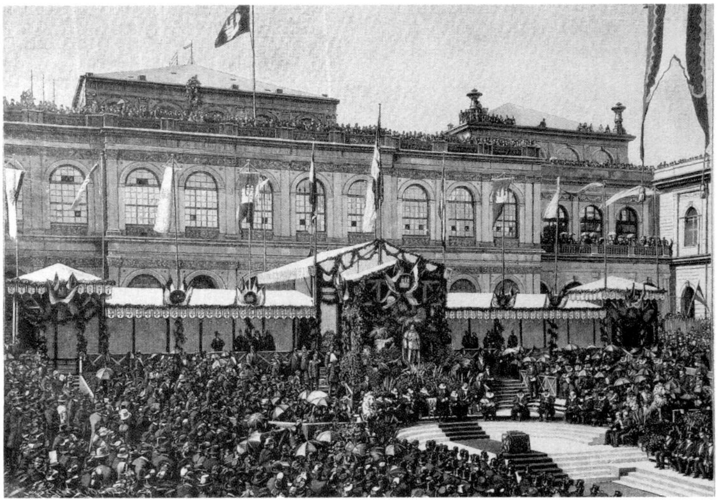

Insgesamt elf Jahre währte der Bau des Rathauses nach den Entwürfen von Martin Haller. Es wurde auf mehr als 4.000 Eichenpfählen errichtet und verfügt über 647 Zimmer.

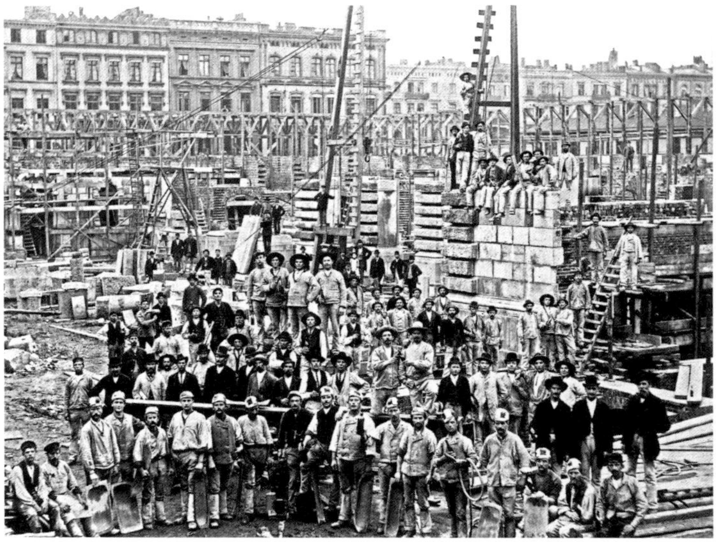

le Pläne finden sich: Wilhelm von Löw zeichnet einen neogotischen Bau mit zwei Türmen, auch Baudirektor Carl Johann Christian Zimmermann (1831–1911), der Architekt des Justizforums, steuerte einen Vorschlag bei, geprägt vom Historismus. Gottfried Semper schlug ein Rathaus im venezianischen Stil mit einem schlanken Turm und Kuppel vor. Aber immer kam den Hamburgern etwas dazwischen: erst die Revolution von 1848/49, dann die Wirtschaftskrise 1857 und der Deutsch-Französische Krieg 1870/71.

Erst der Neorenaissance-Entwurf des Rathausbaumeisterbundes um Martin Haller fand Gnade und wurde ab Mai 1886 umgesetzt. Damit wurden Rathaus und Börse wieder zum Ensemble und Machtzentrum der Handelsrepublik Hamburg vereint. 1892 – und damit genau 50 Jahre nach dem verheerenden Brand – konnte die Stadt Richtfest feiern. Eine große Phönix-Figur auf dem Turmschaft erinnert an Hamburgs Urkatastrophe. Über einem Bild des abgebrannten Rathauses ist bis heute das lateinische Verb „Resurgam“ zu lesen: „Ich werde wieder auferstehen.“

Im Oktober 1897 war es endlich so weit. Der Turm ragt 112 Meter in die Höhe, hinter der 111 Meter langen Hauptfassade fanden auf der einen Seite die Bürgerschaft, auf der anderen der Senat ihre Heimat. Rasch wurde das Rathaus zum steinernen Bürgerstolz Hamburgs. Da passte es,

Seit 1897 ist das Hamburger Rathaus mit seinem Turm Teil der Silhouette der Stadt. „Die Form des Thurmhelms, das Product jahrelanger architektonischer Studien, lässt das weltliche Gebäude, schon aus der Ferne gesehen, sich wirksam von unseren zahlreichen Kirchen unterscheiden“, sagte Martin Haller nach der Fertigstellung.

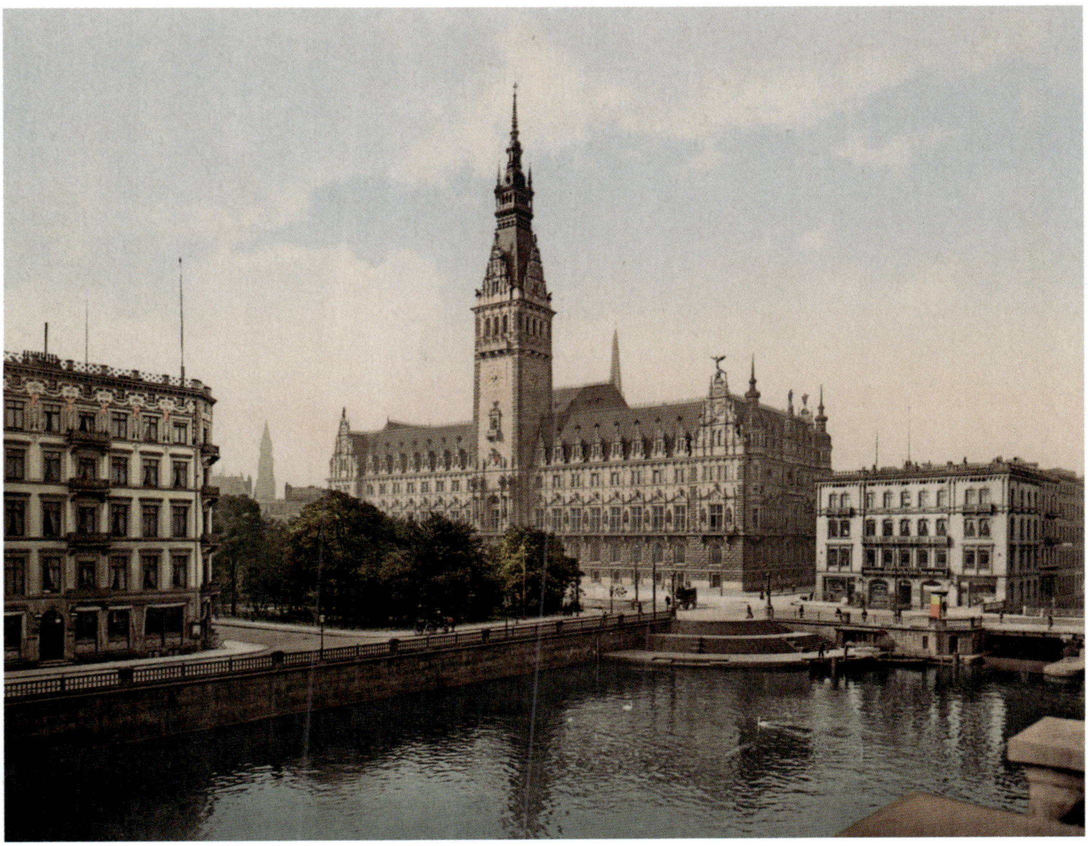

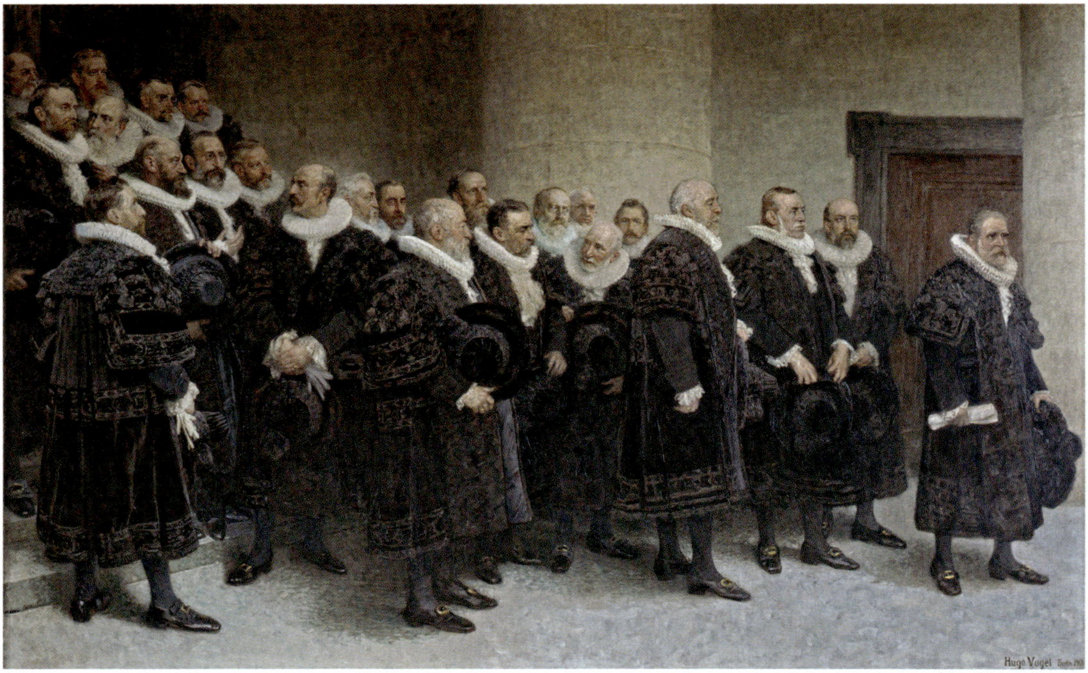

Das Gemälde von Hugo Vogel im Bürgermeistersaal zeigt den Einzug des Senats ins neue Rathaus am 26. Oktober 1897, angeführt von Bürgermeister Johannes Georg Andreas Versmann. Restaurierungsarbeiten im Jahr 2012 brachten auf der Rückseite des Gemäldes eine Notiz ans Tageslicht. Dort heißt es, in den „Unruhen der Revolution“ vom November 1918 sei das Bild durch Schüsse beschädigt und knapp zehn Jahre später vom Künstler selbst wiederhergestellt worden. Tatsächlich befindet sich in der Ledertapete hinter dem Gemälde an besagter Stelle auch ein Loch. Wer damals schoss und warum, bleibt ungeklärt.

dass man ohne Schwellen oder Treppen ebenerdig in die Rathausdiele gelangt. Prächtige Wandgemälde, aufwendige Ledertapeten und kunstvolle Schmiedearbeiten machen das Rathaus zu einem Juwel, zu einem Bürgerschloss, das in jedem seiner 647 Zimmer Entdeckungen bereithält. Politische Sünden inklusive: So mussten Waisenkinder die Schnitzereien im „Waisenzimmer“ anfertigen.

Die zweite Hälfte des 19. Jahrhunderts war eine Zeit des Aufbruchs. Für die Entwicklung der Stadt war der Neujahrstag 1861 von entscheidender Bedeutung: In dieser Nacht wurde endlich die Torsperre aufgehoben – bis dahin konnte man die Stadt abends oder nachts nur durch Zahlung einer Gebühr betreten. In der Neujahrsnacht sollen unzählige Menschen begeistert durch die Tore in die Stadt geströmt sein.

Hamburg hatte in dieser Nacht seine Fesseln gesprengt. Bis dahin hatten sich die Bewohner, vor allem die armen Schichten, in größter Enge in übervölkerten Elendsquartieren – den Gängevierteln rund um die Hauptkirchen St. Mi-

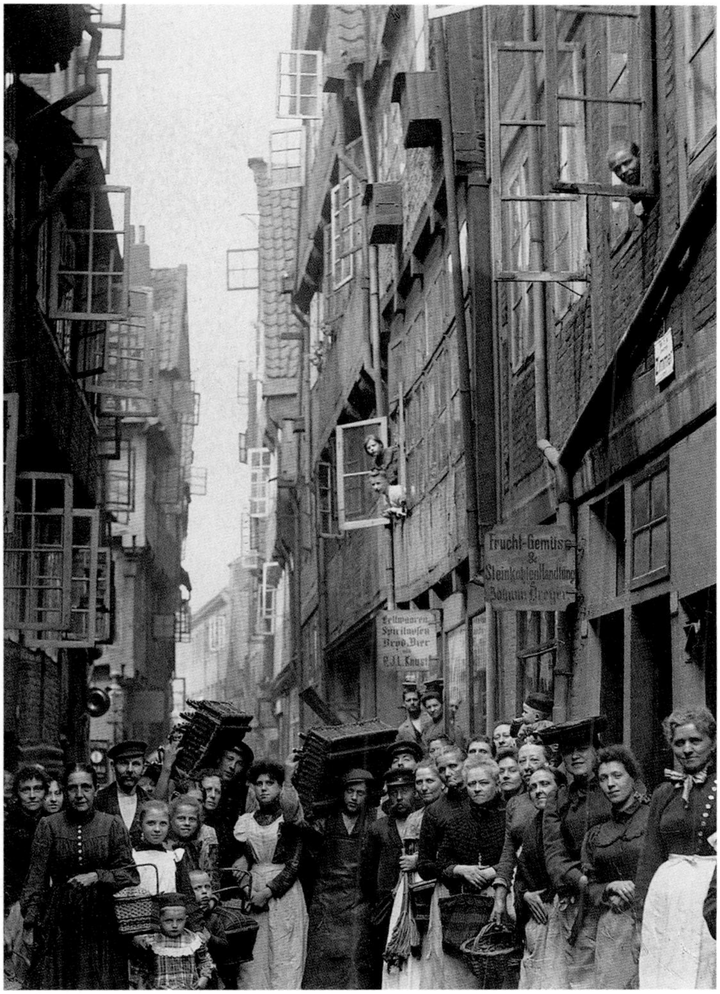

Die Hamburger Gängeviertel, hier ein Bild aus dem Großen Bäckergang um 1900, waren charakteristisch für die Stadt. In den engen Gängen, in denen viele Arme lebten, breitete sich 1892 die Cholera aus, an der mehr als 8.600 Menschen starben.

chaelis und St. Jacobi – gedrängt. Nun konnte man auch außerhalb der alten Stadtmauern leben: Die angrenzenden Viertel begannen sich rasant zu entwickeln, auch der öffentliche Personennahverkehr, zunächst mit Pferdeomnibussen, wuchs. Nach und nach wurden immer neue Streckenabschnitte eröffnet.

Besonders wichtig wurde die Verbindungsbahn zwischen dem damals noch dänischen Altona und der Hansestadt. Beide Städte, die Nummer zwei des Königsreichs im Norden und die Nummer 3 des Deutschen Bundes nach Wien und Berlin, waren Konkurrenten und Partner zugleich:

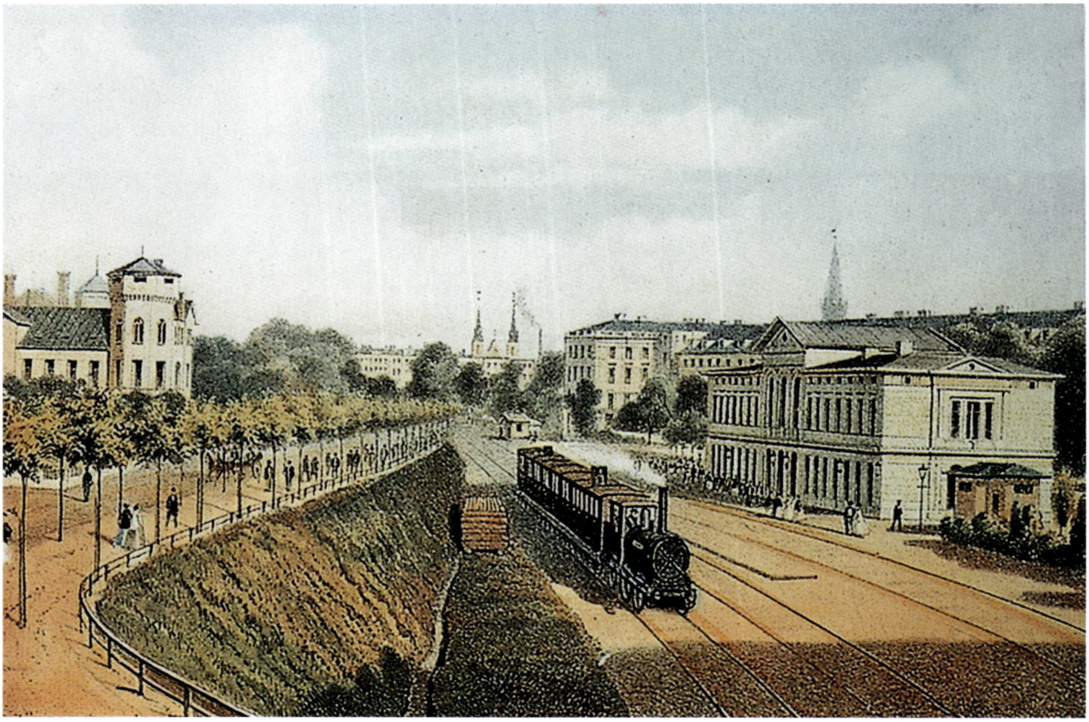

Der Bau der Verbindungsbahn zwischen dem Berliner und dem Altonaer Bahnhof war ein Meilenstein für die Stadtentwicklung. Die kolorierte Lithografie von Wilhelm Heuer entstand kurz nach Eröffnung der Strecke 1866 und zeigt einen Zug, der den alten Dammtorbahnhof auf dem Weg nach Altona verlässt.

1860 hatten sich Dänemark und Hamburg nach langem Ringen darauf geeinigt, die beiden bereits existierenden Bahnhöfe zu verbinden: den Bahnhof der Berliner Bahn und den Altonaer Bahnhof der Ostseebahn. Dafür wurden die alten Wallanlagen durchschnitten.

Die Reichsgründung 1870/71 verlieh der Stadt zusätzlichen Schub, Wirtschaftsaufschwung, Industrialisierung und Fortschrittseuphorie prägten die Zeit. Hamburg, immer schon bedeutende Handelsstadt, beherbergte einen der wichtigsten europäischen Häfen im prosperierenden Reich. Dort wurden entscheidende Weichen gestellt, die den Aufstieg zum drittgrößten Hafen des Kontinents erst ermöglichten: Lange Zeit diskutierten die Stadtväter den Bau eines Dockhafens nach Londoner Vorbild. Dann hätten große Schleusen zwar die Hafenbecken gegen Ebbe und Flut geschützt, aber die Löschung der Ladung verlangsamt.

Die Wasserbauingenieure Heinrich Hübbe (1803–1871) und Johannes Dalmann (1823–1875) setzten sich, flankiert von der Handelskammer, mit der Idee eines Tidehafens durch. Dafür wurde Wasser aus der Süderelbe, dem ehemaligen Hauptstrom, in die Norderelbe umgeleitet, bei Moorwerder die Bunthäuser Spitze geschaffen, die Billwerder Insel abgeschnitten und die Mündung der Dove Elbe verschoben. Damals waren derlei Umbaumaßnahmen ohne Widerstand durchsetzbar. Mit dem Sandtor- und dem Kaiserquay entstanden in den 1860er-Jahren moderne Hafenbecken dort, wo heute die HafenCity wächst.

Für Hamburg waren es ungemein schöpferische und wegweisende Jahre. Der frühere Oberbaudirektor Egbert Kossak schreibt in seinem Buch „1100 Jahre Stadtbild Hamburg": „Es kann keinen Zweifel daran geben, dass sich Hamburg nach Abzug der Armeen Bonapartes bis weit in das letzte Drittel des 19. Jahrhunderts durch eine bisher nie gekannte Höhe seiner Baukultur auszeichnete." Sie prägt die Stadt bis heute.

Hamburg häutete sich und wuchs rasanter als je zuvor: In der zweiten Hälfte des 19. Jahrhunderts explodierte die Bevölkerungszahl von knapp 200.000 auf mehr als 700.000, allein in den Achtzigerjahren wuchs die Stadt um 200.000 Menschen. Der ständig wachsende Hafen, die florierende Wirtschaft mit neuen Industrie- und Handwerksbetrieben lockten immer mehr Menschen an Elbe, Alster und Bille. Hamburg wie das gesamte Deutsche Reich erlebte seine stürmische Gründerzeit.

Das hatte auch Konsequenzen für die Hansestadt. Was im Weg war, wurde beseitigt – das Antlitz der Hansestadt wandelte sich rasant: 1888 wurde die Stadt Teil des Deutschen Zollvereins, bekam zugleich einen Freihafen, um Importgüter zollfrei zu lagern. Den benötigten Platz fanden die Stadtväter auf den Elbinseln Wandrahm und Kehrwieder. Für den Bau der Speicherstadt wurden ganze Wohnviertel abgeräumt, 1.100 Gebäude abgerissen.

Während auf dem Kehrwieder Arbeiter und Handwerker in eng bebauten Vierteln wohnten, war der Wandrahm vor allem durch Kaufmanns- und Bürgerhäuser aus dem 17. und

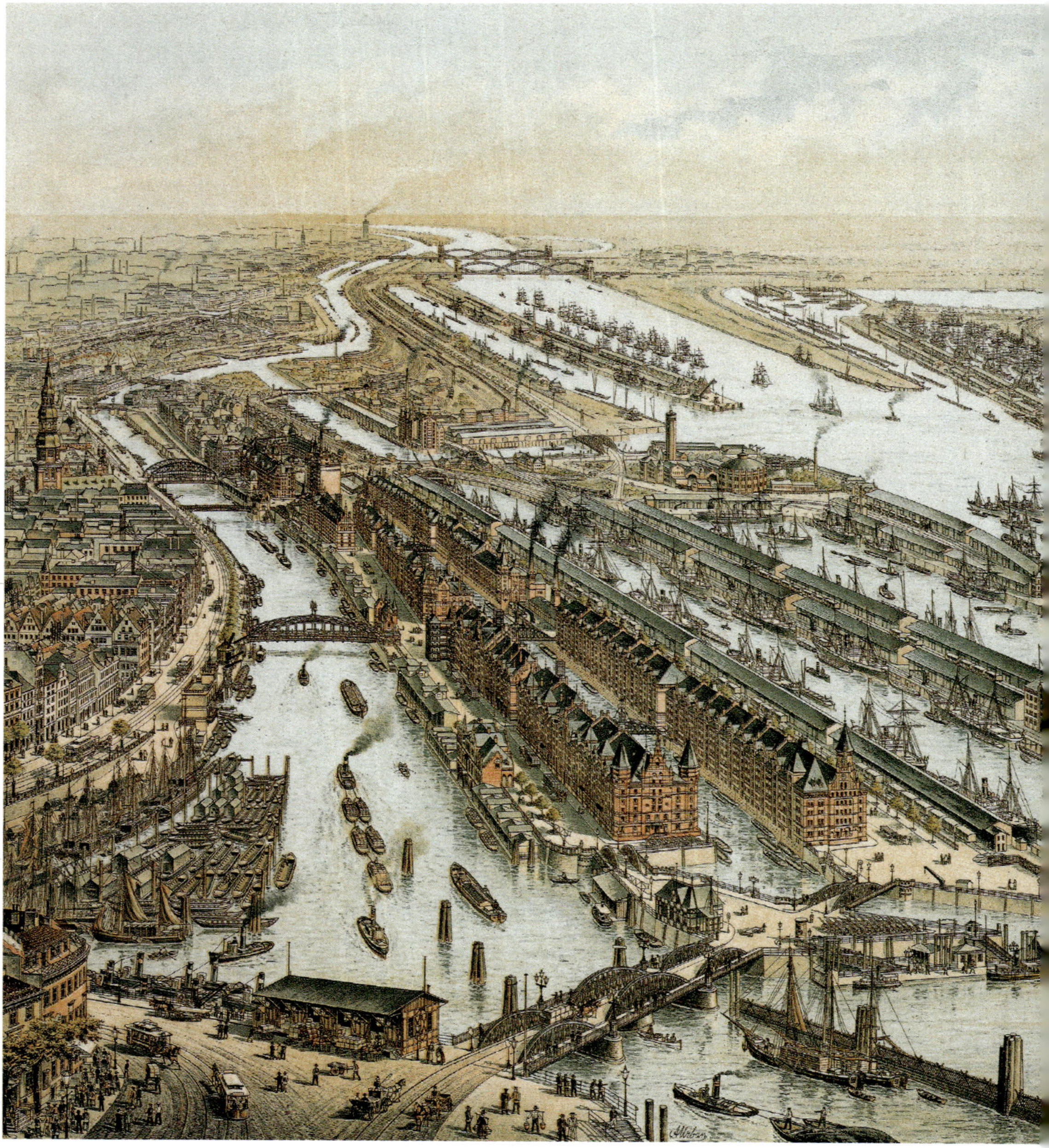

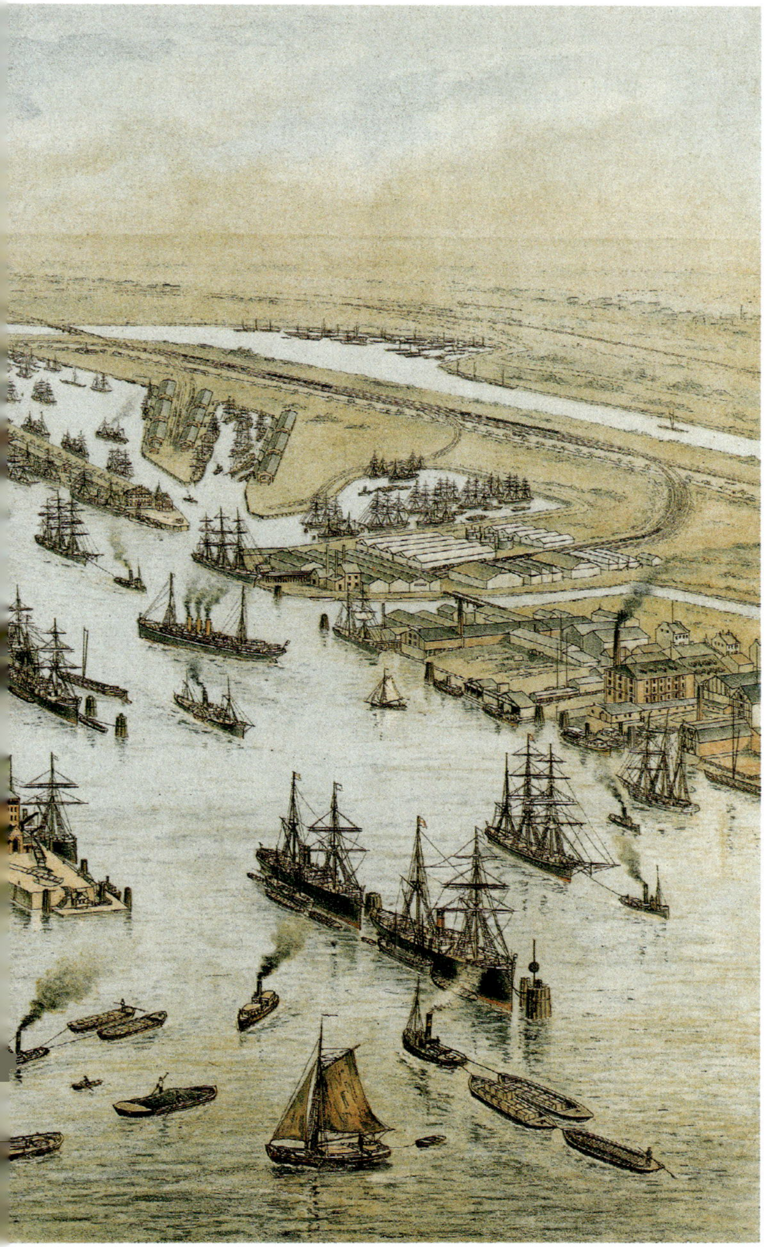

Hamburgs Herz, der Hafen, um die Wende zum 20. Jahrhundert: Links ist der Zollkanal zu sehen, der die Stadt vom Freihafen trennt. Rechts davon die Speicherstadt aus den 80er- und 90er-Jahren des 19. Jahrhunderts, dahinter der moderne Sandtorhafen und im Hintergrund die Elbbrücken. In der Mitte rechts fällt der Kaispeicher A mit seinem Turm auf. An derselben Stelle entstand 1963 der neue Kaispeicher, auf dem seit 2017 die Elbphilharmonie thront.

Das Deichstraßenfleet hat über die Jahrhunderte das Bild des alten Hamburgs bewahrt. Die althamburgischen Bürgerhäuser prägten die Innenstadt und vereinten Wohnen, Arbeiten und Speicher unter einem Dach. Die eine Seite ging zur Straße, die andere zum Fleet.

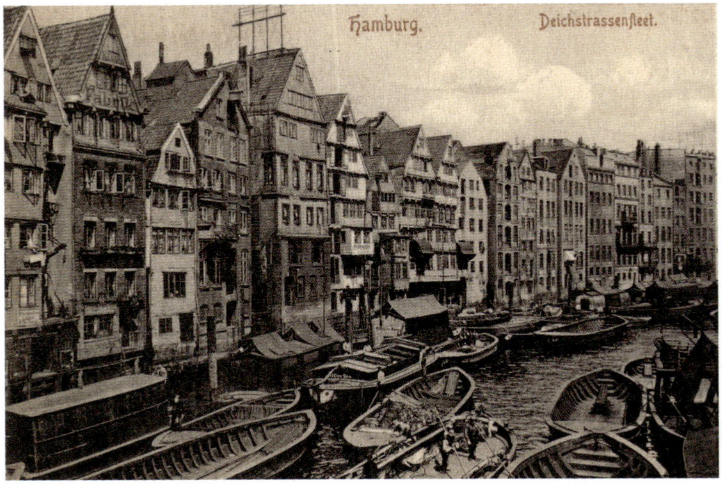

18. Jahrhundert geprägt. Sie waren dem Fortschritt im Weg: Weit mehr als 20.000 Menschen wurden zwangsumgesiedelt. Schon nach fünf Jahren Bauzeit eröffnete Kaiser Wilhelm II. 1888 die Speicherstadt, die nach dem Geschmack der Zeit im Stil der Backsteingotik errichtet wurde. Noch vor dem Ersten Weltkrieg war der größte Lagerhauskomplex der Welt fertiggestellt. Es war der Auftakt zu einer weiteren radikalen Veränderung der Stadt.

Während der Hafen einmal auf links gedreht wurde, passierte dasselbe mit der Alt- und der Neustadt. Dort mussten die Gängeviertel weichen. Diese Viertel, die heute pittoresk, quicklebendig und wildromantisch erscheinen, glichen damals einem Elendsviertel, einem Slum. Als 1892 dort die Cholera ausbrach, schrieb der aus Berlin angereiste Mediziner Robert Koch erschüttert an den Kaiser: „Eure Hoheit, ich vergesse, dass ich in Europa bin. Ich habe noch nie solche ungesunden Wohnungen, Pesthöhlen und Brutstätten für jeden Ansteckungskeim angetroffen wie hier."

Die Seuche fand in der Hansestadt beste Bedingungen: 8.605 Hamburger verloren ihr Leben. Erst danach wurde eine moderne Wasserversorgung mit Trinkwasserfiltration zum Standard. In Altona hingegen, das längst über eine Wasseraufbereitung verfügte, waren keine Opfer zu beklagen.

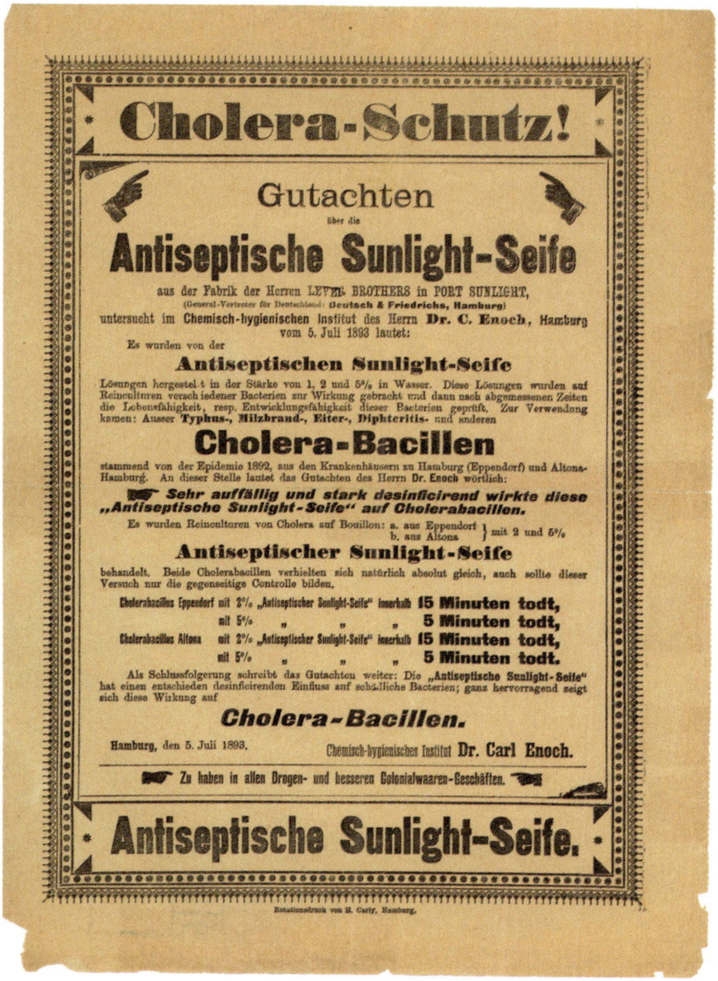

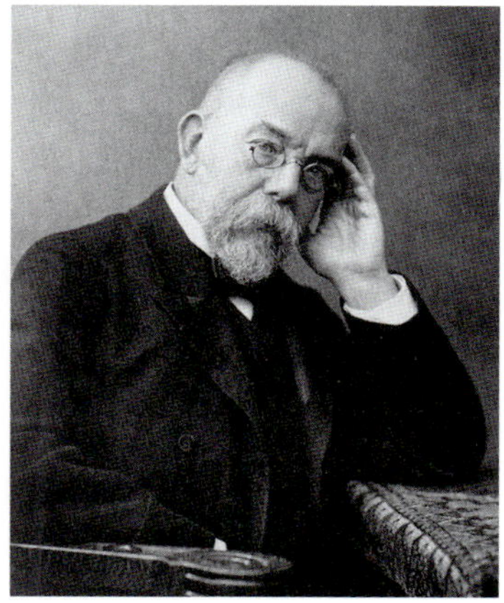

Der Ausbruch der Cholera war ein Schock für Stadt und Land: Der Mediziner Robert Koch (1843–1910) wird von der Reichsregierung nach Hamburg entsandt, weil die Hamburger Behörden überfordert sind. Als er das Elend der Gängeviertel sieht, konstatiert der spätere Nobelpreisträger: „Ich vergesse, dass ich in Europa bin! Ich habe noch nie solche ungesunden Wohnungen, Pesthöhlen und Brutstätten für jeden Ansteckungskeim angetroffen wie in den sogenannten Gängevierteln.“

Es war aber nicht nur die Sorge um die Hygiene, die der damals einsetzende Abbruch der Gängeviertel beförderte – es war die Spekulation. Auf den Trümmern der Gänge entstanden die Mönckebergstraße und das Kontorhausviertel, das heute als Weltkulturerbe weit über die Grenzen der Hansestadt strahlt. Nach und nach veränderten Alt- und Neustadt ihr Gesicht. Auch politische Gründe spielten eine Rolle: Die Nazis schleiften die letzten Teile des bei ihnen verhassten „Klein-Moskau“ nach der Machtergreifung.

„Innerhalb weniger Jahre entwickelt sich die alte Kaufmannsstadt zu einer modernen Metropole“, schreibt der

Der Bau der Mönckebergstraße zeigt den Übergang zur modernen Großstadt. Die Einkaufs- und Geschäftsstraße wurde am 26. Oktober 1909 dem Verkehr übergeben. Wo wenige Jahre zuvor noch die Gängeviertel waren, stehen nun große Kontorhäuser. Blick auf den Barkhof (rechts), davor die ehemalige Bücherhalle mit Mönckeberg-Denkmal, im Hintergrund die Spitalerstraße.

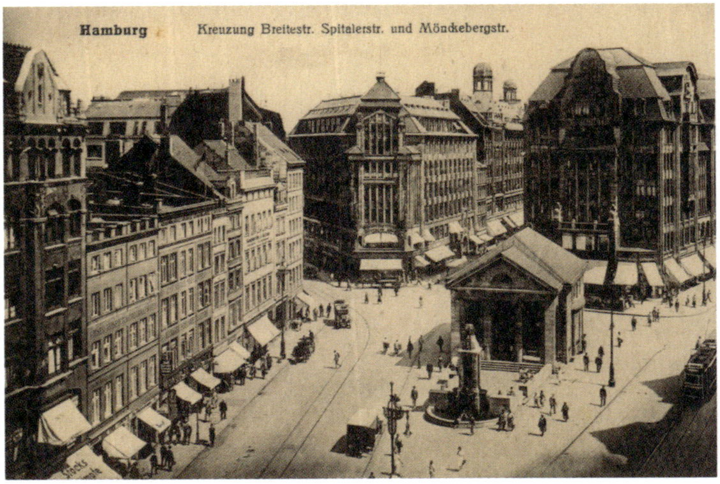

Architekturhistoriker Jan Lubitz und spricht von „Citybildung“, die eine bauliche und eine soziale Komponente kennzeichnete. „Die angestammte Wohnbevölkerung der Innenstadt, die hauptsächlich aus Arbeitern bestand, wurde an die Stadtränder verdrängt.“ Sie wurden in neue Stadtteile wie Eimsbüttel, Barmbek oder Hammerbrook vertrieben. Dort entstanden binnen kürzester Zeit große Wohnkomplexe der Gründerzeit, die früher verrufen waren und heute zu den attraktiven Wohnadressen gehören. Die bloßen Zahlen geben einen Eindruck vom rasanten Wandel binnen zwei Generationen: Lebten 1880 noch 171.000 Menschen in der Innenstadt, waren es zur Jahrhundertwende 137.000, bei Ausbruch des Zweiten Weltkriegs 66.000 Bewohner.

Wer heute durch die Steinstraße oder die Spitalerstraße spaziert und die mächtigen Büro- und Kontorhäuser betrachtet, kann sich nicht vorstellen, dass hier einst Fachwerkhäuser mit labyrinthartigen Hinterhöfen, Torwegen und schmalen Gängen vorherrschten. Ein weiterer Grund dafür, dass es dieses Gängeviertel heute nicht mehr gibt, war der Bau der Mönckebergstraße.

Nachdem das Neue Rathaus 1897 und der Hauptbahnhof 1906 – laut Lubitz „Paukenschläge des Werdens der modernen City“ – fertiggestellt waren, wuchs das Verlangen nach Veränderung. Hamburgs legendärer Oberbaudirektor Fritz Schumacher schrieb rückblickend im Jahr 1922: „Der Gang der Entwicklung wollte, dass gerade der hauptsächliche Teil des alten Hamburgs, das der große Brand von 1842 verschonte, ... in immer stärkerem Maße zum Brennpunkt des neuen Hamburger Lebens wurde: der Rathausmarkt und der Hauptbahnhof. Das Gewirr kleiner Gassen, das sich zwischen diesen beiden Punkten ausbreitete, war auf die Dauer unhaltbar. So war es nach Vollendung des Hauptbahnhofs eine natürliche Folge, dass man beschloss, diesen Verkehrsmittelpunkt und das Rathaus mittels eines größeren Straßendurchbruchs zu verbinden und damit einen weiteren Abschnitt des großen Sanierungs-

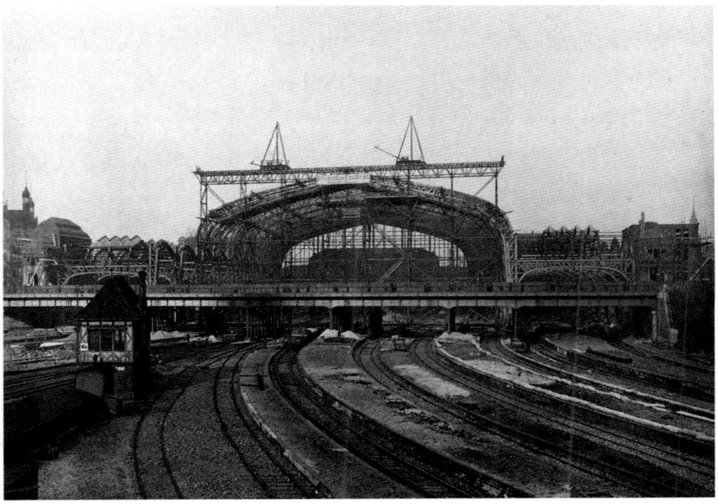

Der Hauptbahnhof liegt mitten in der Stadt, nur 800 Meter sind es bis zum Rathaus, 600 Meter zur Elbe und 400 Meter zur Alster. 1906 ist Hamburgs zentraler Infrastrukturbau an Stelle einzelner Kopfbahnhöfe entstanden. Das Foto von 1905 zeigt die Bauarbeiten: Die Gleise sind schon verlegt, die Stahlkonstruktion der Halle ist noch in Arbeit.

werkes zu beginnen, der nach der Cholera in Angriff genommen wurde." Der Hamburger Architekturprofessor Dirk Schubert bezeichnete die Mönckebergstraße in einem Essay treffend als „international und heimatlich zugleich" und spricht von einer „Weltstadtstraße".

Dort, wo bis zum Ende des 19. Jahrhunderts zumeist billige und elende Wohnungen standen, sahen die Stadtplaner nun Kontorhäuser. Kaufhäuser und Verwaltungsbauten vor. Sie hatten erkannt, dass die mittelalterlichen Strukturen innerhalb von Hamburgs Stadtmauern die wirtschaftliche und gesellschaftliche Entwicklung der Stadt hemmten. An kaum einem Ort wie in den Vierteln rund um die Mönckebergstraße ist daher der durch die Gründerzeit ausgelöste Wandel so deutlich zu erkennen.

Am Nikolaifleet im Burstah-Quartier liegt der spektakuläre Laeiszhof: Das Gebäude wurde 1897/98 für die Reederei nach Plänen von Bernhard Hanssen, Wilhelm Emil Meerwein und Martin Haller erbaut und ist bis heute Unternehmenssitz von F. Laeisz. Bemerkenswert ist die repräsentative Eingangshalle. Eine Treppenanlage mit umlaufenden Galerien bildet den Zugang zu den einzelnen Räumen. Ein großes quadratisches Treppenauge lässt viel Licht vom Glasdach einfallen. An den Ecken stützen gusseiserne Säulen die Galerien. Die Geländer sind mit schmiedeeisernen, floralen Ornamenten verziert. Eingearbeitete Anzeigetafeln zeigen das jeweilige Geschoss an. Einer der letzten in Betrieb befindlichen Paternosteraufzüge Hamburgs verbindet zusätzlich die Geschosse.

Nach den Worten des langjährigen Oberbaudirektors Jörn Walter bestimmte in jener Zeit die Funktion des jeweiligen Gebäudes, in welchem Stil es errichtet wurde. Die Neogotik beispielsweise sei den Kirchen vorbehalten gewesen, die Neorenaissance dem Hamburger Rathaus. Industrielle und gewerbliche Bauten besaßen meist unverputzte Backsteinfassaden. Die Speicherstadt oder das Unternehmensgebäude von Beiersdorf legen davon Zeugnis ab.

In dieser Zeit entstanden zugleich prächtige Kontorhäuser. Direkt am Rathausmarkt, rechter Hand für jene, die aus dem Rathaus treten, ist das Versmann-Haus zu entdecken. Das Eckgebäude wurde zwischen 1910 und 1912 als Kontorhaus mit Geschäften, einem Café und Restaurant er-

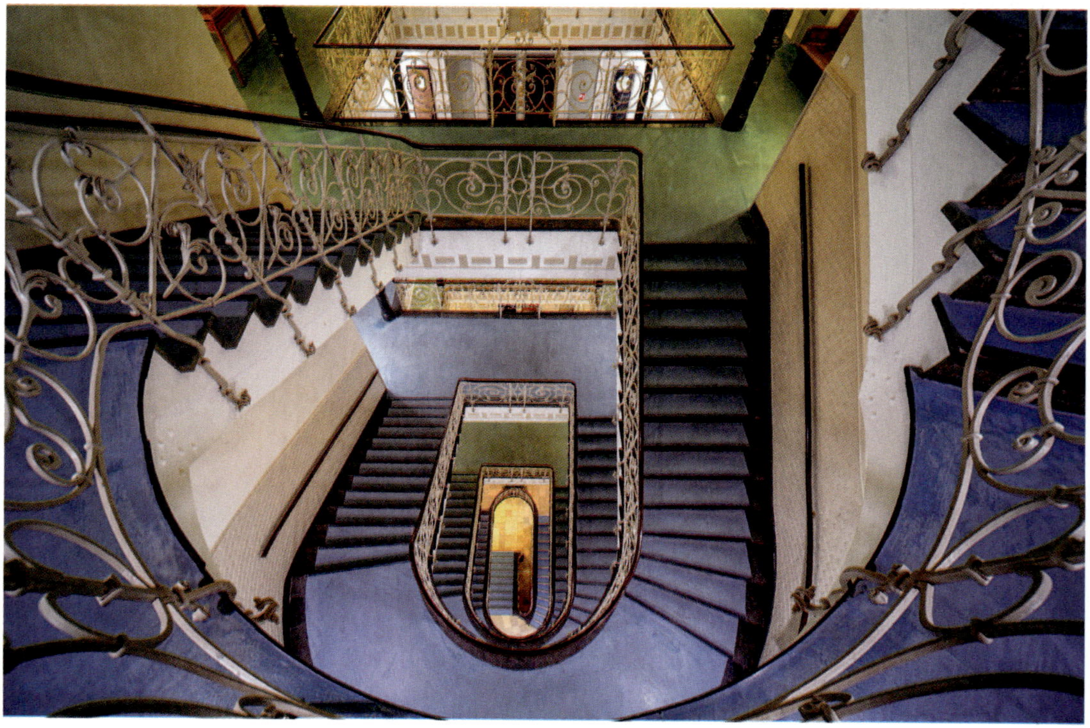

baut. Wer daran entlang spaziert, dem fällt vor allem der mächtige Durchgang auf, wo einst die Knochenhauertwiete entlangführte.

Ein paar Straßen weiter, südwestlich der Trostbrücke am Nikolaifleet gelegen, steht ein weiteres Kontorhaus, das den Geist der Gründerzeit atmet: der Laeiszhof. Es wurde 1897/98 für die Firma F. Laeisz erbaut, deren imposante Segelschiffe namens P-Liner wie die Peking, Passat, Pamir oder Preußen seinerzeit als die weltweit schnellsten galten. Die Gestaltung der Fassade und der Innenräume sollten den Erfolg des Handelshauses demonstrieren.

Es war ein Glücksfall, dass Hamburgs berühmter Architekt Martin Haller unter Mitarbeit von Bernhard Hanssen und Emil Meerwein das Gebäude entwarf. Schließlich hatte Haller mit dem Dovenhof auch den Prototyp eines Hamburger Kontorhauses gebaut. „Möge die Vorsehung dieses Haus in ihren Schutz nehmen", stand seit der Vollendung 1886 über der Eingangstür des gewaltigen Bürokomplexes an der Brandstwiete. Lange schien der Spruch zu helfen: Das moderne Kontorhaus prägte jene Bauten, die die Unesco 2015 als Weltkulturerbe adelte. Obwohl das Gebäude an der Brandstwiete den Krieg relativ unbeschadet überstanden hatte, wollte der Zeitgeist etwas Neues schaffen.

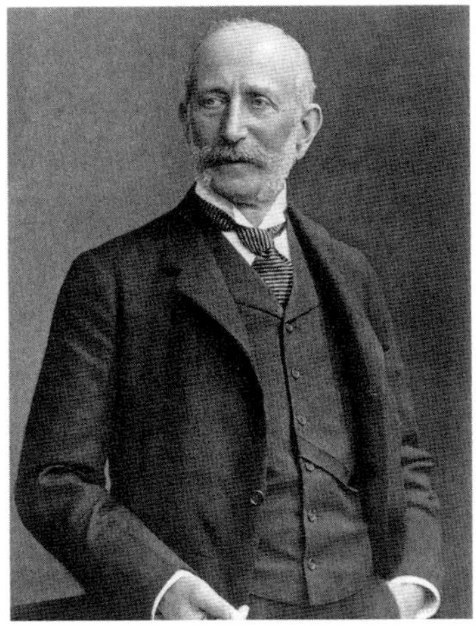

Der Rathausarchitekt Martin Haller (1835–1925) hat das Stadtbild durch viele repräsentative Villen, Kontorhäuser und öffentliche Bauten geprägt. Manche davon wie der Dovenhof sind schon wieder verschwunden.

Das Schloss, wo sogar der Hausmeister „Castellan" hieß, wurde rücksichts- und emotionslos geschleift. Damit verschwanden die Treppenhäuser mit ihren schmiedeeisernen Gittern, die breiten Flure, die großzügigen Lichthöfe, die einst hochmoderne Haustechnik nach US-Vorbild mit Dampfheizung, elektrischer Beleuchtung, einer Hauspost, einer zentralen Sanitär- und Heizungsanlage sowie dem ersten Paternoster Kontinentaleuropas. Der kolossale Sandsteinbau musste dem Autoverkehr und dem neuen Spiegelhochhaus weichen. Wie schrieb das Abendblatt im März 1967: „Ein Stück hanseatischer Vergangenheit fällt. An der Ost-West-Straße brechen Wände, bersten Balken, stürzen eiserne Träger in die Tiefe: Der Dovenhof, eines der

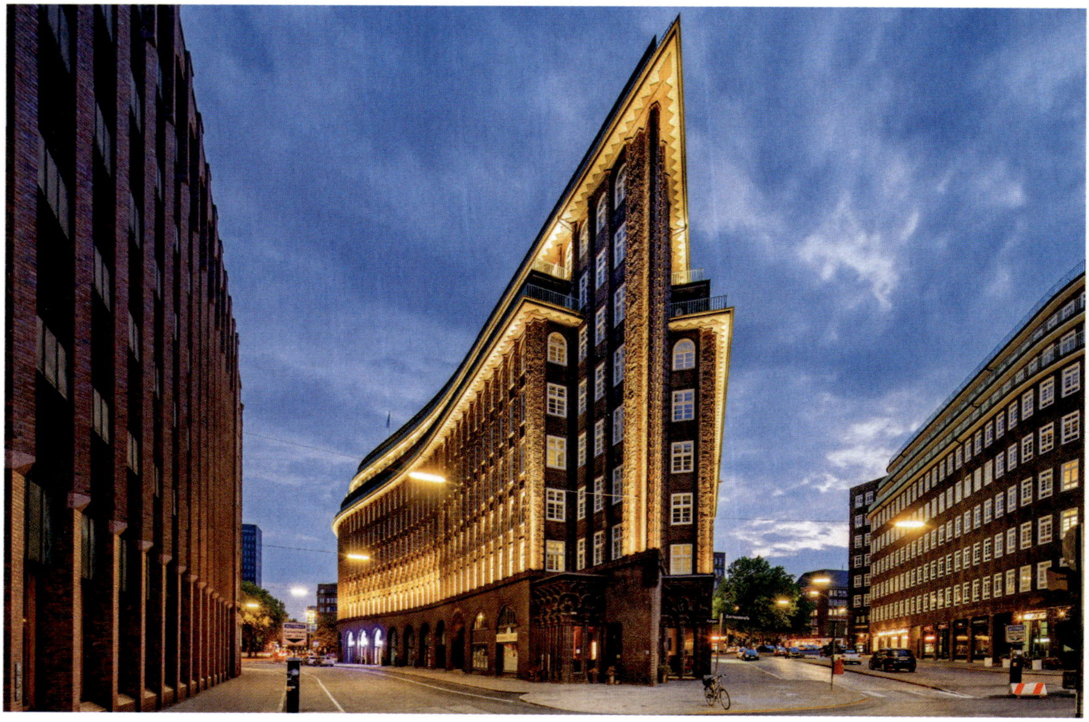

Die ersten Jahrzehnte des 20. Jahrhunderts stehen für einen Aufbruch und eine stürmische Modernisierung zugleich. Das Chilehaus errichtete Fritz Höger (1877–1949) zwischen 1922 und 1924 und schuf damit eine Ikone des Backsteinexpressionismus.

markantesten Bürohäuser der Innenstadt, hat seine Schuldigkeit getan und muß einem modernen Zweckbau weichen."

Die meisten dieser spektakulären Kontorhäuser aber haben Krieg und Wiederaufbau überdauert. Das Chilehaus, ein Meisterwerk des Backsteinexpressionismus von Fritz Höger, symbolisierte den Aufbruch in eine neue Zeit: Kein anderes Gebäude wurde in den 1920er-Jahren häufiger fotografiert. Weitere gewaltige Bürohäuser wie der Meßberghof, der Sprinkenhof, der Montanhof, das Miramarhaus und der Mohlenhof entstanden auf den Trümmern des Gängeviertels. So unterschiedlich sie in ihrem Stil sind, so eint sie der Klinker. „Schumacher hat es geschafft, einen Konsens zwischen unterschiedlichen Architekturstilen herzustellen", lobt Jörn Walter. „Er schuf eine Einheit, eben weil alle mit dem gleichen Material gebaut haben."

Auch der Wohnungsbau jener Tage zeichnete sich durch „eine unbekümmerte Stilvielfalt" aus, wie es Kossak

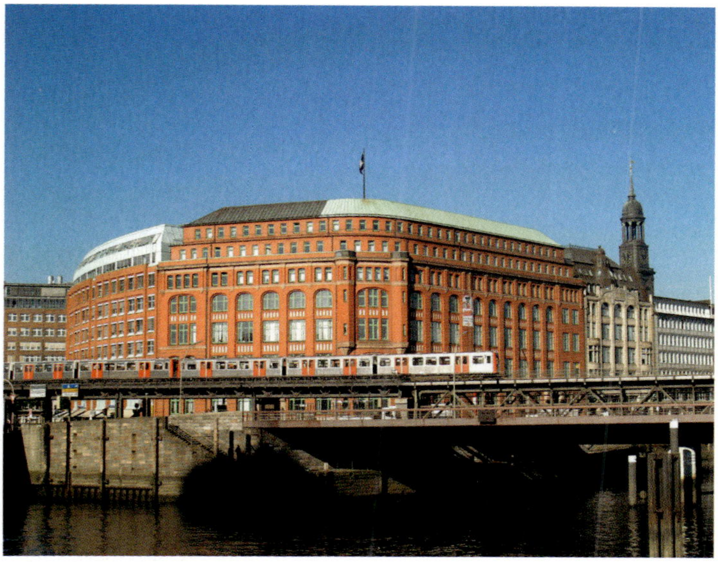

Das Slomanhaus am Baumwall geht gleich auf die Pläne mehrerer bekannter Architekten zurück. Errichtet wurde es von 1908 bis 1910 nach Plänen von Martin Haller und Hermann Geißler für die Reederei Rob. M. Sloman. 1921/1922 erweiterte Fritz Höger das Gebäude.

nannte. „Nach Belieben nutzte man Renaissance, Gotik, Barock, Neuklassizismus, Heimat- und Reformstil." Flächen für die vielen zu bauenden Gebäude waren durch eine neue Landgemeindeordnung* vorhanden. 15 rund um Hamburgs Stadtkern gelegene Orte wurden kurzerhand zu Vororten erklärt. Wo zuvor Kühe weideten, entstanden ganze Wohnviertel neu.

Stadtteile wie Rotherbaum, Harvestehude, Eimsbüttel, Uhlenhorst „erhielten zwischen 1880 und 1915 ihren spezifischen Charakter durch den Typus des gründerzeitlichen Etagenhauses", schreibt Kossak. Viele Quartiere, die in jener Zeit entstanden, zeichneten sich durch ein klares, einfaches Straßensystem aus. „Ihre in die Straßenzeile eingebundenen Einzelhäuser, auf relativ schmaler Parzelle mit gleicher Traufhöhe, beziehen sich auf die Tradition des mittelalterlich-frühneuzeitlichen Bürgerhauses."

Anders als im Industriebau hatte sich im Wohnungsbau zu jener Zeit der Backstein als vorherrschendes Fassadenelement noch nicht durchgesetzt. So erhielten viele Wohngebäude – zumindest die von wohlhabenderen Eigentümern – ein weißes Gepräge. An beiden Seiten der Außenalster sind Beispiele aus jener Zeit zu entdecken:

* Am 12. Juni 1871 beschloss die Hamburger Bürgerschaft eine Landgemeindeordnung, die 15 rund um den Hamburger Stadtkern gelegene und zur Stadt gehörende Orte zu Vororten erklärte, um sie dem bisherigen Landgebiet zu entziehen und unter unmittelbare städtische Verwaltung zu stellen. Die 15 Vororte waren Rotherbaum, Harvestehude, Eimsbüttel, Eppendorf, Winterhude, Barmbek, Eilbek, Uhlenhorst, Hohenfelde, Borgfelde, Hamm, Horn, Billwerder Ausschlag, Steinwerder und Kleiner Grasbrook.

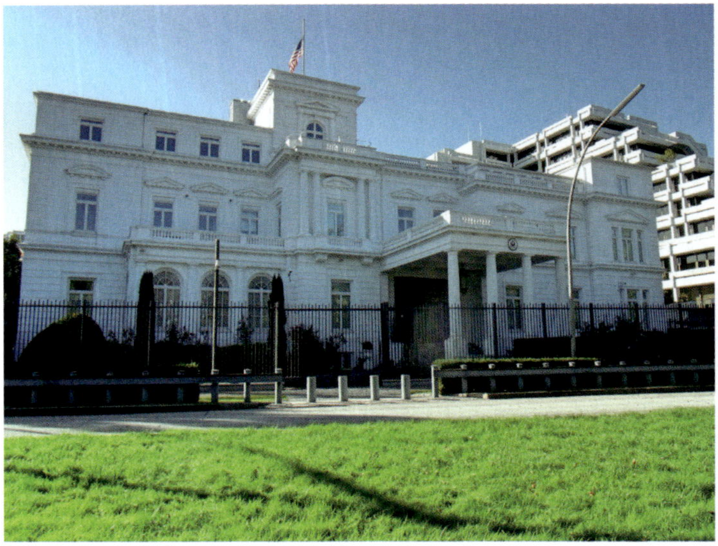

Jahrzehnte lang nutzte die USA zwei Haller-Villen am Alsterufer 27 und 28 als Generalkonsulat. Nun wird das Haus zu einem Boutique-Hotel umgebaut. „The Jefferson" dürfte aber nicht vor 2028 eröffnen.

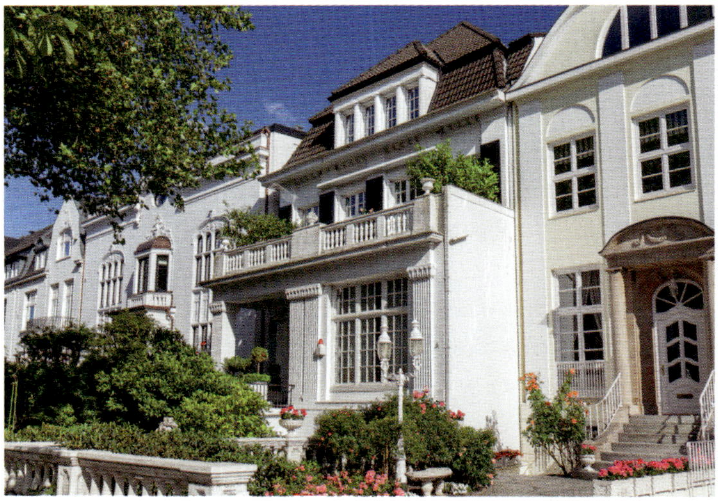

Das weiße Hamburg im Umfeld der Alster: Stadtreihenhäuser vermögender Bürger prägen ganze Straßenzüge.

Spektakuläre Villen im Tudor-Stil wie das Sloman-Haus am Harvestehuder Weg 6, das klassizistische Budge-Palais (heute Hochschule für Musik und Theater) oder das frühere „Weiße Haus an der Alster" (ehemaliges Generalkonsulat der USA, Alsterufer 27/28) von Martin Haller.

Je weiter man sich vom Stadtzentrum entfernte, desto mehr verändert sich Hamburg von einer Villenarchitektur zu einer dicht bebauten massiven Stadt: Eppendorf, Eimsbüttel oder Winterhude stehen dafür. Die Gründerzeit hat in

Hamburg vier Gebäudetypen hervorgebracht: die Stadtvilla, das Stadtreihenhaus, das Etagenhaus und den Terrassenbau. Die freistehende und an Landhäuser erinnernde Stadtvilla ist rund um die Alster und in den Elbvororten zu entdecken. Das Stadtreihenhaus als ein reines Wohngebäude für eine oder mehrere Familien wurde von den Londoner Townhouses beeinflusst.

Etagenhäuser waren kompakte Einzelbauten und sollten vor allem dazu dienen, auf geringem Platz möglichst viele Menschen unterzubringen. „Überhöhte Bebauungsdichte und Bautiefe mit Hinterhöfen, wie sie vor allem in Hammerbrook, Teilen von Hamm, Barmbek und St. Pauli aus spekulativen Gründen von Terraingesellschaften erstellt wurden, haben das Etagenhaus zu Recht mit der Bezeichnung ‚Mietskaserne' in Verbindung gebracht", schreibt Kossak. In vielen der neuen Wohnviertel wurden die Hinterhöfe für „dreigeschossige, eng stehende Gebäudezeilen", sogenannte Terrassen, genutzt. Sie dienten Arbeitern als Quartiere und erinnerten an die Gängeviertel: dunkel, eng und hygienisch unzumutbar.

Angesichts der weiter wachsenden Bevölkerung regierte das Motto Bauen, Bauen, Bauen: Lebten zur Jahrhundertwende gut 700.000 Menschen in der Stadt, durchbrach die Stadt 1912 die magische Marke von einer Million Einwohner. Das Netz des öffentlichen Nahverkehrs wurde massiv ausgebaut und verdichtet, es entstanden viele öffentliche Bauten, aber auch repräsentative Gewerbe- und Industriegebäude.

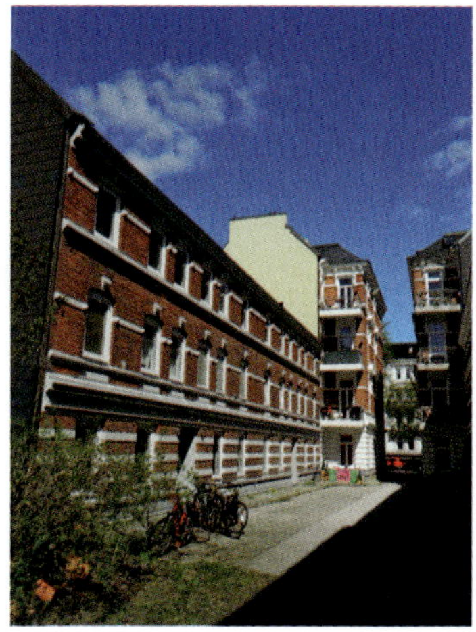

Mit steigenden Einwohnerzahlen stieg der Bedarf auch nach günstigem Wohnraum – Anfang des Jahrhunderts entstanden überall Terrassenhäuser wie hier in Hoheluft Ost: Dabei wurden Innenhöfe mit mehrgeschossigen Mietshäuserzeilen bebaut, die quer zur Straßenachse stehen.

Die Ära Schumacher

In dieser Zeit begann ein Mann die Stadt zu prägen, dem bis heute fast jeder Architekt, jeder Stadtentwickler, jeder Kritiker fast uneingeschränkt Respekt zollt: Fritz Schumacher. Am 4. November 1909, seinem 40. Geburtstag, trat der gebürtige Bremer sein Amt als Leiter des Hochbauwesens und Baudirektor in Hamburg an – und gestaltete die Stadt bis zu seiner Zwangspensionierung im Mai 1933 wie kein Zweiter. Er verwandelte Hamburg in eine rote Stadt.

„Ob der Backstein Schumacher geprägt hat oder Schumacher den Backstein, ist ein Henne-Ei-Problem", sagt der langjährige Oberbaudirektor Jörn Walter. Fakt ist, dass Schumacher, der zuvor in Dresden noch mit Sandstein baute, in Hamburg auf das lokale Vorbild des roten Klinker setzte. Der Heimatstil gewann in dieser Zeit an Popularität, und der Backstein galt als bodenständig, deutsch und hanseatisch zugleich.

Schon Albert Erbe (1868–1922) hatte seit 1901 als stellvertretender Leiter des Hochbauamtes den spezifischen hamburgischen Heimatstil befördert. Der Architekt des Gymnasiums Kaiser-Friedrich-Ufer, der Oberfinanzbehörde am Rödingsmarkt und der heutigen Bucerius-Law-School hatte selbst auf den Posten Schumachers geschielt, war aber unterlegen.

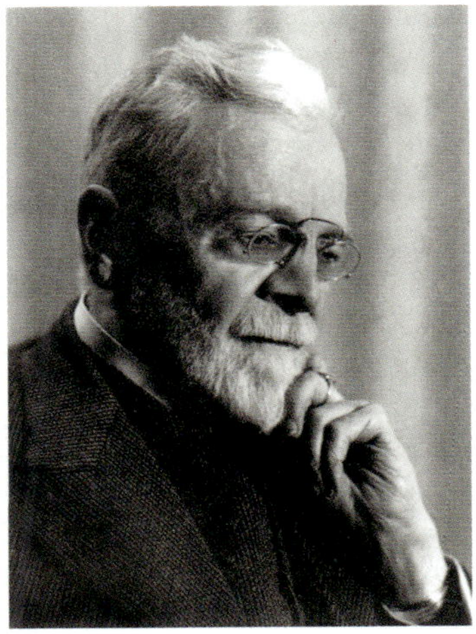

Oberbaudirektor Fritz Schumacher (1869–1947) hat die Stadt wie kein Zweiter geprägt. Der Architekt und Stadtplaner wirkte in der Hansestadt von 1909 bis 1933 und gestaltete nicht nur die moderne Stadt, sondern entwarf auch selbst viele öffentliche Gebäude.

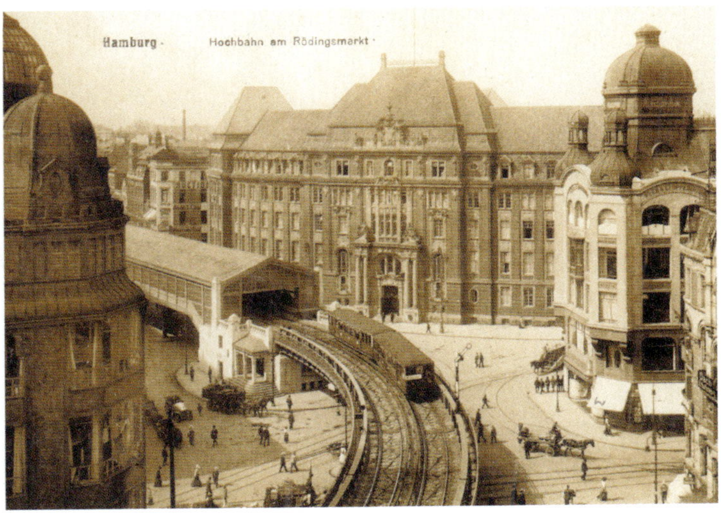

Mit dem Bau der Hochbahn (hier die Haltestelle am Rödingsmarkt) wurde das Wachstum der Stadt erst möglich. Denn die Züge konnten die Arbeitnehmer aus weiter entfernten Neubauquartieren bis in die Innenstadt bringen. Die erste Hochbahnstrecke wurde 1912 mit der Ringlinie, Teil der heutigen U3, in Betrieb genommen.

Fritz Schumacher baute viele Schulen in der wachsenden Stadt wie die in der Wendenstraße in Hammerbrook. Sie entstand zwischen 1928 und 1930 und überstand als eines von nur wenigen Gebäuden im Osten die Operation Gomorrha, den verheerenden Bombenangriff vom 27. auf den 28. Juli 1943, in deren Verlauf mehr als 35.000 Hamburger starben. Heute steht sie unter Denkmalschutz.

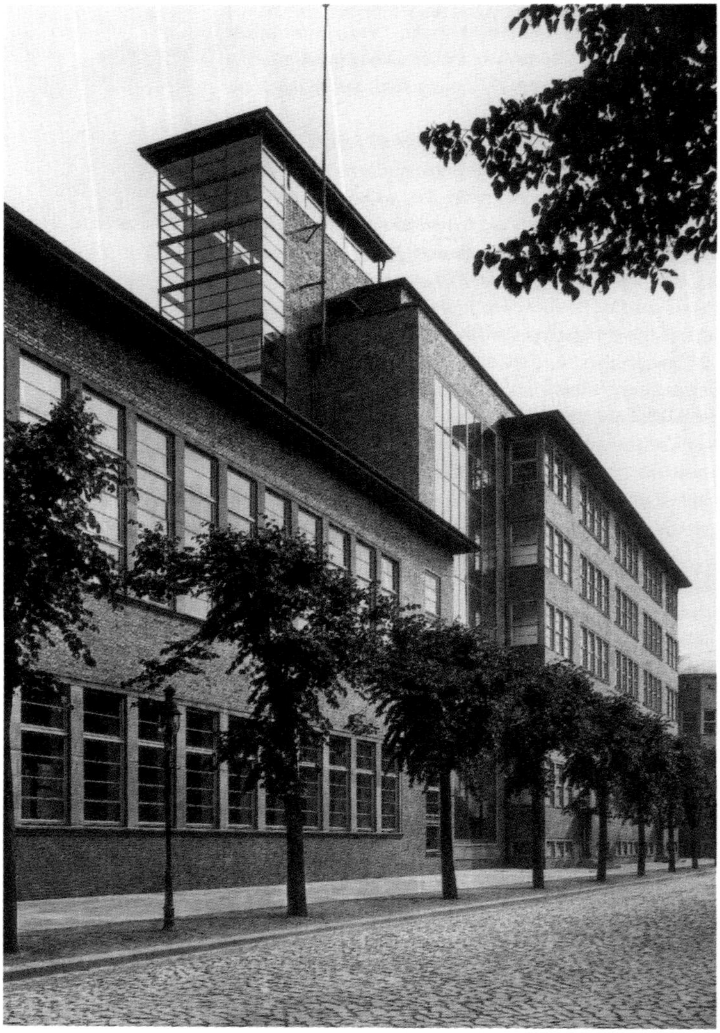

Der neue Baudirektor setzte Erbes Erbe fort, er fand einen „gut bestellten Acker" vor. Zu tun gab es reichlich, die Stadt wuchs stürmisch, die Infrastruktur ebenfalls. Zu Schumachers Amtsantritt standen 31 Neubauten und neun Umbauten an. Viele Profanbauten aus dieser Zeit prägen das Bild der Stadt bis heute – beim Stadtbummel stößt der Flaneur allerorten auf einen echten Schumacher. Er errichtete Bildungsstätten wie das Johanneum (1912–1914) oder die Hochschule für Bildende Künste am Lerchenfeld (1911–1913), Kliniken und Forschungseinrichtungen wie das Tro-

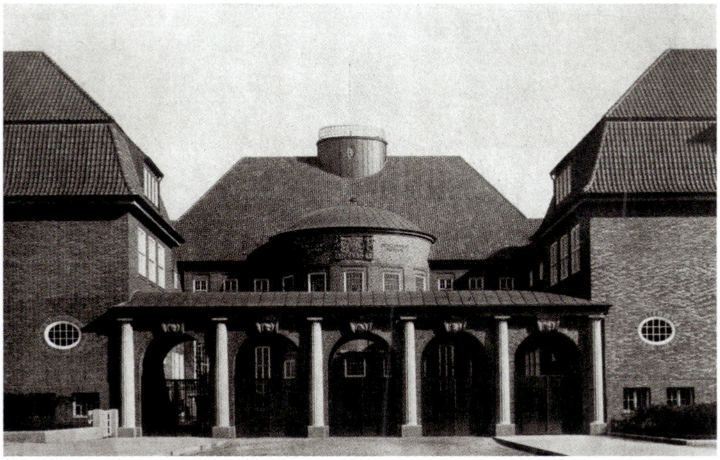

Besonders bekannt ist Schumachers Schulbau in Winterhude: Die Gelehrtenschule Johanneum zog 1914 in das Gebäude an der Maria-Louisen-Straße.

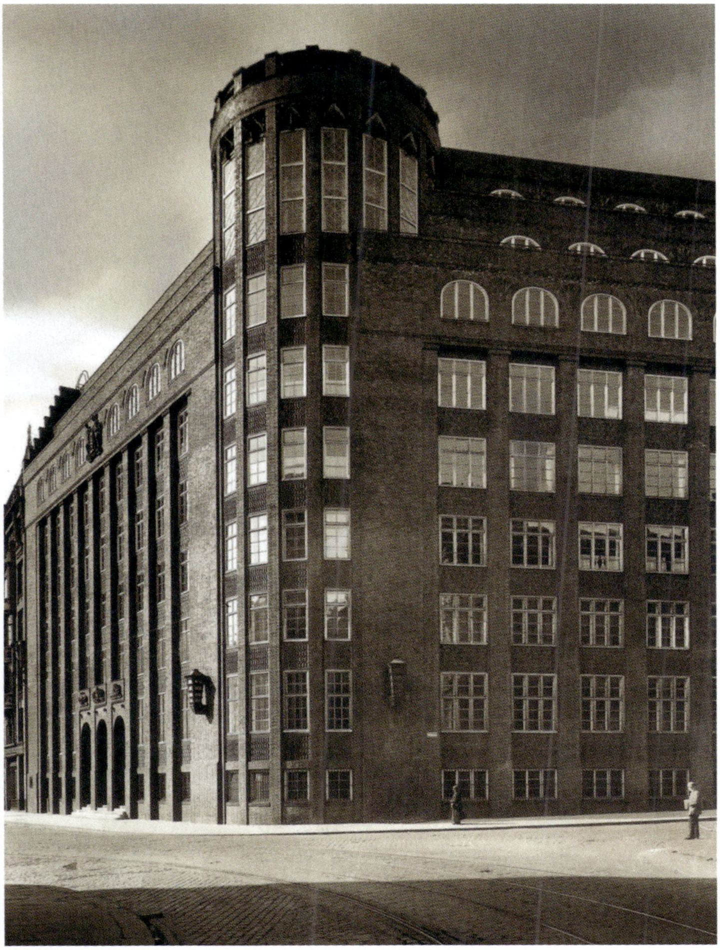

Die Finanzbehörde am Gänsemarkt gehört zu den Meisterwerken des Architekten Schumacher. Der Bau der Finanzdeputation begann schon 1914 und wurde aus finanziellen Gründen mehrfach gestoppt. Erst 1926 wurde das Gebäude mit seinen 490 Räumen fertig gestellt.

„Der Gänsemarkt 36 ist ein bedeutendes Kulturdenkmal, eine kunsthistorische und stadtplanerische Ikone für die Hansestadt. Mit diesem Gebäude prägte Hamburgs bekanntester Baumeister Fritz Schumacher das Stadtbild der Hamburger Innenstadt maßgeblich", sagt Finanzsenator Andreas Dressel. Er ließ das Haus 2023 für 119 Millionen Euro zurückkaufen.

Das beeindruckende Treppenhaus in der Mittelhalle der Handwerkskammer am Holstenwall: Das nach Plänen des Hamburger Oberbaudirektors Fritz Schumacher 1915 errichtete ehemalige Gewerbehaus ging erst 1989 in den Besitz der Kammer über. Bis dahin gehörte es der Stadt. Das Zusammenwirken aller Künste war Schumacher ein stetes Anliegen, und so bezog er bereits in der Entwurfsphase Bildhauer und Maler in die Ausgestaltung seiner Bauten ein. Man sah damals im Bauen einen wesentlichen Beitrag zur Reform der Kunst und damit des Lebens überhaupt. Seit 2013 steht das Haus unter Denkmalschutz.

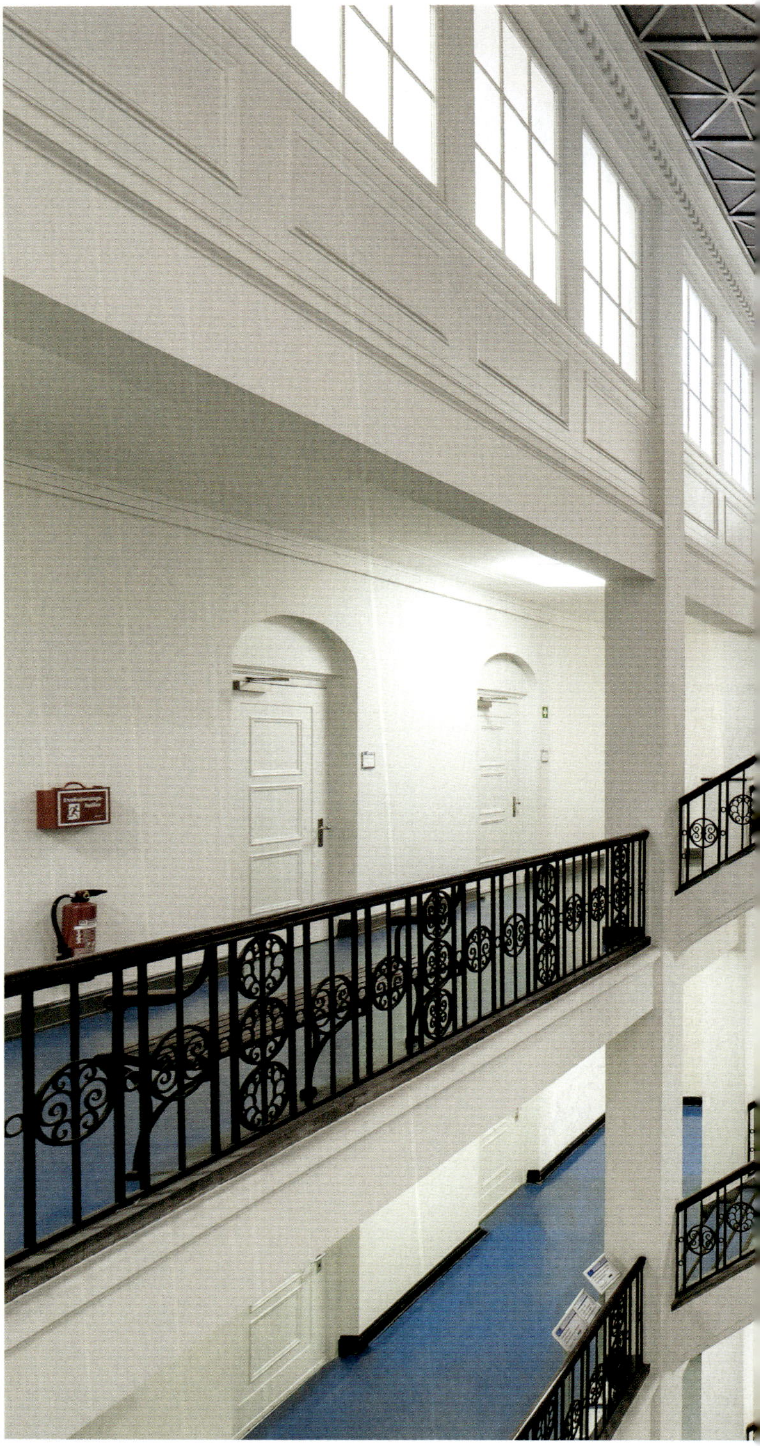

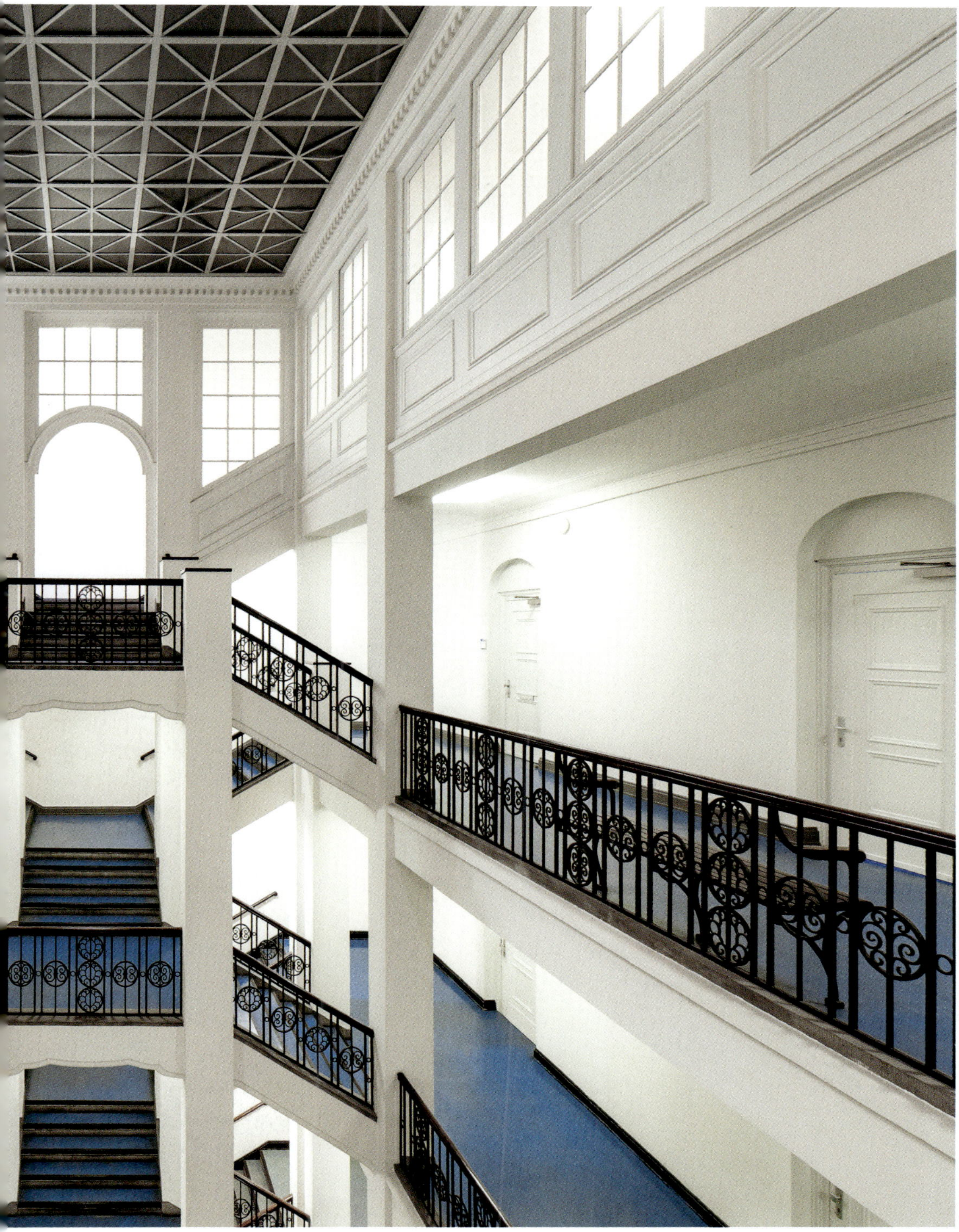

peninstitut (1910–1914), das heutige Fritz-Schumacher-Haus am UKE (1913–1926) oder das Museum für Hamburgische Geschichte (1914–1923). Die Davidwache (1913–1914) an der Reeperbahn gehört genauso zum Werk wie das Holthusenbad in Eppendorf (1912–1914) oder das Lotsenhaus am Bubendeyweg in Waltershof (1914). Sein letzter großer und nach eigener Aussage „persönlichster" Bau ist das Krematorium auf dem Friedhof in Ohlsdorf (1930–1932).

Sein imposantestes Werk ist die Finanzbehörde am Gänsemarkt. Das Gebäude wurde 1914 begonnen und wegen der Wirren der Zeit erst 1926 fertiggestellt. In der Fassade und den zurückspringenden Staffelgeschossen mit Flachdach zeigt sich ein Stilwandel hin zur Moderne. Die Keramikreliefs geben der Fassade ein besonderes Gesicht. Schumacher hat sich entwickelt und ist sich doch treu geblieben. War er zu Beginn vom Heimatstil beeinflusst, fließen zum Ende der 20er-Jahre immer stärker modernere Bauformen, etwa das Bauhaus, mit ein. Stets hielt er zugleich an seiner hamburgeigenen Tradition fest. Früh initiierte er eine Baupflegekommission, in der Architekten, Bürger und Künstler auf die gestalterische Qualität achtgaben.

Ironischerweise ist sein vielleicht wichtigstes Werk erst auf den zweiten Blick erkennbar – Schumacher hat in einer Zeit dynamischer Veränderungen das Kunstwerk Hamburg mit seinen strengen, bis heute gültigen Gestaltungssatzungen für Rathausmarkt, Kleine Alster, Binnenalster und Außenalster bewahrt. „Er hat viel dazu beigetragen, dass Hamburg bis heute ein Kunstwerk ist", sagt Volkwin Marg (geb. 1936), einer der bekanntesten Hamburger Architekten der Gegenwart. Unterhalb der Fuhlsbütteler Schleuse hat sich ein Alsterkunstwerk von Fritz Schumacher mit Böschungsmauern, Becken und Terrassen erhalten. Übrigens eines, das sozial zu verstehen ist, weil es das Alsterufer allen öffnete.

Sein knappes Hamburger Vierteljahrhundert (mit drei Jahren Beurlaubung für eine Aufgabe in Köln) war eine Zeit

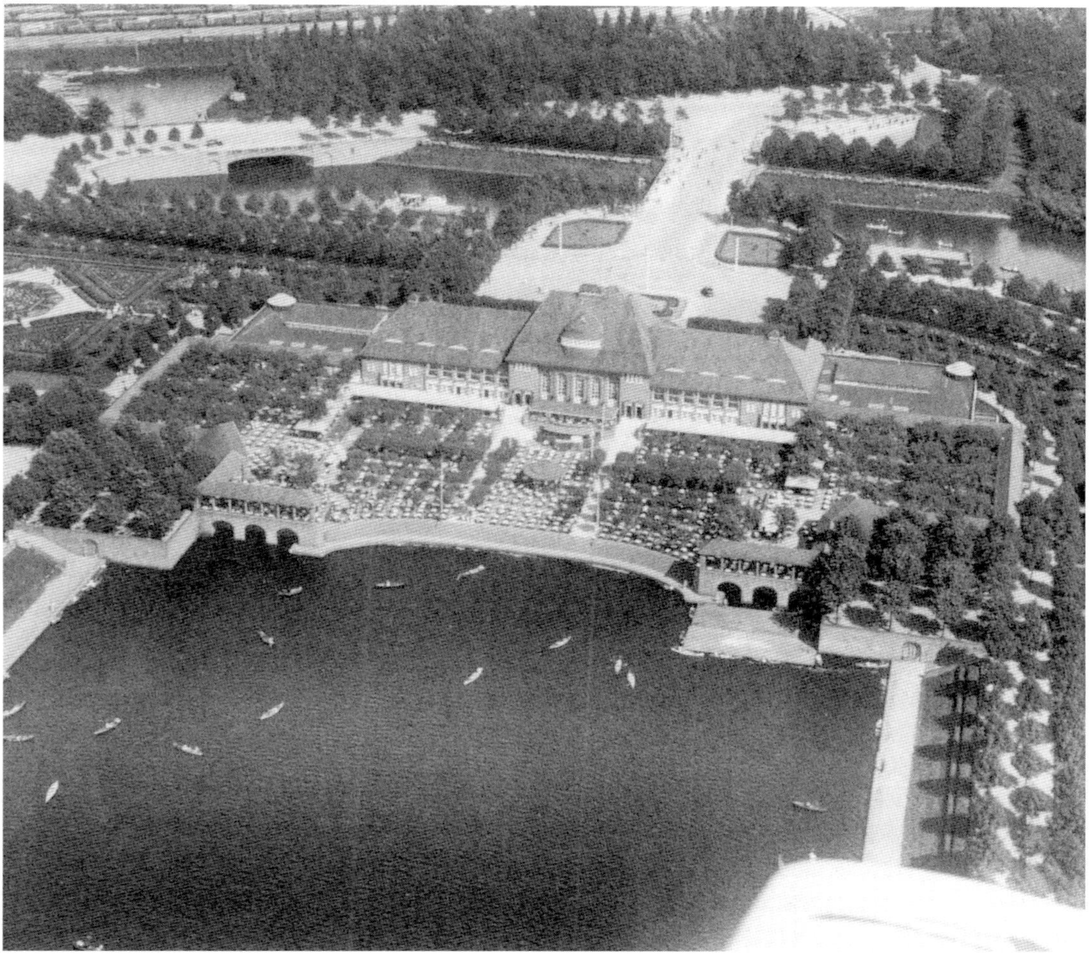

der Wirren und des Wandels: Hochkonjunktur, Weltkrieg, Revolution, Inflation, Aufschwung, Weltwirtschaftskrise – die Zeitläufte benahmen sich wie ein Manisch-Depressiver.

Vor dem Ersten Weltkrieg florierte die Hansestadt – und Bürger und Unternehmer strebten danach, sich und ihrem Wohlstand ein Denkmal zu setzen. „Die Stadt wächst insgesamt in die Höhe. Auf alten Hamburger Stadtansichten sieht man noch die Kirchenschiffe", sagt Walter. „Ab dem Weltkrieg aber sind nur die Türme geblieben." Ein Bauboom erfasste die Stadt. Anfang des 20. Jahrhunderts wollten viele Geschäftsleute auffällige Lichtwerbungen an ihren Fassaden anbringen und den Gebäuden Türme aufpflanzen.

Gemeinsam mit Oberingenieur Ferdinand Sperber entwickelte Schumacher das Konzept für den Stadtpark, das Hamburgs Gartenbaudirektor Otto Linne später umsetzte. Der Oberbaudirektor übernahm auch die Bauten wie den Wasserturm (heute Planetarium) und die im Krieg zerstörte Stadthalle, die das Luftfoto von 1925 zeigt.

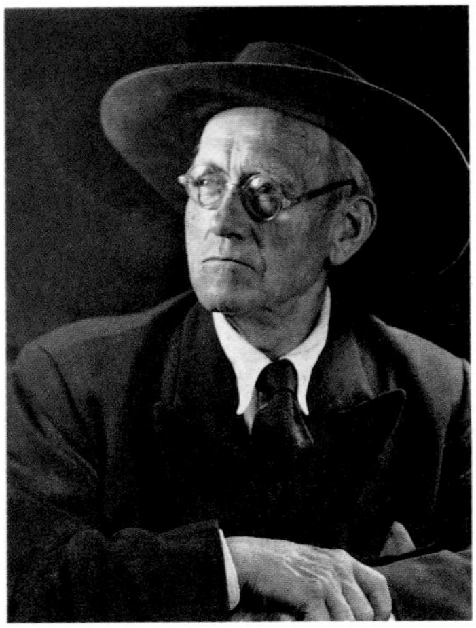

Fritz Höger ist einer der bedeutendsten Architekten Hamburgs in der ersten Hälfte des 20. Jahrhunderts. Ideologisch war er aber tief in den Nationalsozialismus verstrickt.

Der Architekt Fritz Höger (1877–1949) plante Türme für das Hapag-Lloyd-Gebäude und das Broschek-Haus – doch die Gestaltungssatzung für die Binnenalster verhinderte es. Die Vorschriften verlangten, dass sich alle an die Traufhöhe zu halten hatten und die Dächer mit Kupfer gedeckt werden mussten. So konnte Hamburgs prägende Stadtansicht über Jahre bestehen bleiben – auch wenn einzelne Gebäude, wie etwa das fast 100 Jahre alte Europa-Haus, ohne viel Federlesens für die Europa Passage fielen. Doch auch die Shopping Mall, 2006 fertiggestellt, musste in ihrer Fassade sich der Schumacherschen Gestaltungssatzung beugen.

Für viele Hamburger steht Schumacher vor allem für den Klinker. „Indem er die traditionsreiche Backsteinarchitektur zum Grundthema seines Entwerfens machte, hat er eine Baukonvention geschaffen, die sich bis heute immer wieder neu belebt", lobt Marg. Der Backstein verbindet unterschiedliche Baustile, ob Heimatstil, Expressionismus oder moderner Internationalismus.

Plötzlich wechselt die Stadt die Farbe – auch heute noch für alle bei einer Fahrt aus der Stadt heraus sichtbar. „Wenn der Backstein losgeht, handelt es sich meist um Bebauung nach dem Ersten Weltkrieg", sagt Jörn Walter. Die 20er- und 30er-Jahre werden die große Zeit des Backsteinbaus. Der Ziegel, für Industrie- und Profanbauten sowie Kirchen seit Langem akzeptiert, wird nun auf den Wohnungsbau übertragen.

Die ersten Anfänge sind zur Jahrhundertwende erkennbar – an der Methfesselstraße in Eimsbüttel beispielsweise entstehen Mietskasernen, sogenannte Hamburger Burgen, die bereits großflächig Backstein verwenden, allerdings noch unterbrochen von weißen Putzflächen. Doch auch diese weichen bald – der Backstein regiert durch.

Es sind keine einfachen Jahre – die Wirren der Niederlage im Ersten Weltkrieg lähmen, 1923 wütet die Hyperinflation, und schon 1929 bereitet die Weltwirtschaftskrise dem zaghaften Aufschwung ein abruptes Ende. Die Sozialdemokraten sind die stärkste Partei in der noch jungen

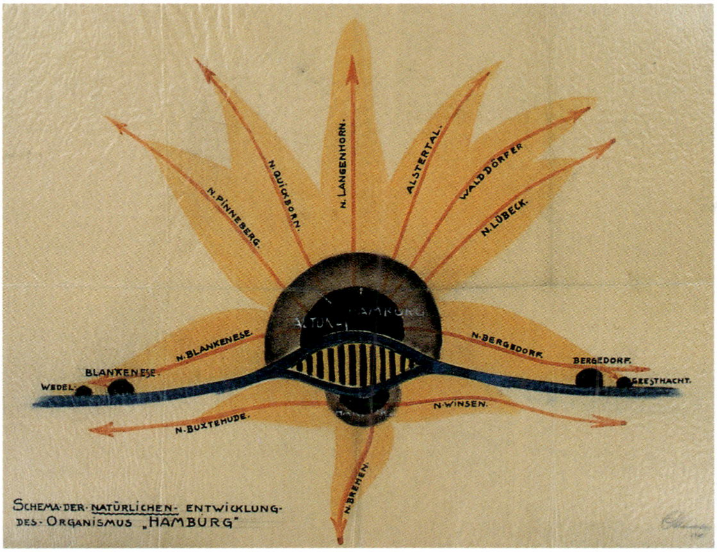

Oberbaudirektor Fritz Schumacher erfand 1920 das Schema der natürlichen Entwicklung des Organismus „Hamburg“ und zeichnete Achsen, an der sich die Stadt- und Landesplanung ausrichten soll. Bis heute ist dieser Plan aktuell, etwa bei der Entwicklung der Magistralen.

Hamburger Demokratie. Mit dem sozialdemokratischen Aufbruch gewinnt der Wohnungsbau eine besondere Bedeutung. Schumacher schwebt ein Achsenplan vor, Wohn- und Grüngürtel sollen sich um den alten Leib der Stadt spannen.

Während Schumacher die Gemeinschaftsbauten wie Schulen entwirft, kommen beim Wohnungsbau Vertraute zum Zuge. Die Gebrüder Paul und Hermann Frank bauten in Dulsberg, Hans und Oskar Gerson in Barmbek und Eppendorf, Karl Schneider in Winterhude, gleich mehrere Architekturbüros setzten die gefeierte Jarrestadt um. Es sind große, symmetrische, fast kasernenartige Bauten, die eingebettet ins Grüne, mit modernster Ausstattung und einer funktionierenden Nachbarschaft locken – Leuchttürme eines sozialen Wohnungsbaus. Der rote Backstein, die Sprossenfenster und die Innenhöfe verleihen ihnen zugleich eine heimatliche, norddeutsche Note.

Im noch preußischen Altona gestaltet der Architekt Friedrich Ostermeyer (1884–1963) die große Wohnanlage „Friedrich-Ebert-Hof“ nach den Prinzipien des Neuen Bauens. Die großen Backsteinquartiere stehen für eine radikale Abkehr von den heute so beliebten Gründerzeitquartieren.

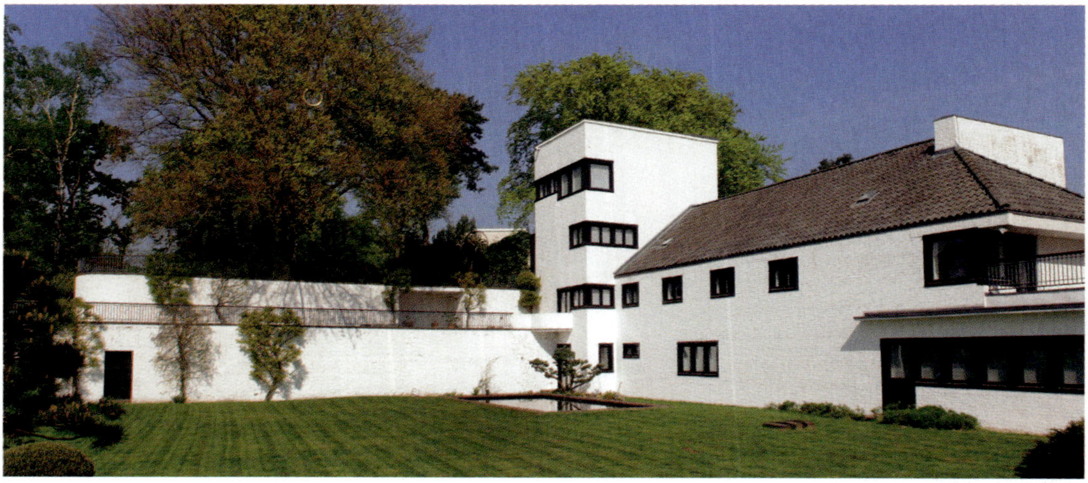

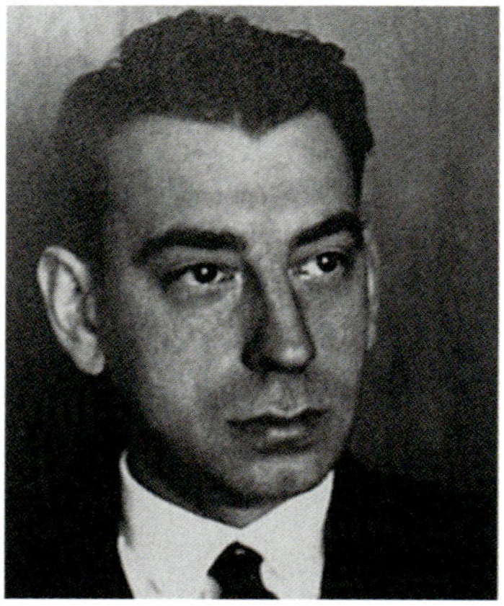

Am Falkensteiner Ufer im Landhaus Michaelsen befindet sich heute das Puppenmuseum. Das 1923 bis 1924 erbaute Kleinod im Stil der Neuen Sachlichkeit hat eine bewegte Geschichte hinter sich. Es hätte nicht viel gefehlt und Axel Springer, der das Anwesen in den 1950er-Jahren erwarb, hätte das Werk des Architekten Karl Schneider (1892–1945), Bild unten, Anfang der 1970er abreißen lassen.

Deren „Hamburger Knochen" aus der Phase von 1893 bis 1914 galten als industriell gefertigte Mietskasernen der Spekulationsjahre, die Bebauung war eng, die Wohnungen wegen des Schlitzbaus dunkel.

Die neuen Backsteinbauten sollten anders sein – ein Bekenntnis zur Handwerkskunst, eine Rückkehr zur Natur, eine Befreiung. Schumacher verstand sich als Vertreter der Reformarchitektur, gehörte aber nicht zur Avantgarde. Gleichwohl prägte ihn der sozialreformerische Ansatz mit dem Ziel von Licht, Luft und Sonne. Tatsächlich wurden die Innenhöfe durch die neue Blockbebauung viel größer, Querlüftung möglich, die Wohnungen heller.

In seinem Buch „Die Kleinwohnung" legt der Hamburger Baudirektor dar, für wie „verderblich" er die gründerzeitlichen Bauten hält und wie sich zum selben Preis sehr viel gesündere Wohnungen bauen lassen. Trotz des massiven Kosten- und Zeitdrucks kämpfte er für kluge Grundrisse, die neben einer optimierten Küche noch Platz für ein Bad schufen. Angesichts der enormen Wohnungsnot wurden die Bauten rasch größer und höher, es gibt einen Maßstabssprung.

Doch die Stadt hat noch einen weiteren großen Baumeister hervorgebracht, der im Schatten Schumachers stand: Gustav Oelsner (1879–1956). Wer durch Ottensen

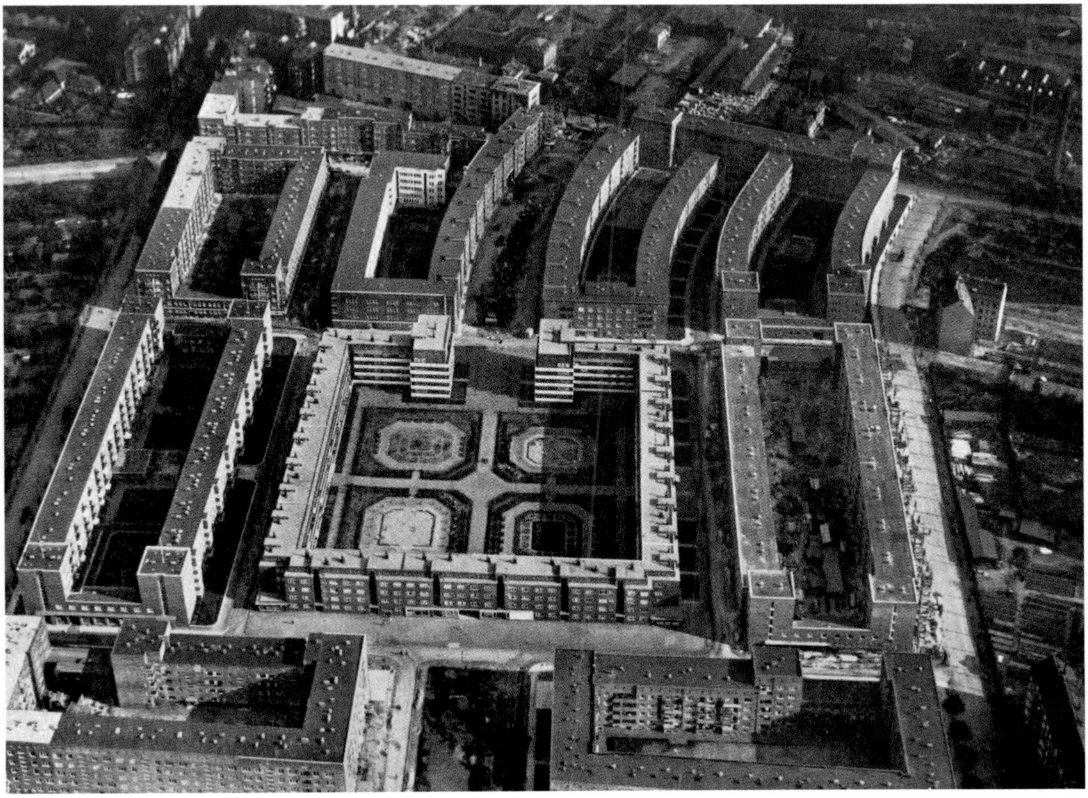

oder Altona, Bahrenfeld oder Othmarschen streift, trifft fast zwangsläufig auf sein Erbe. Die bekannteste Erinnerung ist die Gewerbeschule „Haus der Jugend“ gegenüber dem Altonaer Rathaus. Der kompromisslose Stahlbetonbau, errichtet zwischen 1928 und 1930, war vor dem Hintergrund der historisierenden Gebäude am Platz der Republik revolutionär – in Form wie in Funktion. Die Berufsschule rückte plötzlich die Arbeiterschaft in das repräsentative Zentrum der Stadt. „Das ist kein Kitschbau, sondern etwas ungemein Modernes: Die Berufsschule sieht aus wie eine Fabrik“, lobt Peter Michelis, der seit Jahren als Vorsitzender der Gustav-Oelsner-Gesellschaft für das Erbe des Altonaer Baumeisters kämpft.

Diesen Eindruck der Zeitlosigkeit, diese zurückhaltende Moderne, die leichte Eleganz prägen viele Bauten von Gustav Oelsner. Die Reihenhäuser am Rulantweg gehören

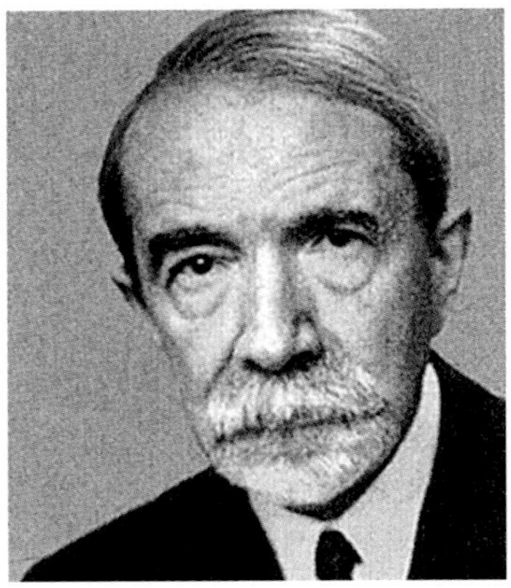

In den 1920er-Jahren gelang trotz widriger Verhältnisse eine Wohnungsbauoffensive, wie die Jarrestadt in Winterhude (hier ein Luftbild von Albert Renger-Patsch) zeigt. In Altona setzte der Stadtbaurat Gustav Oelsner (1879–1956) Maßstäbe.

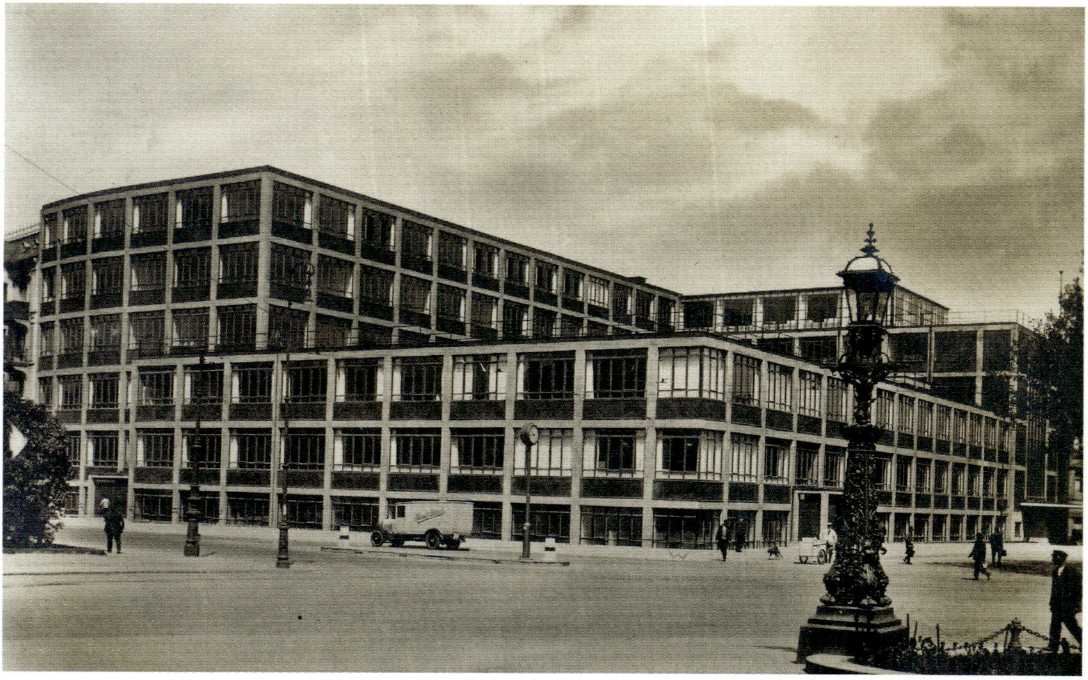

Einer der bekanntesten Bauten von Gustav Oelsner ist die Gewerbeschule in Altona. Die damals noch eigenständige Stadt Altona errichtete das „Haus der Jugend" zwischen 1928 bis 1930 – bis heute wirkt der Bau unweit des Rathauses Altona ungemein modern.

ebenso dazu wie die Pestalozzischule auf St. Pauli, wie die runde Ecke am Bahrenfelder Steindamm („Die Schichttorte") oder das Arbeitsamt an der Kieler Straße.

Es ist eine Ironie der Zeitgeschichte, dass die enorm produktive Zeit des Städtebaus der 20er in die Jahre der Weltwirtschaftskrise fiel – und damit sich die Größen im Städtebau mit der Errichtung von Arbeitsämtern befassen mussten. Oelsners Werk an der Kieler Straße wirkt bis heute extrem modern. Der kubische Bau mit Flachdach erfindet die Arbeitsvermittlung neu: Die Beratung erfolgte nach Gewerken getrennt in 16 Einheiten mit eigenen Eingängen. Damit die Arbeitslosen nicht im Regen stehen, plante Gustav Oelsner Arkaden. Auch gegenüber, beim Wohnungsbau an der Memellandallee, ist der sozialreformerische Ansatz Oelsners unübersehbar. An die Blockrandbebauung mit den Mietwohnungen schließt sich an der Ecke ein Gemeinschaftsraum an, den die Mieter für Feiern nutzen konnten.

Ein großer Wurf sind seine Wohnbauten an der Helmholtzstraße aus dem Jahr 1926. Die Grundrisse sind sehr

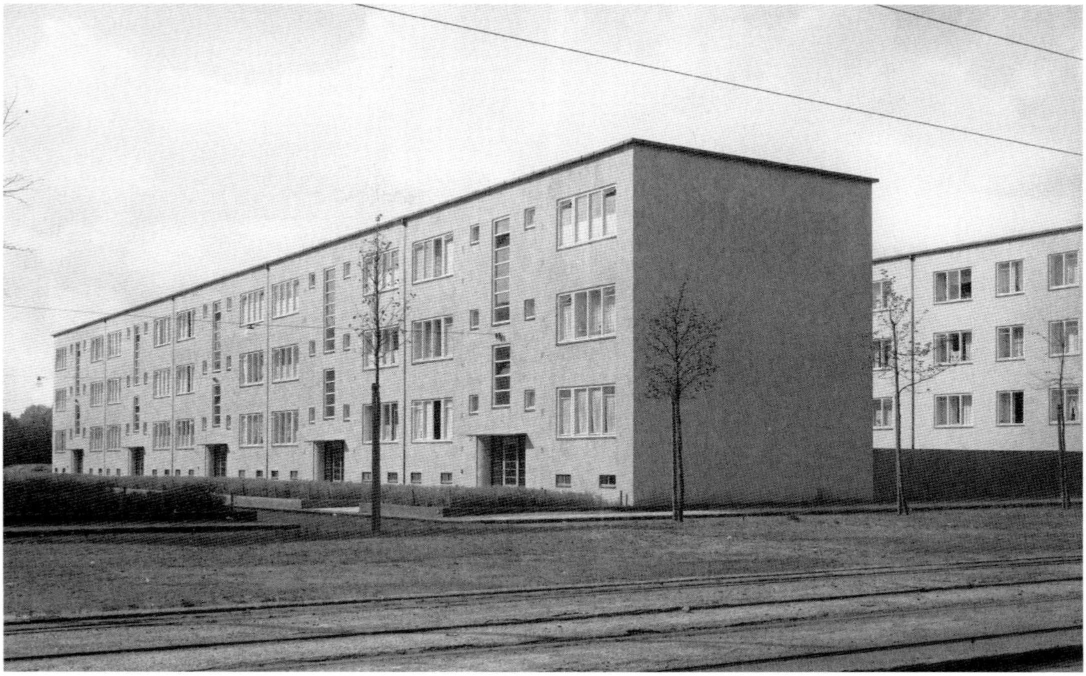

durchdacht, alle Räume lassen sich quer lüften. Zudem hatte Oelsner die Küche als Wohnküche konzipiert, in der ein Esstisch Platz findet. Eine extravagante Note bekommen die revolutionären Zeilenbauten, die damals an die Stelle der typischen Blockbebauung traten, durch ihren besonderen Klinker. Oelsners Backstein unterscheidet sich grundlegend von denen seiner Zeitgenossen: Er wählte einen hellen, ockergelben Klinker, dessen Grundfarbe durch elfenbeinfarbene, rote, blaue, bis ins Violette changierende Steine aufgelockert wird.

Im Wohnquartier Luruper Chaussee (Architekt Gustav Oelsner) ist der Zeitgeist der „Neuen Sachlichkeit" unübersehbar: Dort entstanden 13 kantige, schmucklose Flachdach-Zeilenbauten unterschiedlicher Länge, die später umgebaut wurden.

„Oelsners künstlerischer Beitrag bestand darin, die Stilelemente des ‚Neuen Bauens' in Klinker zu übersetzen und mit deren Farbigkeit dem Material eine neue Leichtigkeit zu geben", sagt Oelsner-Kenner Michelis. Durch wechselnde Anordnung der Steine schafft er Brüstungsbänder. Geschwärzte Fehlbrandsteine schauen aus der Fassade heraus und „werfen wie Sonnenuhren Schatten". Sie strukturieren die Fassade und wandern im Tagesverlauf wie ein Zeiger.

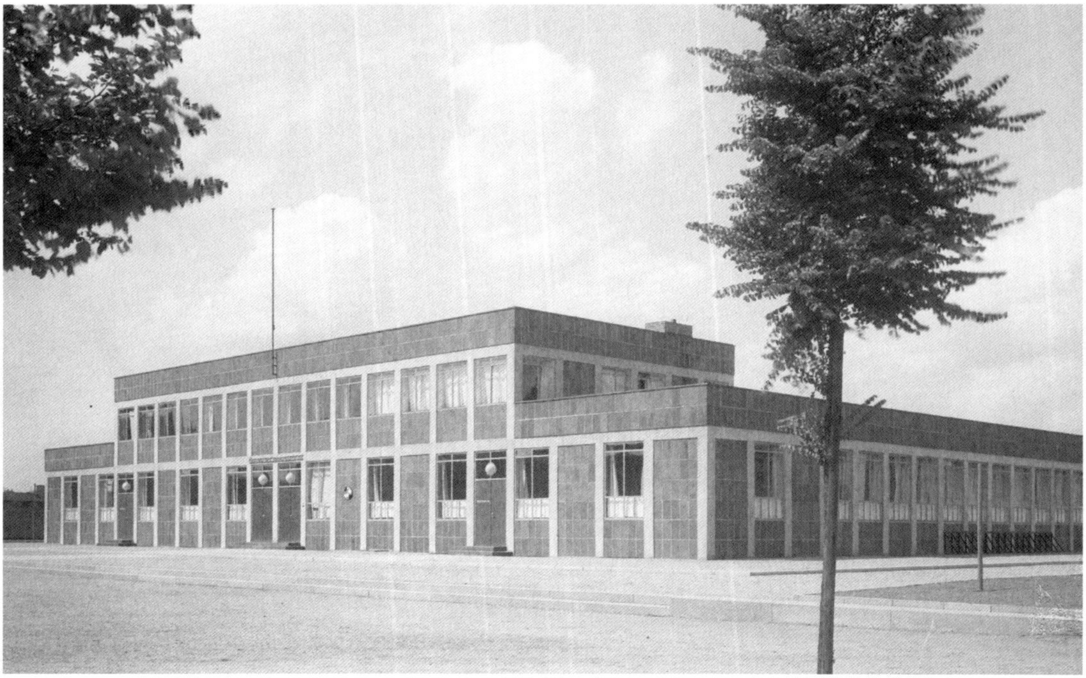

Das Arbeitsamt an der Kieler Straße wurde 1926 bis 1927 als kubischer Stahlbetonbau errichtet, der über einen großen Innenhof verfügt. Die Beratung erfolgte nach Gewerken getrennt in 16 Einheiten mit eigenen Eingängen. Damit die Arbeitslosen nicht im Regen stehen mussten, plante Gustav Oelsner Arkaden. Heute wird das Haus wieder als Arbeitsamt genutzt.

Zwischen den Häuserzeilen gibt es großzügige Freiräume für die Bewohner, Kinderspielplätze, an den Ecken Ladenflächen für Nahversorger. Obwohl Oelsner nur zehn Jahre von 1923 bis 1933 in Altona wirken konnte, ab 1924 als Bausenator unter dem sozialdemokratischen Bürgermeister Max Brauer, ist er im Westen der Stadt allgegenwärtig. Als die Besitzer der sieben Elbparks nach der Inflation ihre Grundstücke parzellieren und verkaufen wollten, griff Altona ein, erwarb die Grundstücke und legte dort den Elbwanderweg an. Damit wollte Oelsner dem Vorbild des Philosophenwegs in Heidelberg oder der Brühlschen Terrasse in Dresden nacheifern.

Nie zuvor und nie danach trug die Architektur in der Hansestadt eine so eigene Handschrift. Doch während Hamburgs legendärer Oberbaudirektor Fritz Schumacher als prägender Baumeister jedem Grundschulkind bekannt ist, lief Gustav Oelsner lange unter dem Radar – eben weil er im damals noch preußischen Altona wirkte. Erst 1937 trat das Groß-Hamburg-Gesetz in Kraft, da hatten die Nazis so-

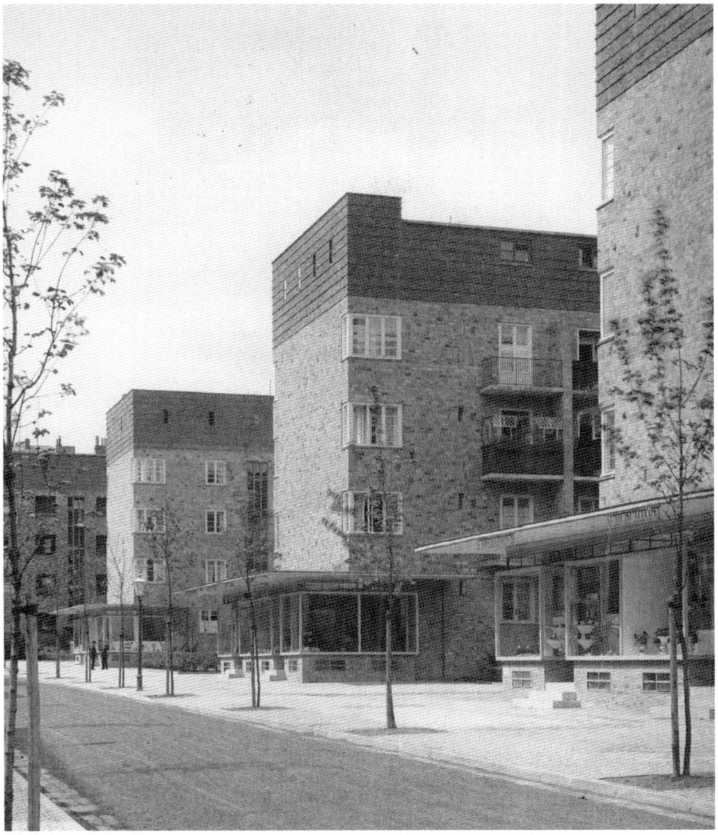

Gustav Oelsners besondere Qualitäten werden im Quartier Helmholtzstraße/Bunsenstraße deutlich: Eine besondere Note bekommen die revolutionären Zeilenbauten durch ihren Klinker: Oelsner wählte einen hellen, ockergelben Klinker, dessen Grundfarbe durch elfenbeinfarbene, rote, blaue, bis ins Violette changierende Steine aufgelockert wird.

wohl Schumacher als auch Oelsner längst aus dem Amt gedrängt. Sie waren den Nazis zu modern, zu revolutionär, zu wenig teutonisch.

Nicht einmal die weiträumigen Zerstörungen der Stadt im Bombenkrieg konnten ihr Antlitz tilgen – auch weil die Schumacher-Ära eine enorme Schaffenskraft entfaltete. Und das in diesen extrem schwierigen Zeiten. „Es ist ein Phänomen, dass Hamburg das hinbekommen hat“, sagt Walter. Die vorausschauende Politik des Senats trug zu dem „unglaublichen Wohnungsprogramm“ einen großen Teil bei – immerhin 65.000 Wohnungen wurden zwischen 1919 und 1932 errichtet. „Ich kenne keine andere Stadt, die in dieser Phase so viel und so qualitativ hochwertig gebaut hat“, sagt Walter. „Schumacher ist ein absolutes Vorbild, in so schwierigen Zeiten mit Qualität zu bauen.“

Die Nazis: Hitlers größenwahnsinnige Pläne für Hamburg

Doch die Zeiten wurden noch schwieriger – und der Irrsinn packte das Land. „Ich bestimme, dass in der Hansestadt Hamburg das Elbufer und sein Hinterland entsprechend der Bedeutung der größten deutschen Seehafenstadt würdig ausgestaltet und die damit in Verbindung stehende Umgestaltung des Hafens und der Verkehrsanlagen durchgeführt wird", hieß es im Führererlass „über städtebauliche Maßnahmen in der Hansestadt Hamburg" vom 26. April 1939. Adolf Hitler hatte nicht Großes mit Hamburg vor, sondern Größenwahnsinniges. Hamburg – neben München, Berlin, Nürnberg und Linz eine von fünf Führerstädten – sollte fortan mit New York konkurrieren.

Dafür wollten die Baumeister des Führers mächtig klotzen: Eine gewaltige Hochbrücke sollte mit 180 Meter hohen Pylonen die Elbe überspannen, ein Wolkenkratzer 250 Meter in den Hamburger Himmel ragen, eine Volkshalle für 50.000, ein Aufmarschplatz für 100.000 Menschen entstehen. Am Altonaer Balkon sollten ein großer neuer Anleger für die Kraft-durch-Freude-Flotte und ein Hotel mit 2.000 Betten entstehen, von dort bis zu den Landungsbrücken

Diktator Adolf Hitler auf dem Obersalzberg, seinem Feriendomizil im Berchtesgadener Land: Er zeigt seinen Gästen ein Modell der künftigen „Führerstadt" Hamburg. Insgesamt waren auch Berlin, Linz, Landsberg, München und Nürnberg als Nazi-Vorzeigestädte vorgesehen.

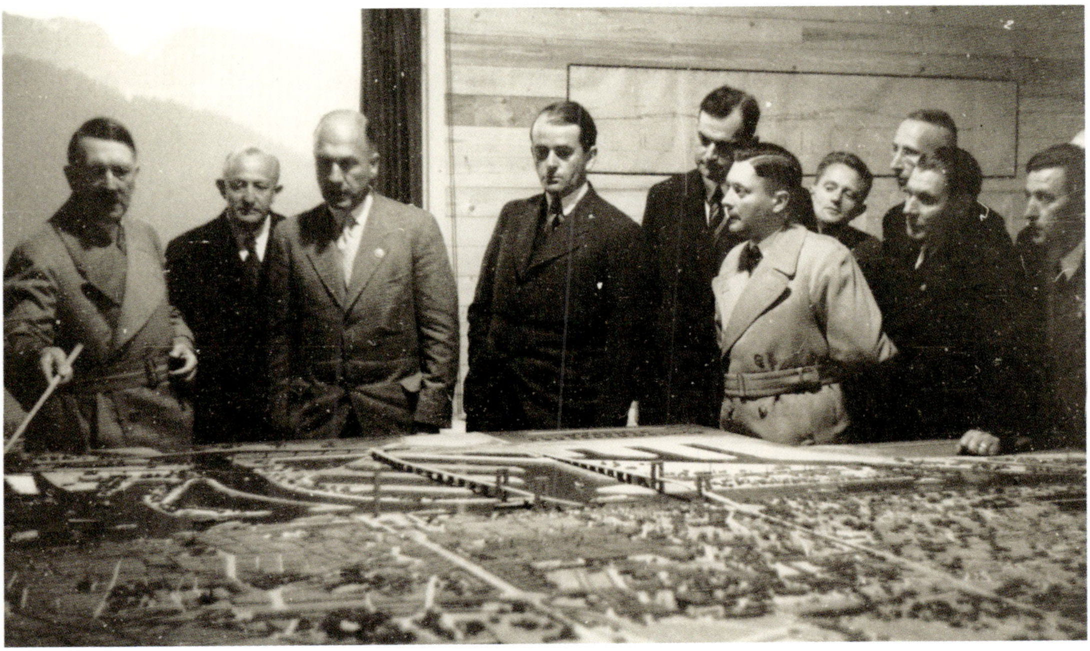

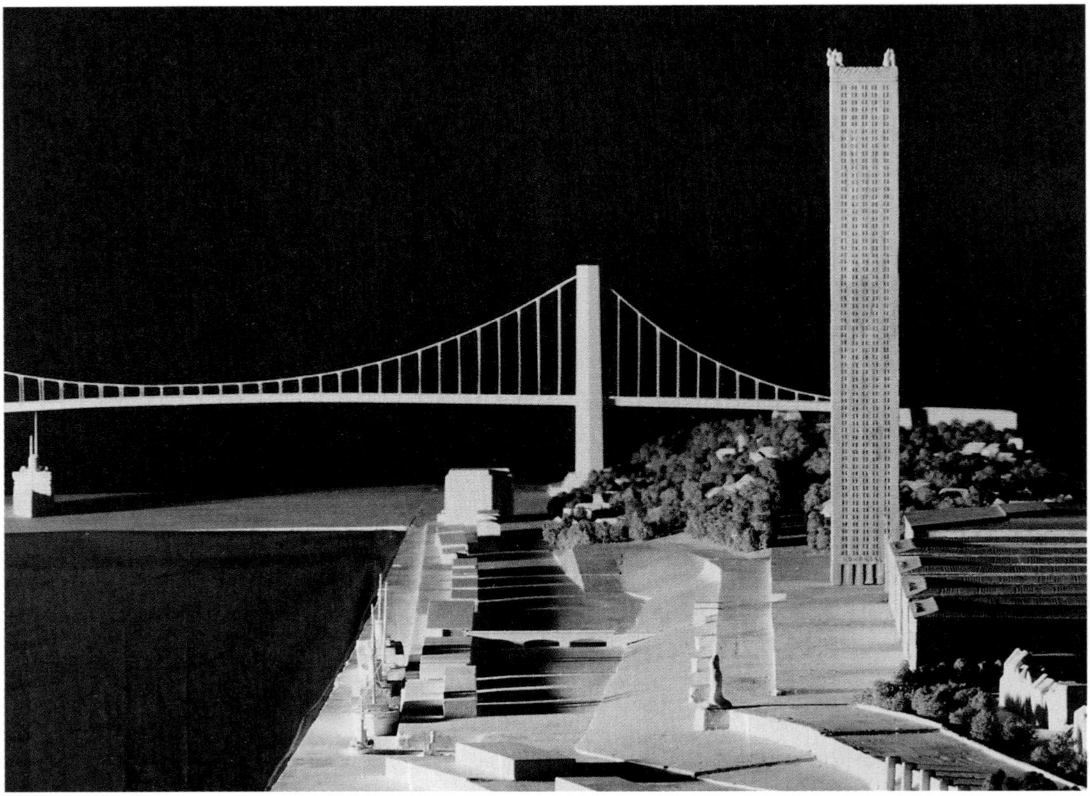

In Altona wäre nach den Plänen der Nazis kaum ein Stein auf dem anderen geblieben: Ein früher Elbtower hörte auf den Namen „Gauhochhaus“ und war am Altonaer Balkon geplant. Unweit davon sollte die Elb-Hochbrücke mit 180 Meter hohen Pylonen die Elbe überspannen. Das zeigt das Modell der Baubehörde von 1938.

eine zur Elbe offene Hochstraße auf dem Geesthang führen, überragt von 60 Meter hohen Hochhäusern.

Beträchtliche Teile von Altona und St. Pauli mit rund 40.000 Wohnungen werden kurzerhand überplant – eine Vorwegnahme späterer grauenvoller Bombennächte. „Hamburg war die einzige ‚Führerstadt‘, in der man die städtebauliche Moderne wagte“, sagt die Wissenschaftlerin Sylvia Necker. Offenbar ging es Hitler um ein architektonisches Wettrüsten. Dafür ernannte er 1939 den damals erst 36-jährigen Hamburger Konstanty Gutschow (1902–1978) zum „Architekten des Elbufers“. Hitler sagte damals in einer Rede: „Deshalb lasse ich dort Wolkenkratzer hinstellen von der gleichen Gewalt der größten amerikanischen.“

Auch für die Elbhochbrücke, in der Trassenführung übrigens fast deckungsgleich mit der späteren A7, wünschte sich der Diktator ein großes monumentales Bauwerk. Die Elbbrücke blieb das Steckenpferd des größenwahnsinnigen Herrschers – sie sollte „Amerika übertreffen, so wie Hamburg dazu ausersehen war, die amerikanischen Maßstäbe zu übertreffen“, erinnerte sich später Albert Speer, der Architekt des Führers. Das Gauhaus – das höchste des Kontinents – solle als „Landmarke am Tor der Welt ... dem an der anderen Seite des Atlantiks liegenden New York entgegentreten“. Geld und Zeit spielten keine Rolle, Menschenrechte ohnehin nicht: Im Konzentrationslager Neuengamme mussten Zehntausende Menschen Backsteine für den Bau der Führerstadt fertigen – rund 50.000 Häftlinge starben an den unmenschlichen Arbeits- und Lebensbedingungen in der Horror-Ziegelei oder wurden ermordet.

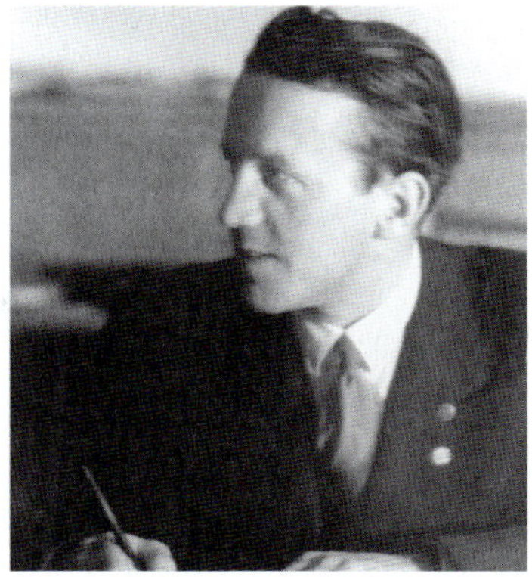

Architekt des neuen Hamburgs sollte der noch junge Baumeister Konstanty Gutschow (1902–1978) werden. Die aberwitzigen Pläne scheiterten bald an der Kriegs-Wirklichkeit.

Die Gesamtkosten für den Umbau der Hansestadt wurden auf 1,3 Milliarden Reichsmark veranschlagt, 1963 sollte alles fertig sein. Kritiker aus dem In- und Ausland lobten die Pläne. Sogar Fritz Schumacher, der von den Nazis aus dem Amt gedrängte Oberbaudirektor, zeigte sich angetan: „So kann ich nur hoffen, dass diese schöne Arbeit ihre gebührende Anerkennung findet. Es wäre für Hamburg ein Glück“, schrieb er an Gutschow. Verwirklicht wurde nichts.

Dennoch hat das vermeintlich Tausendjährige Reich Spuren in der Stadt hinterlassen. Die deutlichsten wurden dabei auf eine Landkarte gezogen: Mit dem Groß-Hamburg-Gesetz verleibte sich die Hansestadt am 1. April 1937 kurzerhand Altona, Wandsbek, Wilhelmsburg und Harburg ein – aber auch kleinere Landgemeinden wie Hummelsbüttel und Poppenbüttel, Lokstedt und Niendorf, Altenwerder und Finkenwerder. Mit einem Federstrich wuchs die Bevölkerung der Stadt um eine halbe Million auf 1,7 Millionen.

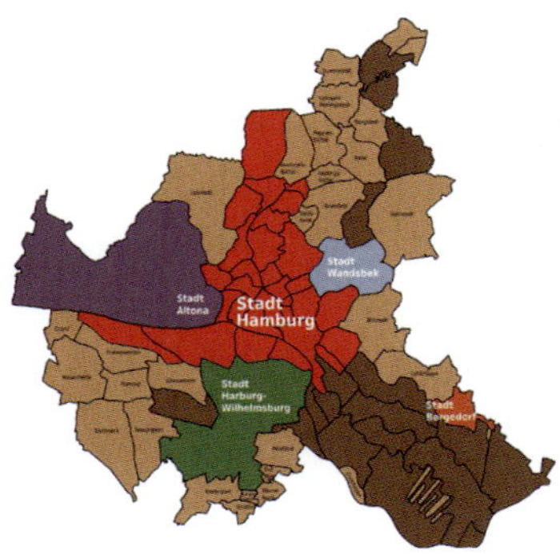

Deutlich nachhaltiger prägte das Groß-Hamburg-Gesetz die Stadt. Zum 1. April 1937 wuchs Hamburg um die bislang selbständigen Städte Wandsbek, Altona und Harburg-Wilhelmsburg. Mit einem Schlag hatte die Stadt statt 1,2 Millionen fast 1,7 Millionen Einwohner.

Der Wohnungsbau stand weiter auf der Agenda: Anders als bei früheren Gängeviertel-Sanierungen gingen die Städtebauer etwas behutsamer vor, obwohl restlos alle Fachwerkhäuser aus dem 17. und 18. Jahrhundert zwischen Kaiser-Wilhelm-Straße, Wexstraße und Kohlhöfen abgerissen wurden. An die Stelle traten fast kleinstädtisch anmu-

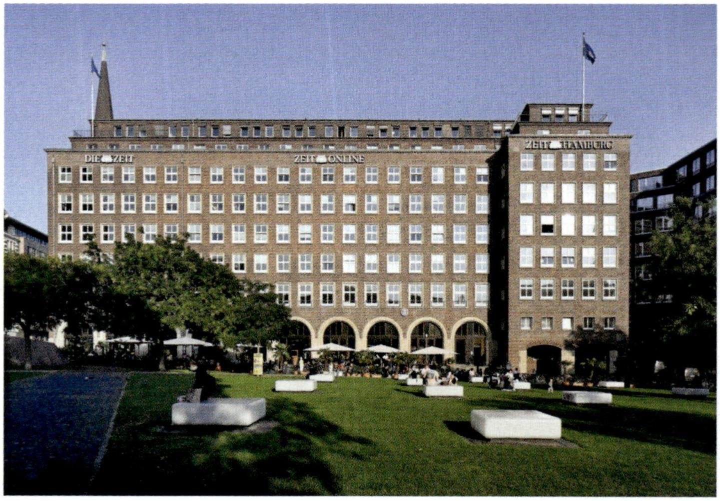

Das Helmut-Schmidt-Haus am Speersort, in dem die Wochenzeitschrift „DIE ZEIT“ sitzt, wurde 1938 von Rudolf Klophaus (1885–1957) errichtet – der Architekt des inzwischen abgerissenen City-Hofs.

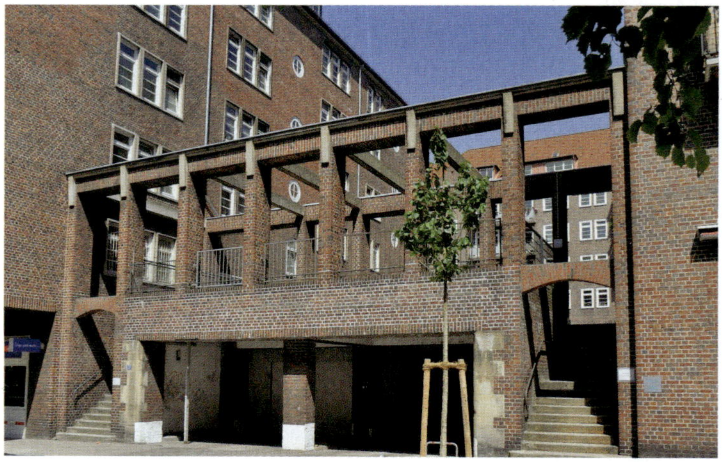

Im Altstädter Hof, hier der Treppenaufgang Altstädter Straße, sind auch Wohnungen untergebracht. Es stammt ebenfalls von Rudolf Klophaus und wurde von 1936 bis 1937 erbaut.

tende Klinkerbauten mit weißen Sprossenfenstern, Erkern und Ziegeldächern. Die Straßen folgen den alten Gängen, das Sanierungsgebiet Rademachergang imitiert eine Altstadt.

Auch einige Kontorhäuser in der Innenstadt sind zwischen 1933 und 1945 entstanden: Das Helmut-Schmidt-Haus, in dem heute die „ZEIT“ untergebracht ist, der Altstädter Hof, das „Standard-“, später „Essohaus“ an der Ecke Neuer Jungfernstieg/Esplanade oder das ehemalige Verwaltungsgebäude der Hamburg-Mannheimer Versicherung am Alsterufer. Während die beiden Letzteren aufgrund der weiterhin gültigen Alster-Gestaltungssatzung aus hellem Naturstein gebaut wurden, sind die Bauten in der Altstadt abgestimmt auf die Kontorhäuser aus rotem Klinker.

Beide Entwürfe kamen vom Architekten Rudolf Klophaus (1885–1957), der in den 20er-Jahren bereits mit Fritz Schumacher bei der Großsiedlung Dulsberg beteiligt war und größere Teile des Kontorviertels gestaltete. 1928 arbeitete er am Mohlenhof mit. Im Dritten Reich, 1933 war Klop-

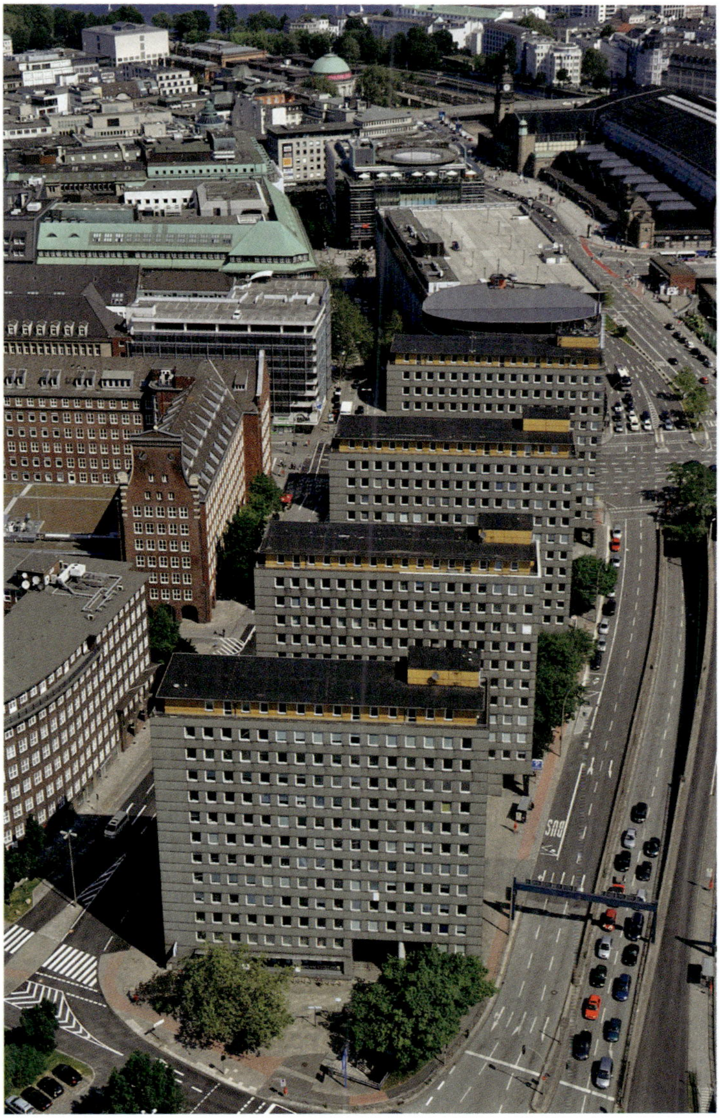

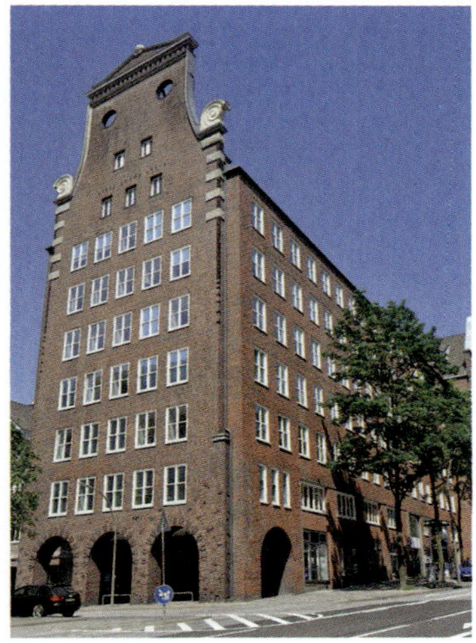

Rudolf Klophaus war ein flexibler Baumeister des Zeitgeists. Das Bartholomayhaus mit seinen kitschigen Blendgiebeln galt schon bei der Fertigstellung 1939 als überholt; 1958 wurde der ebenfalls von Klophaus gezeichnete, moderne City-Hof (links) am Klosterwall vollendet. Das Ensemble bestand aus vier dreizehngeschossigen Hochhausscheiben und gehörte zu den ersten Hochhäusern der Nachkriegsmoderne. Um den Erhalt der denkmalgeschützten Gebäude gab es erregte Diskussionen, aber sie wurden abgerissen.

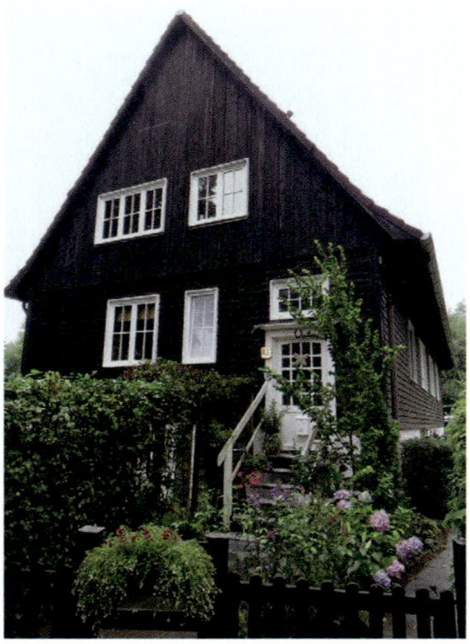

Die Norwegerhäuser in Wohldorf-Ohlstedt entstanden 1943/44 für hohe NSDAP-Funktionäre und atmen die NS-Ideologie.

haus praktischerweise in die NSDAP eingetreten, bekam er viele Aufträge. Dazu zählt das Bartholomayhaus zwischen Altstädter Straße und Steinstraße mit seinen barocken Blendgiebeln. Auch die City-Hof-Hochhäuser aus den 50er-Jahren sind Entwürfe von Klophaus – er wollte mit dem später übel verhunzten und schließlich beseitigten Komplex der Nachkriegsmoderne „an die fortschrittliche Architektur der Hamburger Zwanziger Jahre“ anknüpfen.

Die Moderne indes war nicht der bevorzugte Stil der Jahre – im Stadtbild erhalten haben sich eher schlichte Großsiedlungen wie an der Ostfrieslandstraße auf Finkenwerder oder die Luftgausiedlung in Hochkamp, Letztere wiederum von Rudolf Klophaus. „Im Wohnungsbau hat der Nationalsozialismus keinen neuen ‚Stil‘ entwickelt; was gebaut wurde, war eine biedere Fortsetzung des ‚Heimatstils‘ der Zeit zuvor, verbrämt mit einigen Flaggenmasten mit Hakenkreuzfahnen“, schreibt der Architekturkritiker Gert Kähler in seinem lesenswerten Buch „Von der Speicherstadt bis zur Elbphilharmonie“.

Eher skurrile Beispiele sind die Schwarzwaldsiedlung oder die Norwegerhäuser. Die Schwarzwaldsiedlung in Langenhorn verwendete Architekturformen aus dem süddeutschen Raum, um eine heile Welt vorzugaukeln, die bei

In Langenhorn entstand im Tausendjährigen Reich die Schwarzwaldsiedlung – auch um Arbeiter aus Süddeutschland zu gewinnen.

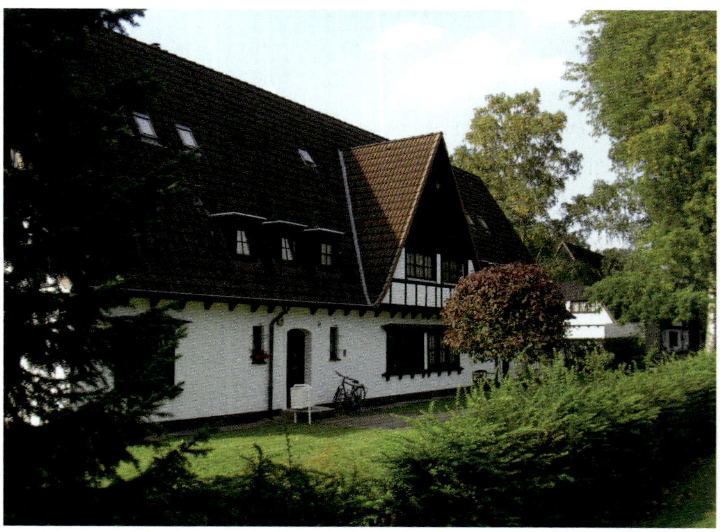

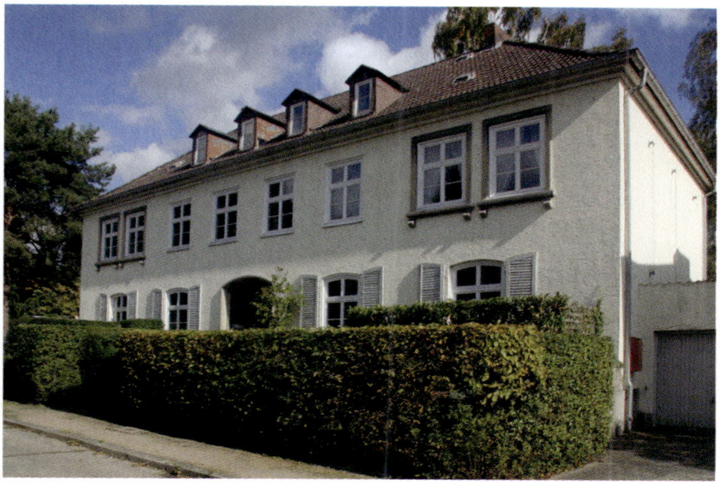

Die sogenannte Luftgausiedlung wurde zwischen 1939 und 1941 in Hochkamp nach Plänen des Architekten Rudolf Klophaus durch die Gemeinnützige Siedlungs-AG Hamburg (SAGA) für das Luftgaukommando errichtet. Die Siedlung war für die Unterbringung von Offizieren und ihren Familien konzipiert und stand im Zusammenhang mit der Einrichtung von Luftwaffen-Kasernen in den benachbarten Quartieren im Westen Hamburgs. Sie wurde 1998 in die Denkmalliste eingetragen und steht unter Denkmalschutz.

der Fertigstellung 1940 längst Illusion war. Die Norwegerhäuser in Wohldorf-Ohlstedt entstanden in einer Siedlung für Parteibonzen. 1944 wurden die Blockhäuser mit Grasdach direkt aus Norwegen importiert und von Werner Kallmorgen sensibel in die Landschaft gefügt. Viele der NSDAP-Parteigrößen konnten das Idyll der Walddörfer nur wenige Monate genießen, die meisten wurden nach der Befreiung festgenommen und interniert. Schließlich verkaufte die SAGA die Norwegerhäuser.

Das Idyll im Norden stand in krassem Gegensatz zu den Führerstadtplänen und der Realität in der Innenstadt. Die hochfliegenden Ideen von Gutschow verwandelte der Luftkrieg in Luftschlösser. Kurz nach Kriegsbeginn wurden alle Mittel und Arbeitskräfte in Hitlers Angriffskrieg umgeleitet, 1941 alle städtebaulichen Planungen kriegsbedingt zurückgestellt. Trotzdem plante Gutschow weiter, auch als die Stadt in Schutt und Asche fiel.

Operation Gomorrha – als Hamburg verbrannte

Der 27. Juli des Jahres 1943 war ein extrem heißer Tag, der Sommer steuerte auf seinen Höhepunkt zu. Schwer und schwül lag die Luft über Hamburg, kaum ein Windhauch ging. Schon am Vormittag kletterte das Quecksilber über 30 Grad und erreichte schließlich Werte von 32 Grad. Die Sonne heizte Straßen, Mauern und Dachböden weiter auf, die Stadt war infolge der langanhaltenden Hitze knochentrocken. Es fühlte sich an wie ein Traumsommer. Es wurde der Untergang.

Das Wetter interessierte die Menschen nur noch am Rande. Zwei Nächte zuvor hatten 791 britische Bomber schwerste Zerstörungen in der Innenstadt, in Hoheluft, Eimsbüttel und Altona angerichtet. Der Luftkrieg war in Hamburg angekommen. Und vielen Hamburgern dämmerte, dass dies nur der Beginn gewesen sein könnte.

„Eine drückende Atmosphäre lagerte über der Stadt, die nicht allein von der Julihitze herrührte", erinnert sich die Zeitzeugin Eleonore Lauerbach aus Hamm. „Am Sonnabend war einer der schwersten bisherigen Bombenangriffe auf Hamburg heruntergegangen, von dessen Nachwehen wir Einwohner uns noch nicht erholt hatten. Überall Aufräumtrupps, Möbelumzüge, Menschen, schwer beladen mit Koffern und Bündeln, die Hamburg verließen."

Sonderzuteilungen für Hamburg sollten die Moral der Ausgebombten heben: Es gab 50 Gramm Bohnenkaffee und Lebensmittelkarten für drei Tage extra; zudem Süßwaren und eine halbe Flasche Spirituosen. Viele Gerüchte waberten durch die Millionenstadt. Denn die Angreifer hatten die Bewohner mit Flugblättern gewarnt.

Diese kamen schneller als befürchtet. In den Abendstunden des 27. Juli starteten 739 Maschinen in England: Ihr Ziel Hamburg. Um 23.40 Uhr heulten die Sirenen. Fliegeralarm. Staatssekretär Georg Ahrens, ranghoher Nazi, gab die Luftlage im Radio persönlich durch – wegen seiner sonoren, ruhigen Stimme nennt ihn der Volksmund „Onkel Baldrian." Doch erst einmal passierte nichts, denn die Maschinen schienen gen Osten abzudrehen. Erwin Bruns, da-

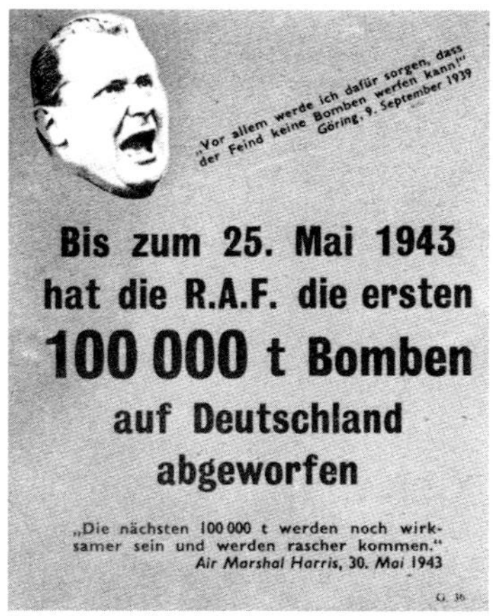

Ein Flugblatt, das vor dem Schrecken warnte, der Hamburg in den Juli-Tagen 1943 treffen sollte. Die Prophezeiung des Briten Arthur Travers Harris, auch „Bomber Harris" genannt, der Flächenbombardements deutscher Städte anordnete, wurde Wirklichkeit.

mals als Tischlerlehrling zur Luftschutzwache in seinem Betrieb in der Ausschläger Allee abkommandiert, erinnerte sich: „Onkel Baldrian sagte übers Radio, Bomberverbände seien in Richtung Berlin unterwegs – da dachte ich schon ans Bett. Da brach plötzlich die Hölle los, ein einziges Getöse und Bersten“, erinnert sich der 91-Jährige in einem Brief an das Hamburger Abendblatt.

Auch andere Zeitzeugen berichten vom Alarm gegen 23.30 Uhr, dem zunächst eine Stunde nichts folgte. Man hoffte auf Fehlalarm, auf Störflugzeuge, darauf, dass die Stadt verschont würde. Meldungen, wonach 20 Maschinen über der Ostsee unterwegs seien, schürten die Hoffnung.

Welch Irrtum. Der Angriff begann um 0.55 Uhr. Das Zielgebiet lag südöstlich der Nikolaikirche – es glich einem Viereck zwischen Hohenfelde, Hamm, Billbrook, Rothenburgsort und Hammerbrook. 722 Maschinen warfen ihre Last aus Spreng- und Brandbomben auf dieses Quadrat ab.

Viele kriegswichtige Ziele trafen die Bomben nicht – wie auch? Diese hatten tagsüber die amerikanischen Bomber ins Visier genommen, die Hafen- und Industrieanlagen angriffen. Die Bombardements in der Nacht hatten ein anderes Ziel, sie zielten auf die Moral der Menschen. „Moral bombing“ hieß die Strategie des Oberbefehlshabers des britischen „Bomber Command“, Arthur Harris. Seine Strategie war so einfach wie brutal: Erst fallen Sprengbomben, die Dächer aufbrechen und Fenster zerstören. Dann folgen Brandbomben, welche die Häuser in Brand setzen sollten. Um die Löscharbeiten der Feuerwehr zu behindern, werden zudem Bomben mit Zeitzündern eingesetzt, die später detonieren. So sollten die Menschen zermürbt und in den Widerstand zu Adolf Hitler getrieben werden, so sollte der Krieg verkürzt werden.

In dieser Nacht traf es die Arbeiterstadtteile, Mietskasernen mit oft unzureichendem Luftschutz. In Hammerbrook beispielsweise reichten die Keller wegen des feuchten Bodens nicht besonders tief; mitunter wurden sie als

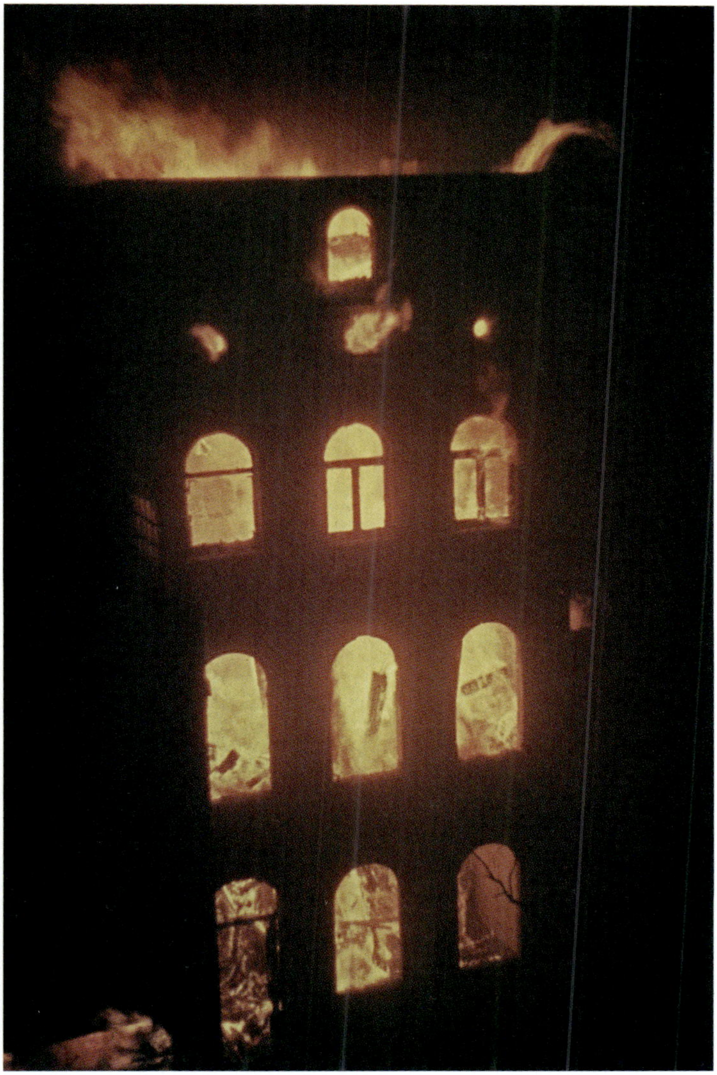

Besonders vernichtend wurden die Angriffe in der Nacht zum 28. Juli: Gegen 1.20 Uhr setzt der Feuersturm im Osten der Stadt ein. Tausende von Einzelbränden vereinigten sich zu einer einziger Gluthölle, die alles verzehrte.

Werkstätten oder Kneipen benutzt. Die Straßen waren eng, in den Hinterhöfen gab es kleine Handwerksbetriebe, die dort ihr Material lagerten. Auf den Dachböden bewahrten die Menschen trotz Verbots Habseligkeiten auf, teilweise sogar Brennstoff. Erschwerend hinzu kam die Trockenheit der vergangenen Wochen – die Bomben konnten so eine besonders verheerende Wirkung entfalten. Und während oben der Feuersturm losbrach, harrten Tausende Menschen noch in Kellern aus.

„Wir standen mit circa 50 Menschen auf einem kleinen Raum. Es waren mittlerweile 1,5 Stunden des entsetzlichsten Angriffs, den eine Stadt je erlebte, vergangen; aber immer noch war der Lärm der gleiche und immer noch erwarteten wir jeden Augenblick unser letztes Stündchen", erinnerte sich Eleonore Lauerbach, die damals 36 Jahre alt war. „Ein wahnsinniges Heulen lag in der Luft, das wir uns nicht erklären konnten. Es hörte sich an wie ein Gejohle von 100.000 Teufeln. Das Haus war bereits bis zum 4. Stock abgebrannt und riesige Flammen leuchteten durch den Lichtschacht des Treppenhauses... Ein Feuermeer wogte vor dem Hauseingang, der natürlich längst ohne Tür war, und zeigte uns, dass ein Hinauskommen unmöglich war." Die Bilder und Geräusche, die auf die Menschen einprasseln, hatten etwas Apokalyptisches. Viele Menschen wurden durch das Bombardement und die Hitze so traumatisiert und entmutigt, dass sie sich weigerten, ihre Keller zu verlassen – und erstickten.

In den Kerngebieten von Hammerbrook, Rothenburgsort, Borgfelde und Hamm – so schreibt es Hans Brunswig (1908–2004) in seinem Buch „Feuersturm über Hamburg" – brannte „wohl tatsächlich nach etwa einer halben Stunde die Mehrzahl der Gebäude". Die Feuerschutzpolizei notierte: „In solchen Gebieten entstand in kürzester Frist durch ... dichteste Brandbombenabwürfe eine ungeheure Zahl von Bränden. An Löschen war längst nicht mehr zu denken."

Die Arbeiterviertel hatten keine Chance.

„Als endlich das Krachen vorbei war, gingen wir raus. Wie lange der Krach dauerte, weiß ich nicht, das Zeitgefühl war erloschen", erinnert sich Lehrling Bruns. Er stand in der Werkstatt in einem Hinterhof, „rings um uns herum brannten die Häuser, ab und zu stürzten ganze Fassaden ein". Verzweifelt versuchte der 16-Jährige, gemeinsam mit seinem Meister zu löschen – ein aussichtsloses Unterfangen. Die Wasserversorgung war zusammengebrochen, das Feuer fand ständig neue Nahrung. Als die beiden aufgaben, wurde ihnen das ganze Inferno gewahr: „Wo ich auch hinsah, überall Feuer."

Im Osten Hamburgs kam, was kommen sollte – die Bomben entfachten einen Feuersturm. Wie in einem gewaltigen Kamin wurden brennende Balken, Gegenstände oder Gesimsteile durch die Luft geschleudert und setzten weitere Häuser in Brand – oder die Kleidung der Fliehenden. Die heiße Luft über dem Brandherd stieg kilometerweit empor und zog wie im Sog sauerstoffreiche Luft an, welche die Feuer unbeherrschbar machte.

Der Feuersturm in der Nacht vom 27. zum 28. Juli 1943 ist etwas Besonderes, denn er erklärt sich durch eine seltene Wetterlage: Die aufsteigenden sehr heißen Brandgase der beginnenden Brände durchstießen darüberliegende kühlere Luftmassen und stiegen bis etwa 7.000 Meter

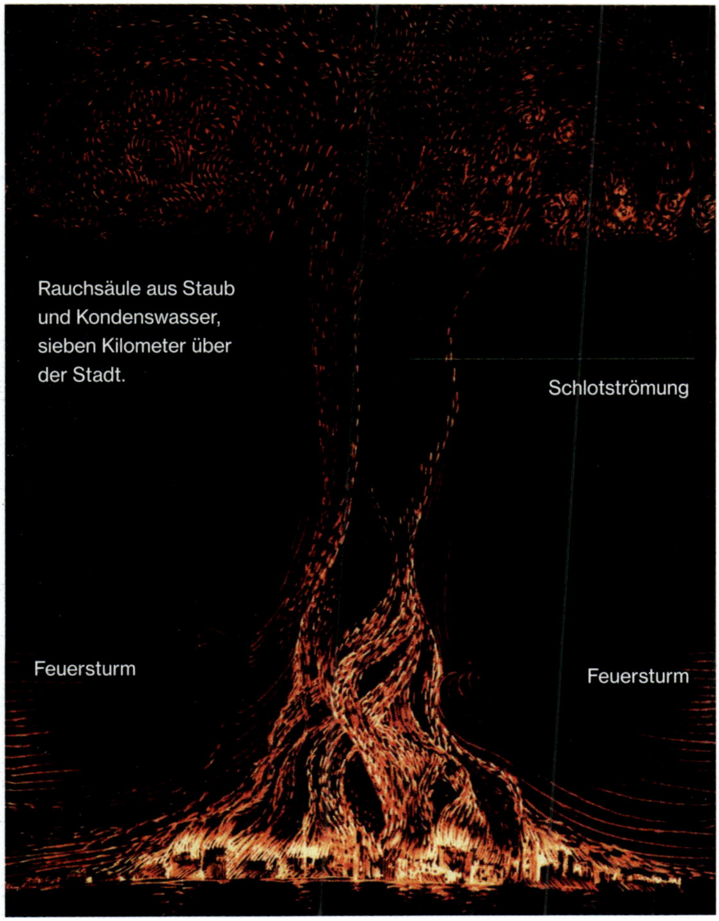

Der Untergang des Hamburger Ostens war auch einer seltenen meteorologischen Situation geschuldet: Die heiße Luft wurde wie in einem Kamin kilometerhoch in die Atmosphäre gesogen, sodass am Boden ein Orkan tobte, der die Feuer immer weiter anfachte. Es sollte Stunden dauern, bis sich der Feuersturm legte.

Höhe empor. Dadurch bildete sich über Hammerbrook und Rothenburgsort ein atmosphärischer Kamin. Meteorologen berechneten später, dass bei leicht anderen Wetterbedingungen oder einem anderen Angriffszeitpunkt sich niemals ein solcher Feuersturm entwickelt hätte. Der Luftschornstein saugte 96 Prozent Zugluft an – und verwandelte so ganze Stadtteile zu Asche. Windhosen tosten durch die Straßen, die Geschwindigkeiten betrugen stellenweise geschätzte 75 Meter pro Sekunde (270 Kilometer die Stunde) – Größen, die nur die stärksten Hurrikane erreichen. Bäume bis zu einem Meter Dicke wurden entwurzelt, Menschen sofort umgerissen.

Verzweifelt versuchten sich die Menschen, die sich aus dem Keller wagten, in Sicherheit zu bringen, sie laufen in Parks, springen in die Kanäle oder die Bille. Der 16-jährige Lehrling versuchte zur Elbe zu gelangen. „Auf dem Vierländer Damm sehe ich Menschen von den Balkonen springen auf Matratzen, die Nachbarn unter die Fenster geschoben haben."

„Auf der Straße war kein lebendes Wesen zu erblicken. Es brannte einfach alles, Häuser, Bäume, die Pflastersteine, und nirgends ein Ausweg", erinnert sich Eleonore Lauerbach. „Ich brauche die Hölle nicht mehr erleben. Ich habe sie schon zu Lebzeiten gesehen."

Wer weiter im Westen oder Norden der Stadt wohnte, hörte die Vehemenz der Angriffe – und mancher sah sie mit eigenen Augen. Frieda Jonetzki, Jahrgang 1917, erinnert sich an die Nacht von Gomorrha, die sie auf dem Dachboden verbrachte: „Ich hatte eine schaurig schöne Aussicht über das brennende Hamburg. In der Ferne fingen Glocken an zu läuten, erst leise, dann lauter und seltsam ängstlich. Zuerst dachten wir, die Überlebenden sollten Gott danken (aber wofür?), dann wurde uns bewusst, dass auch die Kirchen brannten und die armen Glocken oben in ihren Dachstühlen vor Angst und Hitze anfingen zu läuten."

Im Osten ging am gesamten 28. Juli die Sonne nicht mehr auf, eine sieben Kilometer hohe Qualmwolke lag über der Stadt.

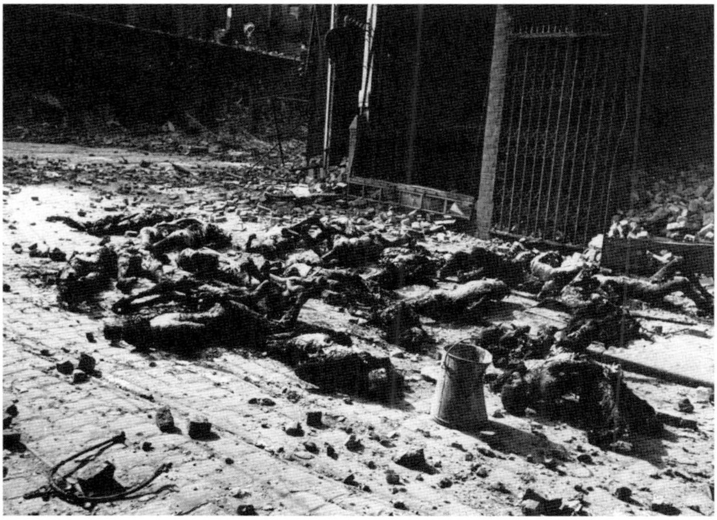

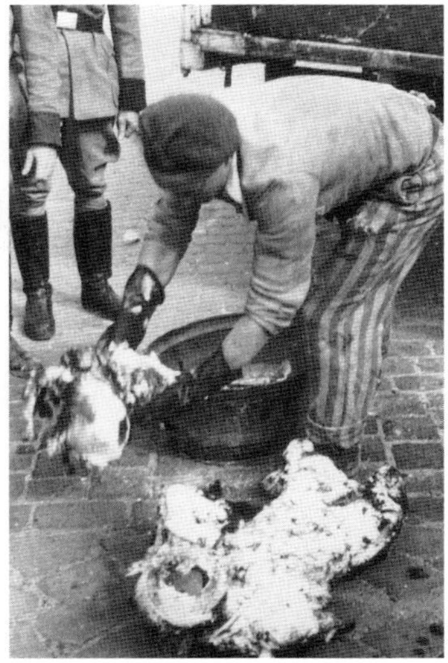

Am 29. Juli, dem Tag danach, bieten sich dem Betrachter höllische Szenen, wie Brunswig schreibt: „Auf den Straßen lagen Tausende von Leichen in allen Stadien der Verbrennung bis hin zum kleinen Häuflein Asche – die einmal ein Mensch gewesen war. Auch in den Kanälen trieben überall Leichen – aber es wurde kein Lebender mehr vorgefunden." Allein in dieser Nacht verbrannten, erstickten, verlöschten knapp 30.000 Menschen. 125.000 Menschen wurden verletzt. Brunswig schreibt: „Wenn der so oft leichthin gebrauchte Begriff ‚ausgestorbene Straße' je zutraf, dann an diesem Morgen."

Der ganze Stadtteil blieb ausgestorben. In Hammerbrook, wo vor dem Angriff 27.440 Menschen wohnten, lebten nach der Feuernacht noch 66 Menschen. Es dauerte wegen der Hitze in den Trümmern Wochen, bis die Helfer alle Keller öffnen konnten. Erst Anfang Oktober waren die letzten Brände endgültig gelöscht. Die Zahl der Opfer, in der NS-Propaganda „Gefallene" genannt, kletterte im Herbst immer weiter: Waren Anfang September 26.409 Menschen geborgen, waren es Ende November 31.647. Erst die Hälfte von ihnen war zu diesem Zeitpunkt überhaupt identifiziert, die Toten wurden in Massengräbern auf dem Ohlsdorfer Friedhof bestattet.

Der Feuersturm schrumpfte Menschen zu verkohlten Überresten. Bürokraten sprechen von „Bombenbrandschrumpfleichen". Allein in Hammerbrook verbrennen tausende Menschen.

KZ-Häftlinge mussten die bis zur Unkenntlichkeit verbrannten Opfer bergen. Die Arbeit in den Trümmern war lebensgefährlich, auch weil Gefangene mit dem Tod durch den Strang bestraft werden können, wenn sie bei Aufräumarbeiten Wertgegenstände nur berührten.

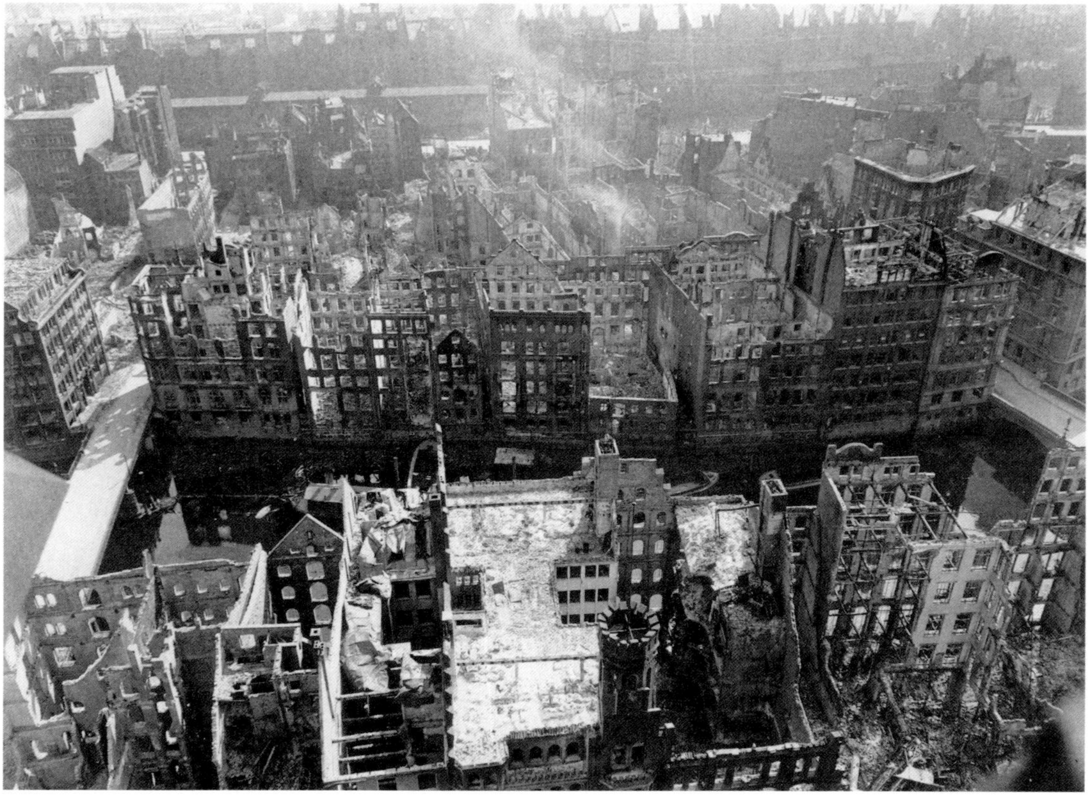

Von vielen Straßenzügen blieben nur Skelette übrig. Manche erwachten nie wieder zum Leben. Blick vom Turm der Nikolaikirche auf die Katharinenstraße.

Ein beeindruckendes Dokument dieser Zeit ist der Brief des späteren Bischofs Volkmar Herntrich (1908–1958), einer der Köpfe der Bekennenden Kirche, an den Theologen von Bodelschwingh in Bethel. Er fuhr kurz nach den Angriffen von Bergedorf mit einem Lkw, auf Margarinekisten sitzend, nach Hamburg hinein: „Die erste Strecke ging unsere Fahrt normal. Rechts und links die Häuser unversehrt, und das Leben ging scheinbar seinen gewohnten Gang. Das Auffällige nur schon hier, wie auch vorher in den Zügen zwischen Büchen und Bergedorf, ein großer Ernst, der auf allen Gesichtern liegt, fast wie wenn man auch etwas von dem tiefen Erschrecken erkennen könnte, das über alle gekommen ist.

Als wir näher nach Billstedt herankamen, sahen wir die ersten Spuren der Angriffe: zerbrochene Fensterscheiben und Türen, abgedeckte Dächer. Alles aber noch in dem

Maße, in dem man es auch sonst von Angriffen gewohnt ist. Und dann sahen wir fast wie mit dem Metermaß abgegrenzt das Hamburger Bild: Auf einer Karte könnte man es ganz genau einzeichnen, wo die Zerstörung beginnt: eine Zerstörung vollständig anderer Art, mit nichts von dem, was ich in Bremen, Hannover, Berlin, Kiel, Köln oder anderswo gesehen habe, irgendwie vergleichbar. Denn nun fuhren wir eine halbe Stunde lang in voller Fahrt durch Straßen, in denen nicht ein einziges Haus mehr stand, das nicht von oben bis hinab in den Keller vollständig ausgebrannt war.

Horn, Hamm, Borgfelde und vor allem das riesige Arbeitergebiet im Hammerbrook, zur Rechten Wandsbek, Eilbek, St. Georg, dahinter die Uhlenhorst – soweit man sehen konnte, alles ein einziges Trümmerfeld. Fünf Stockwerke hoch stehen noch die Fassaden. In den Kellern schwelt und brennt es weiter. In den riesigen Mietshäusern die Schornsteine wie große rauchgeschwärzte Mahnzeichen zum Himmel ragend. In den Straßen selbst verhältnismäßig we-

Mit den Gebäuden wurde auch die komplette Infrastruktur im Osten der Stadt zerstört wie hier die U-Bahn am Nagelsweg in Hammerbrook. Während manches schnell wiederaufgebaut wurde, verzichtete man auf eine Wiederherstellung der alten Linie nach Rothenburgsort.

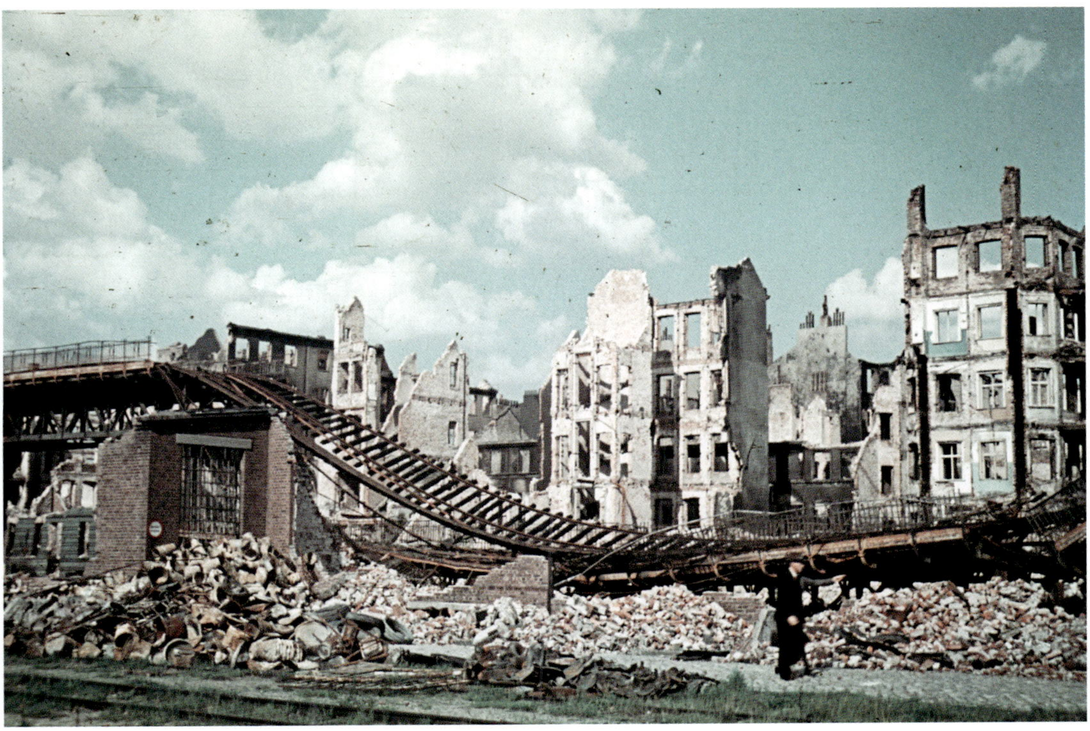

nig Verwüstung, weil Hamburg im wesentlichen Teil dem Feuer zum Opfer gefallen ist und nicht durch Sprengbomben oder Luftminen. Jedenfalls gilt das für die Außenbezirke der Stadt. In der alten Innenstadt war dann kaum selbst zu Fuß über die Trümmermassen durch die Straßen voranzukommen. In dem bekannten und so besonders schönen Stadtbild von Hamburg fehlt von den Türmen nur der Turm von St. Katharinen. Er hat sich bei dem letzten Angriff unter der furchtbaren Glut der ringsrum brennenden Altstadt wahrscheinlich selbst entzündet und ist dann in das Kirchenschiff gestürzt. Nikolai daneben steht noch; aber das Kirchenschiff völlig ausgebrannt, ebenso der Turm, dessen gotische Fassaden aber gehalten haben. Fast völlig unversehrt steht der Michel, das einzige Bauwerk inmitten eines riesigen Trümmerfeldes.

Im Wesentlichen unversehrt auch Petri und Jacobi, ebenfalls umgeben von ausgebrannten Häusern, obgleich hier infolge der massiven Bauweise von den großen Geschäftshäusern aus der Jahrhundertwende in der Mönckebergstraße und den umliegenden Straßen noch einiges erhalten blieb. Dann kam das schwerste Stück des Weges, in die eigentliche Altstadt nach St. Katharinen. Hier war es nun ganz einsam. Man hatte den Eindruck einer völlig ausgestorbenen Stadt, nichts als Ruinen und Trümmer, die Straßen zimmerhoch mit Schutt beladen...

Wir gingen dann auf die Brücke, die das Nikolaifleet von dem Katharinenfleet trennt, und sahen hinüber auf die ausgebrannte Nikolaikirche; rechts und links die alten Häuser am Kai alle zerstört, bis auf die Grundmauern ausgebrannt. Nur aus einem Fenster – und das werde ich in meinem Leben nie vergessen – schauten in innigem Verein ein Hund und eine Katze heraus. Die Katze von diesem allen offenbar nicht besonders bewegt. Sie schnurrte leise vor sich hin. Der Hund guckte mit einem ganz ernsten Gesicht hinunter in das Fleet. Das waren die letzten ‚Gemeindemitglieder' von St. Katharinen, die wir jedenfalls an diesem Sonntag antrafen.

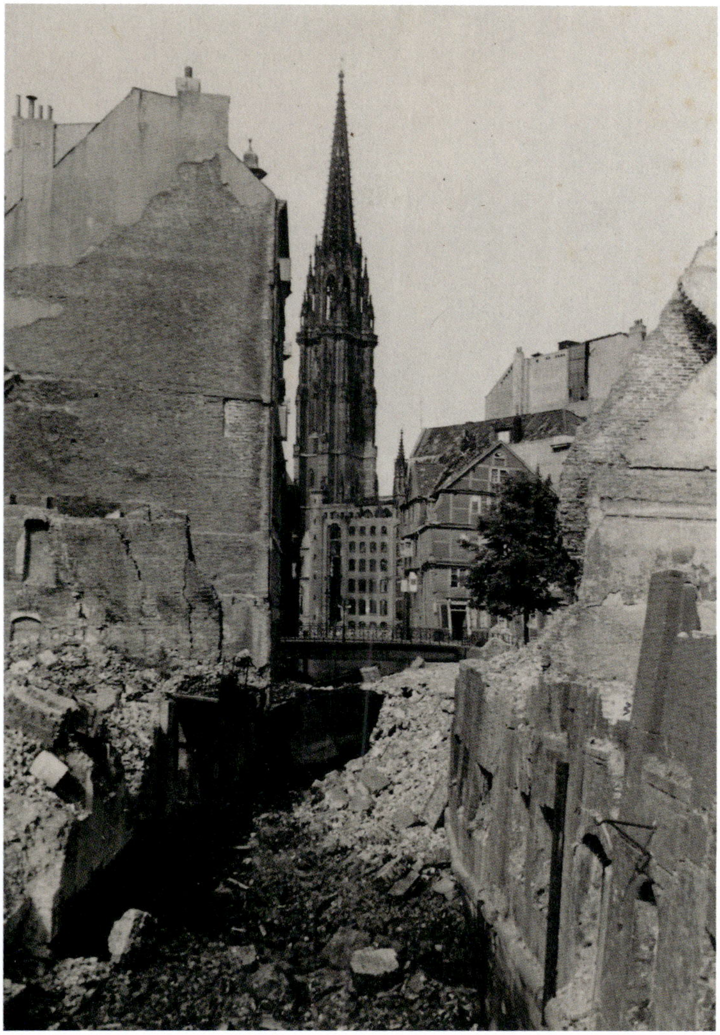

Ein Blick auf die Nikolaikirche über den Steckelhörnfleet um 1945. Der Turm war Zielpunkt der Bombenflieger – und überstand anders als das Kirchenschiff die Operation Gomorrha.

Hamburg wird ja keine kleine Stadt werden, vielleicht 100.000–200.000 Einwohner (!). Und von den 180 Hamburger Pfarrern werden wir also noch 20–30 brauchen. Die große Aufgabe, die jetzt vor uns liegt. Den Dienst an den verbleibenden, teils in den Kellern Wohnenden, teils nur zur Arbeit Hereinkommenden so lebendig und beweglich zu halten, dass den Menschen das Evangelium heute gesagt wird.

Ich musste an Hebbel denken, den bekanntlich die Schreckenserinnerung an den Großen Brand von Hamburg

Ein Blick vom Hohlen Weg auf die Michaeliskirche, aufgenommen um 1944. In den letzten Kriegsmonaten wurde das Kirchenschiff noch schwer getroffen – der Wiederaufbau dauerte sieben Jahre.

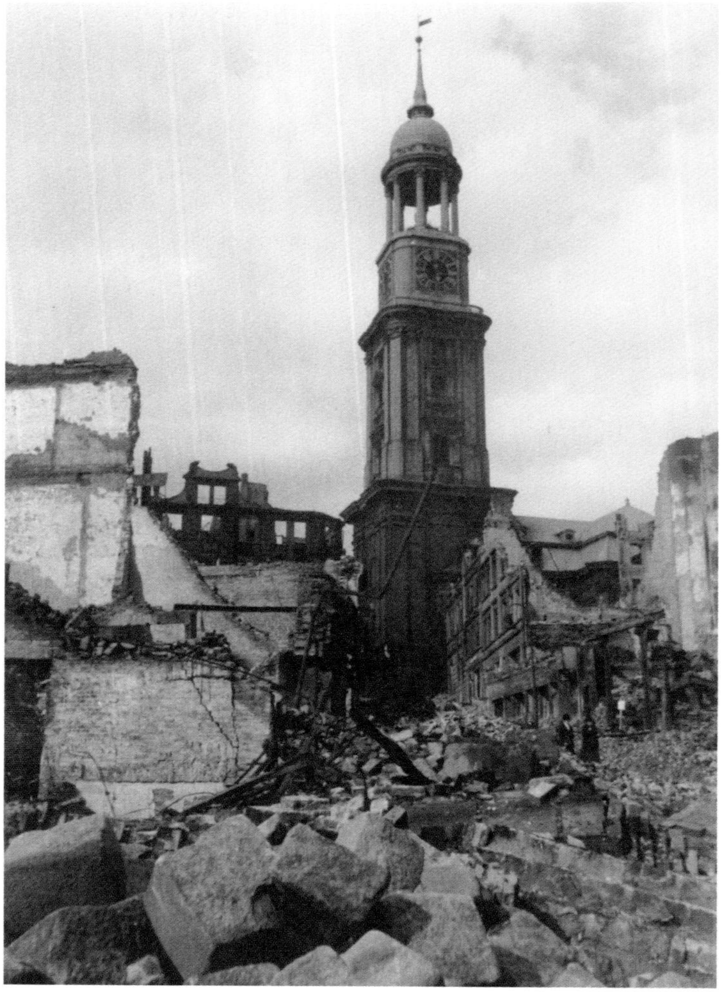

vor 100 Jahren nie verließ. Es ist auch dieses Mal so gewesen, dass etliche in den Schreckensnächten im Saufen und Huren vom Gericht betroffen wurden. Unwillkürlich gehen die Gedanken immer in die Zukunft. Pessimismus und Hoffnung wechseln einander ab in der Beurteilung, was aus dieser großen Stadt werden wird. Wird auf diesen Trümmern wieder eine große Stadt entstehen können? Wir müssen wohl mit Jahrzehnten rechnen."

Diese Einschätzung war weit verbreitet. Kein Mensch konnte sich angesichts des Ausmaßes an Zerstörungen einen Wiederaufbau vorstellen. Doch ausgerechnet der

Architekt Konstanty Gutschow, der bis vor Kurzem am Umbau Hamburgs zur Führerstadt gearbeitet hatte, entwickelte jetzt mit seinem Team den Wiederaufbau am Reißbrett. Dem Vergangenen trauerte der Leiter des „Arbeitsstabs für den Wiederaufbau bombenzerstörter Städte" nicht hinterher: „Das Bild der Trümmer rührt uns nicht in der Seele, vielmehr lässt es nur umso deutlicher und lebendiger das Bild des zukünftigen Hamburgs, des neuen Hamburgs vor unseren Augen entstehen."

Seine Visionen, entkernt um das Monumentale, setzten schließlich einige seiner Mitstreiter in der Freien und Hansestadt um. Und doch gilt, was Bürgermeister Max Brauer als Resümee einer finsteren Zeit zog: „Vieles wurde geplant, weniges gebaut; aber über die Hälfte des Bestandes ist in dieser Zeit zerstört worden." Das Tausendjährige Reich hinterließ in der Hansestadt Verheerungen und Verwüstungen. Am Ende des Krieges waren in Hamburg 52 Prozent der Wohnungen zerstört oder unbewohnbar. Über 80 Prozent dieser Schäden verursachten die Angriffe der „Operation Gomorrha" binnen zehn Tagen zwischen dem 25. Juli und dem 3. August 1943.

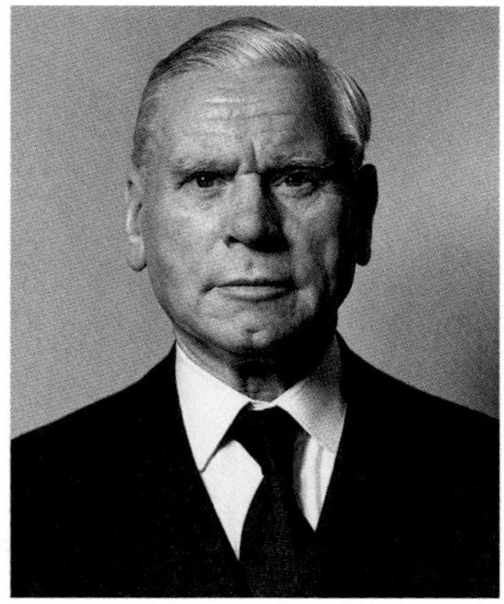

Max Brauer (1887–1973) war Oberbürgermeister von Altona, ging 1933 nach der Machtübernahme der Nazis ins Exil, kehrte 1946 nach Deutschland zurück und wurde zum ersten frei gewählten Bürgermeister Hamburgs.

Der Wiederaufbau

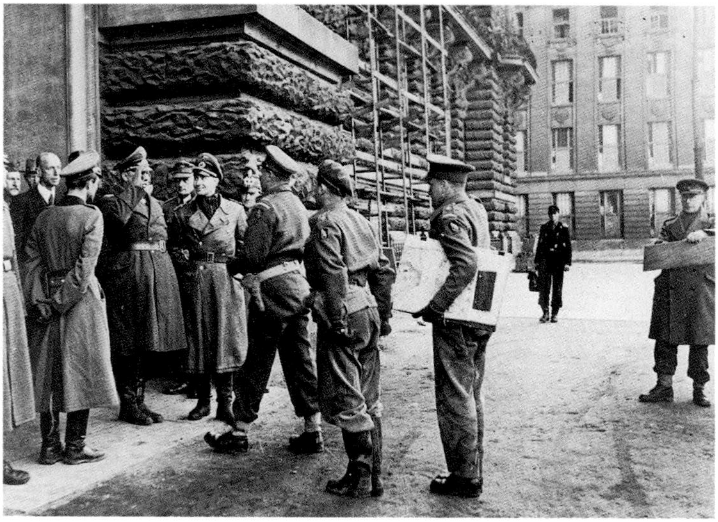

Hamburg kapitulierte, ohne dass es zu den befürchteten und zerstörerischen Straßenkämpfen kam: Generalmajor Alwin Wolz übergab am 3. Mai 1945 dem britischen Generalmajor Douglas Spurling die Stadt.

Zumindest blieb Hamburg ein Häuserkampf, der die Stadt vollends zerstört hätte, erspart. Am 3. Mai 1945 wird Deutschlands zweitgrößte Metropole kampflos den Briten übergeben – doch Hamburg gleicht einem Trümmerfeld. Nur noch eine Million Menschen leben in der Stadt, die weitgehend zerstört ist. Der Feuersturm des Sommers 1943 hat ganze Stadtteile ausradiert, doch auch in anderen Vierteln sind viele Häuser schwer beschädigt. Es mangelt an allem. Und die moralischen Verheerungen, die Mitverantwortung für den Völkermord, machen aus dem totalen Krieg die totale Niederlage. Die Stunde Null ist der Begriff für den totalen Bruch mit der Vergangenheit.

Das galt nicht nur politisch oder kulturell, sondern auch für die Architektur. Wobei mitunter mehr Wunsch als Wirklichkeit darin steckt. „Man wollte einen Neuanfang", sagt Hamburgs früherer Oberbaudirektor Jörn Walter. „Man wollte mit allem, was davor war im Dritten Reich nichts mehr zu tun haben." Die Architekten machten sich auf die Suche nach einer neuen und unverdorbenen Architektur – in der jüngeren deutschen Geschichte wurden sie allenfalls beim Bauhaus fündig. Die Weimarer Republik war ansonsten wegen ihrer vielen Krisen noch frisch und negativ behaftet im kollektiven Gedächtnis, der Faschismus völlig diskreditiert.

Viele Wohnungen in der Hansestadt waren komplett zerstört. Ganze Familienverbände hausten in „Nissenhütten“ (Notwohnungen), auch im Hungerwinter 1946/47, der zu den strengsten des Jahrhunderts zählt.

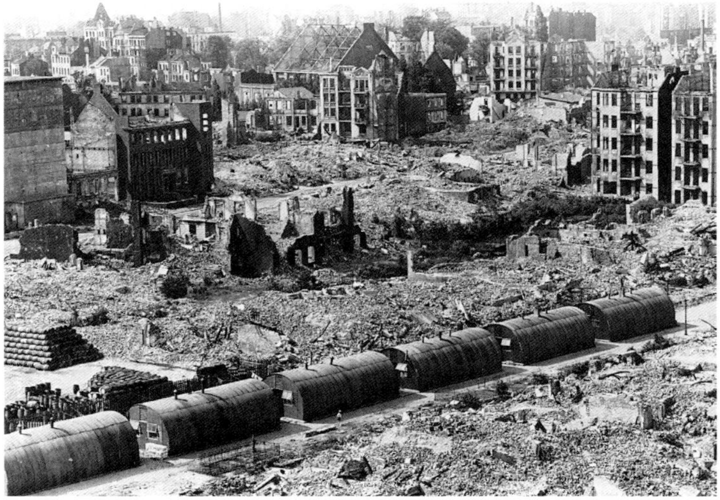

Hamburgs Hafen ist durch die Bombenangriffe fast komplett zerstört – gesunkene Schiffe liegen in der Elbe und blockieren die Hafenbecken.

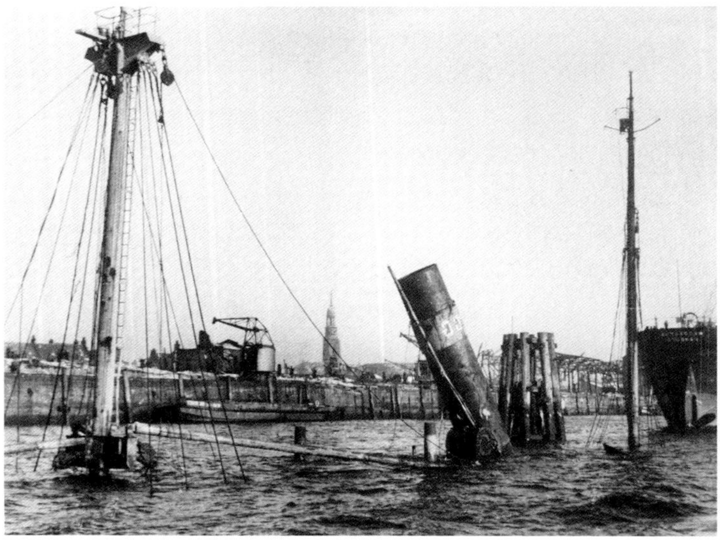

„Da haben viele ins Ausland geschaut und sich dort ihre Vorbilder geholt“, sagt Walter: Der helle Stein etwa stammt aus Dänemark und fand nicht nur bei den Grindelhochhäusern, sondern auch im Wohnungsbau der 50er-Jahre häufig Verwendung. Es war auch eine bewusste Absetzbewegung weg vom roten, schweren, dunklen Klinker, der Aufbruch in eine lichtere Zukunft. Der rote Backstein war zudem durch Neuengamme kontaminiert: In dem Konzentrationslager im Südosten der Stadt schufteten die Häft-

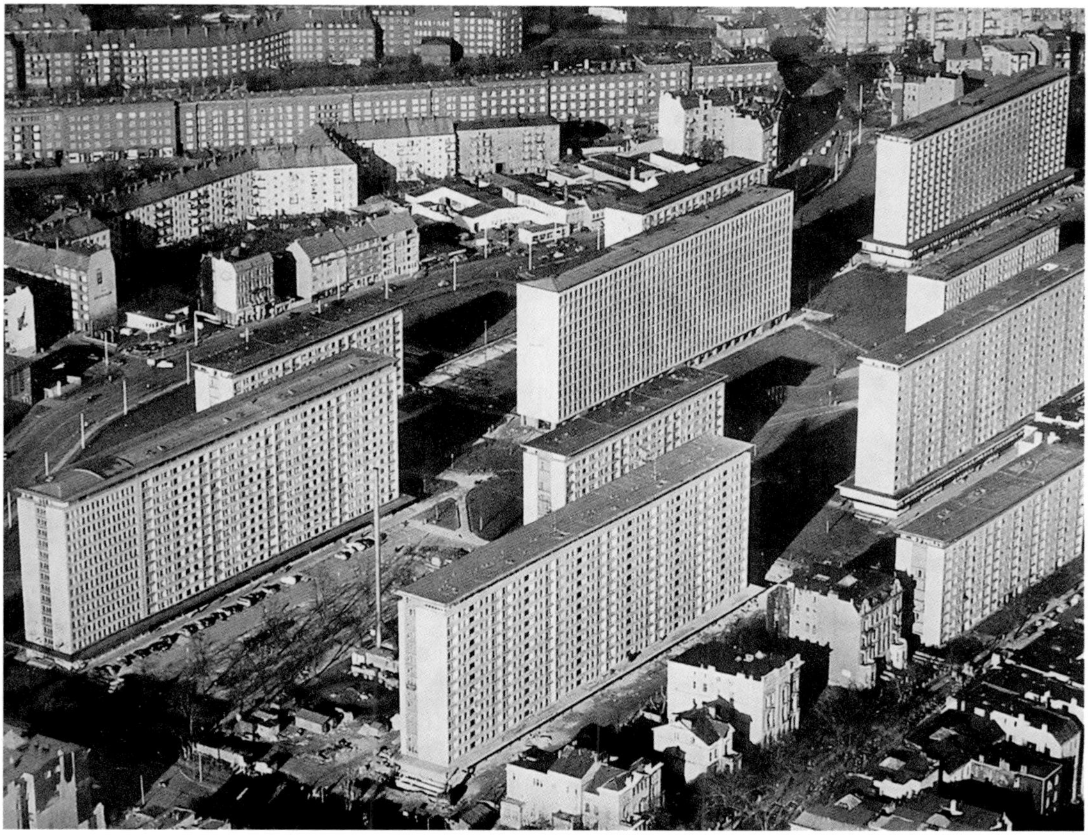

Zum Symbol des schnellen Wiederaufbaus wurden die Grindelhochhäuser. Die zwölf Hochhausscheiben mit acht bis 15 Geschossen und insgesamt 2.122 Wohnungen für rund 5.400 Einwohner wurden zwischen 1946 und 1956 errichtet und waren ursprünglich für die britischen Besatzer geplant. Die Architekten der „Gruppe der Grindelberg-Architekten“ hatten während des Nationalsozialismus entweder gar nicht in ihrem Beruf gearbeitet oder sich auf Industriebauten beschränkt und galten daher als politisch unbelastet. Die Architektur sollte sich auf Wunsch der englischen Auftraggeber deutlich von der Architektur des Nationalsozialismus abheben.

linge in den Tongruben für das neue Hamburg. Rund 50.000 Inhaftierte überlebten diese Tortur nicht.

Die Grindelhochhäuser, deren Bau schon 1946 begann, wurden zum Wahrzeichen der neuen Zeit: Ihre Architektur mit dem zurückspringenden Dachgeschoss und der offenen Bauform im Grünen, ihre Ausstattung mit Müllschluckern, Zentralheizung und Tiefgaragen standen für eine amerikanische Moderne. Die Architekten galten als unbelastet und wollten sich ausdrücklich vom Faschismus absetzen: hell, licht, leicht – und mit den farblich abgestimmten Markisen fast heiter. Bis 1956 wuchsen zwölf Hochhäuser in Harvestehudes Himmel. Ursprünglich wollten die Briten dort am Grindelberg ihr Hauptquartier aufschlagen – als die Wahl aber auf Frankfurt fiel, übernahm die SAGA das Projekt, um Wohnraum zu schaffen. In den acht- bis 15-geschossigen Hochhäusern entstanden 2.122 Wohnungen für rund 5.400 Einwohner, das Bezirksamt Eimsbüttel, das Postscheckamt und ein Bürogebäude. Der ehemalige Oberbaudirektor Egbert Kossak lobt das Ensemble als „die bedeutendste städtebauliche und architektonische Leistung des ersten Nachkriegsjahrzehnts."

Einen völligen Neuanfang konnte es aber nicht geben, weil die gleichen Architekten wirkten. Es entbehrt nicht einer gewissen Ironie, dass die Gestalter des neuen demokratischen Deutschlands – etwa mit Neu-Altona – durchaus auf alte Pläne zurückgriffen. Schon Gutschow verfolgte das Konzept der aufgelockerten Stadt, die den Verkehr der Zukunft zu managen vermag. So plante er einen Reichsautobahnring, die Elbquerung und große Magistralen. Pläne, die später Mitarbeiter aus seinem Stab kaum verändert umsetzten. Die Ost-West-Straße, die die historisch gewachsene Innenstadt als Schneise zerteilt und die Hafenkante ab-

Hamburgs Altstadt ist 1945 eine Trümmerwüste, wie der Blick von der Gröningerstraße zum Torso der Katharinenkirche zeigt.

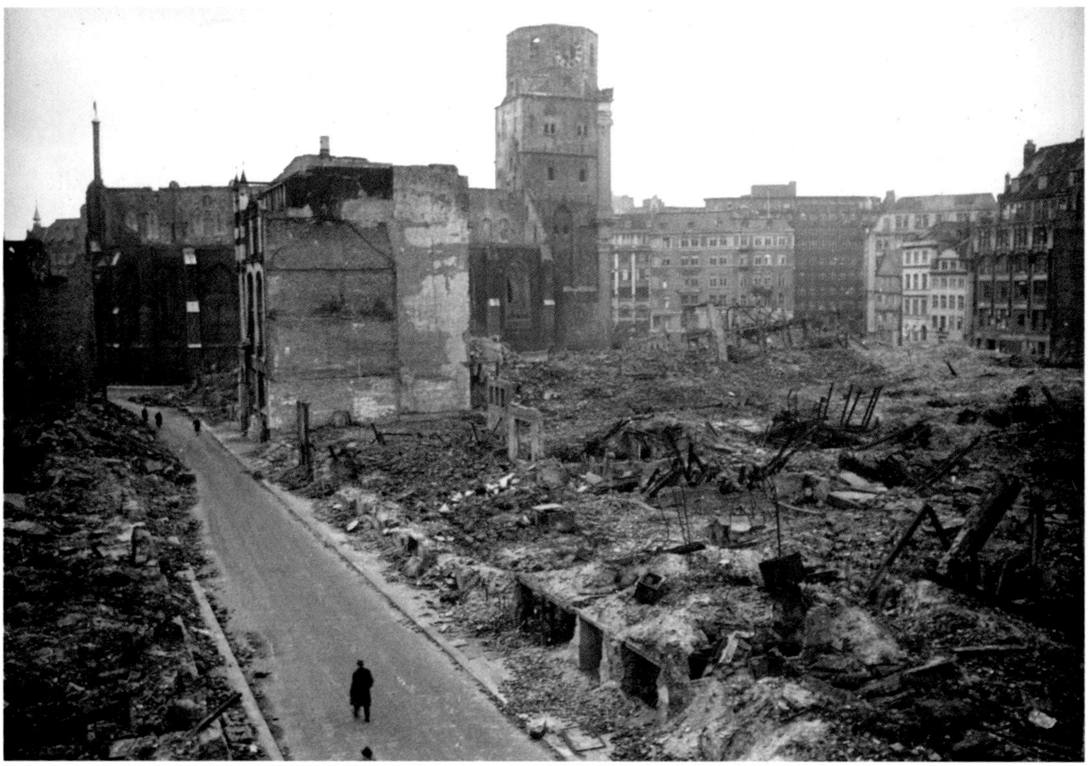

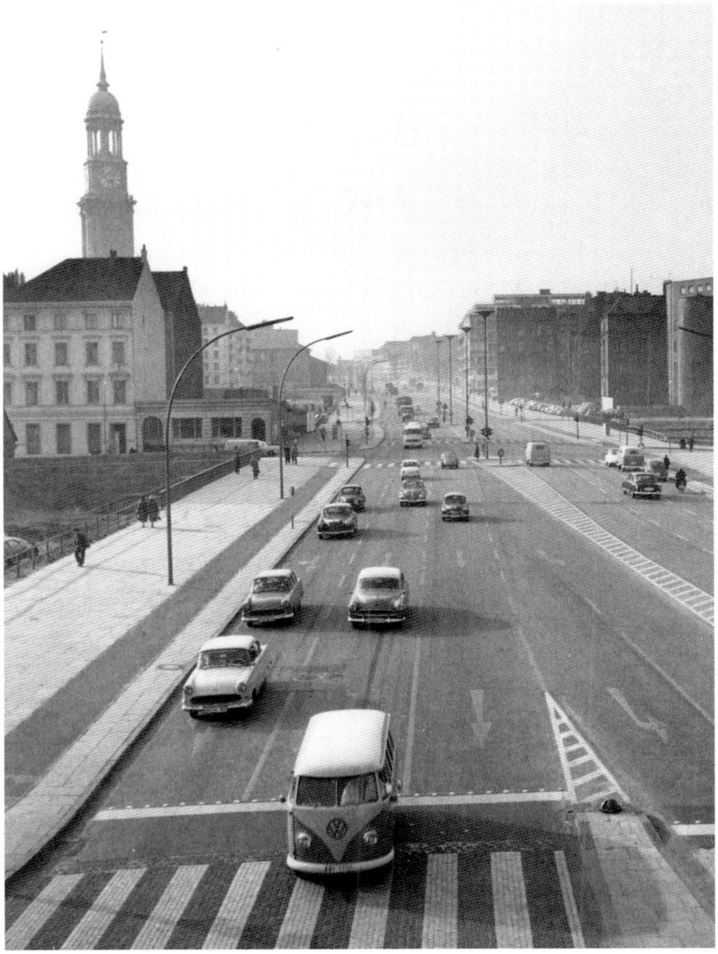

Der Wiederaufbau des zerstörten Hamburgs orientiert sich am Leitbild der autogerechten Stadt. Die Ost-West-Straße wird zwischen 1956 bis 1963 durch die Trümmerwüste geschlagen – für sie werden auch kaum zerstörte Gebäude niedergelegt.

trennt, ist das deutlichste Denkmal dieser Zeit. Auch die Elbquerung der A7 verläuft fast an derselben Stelle wie zuvor geplant – nur als Tunnel, nicht als Brücke.

Die Generalbebauungspläne von 1941, 1944 und 1947 stehen in einer Traditionslinie. Der 41er-Plan wurde rasch aus den Schubladen gezogen und umgesetzt. Er sah eine aufgelockerte Stadtlandschaft mit Hochhausscheiben, Grünzügen und breiten Straßen vor – die autogerechte Stadt. Sie bricht radikal mit der Geschichte der europäischen Stadt.

Ganz Neu-Altona atmet diesen Abschied von der Geschichte: Stadtplaner Ernst May (1886–1970), Leiter der

Planungsabteilung der Neuen Heimat, und Oberbaudirektor Werner Hebebrand (1899–1966) wollten ein Modell für die Neuordnung der Stadtteile schaffen: In der Altstadt von Altona waren bis zu zwei Drittel der Gebäude zerstört worden, den Rest erledigten die Planer. Grundstücke wurden neu zugeschnitten, Hochhäuser in die Grünzüge gestellt, dem Auto breite Schneisen geschlagen. St. Pauli und Altona wirken seither wie getrennt, der Modellstadtteil von einst wirkt heute wie eine Abbruchkante.

Die sogenannte aufgelockerte Stadt mit ihrer Trennung nach Wohnen, Arbeiten und Einkaufen ist als Echo auf Bombenkrieg und Feuersturm zu verstehen. Hochhäuser, unterbrochen von Grünflächen, sollten die Metropolen „bombensicher" machen. Die Grindelhochhäuser – in der Einflugschneise der „Operation Gomorrha" errichtet – stehen durchaus Modell für diese Sichtweise.

Auch sonst zogen die Architekten ihre Konsequenzen aus dem Bombenkrieg: Die brennenden Treppenhäuser, Zwischendecken und Dächer hatten sich in den Köpfen „eingebrannt". Fortan dominierte Beton. „70 Jahre haben wir gebraucht, um wieder mit Holz zu bauen. Das ist ein deutsches Syndrom", sagt der renommierte Architekt Volkwin Marg.

Allerdings folgte Hamburg dem Tabula-rasa-Prinzip nur bei Neubausiedlungen: Der Wiederaufbau mehr oder weniger zerstörter Quartiere etwa in Barmbek, Hamm oder Horn orientierte sich an der alten Struktur. Experten unterteilen diese Zeit in zwei Perioden: In der ersten Phase, den 1950er-Jahren, baute die Stadt viele schöne und luftige Siedlungen etwa in Farmsen, meist Zweizimmerwohnungen, helle Klinker, Satteldach. Aber schnell merkten die Stadtväter, dass sich der Bedarf so kaum decken ließ. Die Stadt hatte nicht nur im Krieg über die Hälfte der Wohnungen verloren, sondern musste auch einen permanenten Zuzug verkraften: Vertriebene, Kriegsgefangene und Übersiedler drängten in die Stadt.

Lebten im Mai 1945 nur gut eine Million Menschen in Hamburg, stieg die Zahl bis Ende 1945 auf 1,35 Millionen –

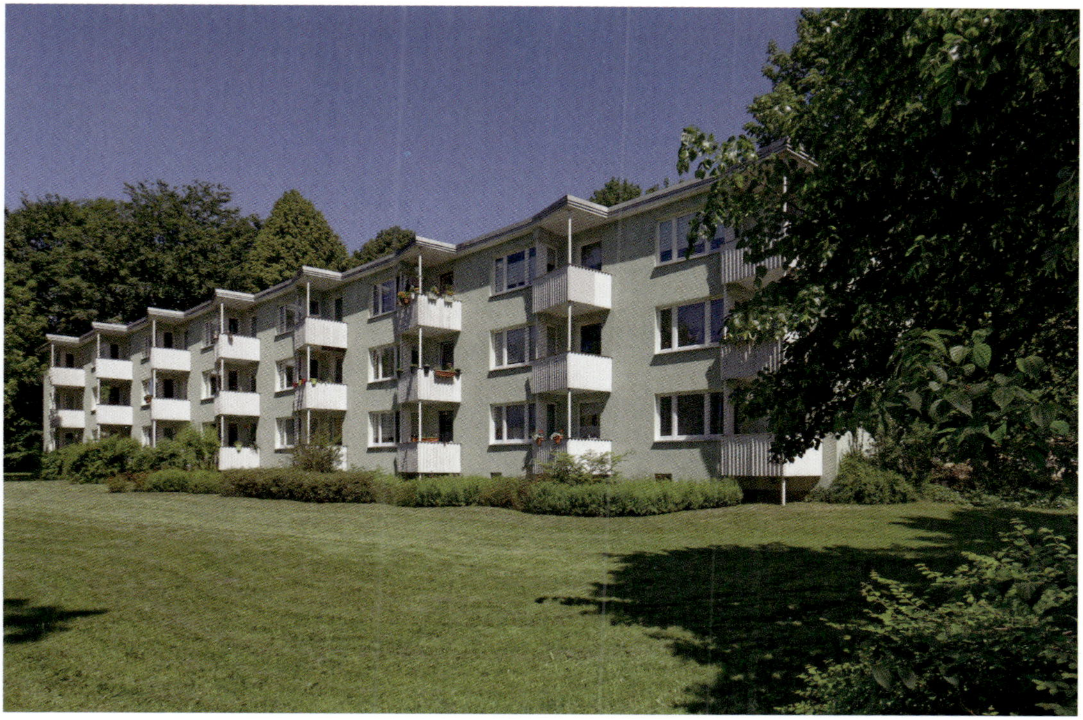

bis zu 6.000 Menschen strömten täglich in die Stadt. Schließlich setzte man – in der zweiten Phase – wie auch im europäischen Ausland auf den Plattenbau, auf standardisiertes Bauen und höhere Dichten, um kostengünstig schnell Wohnraum zu schaffen.

In Farmsen-Berne wird Anfang der 1950er-Jahre eine Gartenstadt nach Plänen von Hans Bernhard Reichow (1899–1974) und Otto Gühlk (1892–1978) errichtet. Die Stadt sollte funktional sein – Wohnen, Arbeiten, Einkaufen und Gewerbe wurden strikt getrennt.

Das Ergebnis waren Großwohnsiedlungen und Trabantenstädte, die schon bald auf massive Kritik stießen. Daran änderte auch nichts, dass häufig internationale Stararchitekten sich in Hamburg versuchen durften. Modernste Formen wie Wohngemeinschaften sollten hier ihren Platz finden. Im Block 6 in Steilshoop fanden sich in den 1970er-Jahren Gleichgesinnte zum Experiment Modell Steilshoop zusammen.

Allein, sie alle scheiterten an der schieren Größe der Wohnsilos. 1965 veröffentlichte der Sozialpsychologe Alexander Mitscherlich (1908–1982) einen Essay, das den Konsens zertrümmerte. In seinem 200.000-fach verkauften Büchlein „Die Unwirtlichkeit der Städte“ prangerte er

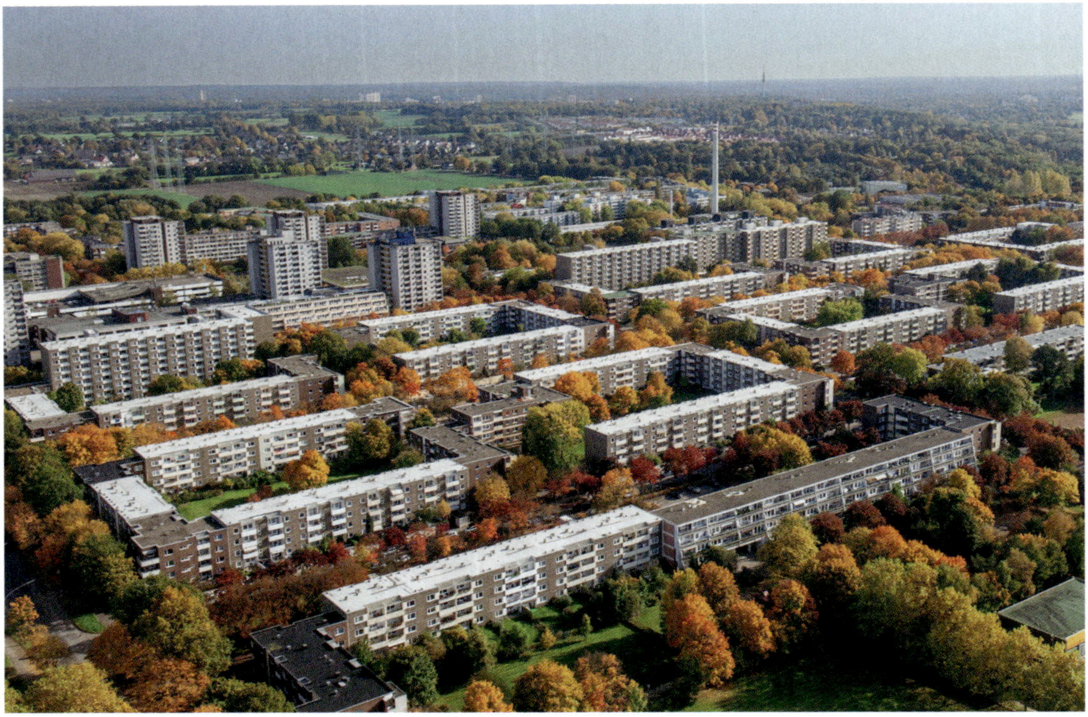

Die Siedlung Mümmelmannsberg, gebaut zwischen 1970 und 1979, ist eine der letzten Großwohnsiedlungen in Hamburg, um schnell neuen Wohnraum zu schaffen.

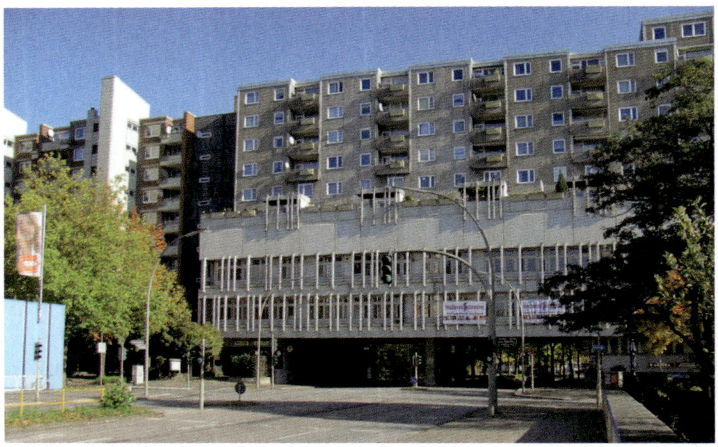

Ab 1969 entstehen auch in Steilshoop Großwohnsiedlungen. Dort wurde zudem mit alternativen Wohnformen experimentiert, die aber zumeist schnell scheiterten.

verheerende Städte an, die wie Prägestöcke wirken würden. Nicht minder kritisch, aber konservativer las sich Wolf Jobst Siedlers (1926–2013) Streitschrift gegen „Die gemordete Stadt" von 1964.

Trotzdem wurde weiter an den Großsiedlungen in Steilshoop (1969–1975), Osdorfer Born (1967–1972) und Müm-

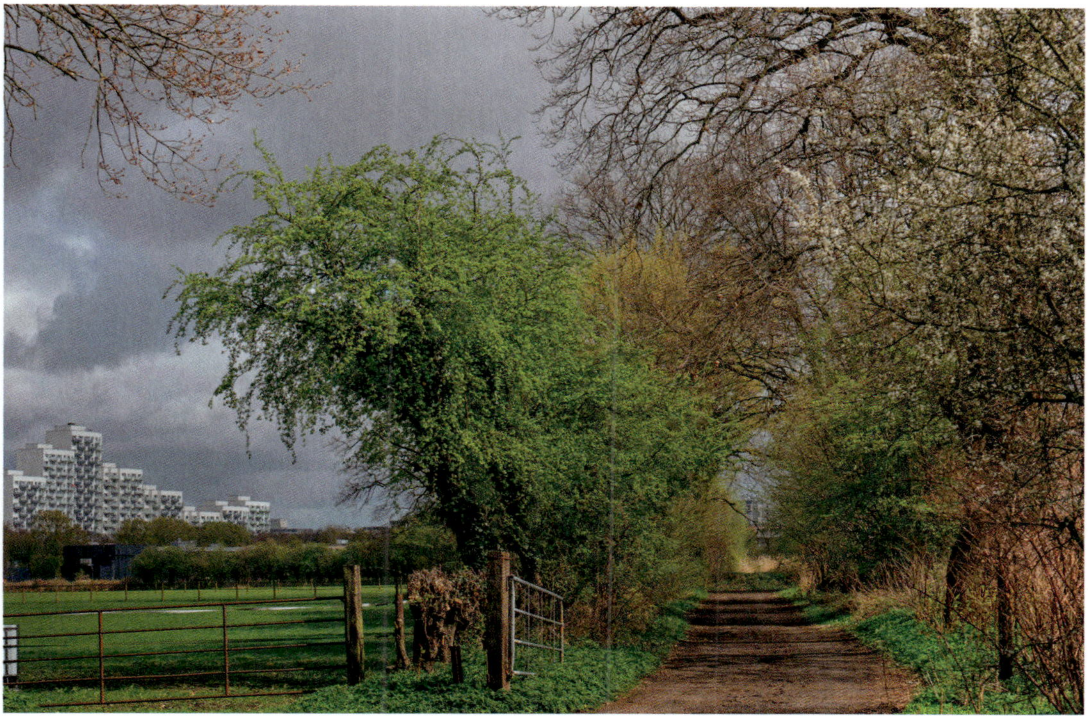

melmannsberg (1970–1979) gewerkelt. Bis zu 20 Stockwerke überragen die Hochhäuser den Maßstab der Stadt. Abgehängt bleiben zumindest Steilshoop und der Osdorfer Born bis heute – die versprochenen U-Bahn-Anschlüsse kassierte 1974 der damalige Bürgermeister Hans-Ulrich Klose. Nun sollen sie dann doch endlich angeschlossen werden – Anfang der 30er-Jahre des 21. Jahrhunderts.

Die Neue Heimat plante ab 1960 die Großwohnsiedlung Osdorfer Born. Renommierte Architekten entwarfen die Häuser, die zwischen 1967 bis 1972 entstanden. Trotzdem wurden die „Affenfelsen“ bald zu einem sozialen Brennpunkt. Die versprochene U-Bahn fährt bis heute nicht.

Die Schärfe der heutigen Kritik an den Planern der Nachkriegszeit klingt in den Ohren der damals politisch Handelnden unfair bis überzogen. Sie verweisen auf die enorme Wohnungsnot, die bis weit in die 1970er-Jahre herrschte. Zwischen 1946 und 1959 entstanden in der Hansestadt 250.000 Wohnungen.

Ein Aufbrechen der alten Bebauungsmuster war zudem eine Forderung, die auch viele Mediziner erhoben. „In vielen Baublöcken der Zeit der Industrialisierung waren die Häuser derart dicht aneinandergebaut, Innenhöfe so eng bebaut, dass weder Licht noch Sonne in die Wohnungen ge-

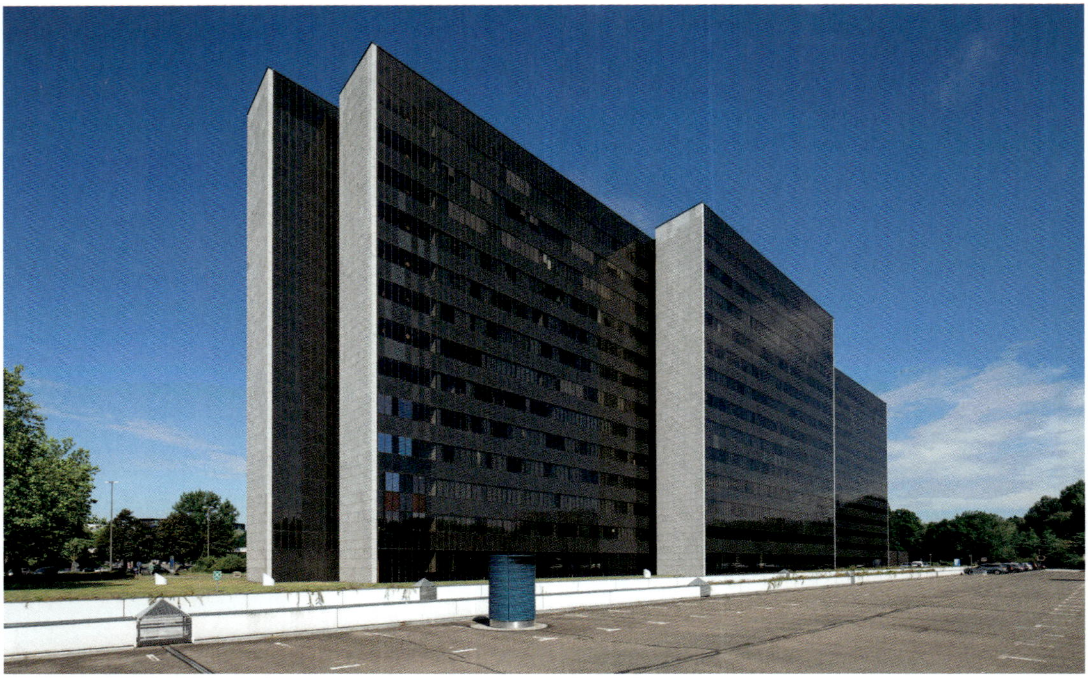

Um die Innenstadt von Bürobauten zu entlasten, begannen frühzeitig die Planungen für eine Geschäftsstadt Nord. Die ausschlaggebende Idee zu einer zweiten, dezentralen Geschäftsstadt als Entlastungszentrum brachte Hamburgs Oberbaudirektor Werner Hebebrand 1956 von einem Besuch in New York mit. Ähnlich wie dort sollten sich die Unternehmen mit ihren Verwaltungen in einem „Commercial Park" ansiedeln. Nördlich des Winterhuder Stadtparks wurde ein in seiner Lage optimales Grundstück gefunden. Mit einer Größe von 117 Hektar bot das Gelände Platz für 30 bis 40 Verwaltungsgebäude und eignete sich damit bestens für den Bau einer vorstädtischen Bürostadt. Die frühere Vattenfall-Zentrale der dänischen Architektenikone Arne Jacobsen (1902–1971) ist das Wahrzeichen der City Nord – sie wird nun revitalisiert. Voraussichtlich 2027 wird das Bezirksamt Nord dort einziehen.

langen konnte, die Feuerwehr nicht herankam, Grün total fehlte und die Bewohner sich in einigen dieser Quartiere aus ihren gegenüber liegenden Räumen aus dem Fenster die Hände reichen konnten", beschrieb der damalige Oberbaudirektor Klaus Müller-Ibold (1929–2014) die Sichtweise der Zeit. „Die Mediziner wiesen nach, dass derartige Bebauung gesundheitsgefährdend sei, besonders Schwindsucht und Tuberkulose förderte." Doch schon sein direkter Nachfolger Kossak stellte die Frage, „warum es den Planern der 1950er- und 1960er-Jahre überhaupt nicht in den Sinn kam, sich an den Vorbildern aus der Schumacher-Ära ... zu orientieren."

Der Strukturwandel baute die Innenstädte um – große Fabrikhallen, die Hamburger heute als Kulturzentren wie Zeise oder Kampnagel schätzen, verloren ihre eigentliche Funktion, während immer mehr Büroarbeitsplätze entstanden. Es war die große Zeit der Dienstleister, der Banken, der Versicherungen. Für die Kapitalen des Landes gab es angesichts des sprunghaft wachsenden Raumbedarfs nur zwei Möglichkeiten: Entweder wie Frankfurt in die Höhe zu wachsen oder Sondergebiete am Rande der Stadt auszuweisen.

Die Hamburger entschieden sich 1960 für eine „Bürostadt im Grünen" unweit des Stadtparks. Das später etwas irreführend in City Nord umbenannte Viertel galt zunächst als städtebauliches Meisterwerk – auch weil internationale Größen wie Arne Jacobsen oder Gerkan, Marg und Partner Entwürfe lieferten. „Hier haben gute Architekten gute Häuser gebaut, man sieht es. Die technische Perfektion der Konstruktion und der Ausstattungen ist wie an Jahresringen ablesbar", hieß es 1977 in der Zeitschrift „Bauwelt".

Die Monostruktur des Quartiers aber entpuppte sich bald als massives Problem, die Großbauten wirken wie Ufos aus verschiedenen Galaxien, die neben dem Stadtpark gestrandet schienen. Nun soll der Wohnungsbau in der alten City Nord die einst gewollte Funktionstrennung aufbrechen.

Die zweite Zerstörung

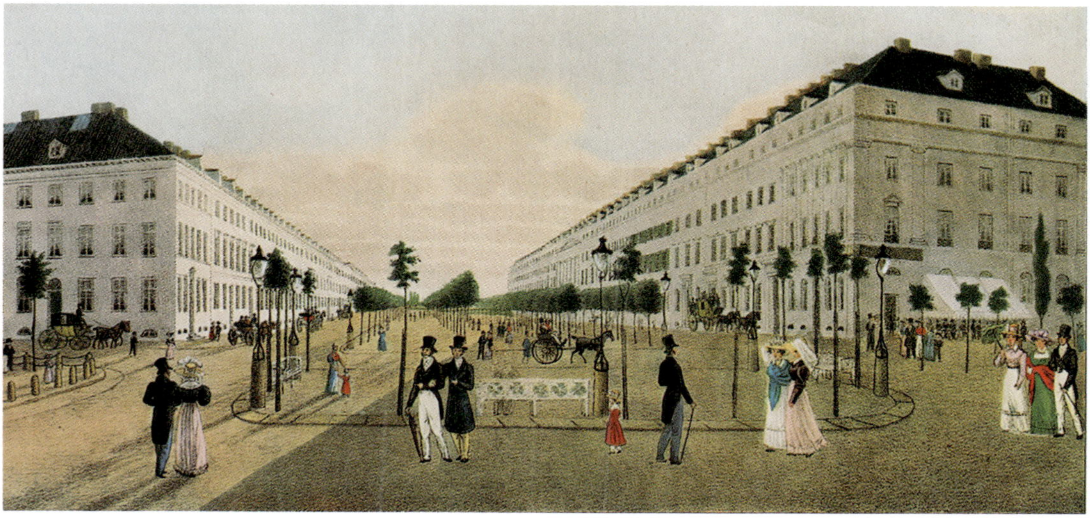

Was nicht passte, wurde in jeder Zeit abgebrochen. Volkwin Marg spricht von einem „städtebaulichen Furor" in Hamburg und kritisiert die Zerstörung der Hamburger Esplanade, einer geschlossenen Allee von Carl Ludwig Wimmel (1786–1845). Obwohl diese Prachtstraße, die der Berliner Meile „Unter den Linden" nachempfunden war, den Krieg ohne größere Schäden überstanden hatte, wurde die Nordseite ab 1958 abgeräumt. An ihrer Stelle entstanden erst zwei Punkthochhäuser, inzwischen sind es derer drei.

Geradezu mit Genugtuung blickten die Zeitgenossen auf jeden Abriss. Bar jeder Sentimentalität hieß es beispielsweise im Hamburger Abendblatt vom 2. August 1957: „Zu Füßen des Michels haben seit einigen Wochen Spitzhacke, Preßluftbohrer und Bagger das Wort. Zwischen Zeughausmarkt und Neanderstraße muß ein ganzer Häuserblock der neuen Ost-West-Straße weichen. Ein Stück Hamburg, das den Krieg überlebte, sinkt jetzt in Trümmer, weil es dem Weltstadtverkehr im Wege ist."

Allerdings gab es in der Nachkriegszeit noch weiterreichende Planungen, welche die Stadt entstellt hätten: Das heute sehr beliebte, damals aber heruntergekommene Gründerzeitquartier Ottensen sollte für die City West inklusive Autobahnzubringer fallen, an der Stelle von St. Georg

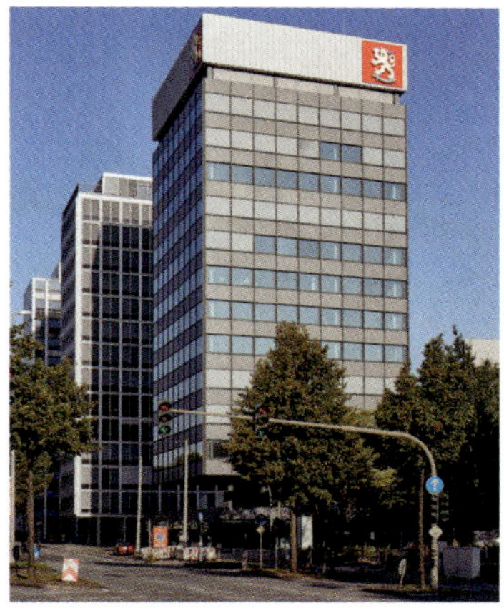

Die Esplanade (hier eine Lithografie der Gebrüder Suhr um 1850) war eine der Prachtstraßen Hamburgs. Obwohl die Verbindung unweit des Dammtor-Bahnhofs größtenteils den Krieg überstanden hatte, wurden Teile abgerissen. Dort stehen nun Punkthochhäuser wie das Finnlandhaus, das im Besitz von Dieter Becken (seit 2017 Firmenhauptsitz der Becken-Gruppe) ist, der das denkmalgeschütze Haus einer behutsamen Sanierung unterzogen hat. Erst 2018 kam das dritte Hochhaus, entworfen von Winking Froh Architekten, hinzu.

Der Heinrich-Hertz-Turm überragt mit seinen 276,5 Metern das Messegelände in der Innenstadt. Er wurde von 1966 bis 1968 erbaut, sein sich drehendes Restaurant war bis zu seiner Schließung 2001 eine der Sehenswürdigkeiten der Stadt. Das zentral gelegene Messegelände mit seinen 11 Hallen und 87.000 Quadratmetern Ausstellungsfläche wurde bis 2008 nach Plänen des Architekten Christoph Ingenhoven modernisiert und erweitert.

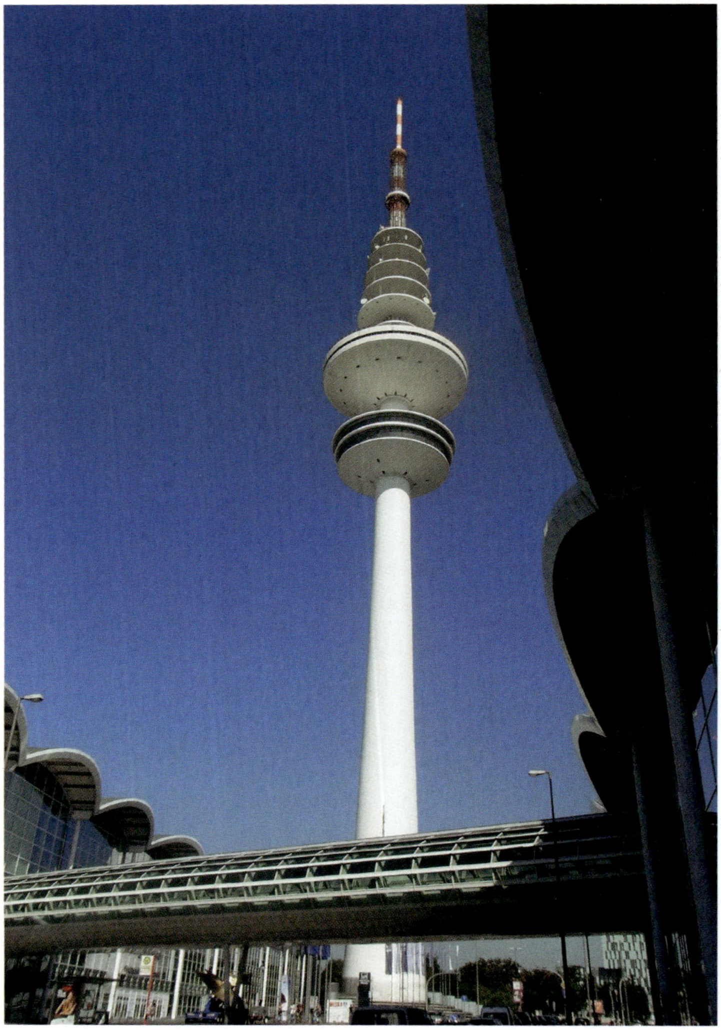

das gigantische Alsterzentrum bis zu 200 Meter in die Höhe wachsen. Das Karoviertel sollte der Messeerweiterung weichen, zwischen Großneumarkt und Kaiser-Wilhelm-Straße sollten für eine neue Druckerei des Verlags Axel Springer ganze Straßenzüge abgerissen werden.

Diese Großprojekte stießen bald nach ihrer Präsentation an ihre politischen wie finanziellen Grenzen. Fortan zählten nicht allein die Ziele der Finanzbehörde, ein Maximum zu erlösen, sondern auch die Interessen der Bewohner. Hausbesetzer, Studenten, Architekten, aber auch alteingesessene Bürger wehrten sich gegen die Planungsmonster vom Zeichentisch und verhinderten damit die vollständige zweite Zerstörung Hamburgs.

„Das war eine langwierige Auseinandersetzung“, erinnert sich Prof. Peter Michelis, der 1970 in das Hamburger Amt für Stadterneuerung kam. „Die Baubehörde war bis Anfang der 70er-Jahre desinteressiert und sehr technokratisch geprägt. Das neue Denken kam mit jungen Architekten in die Behörde. Die sozialliberale Koalition in Bonn schuf 1971 mit der Städtebauförderung dann den gesetzlichen

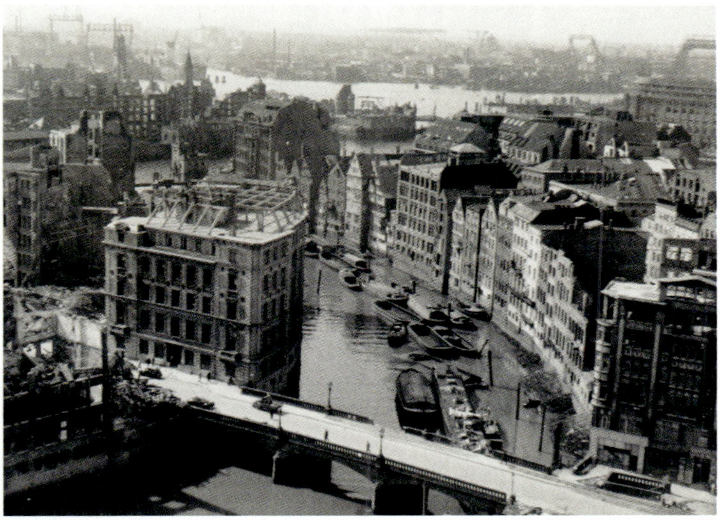

Die Deichstraße am Nikolaifleet, hier eine Aufnahme aus dem Jahr 1947, hatte den Krieg relativ unbeschadet überstanden. Dennoch gab es in den 1960er-Jahren Pläne, auch dieses Kleinod abzureißen.

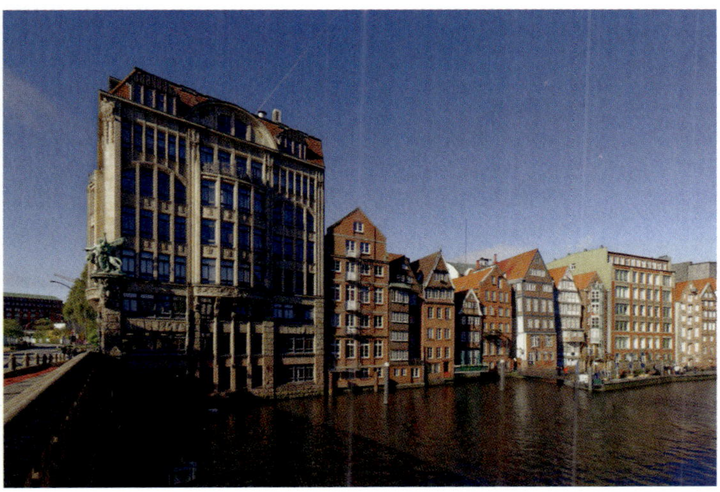

Heute ist die Deichstraße mit seinen historischen Kontorhäusern eine der Attraktionen der Stadt. Zu ihrer Rettung trug der Verein „Rettet die Deichstraße“ maßgeblich bei, weil er Geld für die Sanierung sammelte.

Die Krameramtsstuben am Michel, gebaut zwischen 1620 bis 1700, zählen zu den ältesten Fachwerkhäusern der Stadt und geben einen Eindruck, wie die Gängeviertel einst ausgesehen haben (Foto von 1935). Inzwischen sind sie ein beliebtes Ziel für Touristen. Ihre Sanierung Anfang der 1970er-Jahre ist ein Beleg für das Umdenken, das vor einem halben Jahrhundert begann.

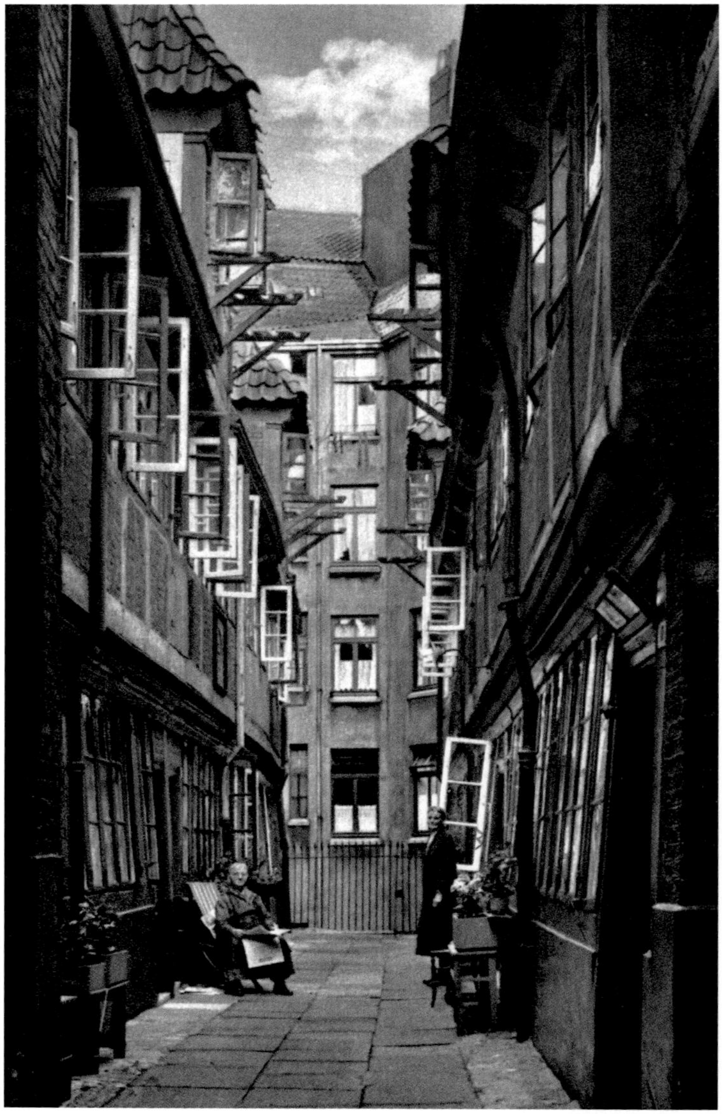

Rahmen für die Sanierung alter Viertel. Langsam, aber unaufhaltsam hielt ein neuer Geist Einzug in Hamburg: Die Abrissbagger hatten Pause, die „behutsame Stadterneuerung“ begann. Man mag es kaum glauben: Auch die Deichstraße als letzter Rest des alten Hamburgs aus dem 17. und 18. Jahrhundert überlebte die Betonjahre nur knapp: Der Verein „Rettet die Deichstraße“ konnte 1972 den Senat vom Erhalt überzeugen. Auch die beliebten Krameramtswohnungen am Michel wurden zwischen 1972 und 1974 restauriert. Sogar der Fischauktionshalle Altona drohte der Abriss, bis sie 1976 unter Denkmalschutz gestellt wurde.

Es wäre aber zu kurz gesprungen, alles in Bausch und Bogen zu verdammen. Gerade in den 1950er-Jahren gelang es Architekten, ästhetisch herausragende Bauten zu schaffen wie die Großmarkthallen von Bernhard Hermkes (1903–1995), der Alsterpavillon von Ferdinand Streb (1907–1970), das Hamburg-Süd-Hochhaus von Cäsar Pinnau

Die Großmarkthallen, erbaut von 1958 bis 1962, gehen auf den Hamburger Architekten Bernhard Hermkes (1903–1995) zurück und bestechen bis heute durch ihre gekrümmten Stahlbetonschalen. Inzwischen ist in diesem Wahrzeichen der Ingenieurbaukunst das Harry Potter-Musical zuhause.

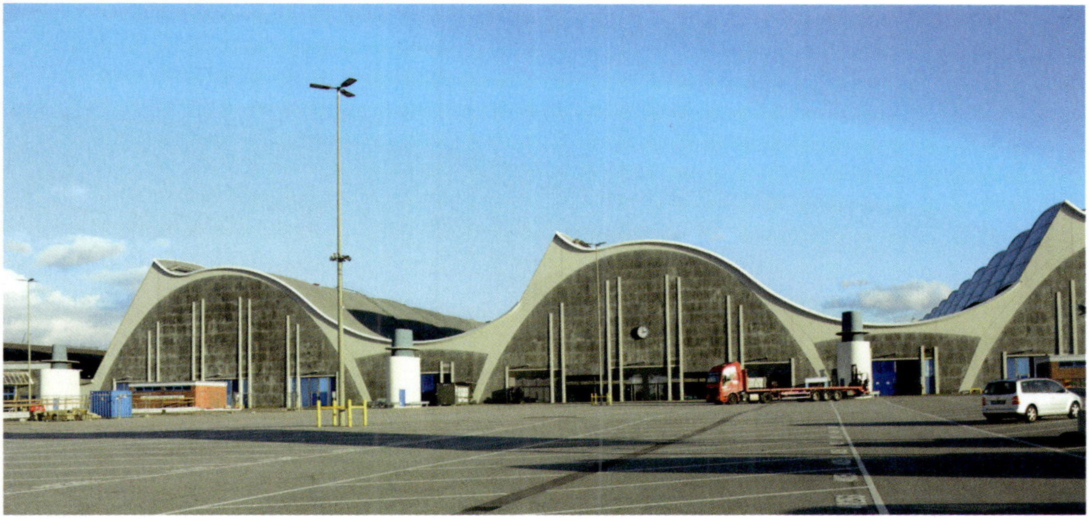

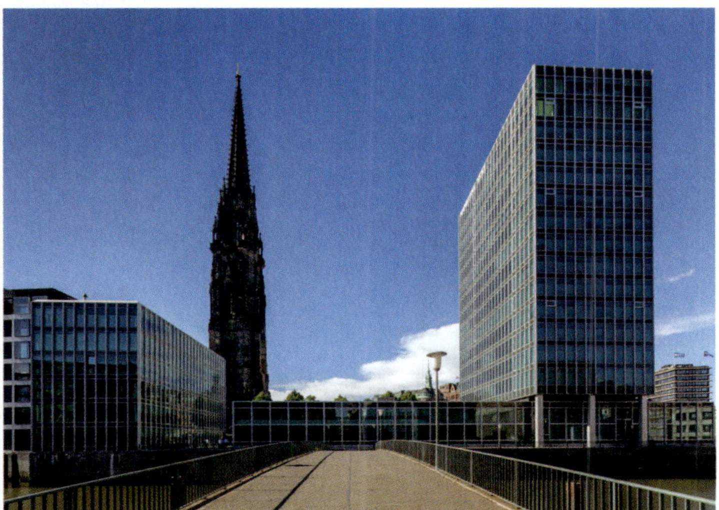

Das Meisterwerk von Cäsar Pinnau (1906–1988) ist das Hamburg-Süd-Gebäude. Das 15-geschossige Hochhaus mit Querbau und niedrigerem Bürohaus wurde von 1959 bis 1964 errichtet. Nach der Übernahme der Reederei durch die dänische Möller Maersk Group wurde das Gebäude 2021 verkauft.

(1906–1988), das Unilever-Haus oder das IBM- und das Spiegel-Hochhaus.

Aber vieles, was in den 1960er und 1970er-Jahren entstand, ist längst wieder zu Staub zerfallen: „Hamburg und seine Bauten“ heißt ein Standardwerk, das alle 15 Jahre die wichtigsten Bauwerke seiner Zeit erfasst. Wer das Buch von 1969 bis 1984 liest, glaubt eher, einen Abreißkalender in den Händen zu halten. Viele Gebäude dieser Jahre sind längst Geschichte: Das Frappant, das Hotel Interconti, das BP-Haus, die Post-Pyramide oder der großartige Astra-Turm.

Man ahnt, warum der frühere Direktor der Hamburger Kunsthalle Alfred Lichtwark einst über die „Freie und Abrissstadt Hamburg“ spottete. Auch den gefeierten „Weißen Riesen“ in Bahrenfeld von 1981 – das Euler-Hermes-Hochhaus – hat es lange dahingerafft, wie das Postamt 60 in der City Nord, 1970 bis 1974 vom bekannten Architektenpaar Prof. Friedrich und Ingeborg Spengelin im Stil des Brutalismus errichtet. Die Gänsemarkt-Passage aus dem Jahr 1979 ist einer gigantischen Baulücke gewichen. Ebenfalls Geschichte sind das Iduna-Hochhaus am Millerntor, das Allianz-Gebäude am Großen Burstah, die vier Hochhausschei-

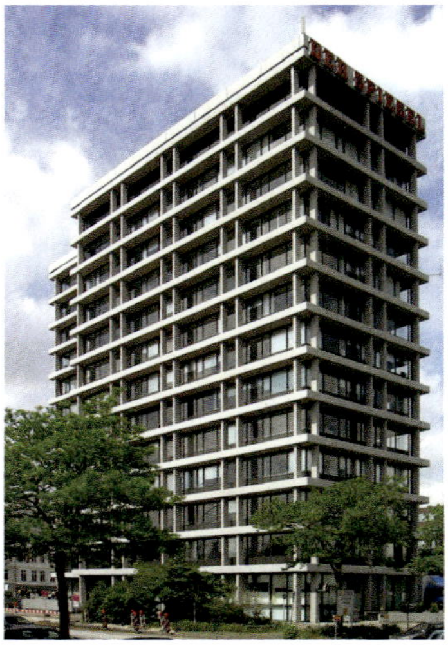

Eine weitere Ikone an der ehemaligen Ost-West-Straße ist das Spiegel-Hochhaus, das Werner Kallmorgen (1902–1979) auf dem langgestreckten dreieckigen Grundstück zwischen Willy-Brandt-Straße, Dovenfleet und Brandstwiete errichtete. Inzwischen ist der Verlag an die Ericusspitze umgezogen.

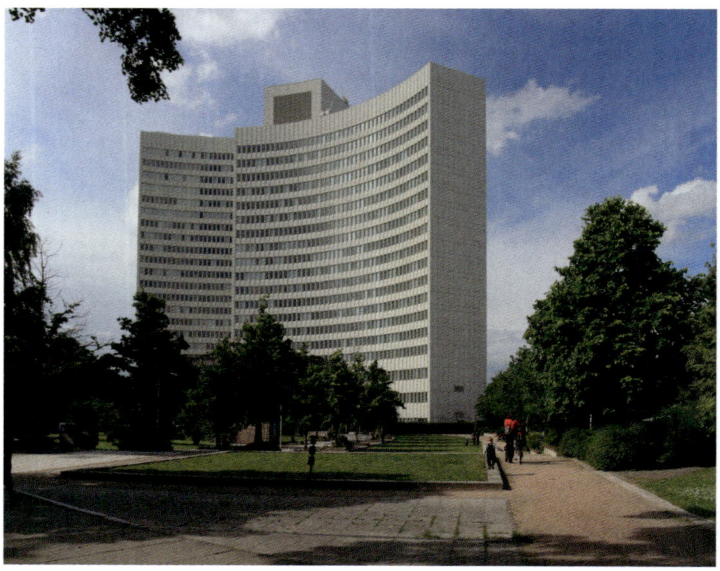

Firmenhochhäuser sind längst aus der Zeit gefallen – zum einen sind die Gebäude meist zu groß, zum anderen oft ineffizient. Der Weiße Riese des Architekten Titus Felixmüller (1897–1977) unweit der S-Bahn Bahrenfeld wurde nach Fertigstellung 1981 vom Versicherungsunternehmen Euler Hermes genutzt. Schon nach weniger als vier Jahrzehnten wurde es abgerissen.

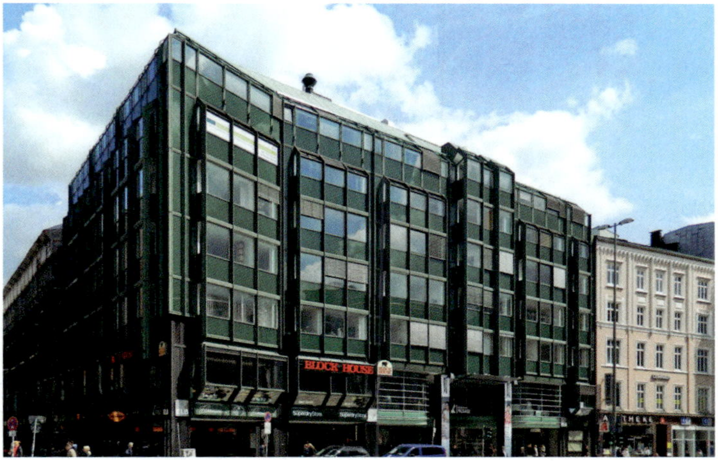

Auch die Gänsemarkt-Passage, die 1979 nach einem Entwurf des Architekturbüros Graaf, Schweger und Partner fertiggestellt wurde, ist inzwischen Geschichte. Der österreichische Investor René Benko ließ sie abreißen, um dort eine neue Hofstruktur zu schaffen.

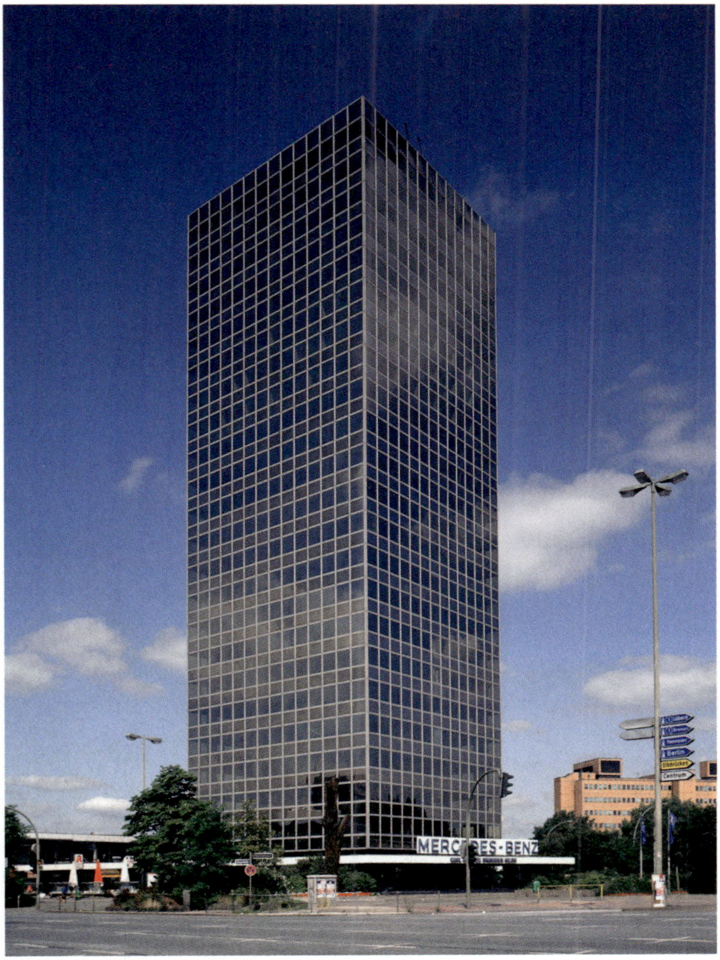

Nicht einmal drei Jahrzehnte überlebte das Iduna-Hochhaus am Millerntor. Der 89 Meter hohe Büroturm des Architekten Carl-Friedrich Fischer (1909–2001) wurde 1966 fertiggestellt und schon 1995 wegen Asbestbelastung gesprengt.

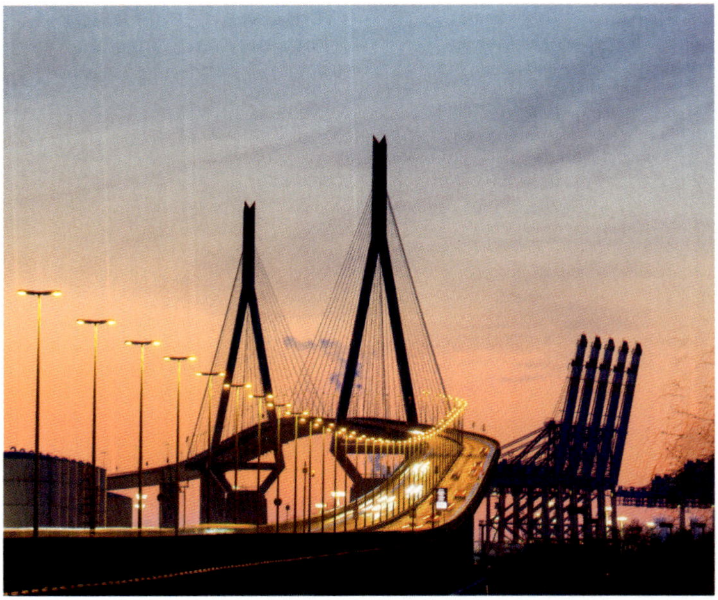

Die Köhlbrandbrücke wurde 1974 für den Verkehr freigegeben. Durch Baufehler und eine Überbeanspruchung sind ihre Tage gezählt. Eine noch höhere Brücke soll ab 2033 entstehen und 2042 fertiggestellt werden.

ben am Hauptbahnhof namens City-Hof, die einst als Aufbruch in die Architekturmoderne galten. Und selbst die Köhlbrandbrücke, 1974 eingeweiht, ist ein Bauwerk auf Abruf. 2040 dürfte ihr letztes Stündlein geschlagen haben.

Der Beton dieser Jahre hat oftmals nicht nur ein ästhetisches, sondern auch ein qualitatives Problem. Und eines der Größe: Die Betontrutzburgen sind schwer zu vermieten, die Riesenzentralen von Großunternehmen aus der Zeit gefallen. Das 118-Meter hohe Radisson Blu Hotel am Dammtor steht für diese Ära. Auch das Einkaufszentrum Hamburger Straße, 1970 eröffnet, oder das Alstertal-Einkaufszentrum, 1973 fertiggestellt, wirken 50 Jahren später nur noch bedingt zeitgemäß.

Ähnlich ergeht es dem AK Altona von 1971, das ab 2026 einem Neubau weichen soll. Und über eine der größten Bausünden ärgern sich viele bis heute: den Abriss des Bahnhofs Altona. Der gründerzeitliche Prachtbau, städtebaulich in einer engen Beziehung zum Rathaus und zur Grünfläche mit dem Stuhlmannbrunnen, prägte über Jahrzehnte die Stadt Altona. Der Deutschen Bundesbahn war Tradition schon damals ein Dorn im Auge.

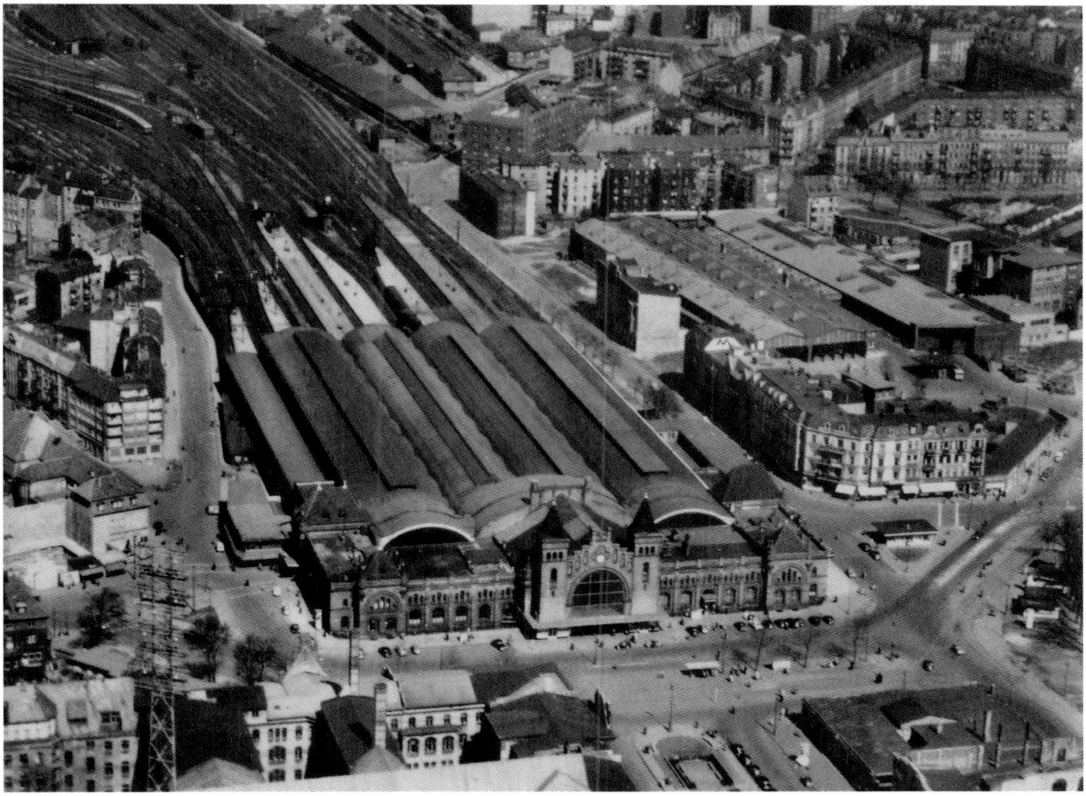

Sie ließ den neoromanischen Backsteinbau mit den imposanten fünf Hallenschiffen aus Kostengründen und wegen angeblicher statischer Bedenken abbrechen und durch ein „Kaufhaus mit Eisenbahnabteilung“ ersetzen, wie der damalige Denkmalpfleger Manfred Fischer sarkastisch kommentierte. Die Öffentlichkeit kam mit der Zerstörung der „Bahnhofs-Festung“ deutlich besser zurecht. „Der Bahnhof wird künftig nicht mehr wie ein Bahnhof aussehen“, versprach 1971 ein Sprecher der Bundesbahndirektion Hamburg. Er hielt Wort.

Eine weitere Großinvestition steht in Altona an: Der Fernbahnhof Altona (hier ein Luftbild des alten neoromanischen Backsteinbaus von 1898, der 1974 abgerissen wurde) zieht in einigen Jahren nach Diebsteich. Auf den dann freiwerdenden Gleisflächen sollen Wohnungen und Grünanlagen entstehen.

Vorwärts
und nicht vergessen –
Zwischenzeit

Die 1970er und 1980er-Jahre sind eine Zwischenzeit: Das Alte hat seine Kraft eingebüßt, das Neue ist noch nicht da. Hamburg profitiert von den großen Investitionen, die noch in den fortschrittsgläubigen Sechzigerjahren angestoßen wurden, wie etwa der Elbtunnel. Danach werden viele Pläne in der Ölkrise zurückgestellt. Was gestern noch galt, gilt heute nicht mehr: autofreie Sonntage statt autogerechte Stadt, Hausbesetzungen statt Abrissbirne, knappe Kassen statt Wirtschaftswunder. Wie so oft ist die Krise der beste Denkmalschützer.

Spätestens mit dem Europäischen Denkmalschutzjahr 1975, so erinnert sich Volkwin Marg, hieß es: „Vorwärts, wir müssen zurück! Jetzt entdeckten alle die europäische Stadt, schätzten den Erhalt und Weiterbau ihrer Qualitäten. Das war der erste Schritt zur behutsamen Stadterneuerung, welche die Substanz bewahrte und sanierte, statt großflächig abzureißen.“

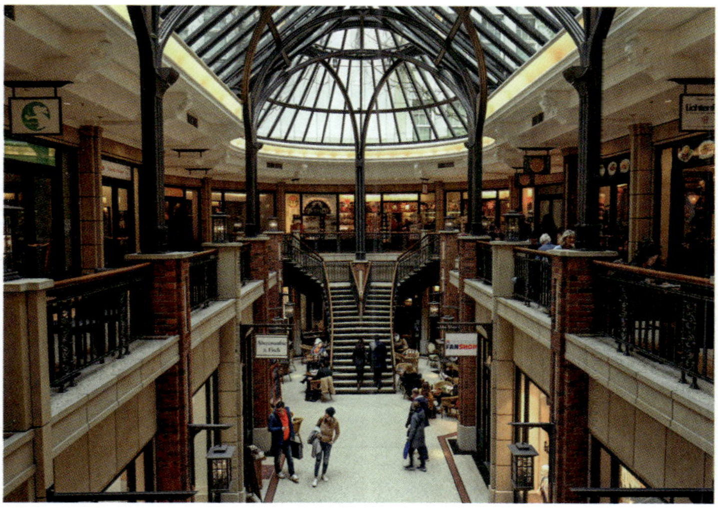

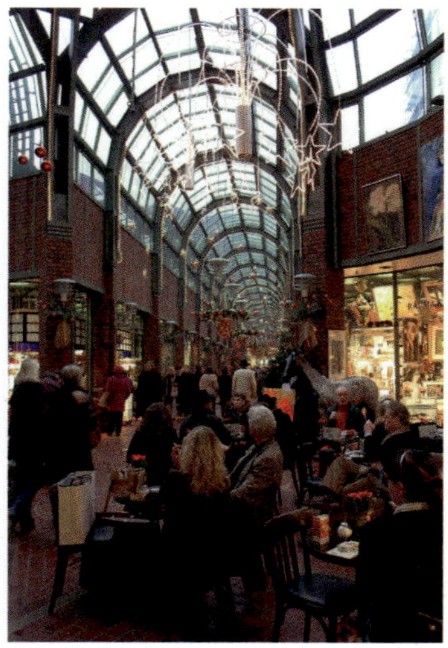

Ab den 1970er-Jahren setzte Hamburg zur Erweiterung der Verkaufsfläche in der Innenstadt auf Passagen. Der postmoderne Backsteinbau des Hanseviertels von Volkwin Marg (*1936) wurde 1980 eröffnet und steht unter Denkmalschutz. Das Levantehaus (links) wurde 1995 bis 1997 zu einer Einkaufspassage umgebaut.

Marg war es auch, der mit seinem Büro gmp das Hanseviertel baute – eines der großen Bauwerke der 1980er-Jahre. In dieser Zeit erfand sich Hamburgs Innenstadt als Passagenstadt neu – zuvor waren schon die Gerhof-Passage, das Kaufmannshaus, die Gänsemarkt-Passage und der Hamburger Hof neu entstanden.

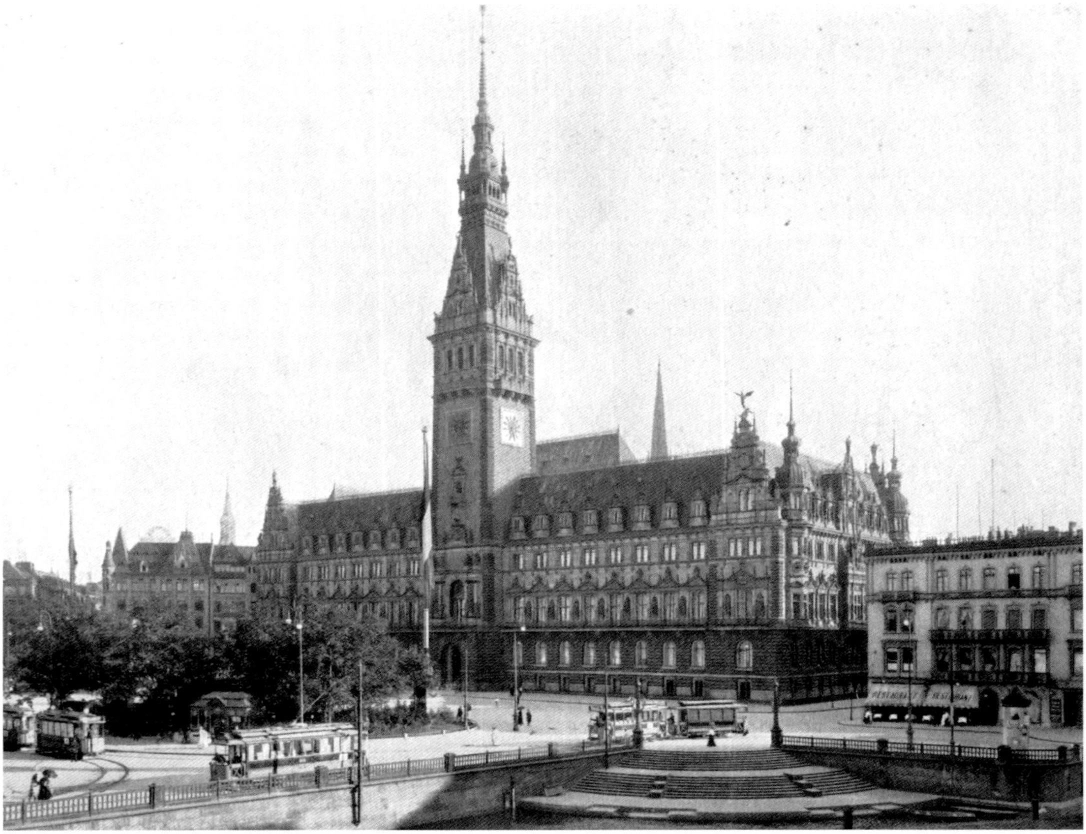

Der Rathausmarkt mit der Kleinen Alster ist bis heute für Hamburg der prägende Platz – seine Schöpfer Alexis de Chateauneuf und Gottfried Semper orientierten sich nach dem Großen Brand 1842 am Markusplatz in Venedig. Foto um 1900.

Heftig umstritten war die Neugestaltung und Verkehrsberuhigung des Rathausmarktes von 1982 – Kritiker spotteten über den Roten Platz von Hamburg, die Kosten von 38,5 Millionen D-Mark empörten viele Hamburger. Der Kampf um die Hafenstraße elektrisierte die Republik: Junge Leute, Radikale und Politaktivisten hatten die Häuser am Hafenrand besetzt und weigerten sich, diese zu verlassen. Kurz vor der Zwangsräumung gelang es Bürgermeister Klaus von Dohnanyi, eine Eskalation abzuwenden. Die Häuser stehen dort bis heute; die hässlichen Büroklötze, die geplant waren, entstanden gottlob nicht. Ähnlich muss man heute die Idee von 1988 bewerten, die Speicherstadt zu privatisieren und zu entkernen, um dort Unternehmen anzusiedeln.

Die krisenhaften 80er-Jahre enden mit der glücklichsten Nacht Deutschlands – dem Mauerfall am 9. November

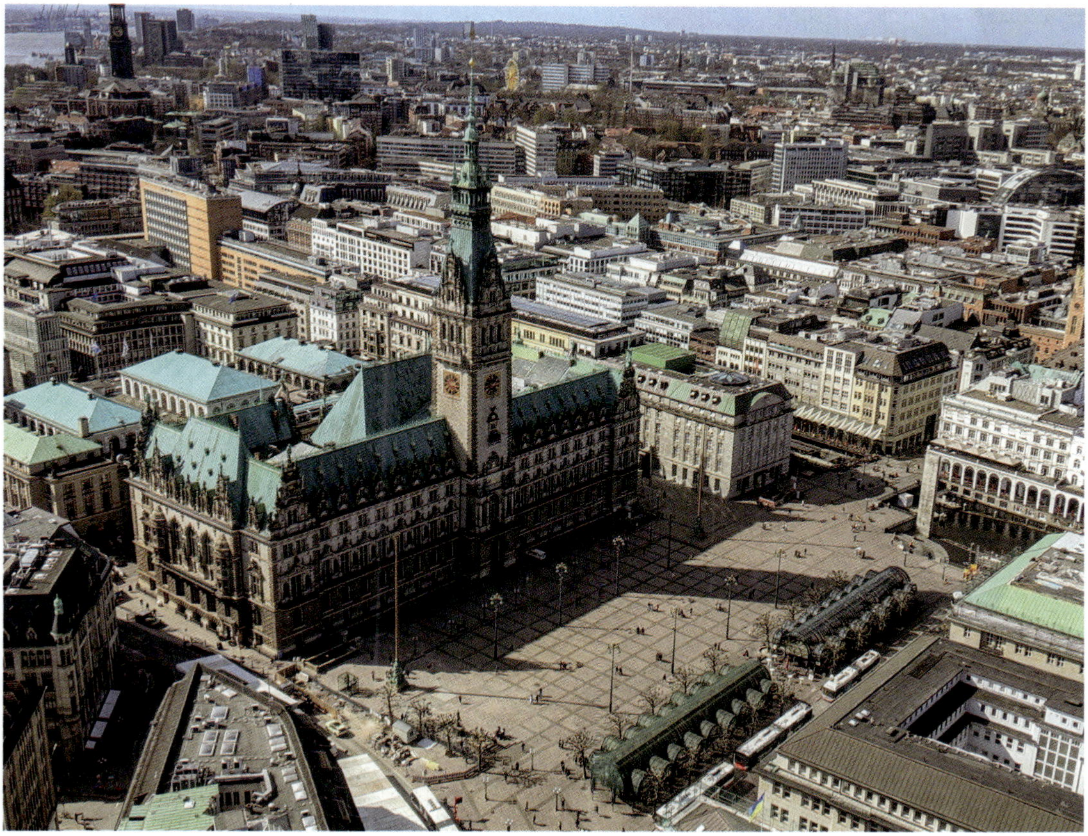

1989. Hamburg rückt vom Zonenrand in die Mitte des Landes, der Hafen bekommt über Nacht sein Hinterland zurück. Und auch in der Architektur ist der Aufbruch unübersehbar.

Am Hafenrand beim Baumwall entstand das moderne Verlagshaus von Gruner + Jahr – Ausdruck des unternehmerischen Selbstbewusstseins, ein Haus wie ein Schiff mit Kommandobrücken und Bullaugen. Auch der Hafenrand entwickelte sich von einer No-go-Area zur Perlenkette. Der damalige Oberbaudirektor Egbert Kossak hatte schon kurz nach seinem Amtsantritt als Oberbaudirektor 1981 die Revitalisierung „des in vielen Teilen brachgefallenen nördlichen Elbufers“ eingeleitet, vier Jahre später organisierte Hamburg ein international beachtetes Bauforum. 1997 gab dann die Senatskommission für Stadtentwicklung grünes

Die Umgestaltung des Rathausmarktes in den 1980er-Jahren löste einen Sturm der Empörung aus – wegen der Verwendung rötlichen Granits aus Italien kletterten die Umbaukosten auf 38,5 Millionen D-Mark, die Presse schäumte über Hans-Ulrich Kloses „Roten Platz“.

Ein Büro wie ein Schiff: Das frühere Verlagshaus von Gruner + Jahr (heute RTL) der Architekten Steidle & Partner und Kiessler & Partner wurde zwischen 1987 und 1990 gebaut und war Ausdruck des unternehmerischen Selbstbewusstseins. Inzwischen plant der Neuerwerber Tishman Speyer einen Umbau mit Markthalle.

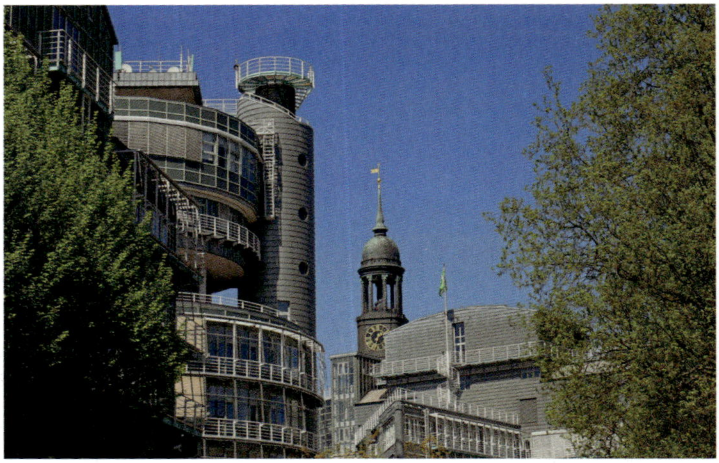

Der Hafenrand in Altona wurde durch eine Fülle von Umbaumaßnahmen und den Neubau der Perlenkette komplett umgestaltet. Das früher heruntergekommene Viertel ist nun eine 1a-Adresse. Im Vordergrund der Kristall Tower, ein 2011 errichteter 72 Meter hoher Twintower an der Großen Elbstraße, der vom niederländischen Architekten Kees Christiaanse entworfen wurde. Der Name des Gebäudes nimmt Bezug auf die Glasfassade mit den Kastenfenstern, die ihm ein kristallines Aussehen verleihen.

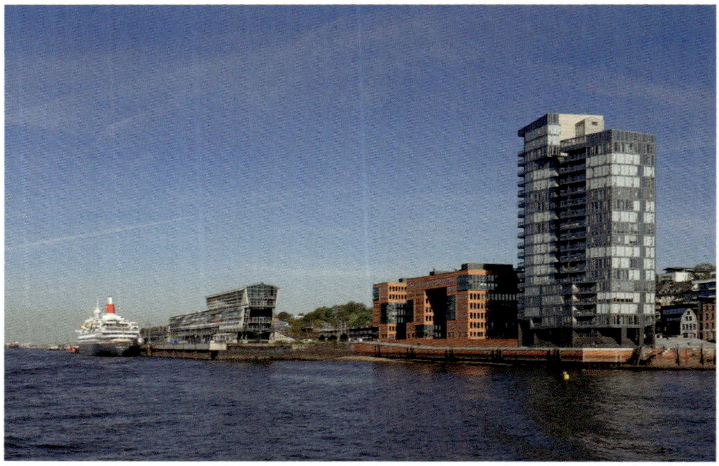

Licht für Neubauten westlich und östlich des früheren Holzhafens. Seit 2005 ragt das Dockland in Form eines Parallelogramms wie ein Schiffsbug in die Elbe hinein.

Eher kritisch muss man hingegen die Nachverdichtung der Ost-West-Straße sehen: Der Bau des Michaelis-Quartiers zwischen Michel und Zeughausmarkt ist unangefochtener Spitzenreiter im Podcast „Was wird aus Hamburg", wenn es heißt: „Welches Gebäude würden Sie abreißen?" Der Riegel hat nicht nur die Straße in einen Autokanal verwandelt, sondern verstellt den Blick auf den Michel.

Ende der 1990er-Jahre bewegte sich etwas in der Stadt. Am 23. Mai 1997 überraschte Bürgermeister Hen-

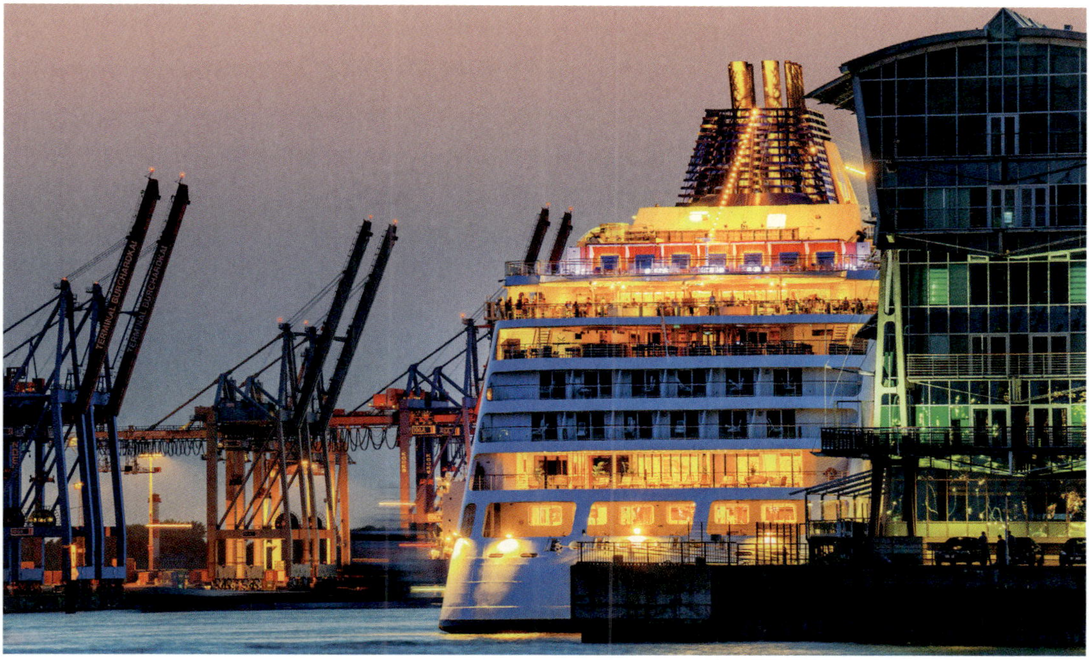

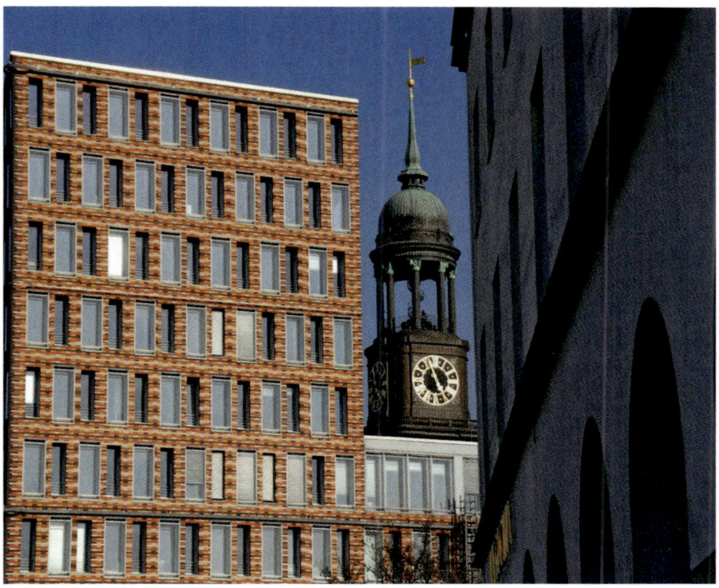

Das Hamburg Cruise Center Altona, auch Kreuzfahrtterminal Altona genannt, bietet einen Liegeplatz für Schiffe bis 326 Metern Länge bei einer Wassertiefe von 10 Metern am Edgar-Engelhard-Kai. Das Terminal wurde 2011 in Betrieb genommen.

Das Michaelis-Quartier an der Ludwig-Erhard-Straße entstand in den 1990er-Jahren nach Plänen des Münchner Architekten Otto Steidle. Bis heute bleibt unverständlich, dass der Michel, die Hauptkirche St. Michaelis, quasi eingemauert werden durfte.

ning Voscherau (1941–2016, SPD) die gesamte Stadt mit einem Jahrhundertprojekt: der HafenCity. Klammheimlich hatte ein kleiner Zirkel Eingeweihter die Weichen auf Veränderung gestellt.

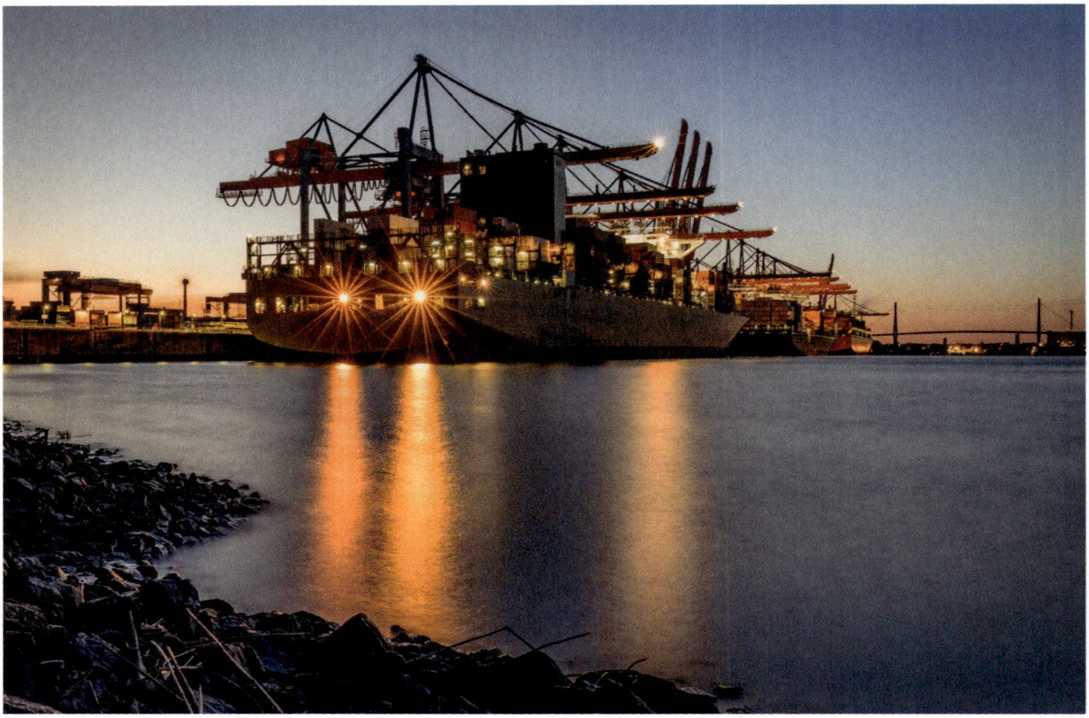

Mit der Hafenerweiterung in Altenwerder bekam die Hansestadt nicht nur ein hochmodernes Containerterminal, sondern schuf zugleich Platz für die Entwicklung der HafenCity. Beide Projekte gehörten finanziell zusammen – sollte doch der Verkauf der Flächen den neuen Hafen finanzieren. Der erste Spatenstich in der HafenCity erfolgte 2001.

Das Spiegel-Gebäude an der Ericusspitze ist einer der auffälligsten Bauten in der HafenCity. Seit 2012 nutzt die Spiegel-Gruppe den Bau der Kopenhagener Henning Larsen Architects als Unternehmenssitz.

Der damalige HHLA-Vorstandsvorsitzende Peter Dietrich (1938–2017) hatte erkannt, dass die Zukunft des Hafens nicht nördlich, sondern südlich der Elbe liegt – getreu dem alten Motto „Der Hafen gibt, der Hafen nimmt" baute die Stadt das neue Containerterminal in Alternwerder und bekam dafür eine gigantische Fläche im Herzen der City. Es wurde das größte innerstädtische Entwicklungsprojekt Europas. Beide freuten sich über enorme Wachstumseffekte durch die deutsche Einheit – der Hafen boomte, weil er sein Hinterland zurückgewonnen hatte, Hamburg gewann nach Jahren des Schrumpfens, in denen Zehntausende ins Umland gezogen waren, wieder neue Einwohner dazu.

Hamburgs Kinderzimmer, das Jahrzehnte Hafengelände war, sollte wieder bezogen werden. Der Plan war so clever wie tollkühn: Über Strohmänner gewann die HHLA die Kontrolle über die Gebäude oder die Firmen, die im Freihafen Pachtverträge besaßen, um sie dann umzusiedeln. Im geschwätzigen Hamburg gelang die wohl span-

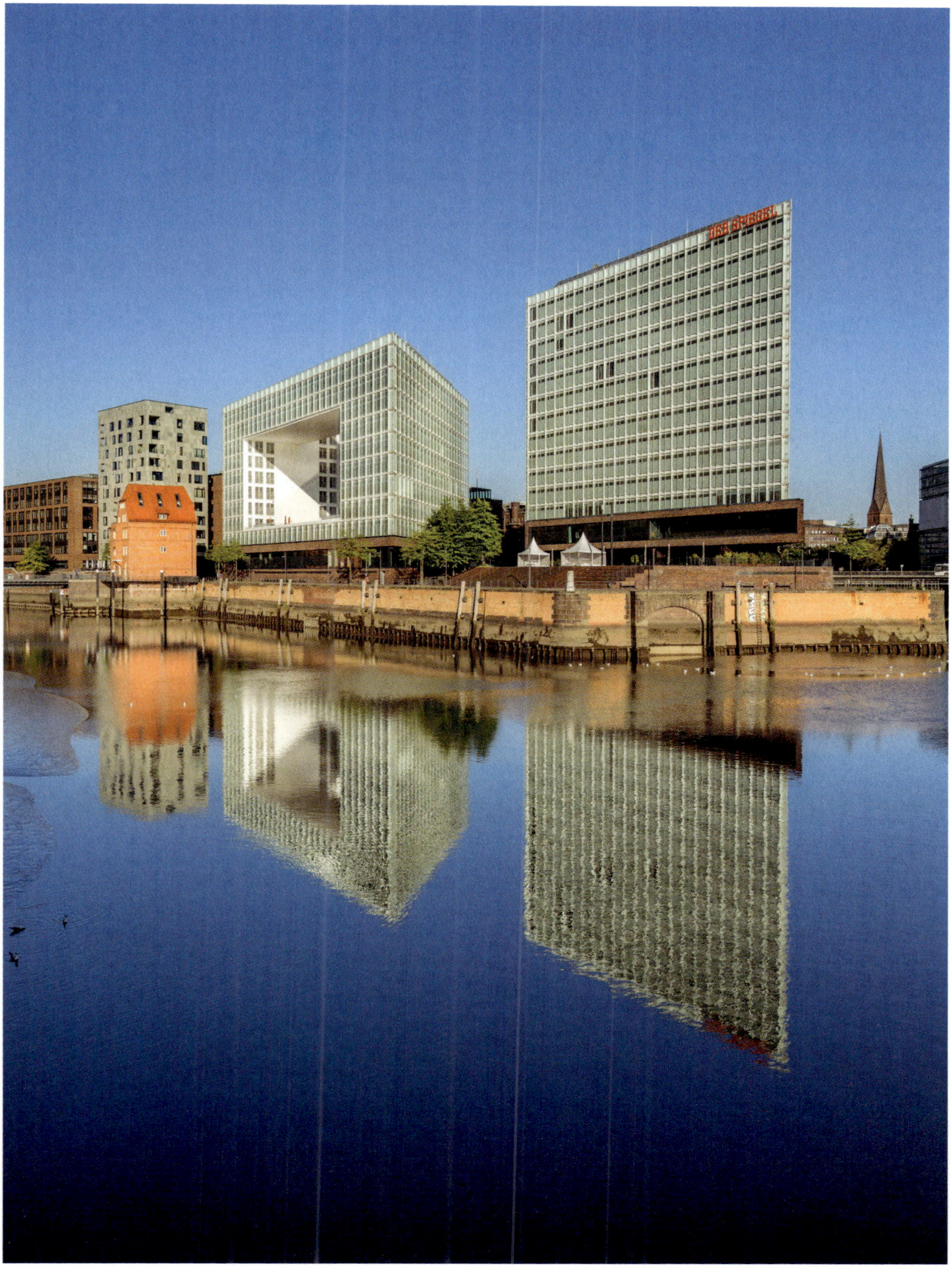
DER SPIEGEL

Die HafenCity bekommt ihren besonderen Reiz durch das Wasser – wie hier am Sandtorhafen mit seinen historischen Schiffen und dem Blick auf das neue Hamburger Wahrzeichen, die Elbphilharmonie. Durch die offene Bebauung fällt der Blick immer wieder auf die früheren Hafenbecken oder die Elbe.

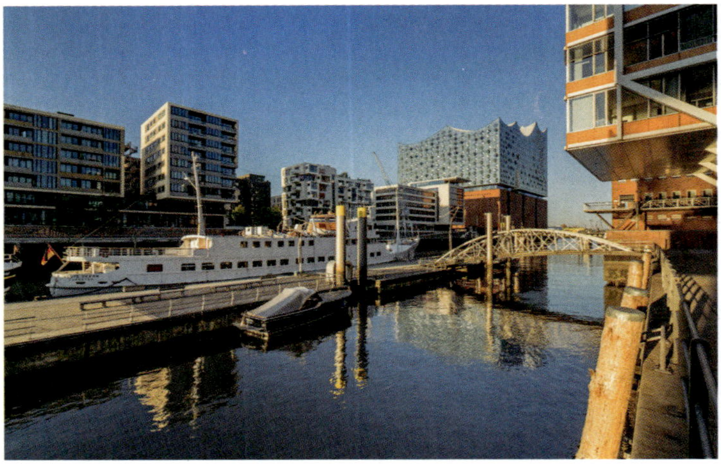

Der Marco-Polo-Tower ist das wohl markanteste Wohnhaus der HafenCity. Er bildet gemeinsam mit dem so genannten Unilever-Haus ein Ensemble an der Norderelbe. Unilever ist längst ausgezogen und der Nachmieter New Work räumt es nun für die Hamburg Port Authority.

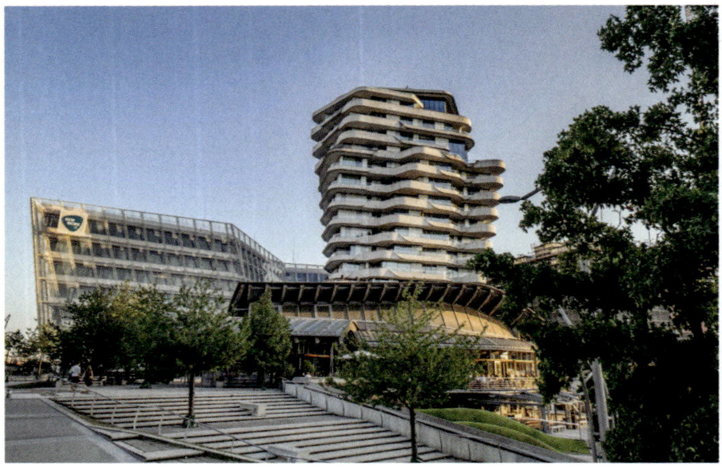

nendste Undercover-Stadtentwicklung der vergangenen Jahrzehnte.

Der Coup gelang, ohne dass sich Spekulanten die Taschen vollstopfen konnten und ohne die Hafenwirtschaft gegen sich aufzubringen. Das Versprechen damals: Rund 12.000 Menschen sollen in der neuen HafenCity leben, 20.000 Stellen dort geschaffen werden. Bis zu zehn Millionen Besucher jährlich, hofften die Planer, werde dieser neue Stadtteil an die Elbe locken.

Das 155 Hektar große Areal, davon rund 100 Hektar Baufläche, bietet Wasser satt – zehn Kilometer misst allein die Länge der Uferpromenaden. „Große Zukunftsprojekte,

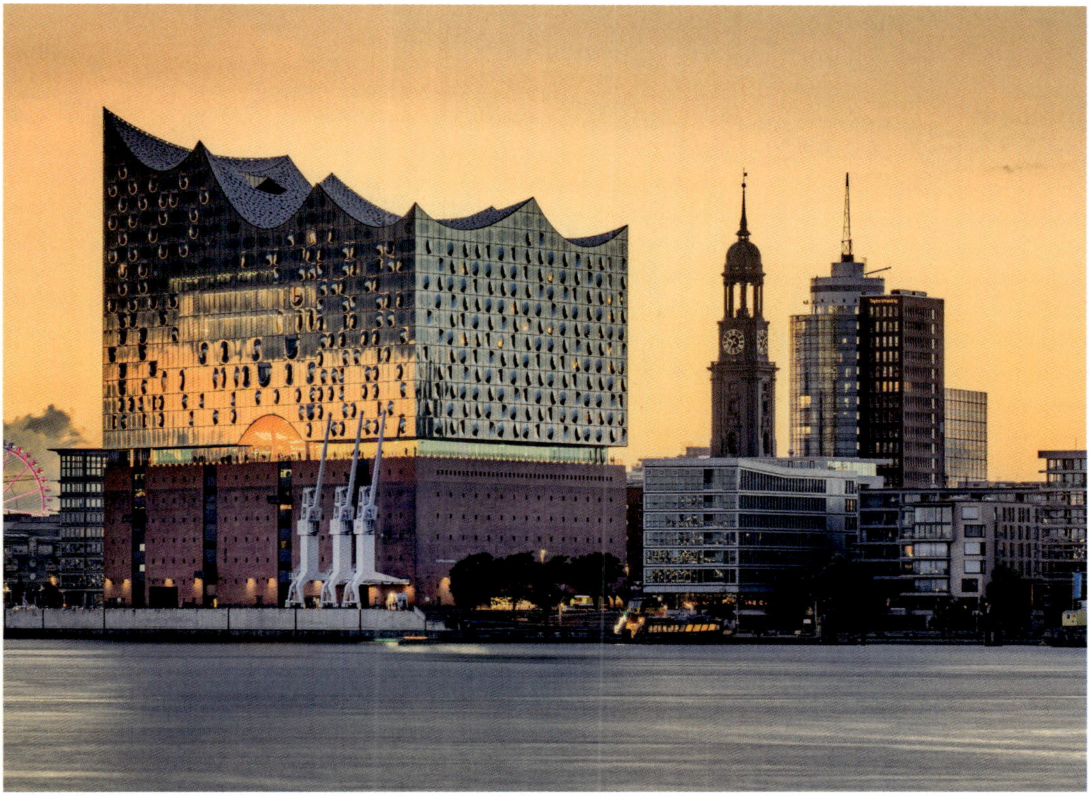

die immer dann beschlossen wurden, wenn gewachsene Strukturen ihre Tragkraft allmählich einzubüßen begannen, sind das Geheimnis der Stärke Hamburgs“, sagte Henning Voscherau bei der Präsentation seiner Idee. „Mit dieser Bereitschaft haben Senat und Bürgerschaft einen Niedergang unserer Stadt über Jahrhunderte ausgeschlossen und immer wieder neu erreicht, dass Hammonia wie Phönix aus der Asche aufsteigen konnte.“

Das Wahrzeichen des neuen Stadtteils ist die Elbphilharmonie: Sie war nicht Teil der ersten Planungen, die Idee überzeugte die Stadt aber dank ihrer kühnen Architektur, ersonnen vom Baseler Büro Herzog & de Meuron. Die Fertigstellung verzögerte sich mehrfach – 2017 wurde dann Eröffnung gefeiert.

Das 21. Jahrhundert – Unterwegs zu neuen Ufern

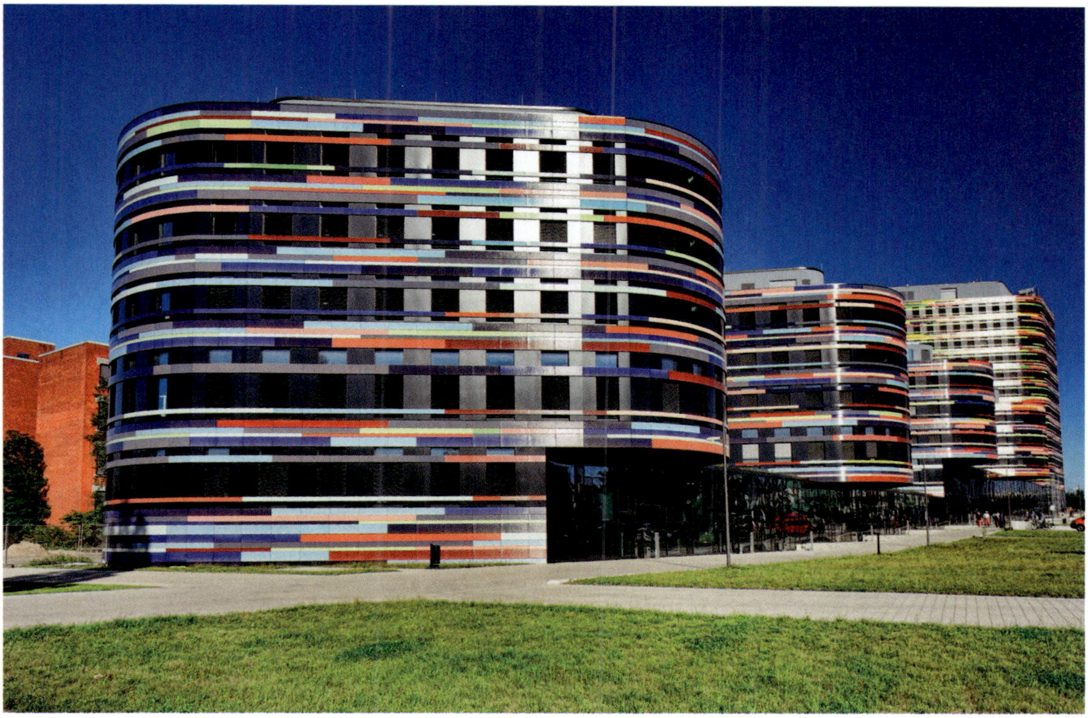

Mit der Internationalen Bauausstellung und Gartenschau 2013 erfand sich Wilhelmsburg, der Stadtteil auf den Elbinseln, neu. Mit dem Umzug der Stadtentwicklungsbehörde in den Neubau des Berliner Büros Sauerbruch Hutton bekam der Stadtteil auch ein Wahrzeichen.

Am 1. März 1999 trat Jörn Walter sein Amt als Oberbaudirektor an. „Mit seinem Bezug zum Wasser hat Hamburg einen Reichtum vor allen anderen deutschen Städten, den man stärker nutzen sollte", betonte er schon in seinem ersten Interview. Er erlebte eine Stadt im Aufbruch, die sich seit dem Wahlsieg von Ole von Beust 2001 selbst als „wachsende Stadt" verstand.

Ganze Stadtteile veränderten sich – wie etwa Wilhelmsburg. Nach der verheerenden Sturmflut von 1962, bei der 315 Menschen ihr Leben verloren, wurde der Stadtteil auf der Elbinsel quasi aufgegeben. Zwischen Verkehrsschneisen und Industriebetrieben verfiel das alte Wilhelmsburg über Jahrzehnte – bis zur Wiederentdeckung.

Es wurde geklotzt, nicht gekleckert: 2003 fiel die Entscheidung, die Internationale Gartenschau (igs) nach Wilhelmsburg zu vergeben und damit rund 70 Millionen Euro in den neu geschaffenen Inselpark zu investieren. Mit der Internationalen Bauausstellung (IBA) ging es um nicht weniger als einen Stadtumbau, um Aufwertung, ohne zu vertreiben, um den viel zitierten „Sprung über die Elbe“. 90 Millionen Euro flossen aus einem Sonderprogramm auf die Flussinsel; investiert wurde zwischen 2007 und 2013 sogar rund eine Milliarde Euro, davon ein Drittel öffentliche Mittel.

Das Geld sollte eine neue Stadt in der Stadt schaffen – und hat Wilhelmsburg zum Besseren verändert. Das Bildungszentrum „Tor zur Welt“ gehört dazu wie der Bau der Stadtentwicklungsbehörde, ein spektakuläres Werk des Berliner Architekturbüros Sauerbruch Hutton. Und die Verlegung der Wilhelmsburger Reichsstraße, einst ein verrückter Traum, ist längst Wirklichkeit.

Walters Zeit als Oberbaudirektor war eine Zeit der Veränderung. Einige Schlachten, etwa um die Kran-Kunstwerke eines Jeff Koons auf dem Spielbudenplatz, die Neubebauung des Domplatzes oder den Umzug der Universität auf den Grasbrook, verlor er; andere wie den Bau der gleichfalls umstrittenen Europa Passage zwischen Binnen-

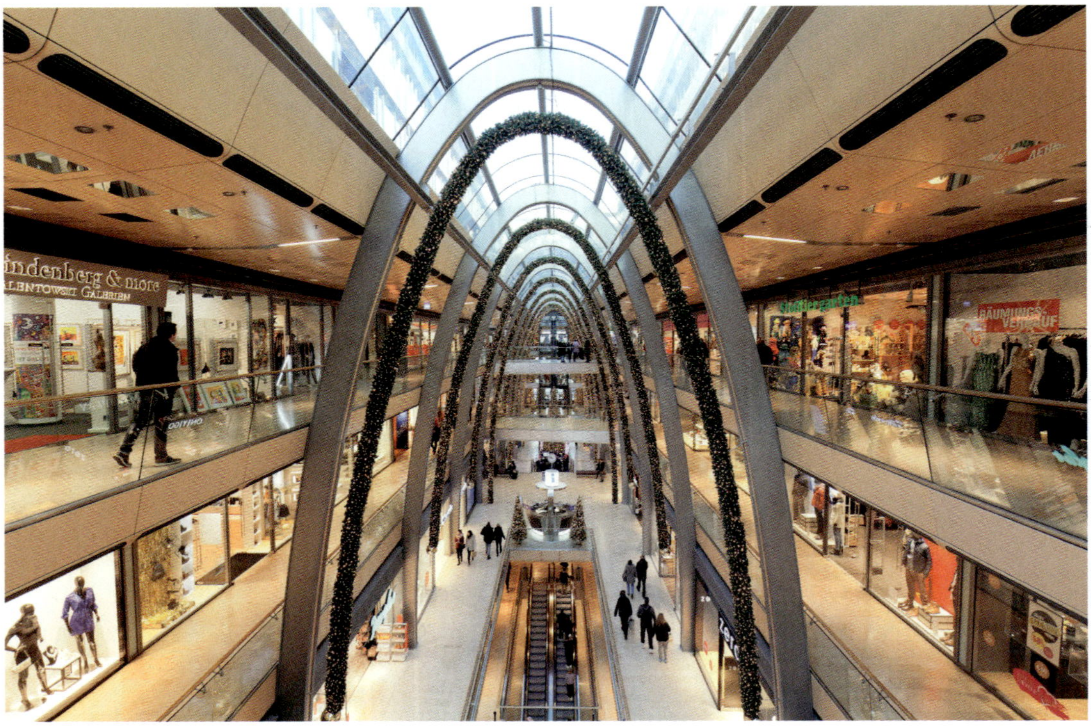

Der Bau der Europa Passage zwischen der westlichen und der östlichen Innenstadt war lange umstritten. 2006 wurde der Neubau, den der Hamburger Architekt Hadi Teherani entworfen hatte, eröffnet.

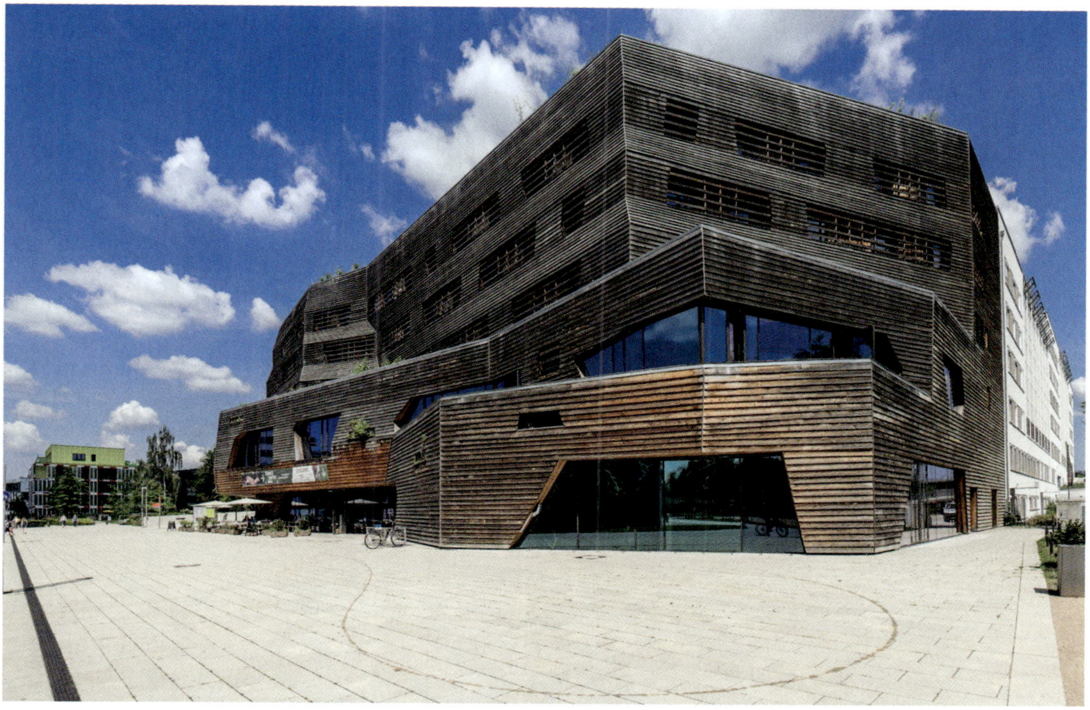

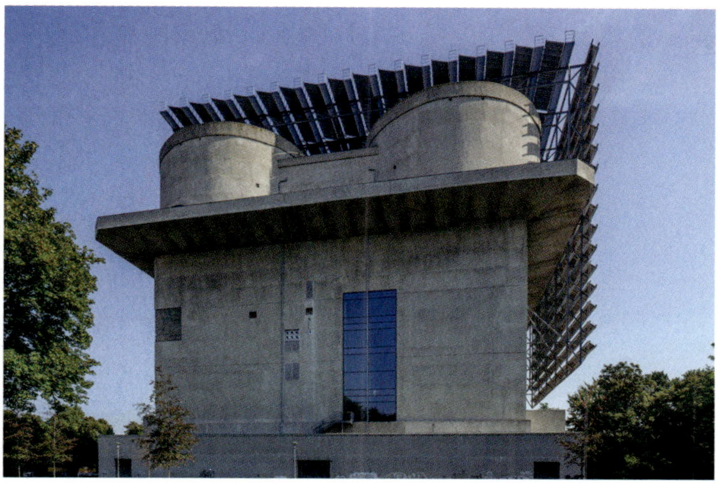

Das Wälderhaus der Schutzgemeinschaft Deutscher Wald in Wilhelmsburg ist einer der ersten Holzbauten der Stadt. Fertiggestellt wurde es nach Plänen von Andreas Heller Architects & Designers. Es beherbergt eine große Ausstellung zum Thema „Wald".

Ein weiteres Projekt der Internationalen Bauausstellung war der Energiebunker Wilhelmsburg: HHS Planer und Architekten AG, Kassel, verwandelten ihn von 2010 bis 2013 zu einem Energiebunker mit einem biomethanbefeuerten Blockheizkraftwerk, Wärmewasserspeicher, einer Solarthermieanlage und einer Photovoltaikanlage. Der alte Flakbunker ist heute ein lohnendes Ausflugsziel.

alster und Mönckebergstraße oder die Umgestaltung des Jungfernstiegs brachte er ins Ziel.

Nicht nur mit Denkmalschützern, auch mit Architekturkritikern musste sich Walter auseinandersetzen – zum Kristallisationspunkt wurde die HafenCity. Was bekam der Oberbaudirektor da nicht entgegengeschleudert? „Würfel-

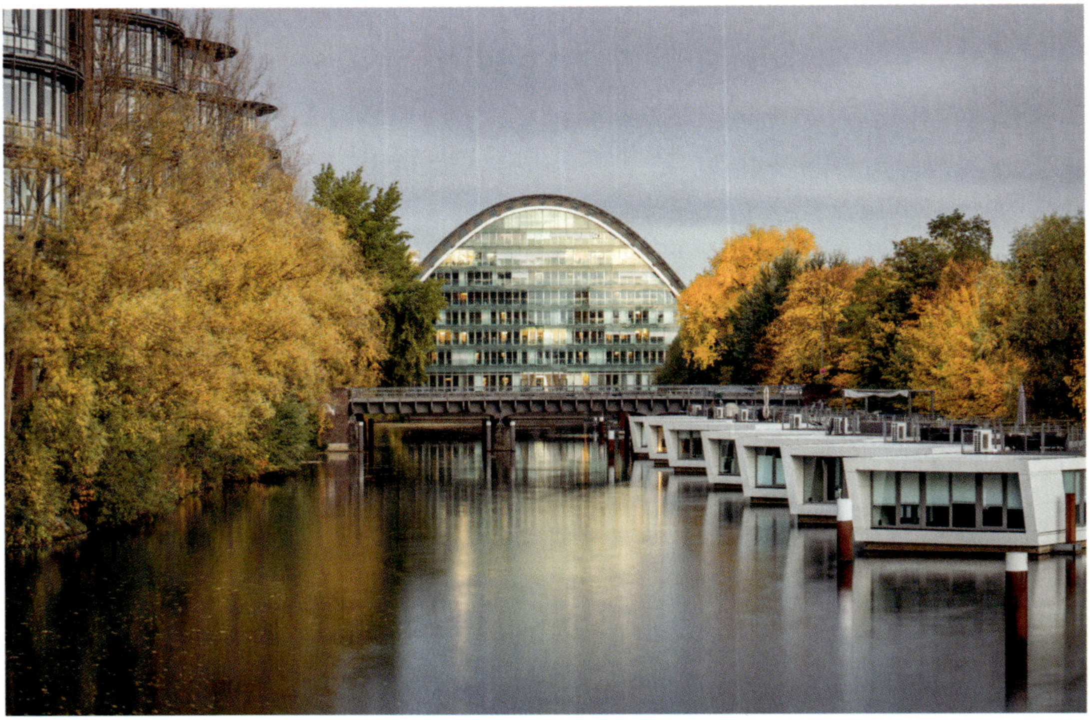

Um die Jahrtausendwende waren Bauten aus Stahl und Glas besonders beliebt. In Hammerbrook am Anckelmannsplatz entstand 2001 das Bürogebäude Berliner Bogen (Bauherr: Dieter Becken) nach Plänen des Büros Bothe Richter Teherani. Blick vom Hochwasserbassin auf das Gebäude.

Hadi Teherani hatte auch die Idee für die Tanzenden Türme am Anfang der Reeperbahn. Die Fassade der 85 und 75 Meter hohen Türme ist geknickt. Teherani stellte sich ein Paar vor – „Mann und Frau, die sich zum Tango bewegen". Olaf Scholz nannte die Türme einmal sein Lieblingsgebäude. Sehr beliebt ist auch die Dachbar.

husten" sei das, „Kleckerkram", beliebige Architektur, ja, Walter fehle das „Gespür für Hamburg". „Nach drei Gebäuden begannen einige schon mit der Generalkritik", erinnerte er sich später. „Das prallt nicht an einem ab."

Damals stießen verschiedene Welten in einer mitunter hitzigen Architekturdebatte aufeinander. Die einen hätten am liebsten die Speicherstadt bis zur Elbe weitergebaut, andere hingegen ein gigantisches Experimentierfeld für zeitgenössische Architektur geschaffen. „Mir ging es darum, für die Stadt eine neue Facette zu gewinnen, etwas, das noch nicht da war, sich aber in den Stadtkontext einfügt." Walter versteht sich als Mann der Mitte, als Reformer zwischen historisierenden Architekten und Supermodernisten.

Lange Zeit galt er als Verfechter von Glas und Stahl. Im Architektur-Jahrbuch von 2008 schrieb er: „Die größte Neuerung haben die ikonografischen Neubauten von Bothe Richter Teherani der Stadt geschenkt", eine Liebeserklärung an Häuser wie den Berliner Bogen, das Deichtor-Center

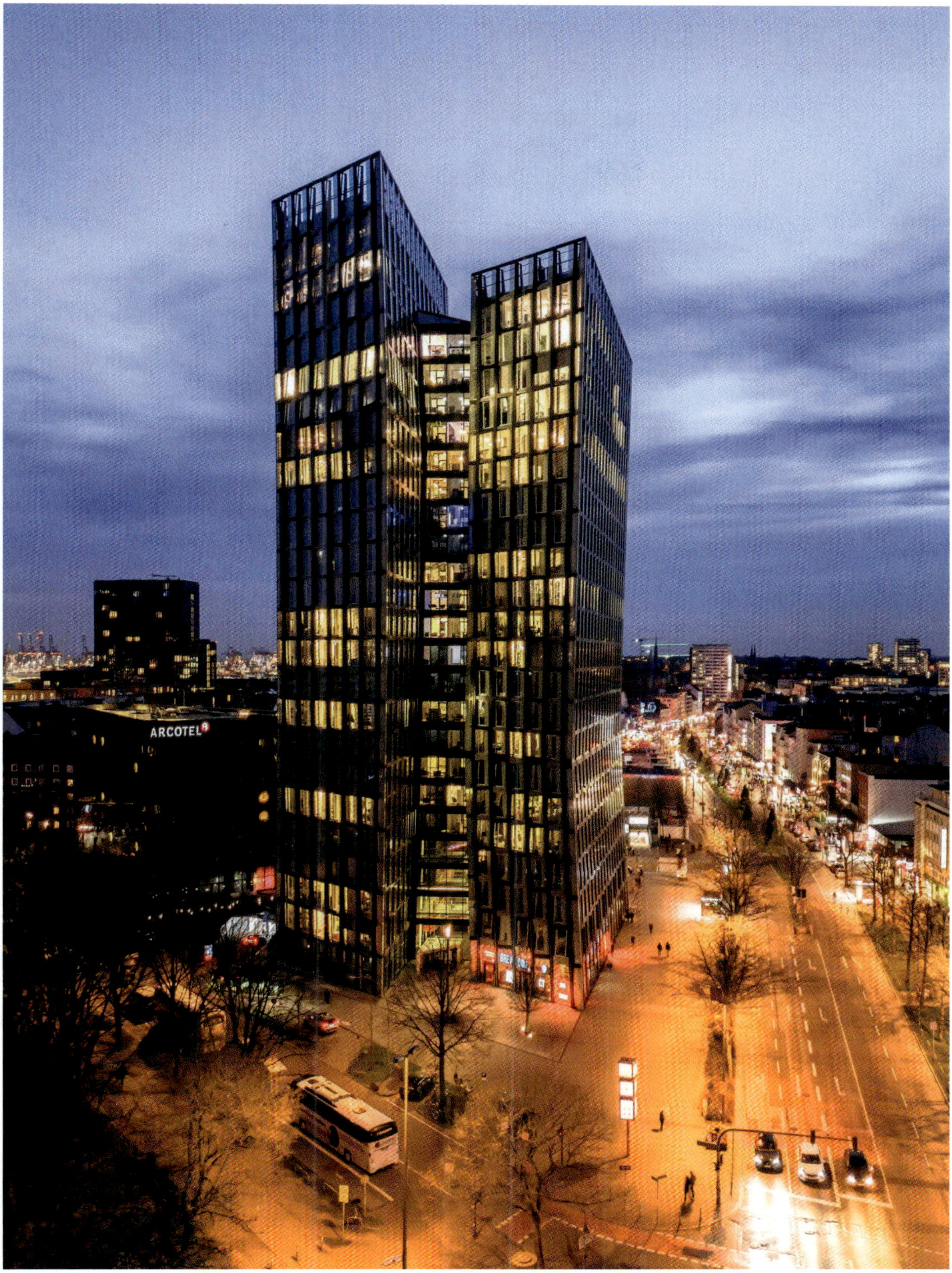
ARCOTEL

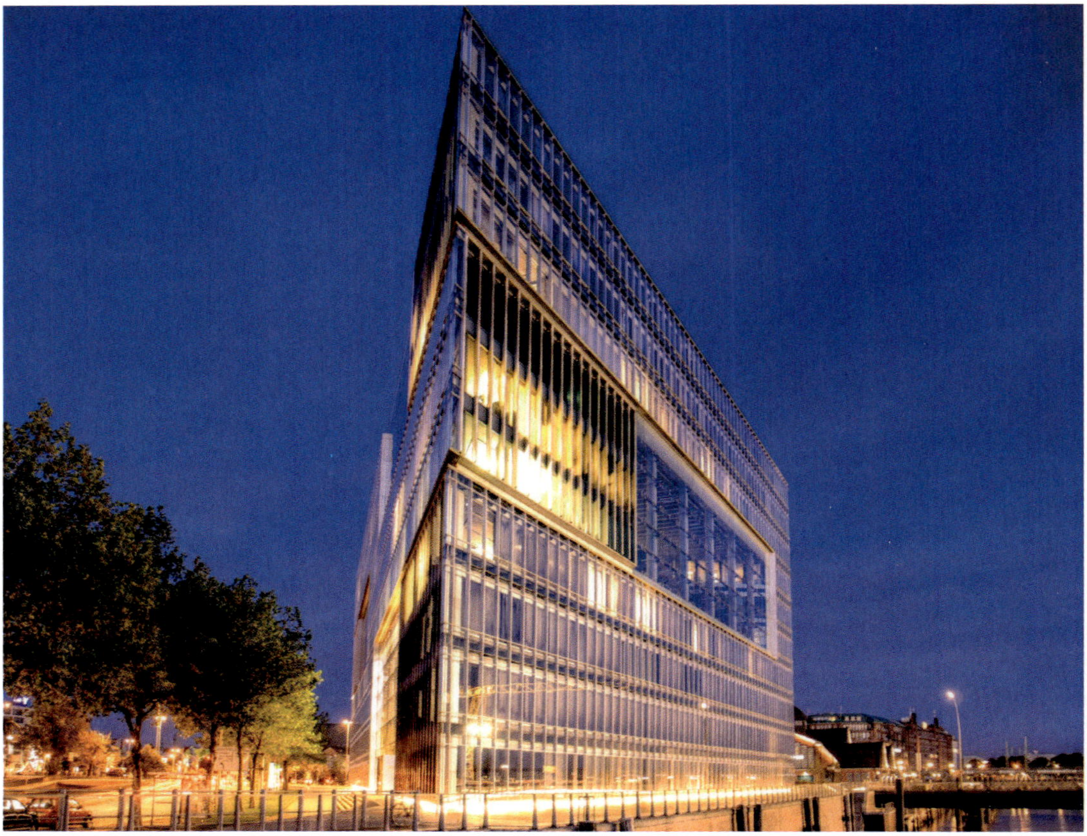

Die Architekten Jens Bothe, Kai Richter und Hadi Teherani entwarfen auch das Deichtor-Center am Südrand des Deichtorplatzes. Es wurde 2002 fertiggestellt. Bauherr war der Hamburger Dieter Becken.

oder das Dockland an der Elbe. Tatsächlich schmückten diese Büropaläste kurz nach der Jahrtausendwende viele Hamburg-Führer. Es ist deutlich stiller geworden um Glas und Stahl. Nach dem Scheitern des Kristalls auf dem Domplatz gab es nur noch wenige solcher Projekte in der Hansestadt. Die Tanzenden Türme von Hadi Teherani am Eingang der Reeperbahn aber haben viele Kritiker versöhnt.

Auch die HafenCity wird inzwischen deutlich positiver gesehen: Je weiter das größte innerstädtische Bauvorhaben Europas wuchs, je mehr Lokale, Geschäfte öffneten und Baugruben verschwanden, desto leiser wurde die Kritik, desto wohlwollender das Echo. Die Magellan-Terrassen sind längst ein Bild, das Hamburg in die Welt transportiert. Viele Menschen sind unterwegs, Passanten, Anwohner, Touristen, sie nehmen die Stadt in Besitz. Wasser und weite

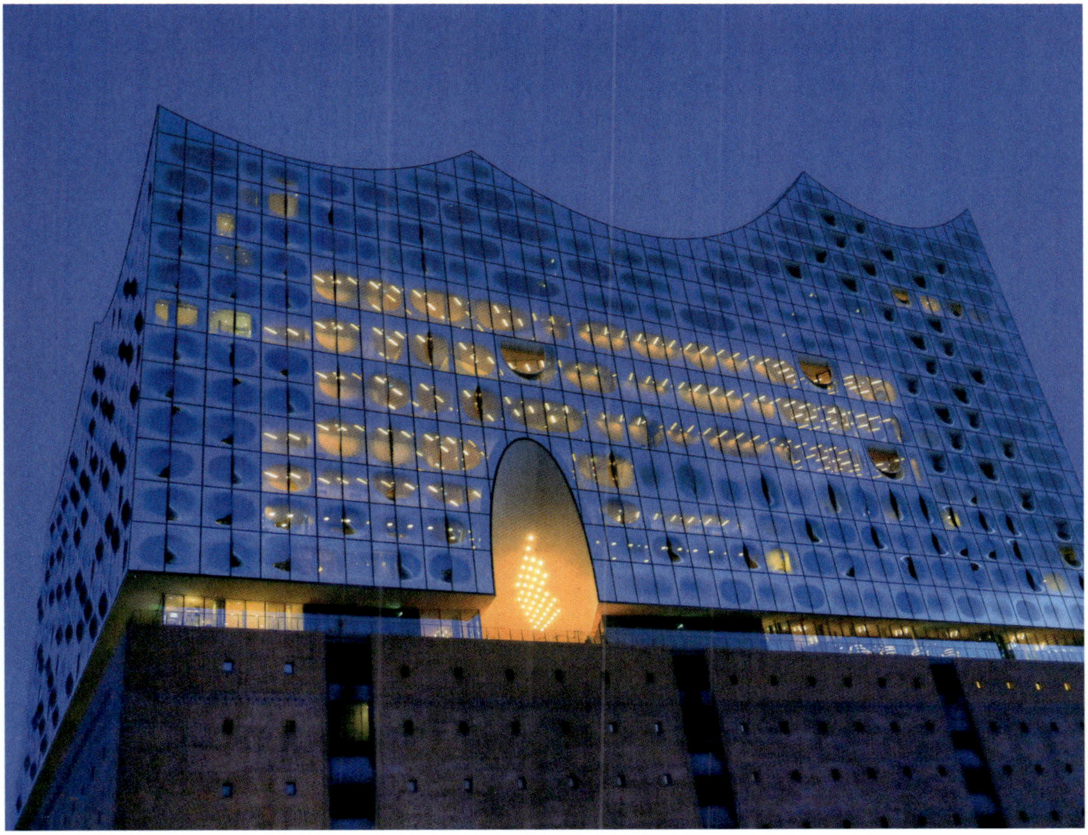

Seit 2017 ist die Elbphilharmonie das neue Wahrzeichen der Stadt – die Fassade überrascht immer wieder durch wechselnde Farbspiele.

Blicke, Häuser und Himmel, viele Teile und ein Ganzes. Rechterhand liegt der Sandtorkai, in der Mitte der Traditionsschiffhafen, links der Kaiserkai. Im Hintergrund überragt die Elbphilharmonie das Viertel. „Die Elbphilharmonie ist das Schlüsselbauwerk für den Stadtteil, die Kathedrale", sagte Walter einmal. „Bei der letzten großen Stadterweiterung von der Altstadt zur Neustadt haben die Hamburger den Michel gebaut, heute bauen sie ein Konzerthaus."

Die Elbphilharmonie der Schweizer Architekten Herzog & de Meuron ist ein brandneues Kleinod und wirkt zugleich doch aus der Zeit gefallen, sie ist ein Stein und Glas gewordenes Wagnis, eine architektonische Mischung aus Mut und Übermut. So etwas kann nur bauen, wer sein Amt so wenig fürchtet, wie er sich um den Stadtsäckel schert. 2007 traute sich die Politik – übrigens einstimmig.

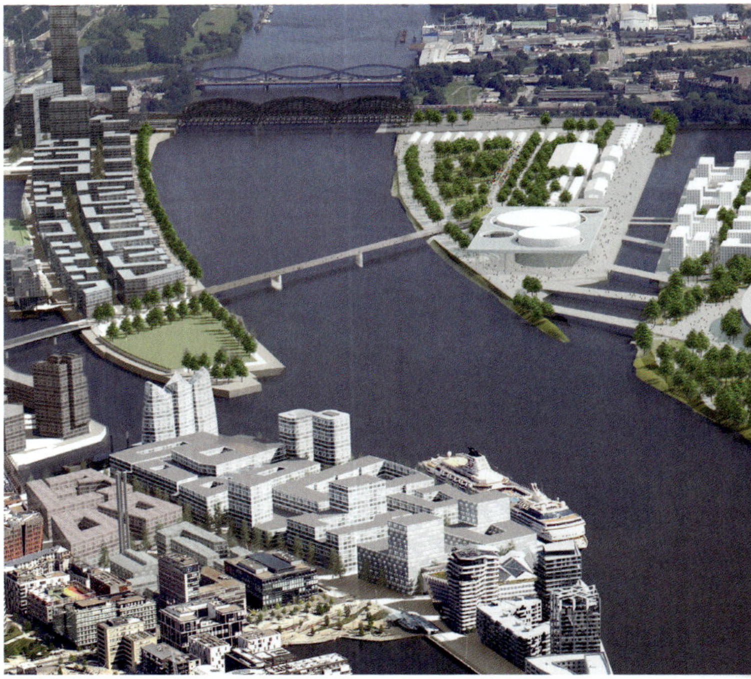

„Damit konnte man nicht rechnen“, sagt Walter. „Es ist ein Geschenk des Himmels, ein Stück Weltarchitektur geworden – das ist keine Ereignisarchitektur, das ist ein Architekturereignis.“ Doch nicht alles gelang: „Ich bedauere schon, dass das Science Center, dieser spektakuläre Entwurf von Rem Koolhaas, der Finanzkrise zum Opfer fiel und nicht verwirklicht worden ist.“ Im Überseequartier sollte ein Wissenschaftstheater in einem spektakulären, geöffneten Turm in Form eines O entstehen; stattdessen wird dort das Westfield-Überseequartier eröffnen. Diese Stadt in der Stadt besteht aus drei Hotels, Kinos und Kultureinrichtungen, 579 Wohnungen, Büros und einem großen Einkaufszentrum.

Die Stadt hat sich im noch jungen Jahrtausend radikal verändert: Innenstadt, HafenCity, Wilhelmsburg sind kaum wiederzuerkennen, auch Projekte wie auf der Finkenau, an den Falkenriedterrassen, die Neue Mitte Altona, das Quartier 21 und der Güterbahnhof Barmbek, die Schlossinsel Harburg und die Hafenkrone St. Pauli prägen heute die

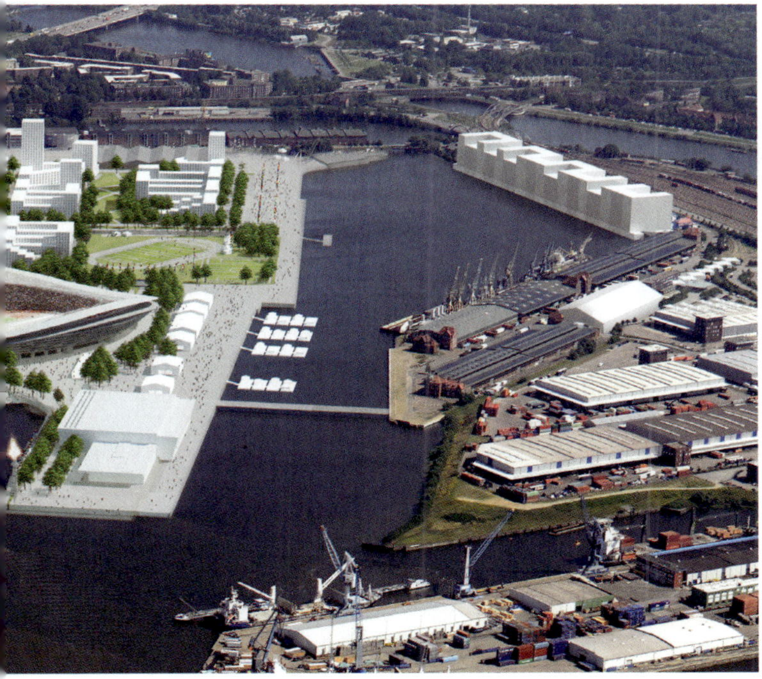

Der Traum von Olympia zerplatzte 2015 an einem Referendum, in dem eine knappe Mehrheit der Hamburger eine Bewerbung um die Sommerspiele 2024 ablehnte. Kern des Konzeptes war das Olympische Dorf mit Stadion auf dem Kleinen Grasbrook.

Stadt. Andere wie die Jenfelder Au und das Pergolenviertel in Winterhude gehen ihrer Vollendung entgegen.

Ein Versäumnis sieht Walter in dem unzureichenden Wohnungsbau Anfang des Jahrtausends. Noch in den 90er-Jahren wurden 70.000 Wohnungen fertiggestellt, danach flossen die Mittel vor allem in die Sanierung. „Damals hatten wir Leerstände in Kirchdorf Süd und am Osdorfer Born, im Fokus der öffentlichen Debatte stand das Schrumpfen der Städte“, erinnert sich Walter. „Auch in Hamburg stagnierte die Bevölkerungszahl.“ Seit 2000 wächst die Stadt wieder. „Da haben wir alle zu spät reagiert, wir haben den Bedarf total unterschätzt.“ Inzwischen wird viel mehr gebaut – Bürgermeister Olaf Scholz gewann die Bürgerschaftswahl 2011 nicht zuletzt mit dem Versprechen, 6.000 Wohnungen jährlich in Hamburg genehmigen zu wollen. 2016 schraubte der Senat das Ziel auf 10.000 Einheiten hoch. Hamburg, die wachsende Stadt, testet bald die Grenzen des Wachstums.

Bis heute ärgern Walter die gefloppten Olympiabewerbungen – die erste scheiterte 2003 an den deutschen Sportverbänden, die zweite 2015 an den Hamburgern. In einem Referendum sprachen sich 51,4 Prozent gegen Sommerspiele aus. „Diese Chance bekommt eine Stadt nur alle 100 Jahre. So hätten wir den Sprung über die Elbe mit Leichtigkeit geschafft", sagt Walter. „Beim ersten Mal wollten wir die Sportachsen nach Süden entwickeln, bei der zweiten Bewerbung den Grasbrook erschließen. Das waren richtig gute Planungskonzepte", sagt Walter. Später verrät er, dass die Olympia-Enttäuschung ihn amtsmüde gemacht hat.

Und noch eine Entwicklung fällt in seine Amtszeit, die heute gerne viele ungeschehen machen würden: Die Privatisierung vieler Gebäude von Stadt, Post und Bund, die über Jahrzehnte unter ihren Möglichkeiten blieben. Doch die „Alte Post" in der Poststraße, die ehemalige Baubehörde und das Görtz-Palais, das Gebäude der aufgelösten Oberfinanzdirektion am Rödingsmarkt lebten erst nach dem Verkauf an private Investoren auf und bekamen attraktivere Nutzungen für Handel, Gastronomie, Büros, Wohnungen oder Hotels.

Ausgerechnet die frühere schmucklose Behörde an der Stadthausbrücke steht für die Wandlung vom hässlichen Entlein zum stolzen Schwan. Die Stadthöfe zwischen Großen Bleichen und Neuer Wall – umgebaut für 220-Millionen-Euro – sind ein besonderes Objekt. Das Ensemble schufen gleich drei Baudirektoren – Carl Johann Christian Zimmermann (1872–1908), dessen Vertreter Albert Erbe (1908) und Fritz Schumacher (1909–1933). Dieses Erbe wurde behutsam in die Moderne übertragen.

Das hätte ohne das Kapital privater Investoren nicht funktionieren können. Die Stadt hätte nie die finanzielle Kraft gehabt, das Ensemble so herzurichten. Sowohl die Stadthöfe als auch das Ensemble am Alten Wall wie am Jungfernstieg stehen für eine Renaissance der City. Einst verbaute und unwirtliche Gebäude wie die Zentrale der Vereins- und Westbank oder der Commerzbank erstrahlen im neuen Glanz, Cafés, Restaurants, ein Jazz-Club und das neue Bucerius Kunst Forum beleben das Quartier.

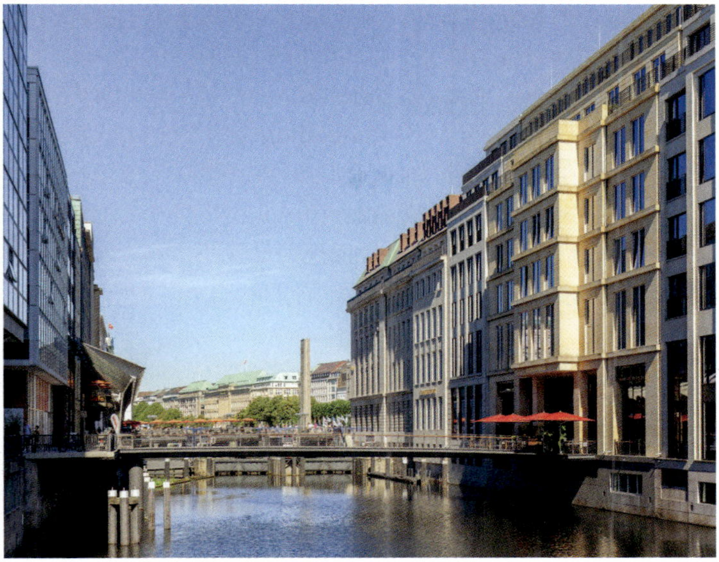

Zwischen Alter Wall und dem Alsterfleet ist hinter einer aufwendig restaurierten, denkmalgeschützten Fassade ein Neubau nach den Entwürfen der Hamburger gmp Architekten Gerkan, Marg und Partner errichtet worden, in dem auch das Bucerius Kunst Forum seine Ausstellungen zeigt.

Jörn Walter trat im März 2017 zurück, sein Nachfolger wurde sein früherer Büroleiter Franz-Josef Höing. Wieder trat die Stadtentwicklung in eine neue Phase ein – große Projekte wie Oberbillwerder oder der Grasbrook waren auf dem Weg, die HafenCity weit gediehen. Heute wächst Hamburg in der bestehenden Stadt – auf alten Bahnflächen, Hafenanlagen oder untergenutzten Flächen des Wiederaufbaus nach dem Zweiten Weltkrieg.

Höing will in diese Stadtteile und Quartiere schauen, an die Ränder und auf die Magistralen: „Es sind in dieser Zeit weit mehr Flächen bebaut worden als zur Gründerzeit Ende des 19. Jahrhunderts, Anfang des 20. Jahrhunderts in der dicht bebauten inneren Stadt“, sagt er. Er will die Stadt behutsam nachverdichten und beleben.

Einfacher geworden ist das nicht: Städte leiden unter der Immobilienkrise, die mit dem Ausbruch der Pandemie im März 2020 begann. Plötzlich verschoben sich klassische Nutzungen gerade der Innenstadt. Große Büroräume standen über Nacht leer, weil die Beschäftigten in ihre eigene Wohnküche oder ins Arbeitszimmer ziehen mussten. Mit dem Aufkommen des Home Office änderten sich Arbeitsgewohnheiten grundlegend. Wer aber nicht mehr in die

Stadt zum Arbeiten kommt, trifft sich auch nicht später mit Freunden im Restaurant, er kauft nicht ein, er geht nicht ins Kino. Innenstädte erfahren einen kompletten Wandel.

Und mit den rasanten Zinserhöhungen kippten viele Investorenprojekte. Weit über die Grenzen der Stadt bekannt wurde die Insolvenz des Elbtowers: In seiner letzten Pressekonferenz als Bürgermeister hatte Olaf Scholz am 8. Februar 2018 den konkreten Entwurf stolz präsentiert: Ein skulpturales Hochhaus, entworfen vom Büro David Chipperfield Architects, 245 Meter hoch, 64 Stockwerke, Investitionsvolumen knapp eine Milliarde Euro. Ein Wolkenkratzer für Hamburg. Die Idee eines Abschlusses der HafenCity mit einem Hochhaus indes war schon Teil des Masterplans, den Volkwin Marg im Jahr 2000 für den neuen Stadtteil erstellt hatte. „Die Elbbrücken sind und bleiben das ‚gefühlte' Eingangstor von Hamburg", sagte Walter 2017. Mit dem Elbtower wolle man diesen „magischen" Ort im Stadtbild herausheben und in der Fernsicht markieren. So muss man das Projekt in einem Dreiklang sehen – die Elbphilharmonie im Westen, ein möglicher Opern-Neubau auf dem Baaken-

Eines der größten Investments in der HafenCity steht kurz vor der Eröffnung: Das Westfield Überseequartier soll das neue Herz des Stadtteils werden – mit Wohnungen, Hotels, Geschäften, Gastronomie, Kinos und einem Kreuzfahrtterminal. Die Eröffnung musste mehrfach verschoben werden. Zwei Wochen vor der geplanten feierlichen Einweihung im April 2024 sagte der Investor ab, auch die danach angepeilten Termine im August und Oktober entfielen kurzfristig. Offizielle Begründung: ein Wasserschaden.

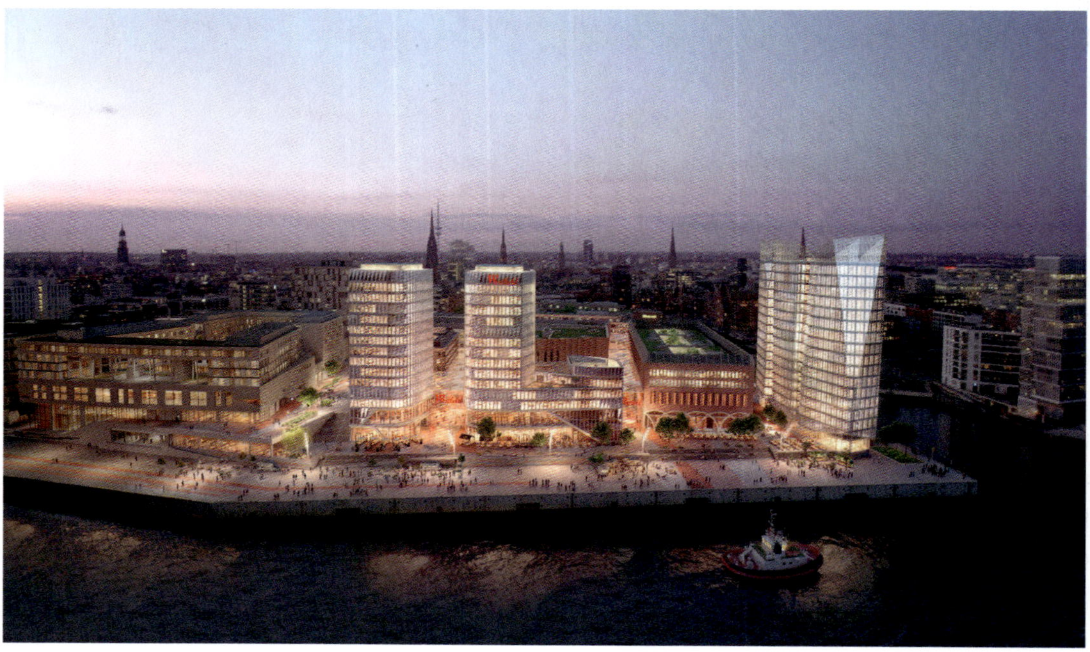

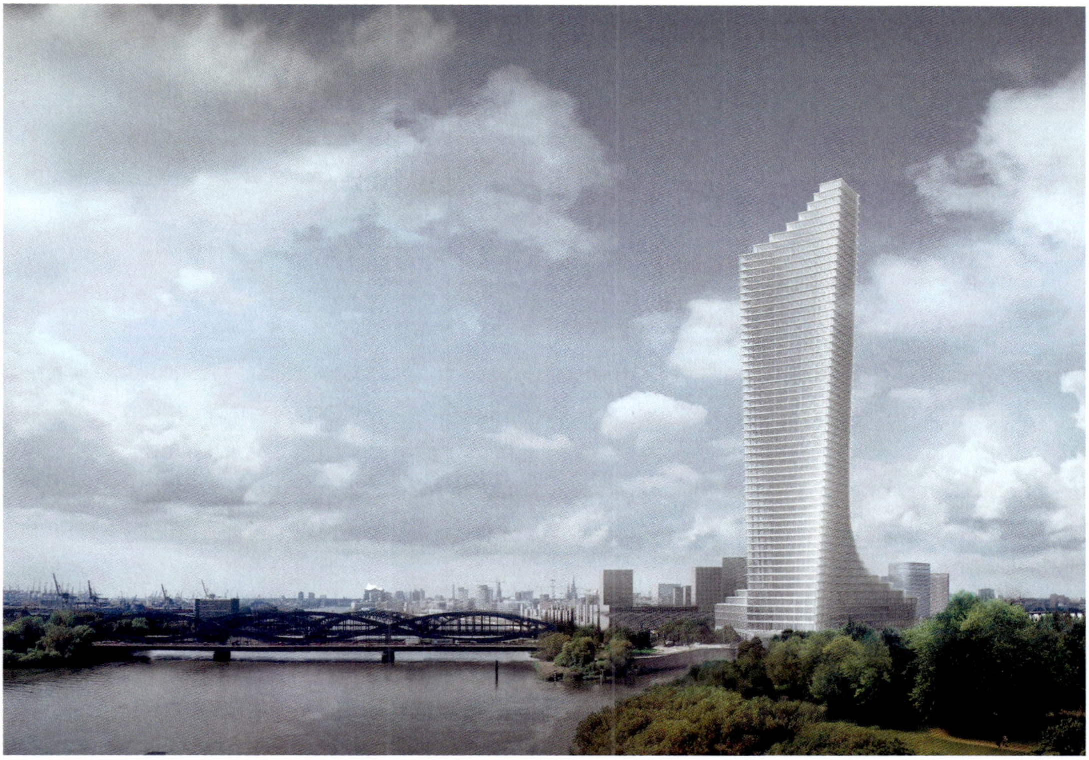

höft in der Mitte und der Elbtower im Osten. Bleibt eine Landmarke an den Elbbrücken aus, könnte die HafenCity austrudeln – ja der Schlussstein fehlen.

Der Elbtower soll der Schlussstein des Jahrhundertprojektes HafenCity werden. Doch durch die Immobilienkrise und die Schieflage des Investors Signa ist die Zukunft des 245-Meter-Wolkenkratzers ungewiss.

Mit dem insolventen Elbtower-Investor Signa kippten gleich reihenweise weitere innerstädtische Entwicklungsvorhaben wie die neue Gänsemarkt-Passage, die Flüggerhöfe am Rödingsmarkt, der Umbau des Karstadt Kaufhof an der Mönckebergstraße und die Neugestaltung der Bankzentrale am Gerhart-Hauptmann-Platz. Sie sind die Stein gewordenen Symbole der Immobilienkrise.

Die Innenstadt steht vor den wohl größten Herausforderungen seit Jahrzehnten – und in vielen anderen Vierteln sieht es kaum besser aus. Was in den kommenden Jahren kommen könnte, was geht – und was anders wird – darum geht es im nächsten Teil.

Was wird aus Hamburg? Wie sich die Stadt häutet und verändern wird

Vorsicht vor zu vielen bunten Bildern – eine kritische Vorbemerkung

Wer ein wenig in das Archiv des Abendblatts hinabsteigt, wundert sich über die Ideen, die manche einstmals für die Hansestadt hatten und die mitunter schon fast gebaut schienen: 1953 überraschte die Zeitung ihre Leser mit dem Plan eines 75 Meter Hochhauskomplexes zwischen Deichtormarkt und Mönckebergstraße – mit einem großen „Touristenhotel am Deichtor" und einem dreigeschossigen Warenhaus an der Mönckebergstraße. Zwischen Kloster und Johanniswall sollten Wohnblocks und ein Kontorhaus Platz finden. Und weil das an Futurismus nicht reichte, war zudem eine viergeschossige Großgarage, ein Hubschrauberlandeplatz mit Hangar „und nicht zu vergessen ein Kindergarten" geplant.

Ende 1968 wiederum war im Hamburger Abendblatt von den großen Plänen für den Gänsemarkt zu lesen: Ein Kaufhaus, Fachgeschäfte aller Art, Supermärkte, Gaststätten, Ausstellungs- und Versammlungsräume, Büros und Wohnungen sollten im neuen „ABC-Viertel" zwischen Gänsemarkt und Unilever-Hochhaus entstehen. Kundige Hamburger wissen, dass dort das Deutschlandhaus, die Finanzbehörde und viele längst denkmalgeschützte Häuser stehen. Das aber war damals natürlich kein Argument. Der damalige Oberbaudirektor Professor Otto Sill brüstete sich vielmehr, dass die Behörde schon „mit mehreren großen Interessengruppen" verhandele. „Die alten Häuser, lichtlosen Hinterhöfe und Kriegsruinen dieses Viertels müssen verschwinden", meinte das Abendblatt. „Als störend für die Anziehungskraft dieses neuen Einkaufszentrums könnte sich der große Klinkerbau der Finanzbehörde erweisen." Man stelle es sich vor: Ein leerstehendes Kaufhaus mit Hortenkacheln statt den monumentalen Schumacher-Bau.

Es war die Zeit des Aufbruchs und des Abbruchs: Zwei Jahre zuvor hatte Hamburg international Schlagzeilen geschrieben: Im Juni 1966 hatte der gewerkschaftseigene Wohnungsbaukonzern Neue Heimat im Rathaus seine Vision von Zukunft präsentiert. Fast ganz St. Georg sollte den Abrissbirnen zum Opfer fallen, nur zwei Kirchen, das Schauspielhaus, das Hotel Atlantic sowie die Häuserzeile „An der Alster“ fanden die Gnade der Planer und durften als winzige Rand- oder Innenhofbebauung überleben. Auf den Trümmern des alten St. Georg sollte Neu St. Georg entstehen. Ein Monstrum aus Beton mit bis zu 62 Stockwerken, bis zu 200 Meter hoch und 700 Meter lang. 1975 sollte alles fertig sein, versprach die Neue Heimat. 20.000 Menschen sollten in dem Koloss mit seinen sich nach oben verjüngenden Hochhaustürmen leben; auf 470.000 Quadratmetern Gewerbefläche sollte ein Einkaufzentrum der Superklasse entstehen, für die Freizeit standen Kinos, Bowling- und Eislaufbahnen zur Verfügung. Auf den Dächern des niedrigeren zehn- bis zwölfstöckigen Basisbaus luden Gärten und Spielplätze die Besucher ein. Allein 16.500 Parkplätze barg der Koloss, der Verkehr sollte auf einer eigenen Ebene unterirdisch rollen und per Tunnel unter der Außenalster die anderen Stadtteile bis Sechslingspforte, Hallerstraße und Dammtor anbinden.

„Würde dies überalterte Quartier ... vom Hof des Atlantic-Hotels bis in die Nähe des Dirnen-Geläufs Hansaplatz und zum Alsterhotel Prem abgerissen, so wäre Raum für jene Zitadelle städtischen Lebens..., die auch den Wohn-Wünschen der kommenden Jahrtausendwende noch genügen könnte“, feierte der „Spiegel“. Die Fernsehzeitschrift „HÖRZU“ legte sogar die große Serie auf „Morgen wird es wahr“, die das Modell des Alsterzentrums als Logo nutzte.

Diese drei Beispiele zeigen – Obacht bei bunten Renderings (aus Rohdaten ein Bild oder Video einfügen) und Visualisierungen. Nicht alles, was auf Papier erscheint, wird später in Beton gegossen. Und doch soll in diesem Kapitel mit Animationen gearbeitet werden, wie Hamburg aussehen könnte, wenn die vielen Pläne und Projekte Wirklichkeit werden. Das meiste ist weit gediehen, manches schon im Bau – und hinter allem steht ein Konzept, wie Hamburg morgen schon aussehen könnte.

Die Wiederbelebung der Innenstadt – oder warum die City wieder Wohnort werden muss

Manchmal wirken die Hamburger etwas pubertär. Ihre Stimmungen schwanken. Mal himmelhochjauchzend, dann zu Tode betrübt, erst selbstgewiss, dann zweifelzerfressen. Wer heute die Lage der Innenstadt der eben noch schönsten Stadt der Welt anspricht, bekommt Sorgenfalten und Sorgenmienen als Antwort.

Der Leerstand! Die Corona-Krise. Der Online-Handel! Das Überseequartier! Die Verwahrlosung des öffentlichen Raums! Im Stichwort-Stakkato entsteht ein Bild, das nicht unbedingt die Wirklichkeit zeigt. Nun sollte man die Probleme nicht kleinreden, aber auch nicht aufbauschen. Die City steht vor Herausforderungen, aber wer sagt, dass diese nicht zu meistern sind?

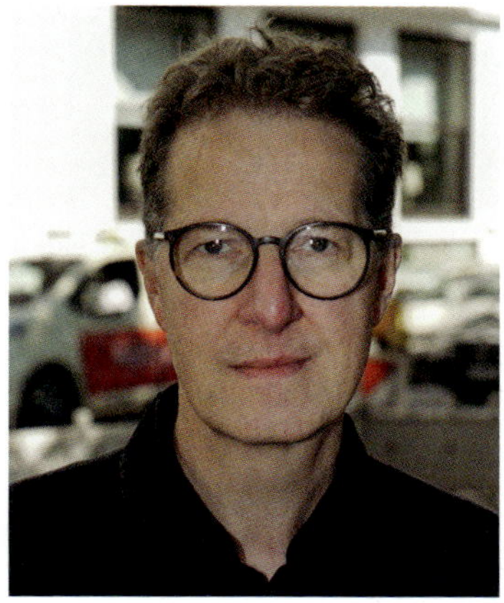

Franz-Josef Höing ist seit 2017 Oberbaudirektor der Freien und Hansestadt. Schon zuvor wirkte er in Hamburg – 2000 wurde er persönlicher Assistent seines Vorgängers Jörn Walter und leitete von 2003 bis 2004 die Projektgruppe HafenCity.

Optimist von Berufswegen ist Oberbaudirektor Franz-Josef Höing. Er muss die Veränderung in der Stadt gestalten und lädt den Autor zu einem Stadtbummel der anderen Art. Hier geht es nicht um die Auslagen in den Schaufenstern, sondern um Blicke hinter Bauzäune.

An vielen Stellen von Neu- und Altstadt entstehen derzeit neue Gebäude und ganze Viertel, die den alten City-Mix von Handel und Büroräumen substanziell erweitern – um Hotels, Gastronomie und Wohnungen. In den kommenden Jahren bis 2028 sollen rund 900 Wohnungen entstehen. Und damit einen Makel des Nachkriegshamburg beseitigen helfen.

Die City ist lange Zeit eine Stadt zum Arbeiten, zum Einkaufen gewesen, aber kaum eine zum Leben. In den letzten eineinhalb Jahrhunderten sind die Wohnungen verschwunden, die Gängeviertel in Schutt gelegt und Wohnhäuser zerstört worden. Lebten 1880 noch rund 171.000 Menschen im Stadtkern, blieben es bei Ausbruch des Zweiten Weltkriegs 66.000 Bewohner. Diese Zahl rutschte bis Ende der 70er-Jahre auf 12.000 ab. Inzwischen steigt die Bevölkerungszahl wieder. An vielen Stellen sprießt neues Leben.

Allen voran im Burstah-Quartier, selbstbewusst auf den Bauzäunen als „ein Viertel mehr Hamburg" vermarktet, das nun vollendet ist. „Hier finden wir eine urbane Dichte, die

Inzwischen entsteht in der Innenstadt kein Neubau mehr ohne Wohnungen. Vom zwischen Rathaus und Rödingsmarkt entstandenen neuen Burstah-Quartier haben die Bewohner einen prächtigen Blick auf den Nikolaifleet und die Elbphilharmonie.

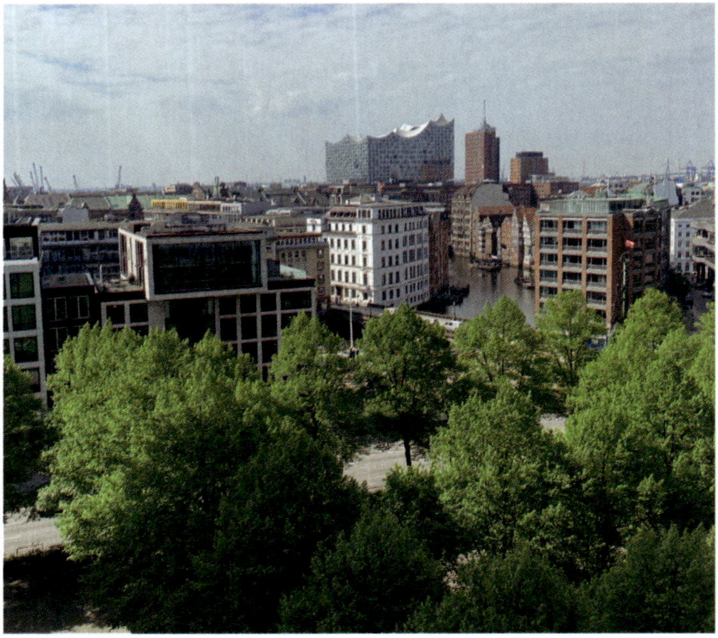

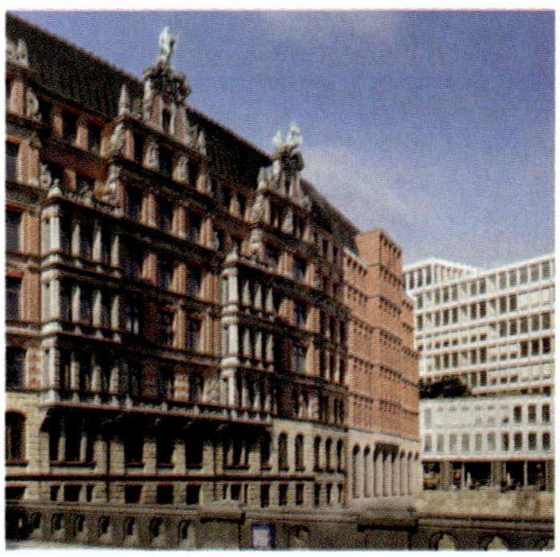

Teil des neuen Ensembles zwischen Trostbrücke und Großem Burstah ist das denkmalgeschützte Kontorhaus „Globushof", 1907/08 nach Plänen der Architekten Lundt und Kallmorgen erbaut. Der Globushof wird derzeit vom Hamburger Unternehmen Bilton umfassend saniert und bis 2026 zu einem Kontorhaus umgebaut. Viele Preziosen wie das ovale Treppenhaus sollen dann wieder im alten Glanz erstrahlen.

angemessen ist", sagt Höing. Dort, wo einst das Allianz-Hochhaus wie ein übergroßes Möbelstück die Stadt zugestellt hat, stehen nun wieder vier maßstäbliche Gebäude – und die einst überbaute Bohnenstraße kehrt auf den Stadtplan zurück.

63 Wohnungen mit einer Kaltmiete ab 15 Euro den Quadratmeter sind dort entstanden. Von dort oben blickt man auf die Reste der Nikolaikirche, über den Hopfenmarkt bis zur Elbphilharmonie, vom tosenden Verkehr der Willy-Brandt-Straße ist hier oben nichts zu hören.

Doch nicht nur die Wohnungen, auch mehrere Gastronomieflächen sollen das Viertel beleben: Der Platz zur Kirche hin wird bestuhlt, eine beliebte Pizzeria-Kette hat ihren ersten Standort in Hamburg mit großer Terrasse zum Nikolaifleet eröffnet, die großzügigen Gewerberäume sind vermietet. In der letzten verbliebenen Baulücke neben dem Globushof ist ein temporärer Beachclub/Weihnachtsmarkt eingezogen, der bald einem Neubau weichen wird: Der 1908 erbaute denkmalgeschützte Globushof wird revitalisiert und durch einen Anbau erweitert. 32.000 der 44.000

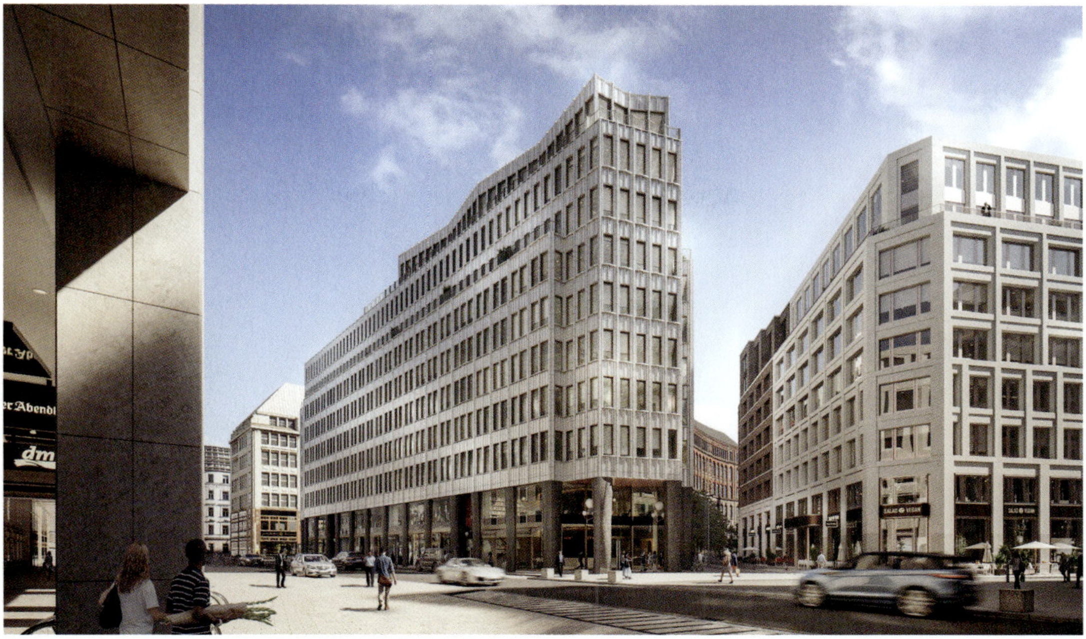

Quadratmeter Bruttogeschossfläche werden Büros sein. Ein zeitgemäßer Mix? „Hochwertige und flexible Büroflächen in besten Lagen sind weiterhin sehr begehrt", sagt Adam Filipiak, Geschäftsführer des Hamburger Projektentwicklers Bilton Real Estate. Das ist kein Pfeifen im Walde.

Der Abgesang auf das Kontorhaus, er könnte zu früh angestimmt worden sein: Dennis Barth, Geschäftsführer der Procom Invest, plant nur einen Steinwurf entfernt das frühere Commerzbank-Areal neu. Er betont: „Die Nachfrage nach modernen Büroflächen ist gigantisch. Man muss den Mitarbeitern heute ein attraktives Umfeld bieten." Zudem werden Neubauten aus einem weiteren Grund attraktiv – die bessere Energieeffizienz senkt die Nebenkosten um bis zu fünf Euro pro Quadratmeter im Vergleich zu wenig effizienten Bestandsbauten.

Procom Invest will bis 2030 die historische Nikolai-Insel neu bebauen. Das alte Verwaltungsgebäude der Commerzbank und das Hochhaus des Architekten Godber Nissen wurden abgerissen; einer der beiden Neubauten des Büros Bruno Fioretti Marquez wird aber Elemente des weißen Alt-

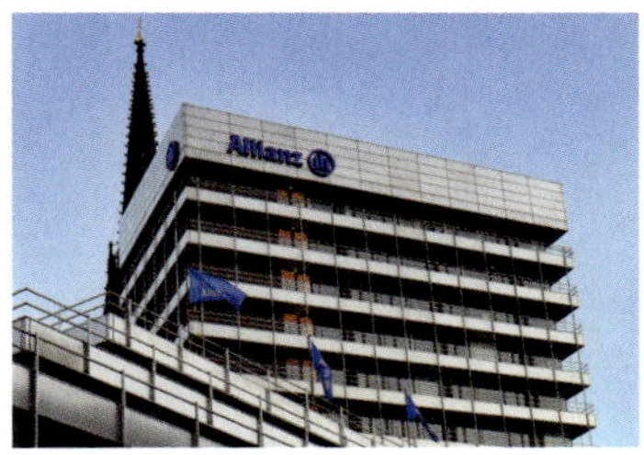

Das Burstah-Quartier ist ein gelungenes Stück Stadtreparatur in unmittelbarer Nähe des Nikolai-Kirchturms: Hier stand zwischen 1971 und 2018 das Allianz-Hochhaus des Architekten und Stadtplaners Bernhard Hermkes (1903–1995). Die 15 Geschosse des Büroklotzes (kleines Bild) sprengten jede Stadtstruktur. Zwischen den Straßen Großer Burstah (Abbildung oben), Bohnenstraße, Trostbrücke und Hahntrapp sind vier neue Baukörper entstanden.

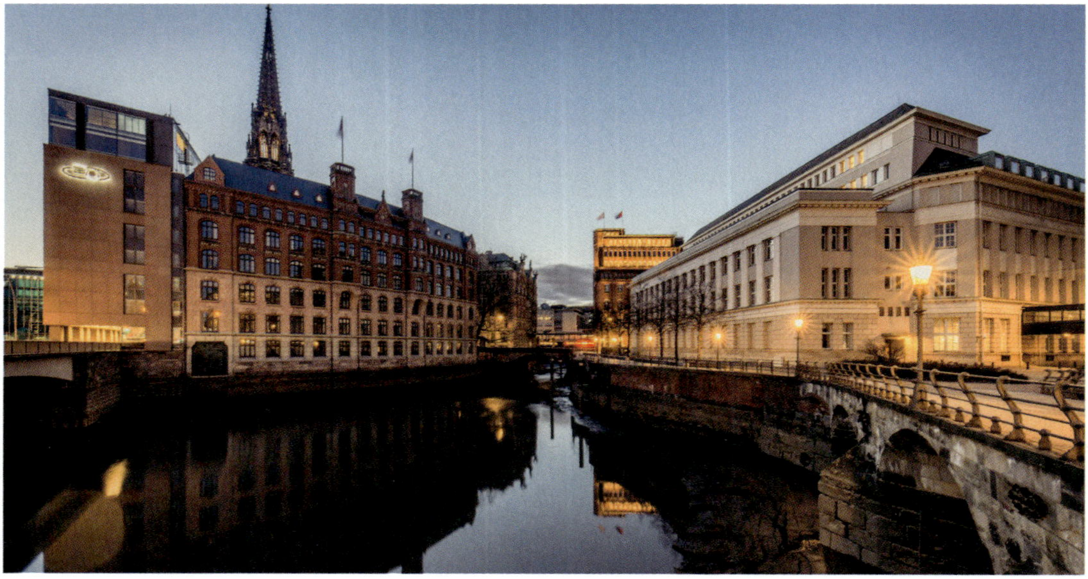

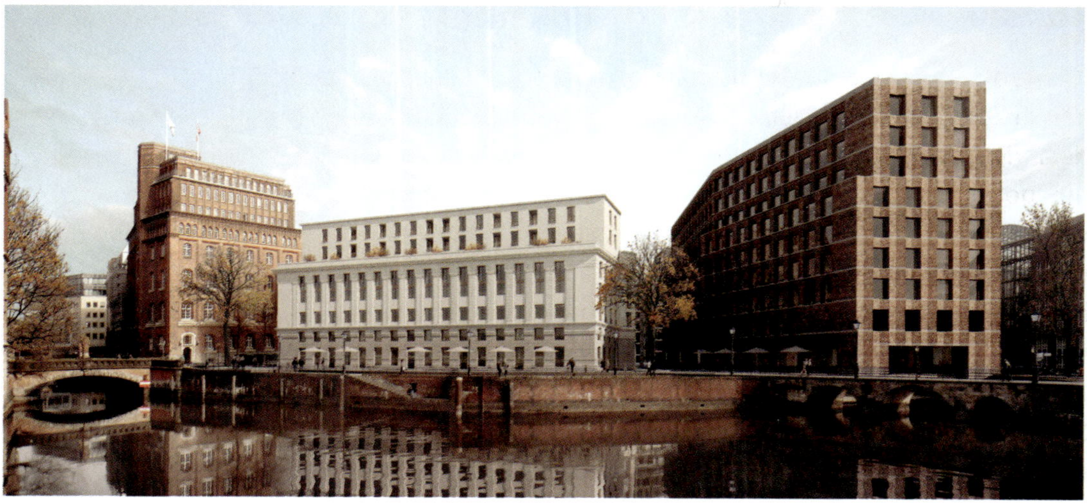

baus aufgreifen. Geplant sind hier weitere 100 Wohnungen im Drittel-Mix – also die hamburgtypische Mischung aus Eigentums-, Mietwohnungen und gefördertem Mietwohnungsbau.

Auch an dieser Stelle richten sich hohe Erwartungen an die Kraft der Gastronomie, die laut Barth ein „urbanes Gebiet“ schaffen soll. Tatsächlich bedarf es nicht viel Fantasie, um sich hier ein Straßencafé mit Blick aufs Wasser und auf

St. Nikolai vorzustellen. Auf lebendigen Restaurants, Cafés und Biergärten, vor allem aber dem Wohnen ruhen die Hoffnungen auf eine Wiederbelebung der Stadt.

„Jedes Projekt muss auf das Thema Wohnen einzahlen", sagt Höing. „Jeder Investor muss sich damit auseinandersetzen. Das ist mitunter zäh und anstrengend, aber oft stehen am Ende innovative Lösungen." Der Oberbaudirektor spricht mit Blick auf die Stadt von „Trittsteinen, die überall entstehen".

Bis vor wenigen Jahren wurde die Stadt fast ohne diese Trittsteine geplant. Wer heute durch die City schlendert, dem springen die Versäumnisse ins Auge. Bürobau grenzt an Bürobau, manche davon mit abweisenden Betonfassaden. Hier will die Politik Leben in die Stadt bringen. „Bislang haben wir Wohnungen eher auf einzelnen städtischen Inseln wie in der Neustadt oder auf dem Cremon", sagt Höing. „Wir wollen das Wohnen aber überall ermöglichen."

Wohnungen und Büros stehen dabei nicht unbedingt in Konkurrenz, sondern ergänzen sich. Sie müssen es auch, denn der Fehler früherer Jahre, als die Stadt nach Funktionen getrennt wurde und damit ein Stück weit starb, sollen sich nicht wiederholen. Wo sich das Leben mischt, erlischt es nicht mehr nach Feierabend. Deshalb ist eine Mischkalkulation längst geboten und die Einnahmen aus der Bürovermietung müssen dann beispielsweise Erdgeschossflächen quersubventionieren. Für Vermieter lohnt es sich im Sinne der Gesamtkalkulation, für eine funktionierende Gastronomie Preisabschläge hinzunehmen. Deshalb erlebt die Gastronomie in der City derzeit einen Aufschwung.

So auch am Neß, dem alten Commerzbank-Areal zwischen City und Willy-Brandt-Straße. Dem Grundstück kommt eine wichtige städtische Funktion zu – denn es soll dereinst das Rathaus mit dem Überseequartier verbinden, eine Fußgängerzone schließt das neue Quartier an die City an. „Das wird einer der schönsten Orte der Innenstadt", verspricht Bauherr Barth. „Und eine hohe Aufenthaltsqualität bringt Leben." Zuletzt war es dort nicht. Der große Alt-

Blick auf das ehemalige Ensemble der Commerzbank am Nikolaifleet (rechts oben). Der gedrungene Altbau und das Hochhaus daneben sind inzwischen abgerissen worden. An seine Stelle tritt das Quartier „Nikolai Hamburg" (links unten): Dort sollen zwei Gebäude nach den Entwürfen des Berliner Architekturbüros Bruno Fioretti Marquez mit mehr als 40.000 Quadratmetern Bruttogeschossfläche entstehen. Der Projektentwickler plant Büros, Geschäfte, Gastronomie, aber auch 150 Wohnungen.

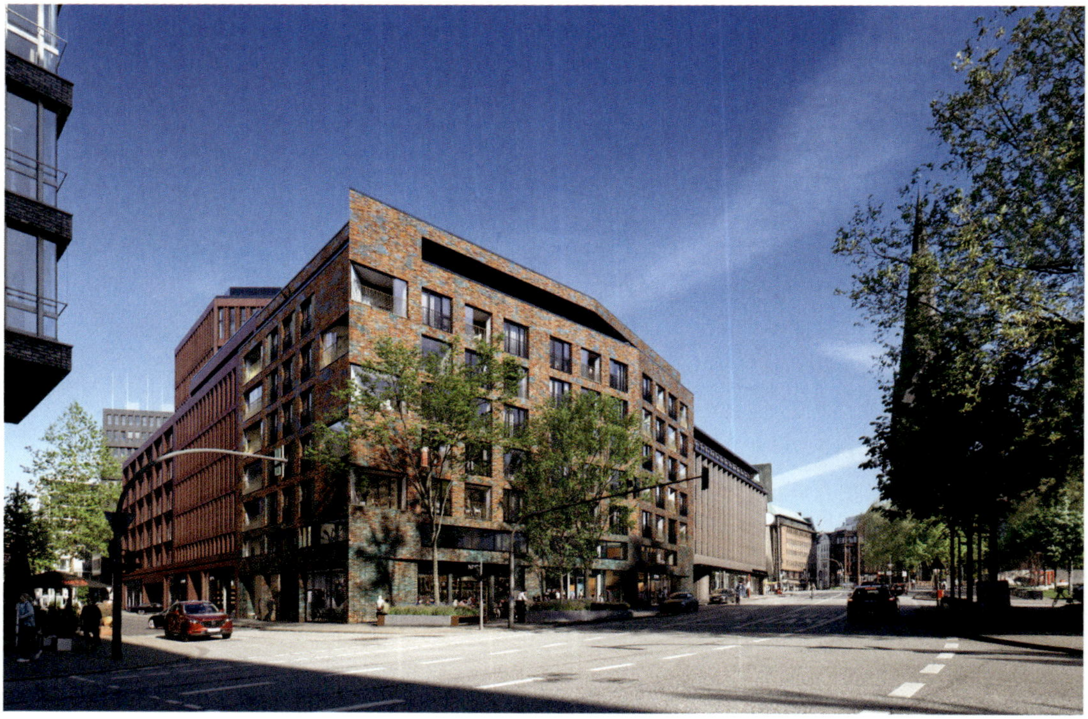

In der Domstraße/Alter Fischmarkt plant der Projektentwickler Aug. Prien Großes. Hier sollen zwei Gebäude neu errichtet werden, die Büros, Gastronomie und ca. 60 Mietwohnungen beherbergen sollen. Der Entwurf stammt von Carsten Roth Architekt, Hamburg.

bau der Bank stand lange leer, das Hochhaus wendete sich demonstrativ von den Straße ab. Nach dem Abriss wartet das Areal auf seine Wiederbelebung.

Gleich um die Ecke am Alten Fischmarkt steht die nächste Stadtreparatur an. Der Straßenname verspricht mehr, als die Straße zu halten vermag. „Bislang muss man den Alten Fischmarkt geradezu suchen", sagt Höing. In der Domstraße plant nun der Projektentwickler Aug. Prien Großes. Hier sollen zwei Gebäude neu errichtet werden, die Büros, Gastronomie und ca. 60 Mietwohnungen beherbergen sollen. Ließe sich das Scientology-Haus an der Ecke zur Domstraße miteinbeziehen, könnte sogar das ganze Dreieck zwischen Rathausquartier, Kontorhausviertel und HafenCity neu gedacht werden. Das aber dürfte angesichts der Eigentumsverhältnisse scheitern.

Am Domplatz liegt einer der Schlüssel, um die neue mit der alten Innenstadt zu verbinden. „Die Menschen müssen über die breite Domstraße hinüber", sagt Höing. Mit den

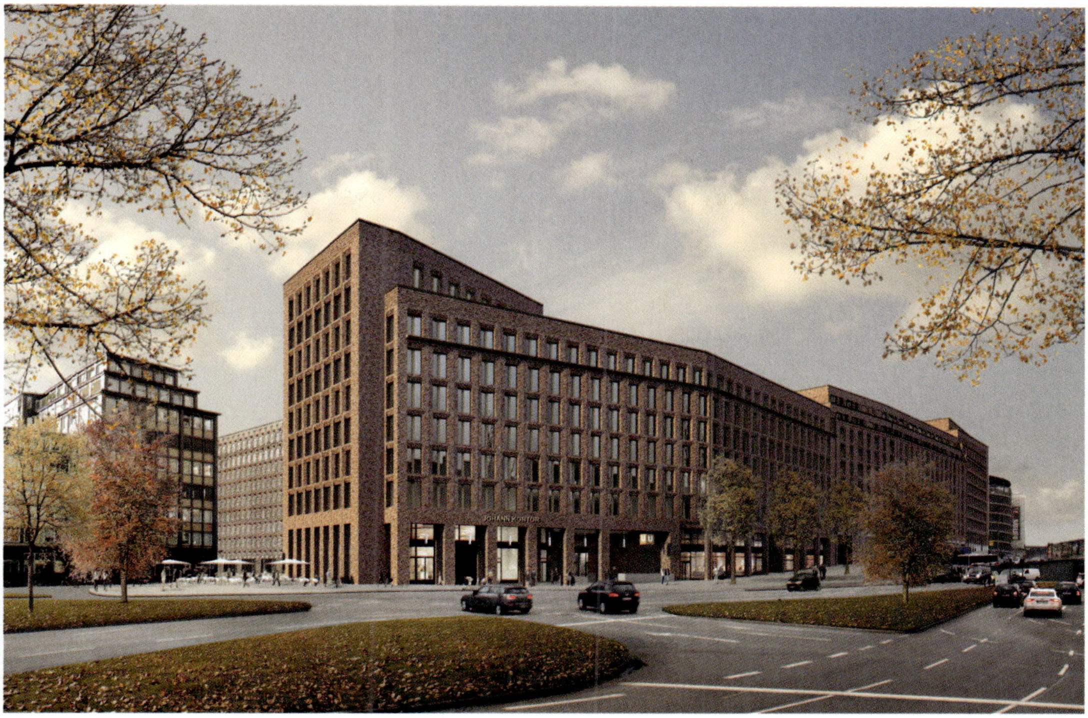

beiden ambitionierten Neubauten, entworfen von Carsten Roth Architekt, und publikumsbezogenen Nutzungen soll das gelingen. Der bestehende Altbau, in dem sich heute die „Brooklyn Burger Bar“ befindet, wird abgerissen. Voraussichtlich 2028, vielleicht aber auch erst 2030, soll das neue Quartier fertig sein.

Wesentlich weiter ist Aug. Prien am Klosterwall, wo das Johann Kontor entsteht. Ein imposanter Backsteinriegel ersetzt dort die vier Hochhäuser des City-Hofs. Im Norden zur Steinstraße ist ein Hotel mit 225 Zimmern entstanden. Die Reederei Maersk ist in das neue Büro- und Geschäftsgebäude eingezogen.

Der mittlere Block mit 146 Wohnungen und einem Frischemarkt hat auch eine Kita bekommen – und damit eine für das Wohnen wichtige Infrastruktur. Denn bevor Familien bereit sind, in die City zu ziehen, erwarten sie dort Angebote, Kindergärten, Schulen. Das Leben wächst wie Grün – erst langsam, aber doch kaum zu stoppen.

Über nur wenige Projekte hat Hamburg so heftig gestritten wie über das 2024 vollendete Johann Kontor. Es ersetzt den City-Hof mit einem Gebäuderiegel aus Wohnungen, Geschäften, Büros, einer Kita und einem Hotel. Der Entwickler Aug. Prien errichtete drei eigenständige Einzelgebäude nach Plänen von KPW Papay Warncke und Partner Architekten um einen begrünten Innenhof.

Noch braucht man etwas Fantasie, um sich die Stadt auch außerhalb der Büro- und Ladungsöffnungszeiten munter vorzustellen. Die Ecke rund um die Steinstraße liegt weiter in einem Dornröschenschlaf. Viel Ödnis, wenig Leben, Noch ist es eher Baustelle und Parkraum denn quirlige Stadt. Aber auch die Steinstraße wird sich verändern.

Das Parkhaus von Galeria Kaufhof, ein hässlicher Zweckbau aus vergangenen Zeiten der autogerechten Stadt, wird verschwinden und durch ein „bewohntes Kontorhaus" ersetzt, wie Florian Reiff, Geschäftsführer beim US-amerikanischen Immobilienkonzern Tishman Speyer, verspricht. Dort soll eine bewohnte Bürowelt wachsen, in der beispielsweise Start-up Unternehmer oder Agenturgründer in ihren Loftbüros leben.

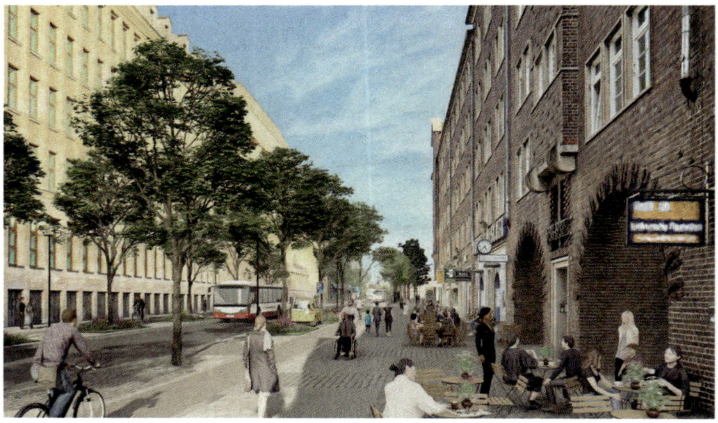

Mit der Aufwertung und Verkehrsberuhigung der Steinstraße soll die Innenstadt besser an das Weltkulturerbe Kontorhausviertel angebunden werden.

„So eine Mischung brauchen wir", sagt Höing. Zugleich werde die Stadt dafür sorgen, dass die Bugenhagen- und die Steinstraße sich verändern. „Wir wollen die Steinstraße beleben und damit die Lage und das Wohnumfeld verbessern." Und auch die Straße Lange Mühren, noch tote Parkzone, soll erwachen. Schon bald könnten hier etwa über Container temporäre Nutzungen entstehen.

Der Umbau das alten Klöpperhauses nach Plänen von noAarchitecten aus Brüssel hat begonnen und soll Ende 2025 oder 2026 fertig sein. Ein neues großes Atrium soll das 1913 errichtete Kontorhaus mit Tageslicht fluten. Im

Dachgeschoss möchte Tishman Speyer 16 bis 18 ungewöhnliche Wohnungen schaffen, die in der sechsten, siebten und achten Etage terrassenartig ausgebaut werden sollen. Der Investor verspricht neues Leben im alten Kaufhaus. „Vom denkmalgeschützten Bau soll so viel erhalten bleiben wie möglich", sagt Geschäftsführer Reiff. Um die tiefen Etagenschluchten zu belichten, wird ein aktiver Innenhof im Gebäude entstehen.

Entworfen hatte es 1913 der bekannte Architekt Fritz Höger, Schöpfer des Chile-Hauses, für die Wollhandelsfirma Wilhelm Klöpper als Bürogebäude, Anfang der 1960er-Jahre zog Kaufhof mit einem Warenhaus ein. Nun plant Tishman Speyer die Revitalisierung als gemischtgenutztes Bauwerk hinter historischer Fassade. Auf rund 30.000 Quadratmetern Fläche entstehen Büros, Geschäfte.

Weitere Wohnungen gibt es im dahinterliegenden Atelierhaus. Hier können Freiberufler, Architekten, Agenturgründer und Start-up Unternehmer Wohnen und Arbeiten unter einem Dach verbinden. „Wir müssen die Produktion, die Manufakturen zurück in die Stadtzentren holen. Diese Betriebe sorgen für die richtige Durchmischung", beschreibt Reiff die Idee. „Keiner weiß, wohin uns die künstliche Intelligenz führt. In ein paar Jahren benötigen wir vielleicht weniger Dienstleistungsberufe, dann wird die Produktion noch wichtiger."

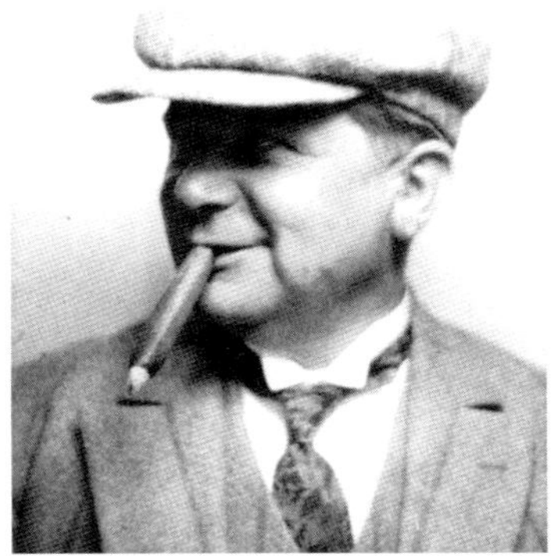

Der Hamburger Architekt Rudolf Klophaus (1885–1957) prägte gleich mehrere Kontorhäuser in der Innenstadt. Zu seinen bekanntesten Bauten zählen das Pressehaus am Speersort, der Mohlenhof, das Bartholomayhaus und die Hochhausscheiben des City-Hofs.

Auf die Umwidmung des alten Kaufhauses werden nicht nur Hamburger blicken – denn mit der Aufwertung dieses Tores zur Innenstadt steht und fällt das Schicksal der Mönckebergstraße. Das Kaufhaus-Dreieck aus Karstadt Sport, MediaMarkt und Kaufhof ist seit Jahren nur noch ein amputiertes Eineck, auch kreative Zwischennutzungen wie im Jupiter vermögen nicht die Anziehungskraft der alten Magneten zu entwickeln. Es geht darum, neue Zugpferde zu satteln: Lebendige Plätze, attraktive Gastronomie, Kultur – und Wohnen, Wohnen, Wohnen.

Nun allerdings erschwert die Explosion der Baukosten und die gestiegenen Zinsen die ambitionierten Ziele. Die Hansestadt hält dagegen, indem sie das Planungs- und

Das Klöpperhaus, das früher den Kaufhof beherbergte, wird vom Immobilienunternehmen Tishman Speyer nach Plänen von noAarchitecten aus Brüssel umgebaut: So soll es Anfang 2026 nach der Fertigstellung an der Ecke Mönckebergstraße und Lange Mühren aussehen.

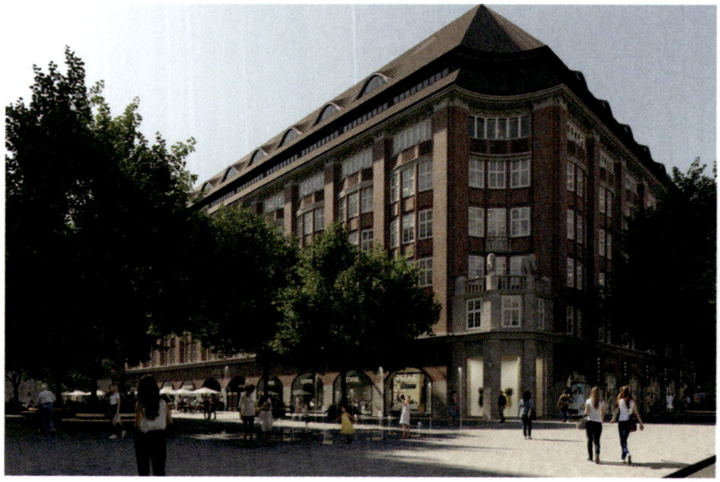

Bauordnungsrecht entschlackt und den Drittelmix seit 2021 erst ab Vorhaben mit mehr als 30 Wohneinheiten verbindlich verlangt.

Denn es muss schnell etwas passieren: Mit jeder neuen Wohnung kehrt ein wenig Leben zurück in die City, die einst nur zum Einkaufen und Arbeiten gedacht war. Ob 100 Wohnungen am Alten Wall, 50 Wohnungen an der Kleinen Rosenstraße, 61 im Gröninger Hof, kleine und größere Projekte hie und da, in der City aber auch etwa im Portugiesenviertel, am Venusberg oder im Deutschlandhaus, Hamburgs Herz wächst an vielen Orten. Es läppert sich.

„Die Innenstadt ist viel größer als die Mö“, sagt Höing. Und verweist auf das Portugiesenviertel, das nur drei U-Bahn-Stationen entfernt ist.

Dort steht auch eines der spektakulärsten Gebäude der Stadt: Hier setzte sich der Verlag Gruner + Jahr in besseren Medienzeiten Ende der 1980er-Jahre selbst ein architektonisches Denkmal. Ein Gebäude, das geschickt das Grundstück zwischen Elbe und Michel ausfüllt und unverwechselbar erscheint: Das Haus greift den Viadukt der Hochbahn ebenso auf wie die Kräne des Hafens und macht maximal auf maritim, Bullaugen und Reling inklusive.

Bis zuletzt war es Heimathafen der Redakteure von Gruner + Jahr, bevor das Unternehmen in schwere See ge-

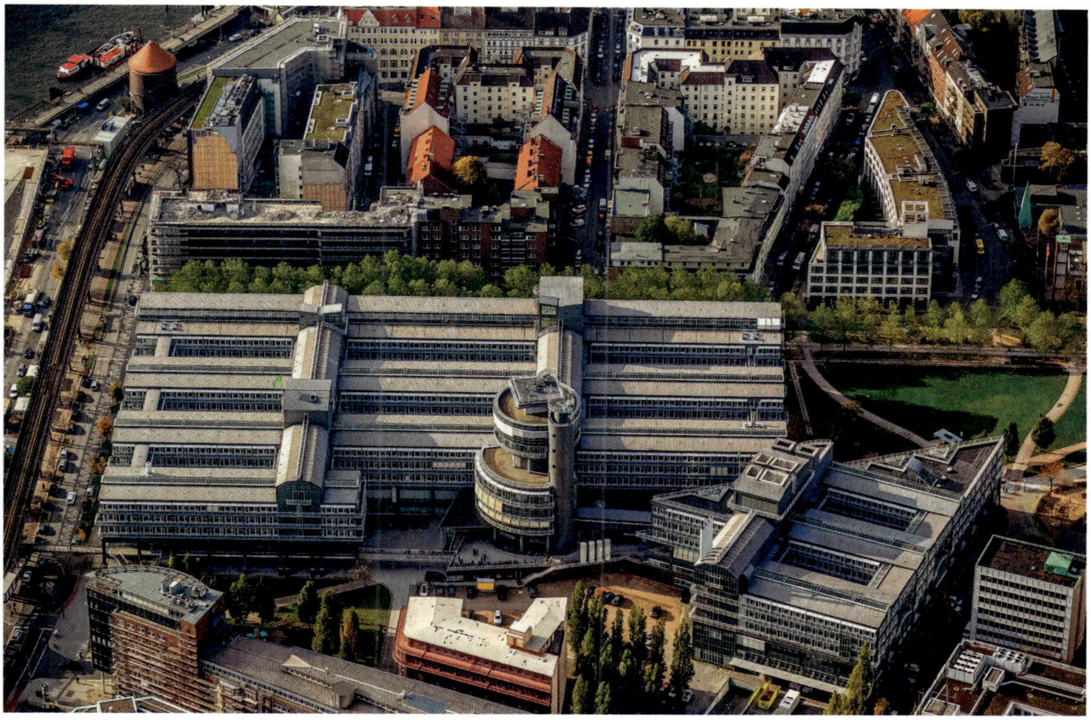

Ein Büro wie ein Schiff: Am Baumwall setzte sich das Verlagshaus Gruner + Jahr Ende der 1980er-Jahre in den goldenen Medien-Jahren ein architektonisches Denkmal.

riet. Während RTL den Namen des Verlags schon versenkt hat, ist das Haus gerettet: Tishman Speyer hat die Immobilie übernommen und nun Großes am Baumwall vor.

„Ich bin schon vor vielen Jahren oft um das Verlagsgebäude am Baumwall gestreift und habe mir gedacht, dieses Haus müsste man umnutzen", sagt Reiff, der seit mehr als 25 Jahren für das Unternehmen arbeitet. Mehrfach habe Tishman Speyer den Besitzer kontaktiert. Nun darf der Projektentwickler das Haus neu erfinden.

Es bekommt nicht nur eine neue Funktion, sondern auch einen neuen Namen: Hamburg Decks. Denn auf verschiedenen Decks soll man sich treffen, arbeiten, einkaufen. Das Hamburg Decks umfasst als Gesamtensemble nicht nur das Verlagsgebäude mit 55.000 Quadratmetern Mietfläche, die sich auf zwei Körper verteilen. Ebenso ein Teil ist das denkmalgeschützte Getreideheberhaus am Stubbenhuk 10 mit 4.300 Quadratmetern Bürofläche. Zusätzlich dazu will Tishman Speyer zwei neue Häuser errichten.

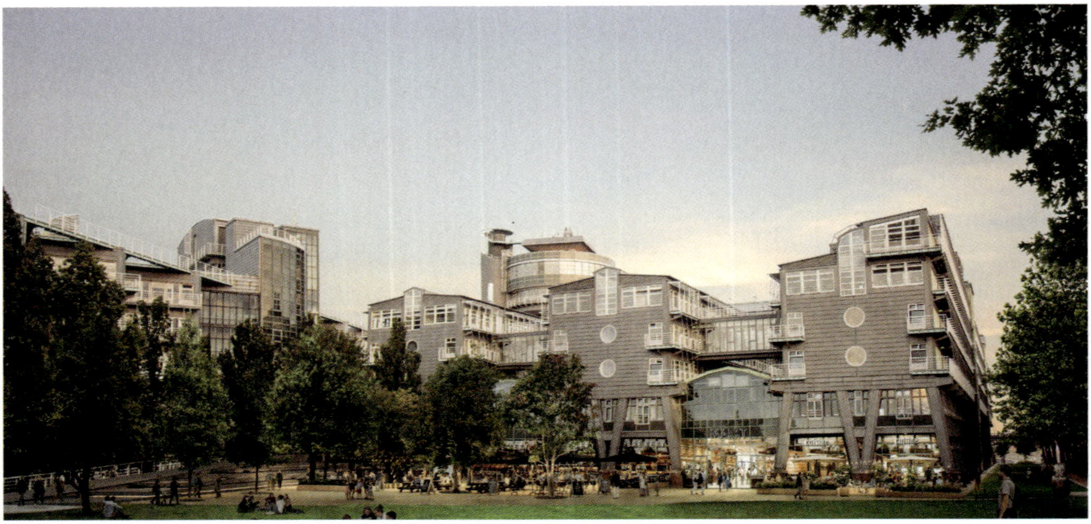

Speyer Properties hat das Gruner + Jahr Verlagsgebäude am Baumwall erworben. Es bekommt nicht nur eine neue Funktion, sondern auch einen neuen Namen: Hamburg Decks. Auf verschiedenen Decks soll man sich treffen, arbeiten, einkaufen. Zur Michelwiese ist eine Markthalle geplant.

„Diese geplanten Gebäude schließen die Zahnlücken des Geländes", sagt Reiff. „Dort, wo heute die beiden Parkplätze sind, entsteht ein Wohngebäude mit 112 Wohnungen, davon 30 Prozent gefördert." Hinzu kommt ein Bürogebäude als Holz-Hybridbau mit 4.800 Quadratmetern Bürofläche.

Die Investoren von Tishman Speyer, einem internationalen Immobilienentwickler mit bekannten Großprojekten wie dem Rockefeller Center oder dem The Spiral in New York, möchten in Hamburg nicht kleckern: Die Neubauten haben die Star-Architekten Snøhetta aus Oslo entworfen.

Noch spektakulärer sind die Pläne für das Verlagshaus, das die meisten Hamburger nie von innen sehen konnten und das deshalb stets ein kleiner Fremdkörper blieb. „Das Hamburg Decks liegt im Knotenpunkt zwischen Innenstadt und Elbe, zwischen Portugiesenviertel und Michel", betont Reiff. „Wir wollen es jetzt für die Bürger öffnen."

So soll zwischen den Gebäuden die Verbindungsachse zwischen den beiden Wahrzeichen entstehen. „Heute schlagen die Touristen noch einen weiten Bogen, weil sie den Weg nicht kennen. In Zukunft soll das eine lebendige Gasse werden, wo sich die Menschen auf dem Weg zur Bahn noch ein Franzbrötchen holen."

Höhepunkt werde die Öffnung im Erdgeschoss zur Michelwiese hin, so Reiff. „Wir schaffen eine Markthalle nach Vorbild des Chelsea Market in New York. Außerdem wird es Außenterrassen mit Blick auf Elbe, Elbphilharmonie und Michel geben."

Dort sollen kleinere Manufakturen die Menschen zum Bummeln und Essen einladen – der Kaffeeröster, die kleine Brauerei, die Saftpresse. „Wir setzen nicht auf die typischen Ketten, sondern auf lokale Anbieter und lokale Produktion."

Seine Vision ist ein lauter und geschäftiger Marktplatz „mit großen Pfannen voller Paella, brutzelnden Würsten und Hummerröllchen". Auf bis zu 6.000 Quadratmeter könnte hier eine Sehenswürdigkeit für Hamburg wachsen. Reiff verspricht einen Ort zum Arbeiten und Genuss, für Spaß und Gastronomie, einen Ort für Einheimische wie für Touristen.

„So etwas gibt es nicht mehr: Eine Markthalle, in die alle gerne kommen, die ein Anziehungspunkt ist. Genau das

Für die Stadtentwicklung ist das Projekt am Baumwall von großer Bedeutung: Hier treffen sich die Fußwege von der Elbe zum Michel und vom Portugiesenviertel in die Innenstadt.

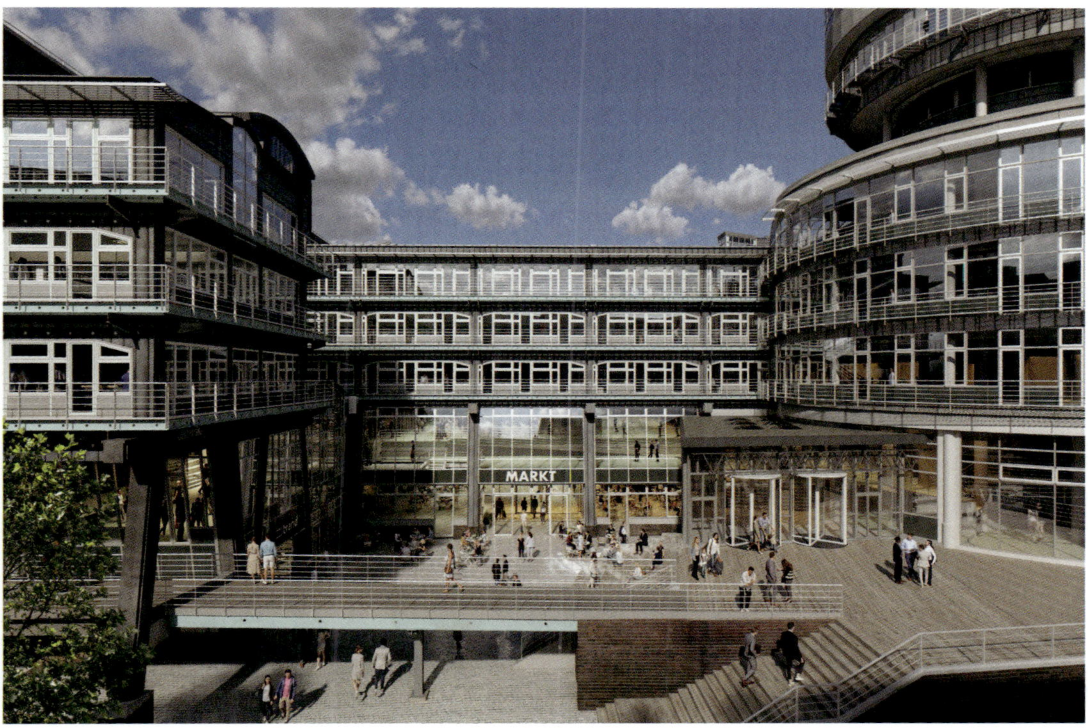

wollen wir dort erreichen." Jede Änderung am Gebäude werde wegen des Denkmalschutzes behutsam angegangen. Mit zwei neuen Eingängen im Erdgeschoss, zur U-Bahn und Elbpromenade hin und an der Michelwiese, könnten die Menschen durch das Haus flanieren.

„Das Haus hat sehr schöne Lichthöfe, die sich vielleicht bis auf die Marktebene herunterziehen lassen, um Tageslicht zu bekommen", sagt Reiff. Bei der Revitalisierung setzt Tishman Speyer auf die ursprünglichen Architekten des Verlagsgebäudes, Steidle & Kiessler aus München. Gebaut wurde es zwischen 1987 und 1990 unter Leitung des Hamburger Büros Schweger und Partner.

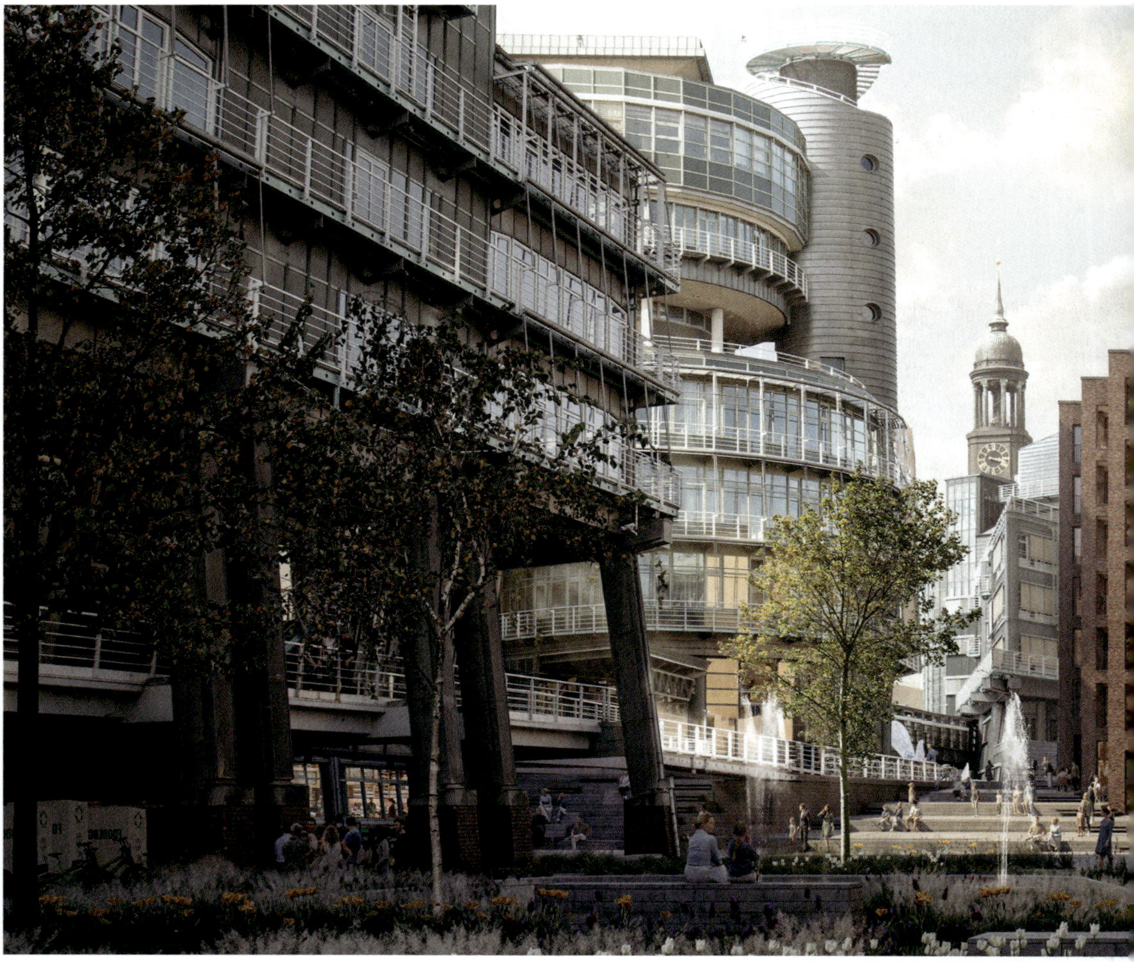

Damals wurde das innovative Haus gefeiert für seine offene Struktur, die architektonische Umsetzung der alten Weisheit von Henri Nannen, wonach Journalismus „Quatschen auf dem Flur" ist. „Wir transferieren diesen Satz ins 21. Jahrhundert", sagt Reiff. Bezogen auf die aktuellen Erfordernisse sei der Bau schon heute „absolut zeitgemäß. Das Haus hat sehr wenige Aufzüge, aber viele Treppen, Stege und Brücken. Diese moderne Kommunikation gibt die Architektur her und wird in Zukunft wieder nachgefragt werden."

In den oberen Geschossen sind nur Büros geplant, allerdings in einer kuratierten Mischung. So sollen die Mieter

Das Hamburg Decks umfasst als Gesamtensemble nicht nur das Verlagsgebäude mit 55.000 Quadratmetern Mietfläche, die sich auf zwei Körper verteilen. Dazu gehört auch das denkmalgeschützte Getreideheberhaus am Stubbenhuk 10. Zusätzlich dazu will Tishman Speyer zwei neue Häuser errichten, ein Wohn- und ein Bürogebäude.

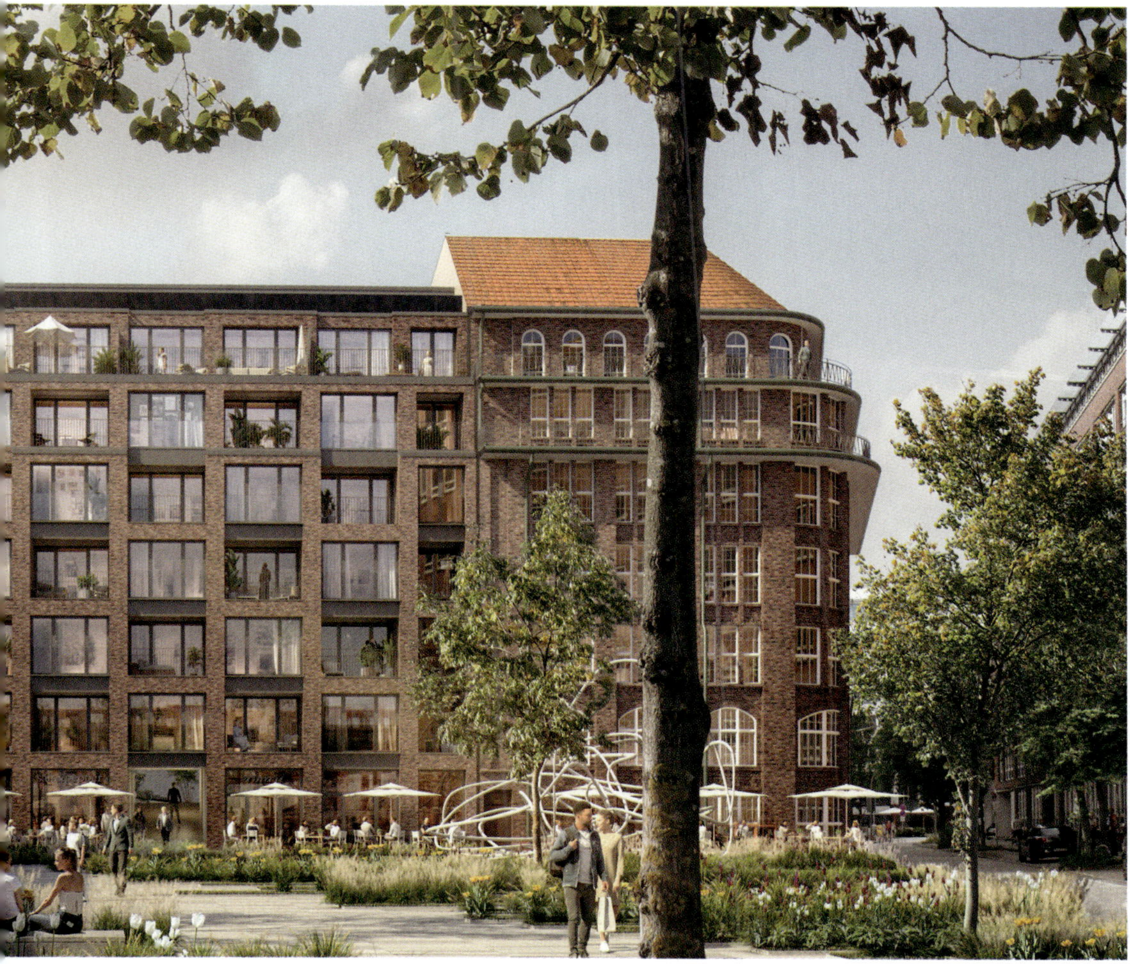

Auf den früheren Parkplätzen von Gruner + Jahr entsteht ein Wohngebäude mit 112 Wohnungen, davon 30 Prozent gefördert, und ein Bürogebäude als Holz-Hybridbau mit 4.800 Quadratmetern Fläche, entworfen von den Star-Architekten Snøhetta aus Oslo.

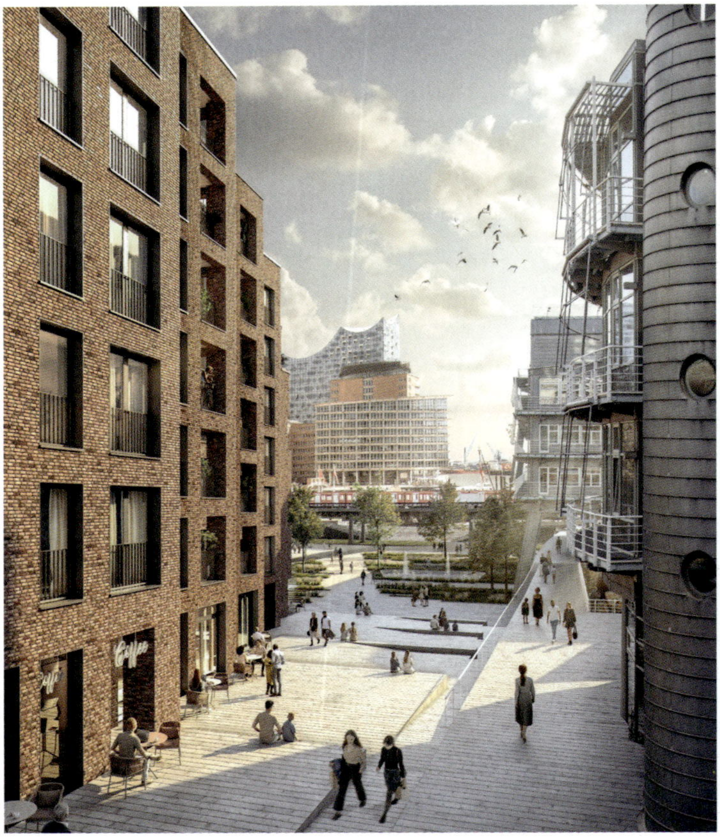

– große und kleine Unternehmen, Start-ups und Freiberufler – voneinander profitieren.

Wohnungen hingegen wird es nicht geben. „Wir haben das intensiv geprüft und mit Stadt und Oberbaudirektor diskutiert", sagt Reiff. „Aber es ist sehr schwer, die Büros zu vertretbaren Mieten in Wohnungen umzuwandeln, weil der bauliche Aufwand erheblich wäre."

In Sachen Ökologie verspricht das Hamburg Decks Nachhaltigkeit: „Wir nutzen Erdwärme, Photovoltaik und Fernwärme, um den CO_2-Abdruck so gering wie möglich zu halten", sagt Reiff. Die Zahlen der Stellplätze bilden die Verkehrswende bereits ab: Auf 450 Parkplätze für Autos kommt Raum für 1.700 Fahrräder.

Das neue Areal am Michel soll nach und nach wachsen. Das Kontorhaus aus dem Jahr 1926 ist bereits entkernt und dürfte Ende 2024 fertig sein. Für die 112 Wohnungen und das Holz-Hybridgebäude laufen derzeit die Baugenehmigungsverfahren. Reiff hofft, Ende 2024 beginnen zu können.

Der Umbau des Verlags dürfte nach dem RTL-Auszug spätestens Anfang 2025 beginnen. Läuft alles nach Plan, könnte die Markthalle Ende 2026 ihre Pforten öffnen. Insgesamt wird ein dreistelliger Millionenbetrag investiert.

Das Haus hat Modellcharakter: Reiff betont, dass die Erdgeschossnutzung für Projekte von zentraler Bedeutung ist. „Vor einigen Jahren haben sich Immobilien in guten Lagen über die Einzelhandelsmieten im Erdgeschoss gerechnet. Die Vermietung der oberen Geschosse hat keine so große Rolle gespielt", so der Experte.

„Inzwischen ist es umgekehrt. Die Erdgeschossnutzung wird essenziell für unsere Städte, aber auch für Standorte wie diesen. Wie benötigen eine bunte Mischung, die man mit Spitzenmieten nicht erreichen kann.

Nur dieser Mix aktiviert und belebt das ganze Haus und hilft bei der Vermarktung der oberen Etagen." Da müsse man lokale Händler quersubventionieren, die keine Spitzenpreise bezahlen können. Denn die Markthalle werde das zusätzliche Argument für die Büroflächen im ehemaligen Verlag.

So ändert sich Stadt – und die Ökonomie der Stadt.

Viel mehr als Shoppen – die Zukunft der City

Früher war das Leben überschaubarer. Wer einkaufen wollte, fuhr in die Stadt. Wer arbeiten musste, ebenso. Jetzt reicht der Gang zum Computer. Hier bestellen wir, was immer wir benötigen, oder holen das Büro per Mausklick an den Küchentisch. Das Internet ist der größte Motor der Stadtveränderung im 21. Jahrhundert. Für Hamburgs City, die Stadt der Kontore und Einzelhändler, gilt das ganz besonders. Sie wird sich wandeln müssen. Und sie wandelt sich.

Die Notwendigkeit erklären schon Statistiken. Der Online-Handel hat sich seit der Jahrtausendwende fast versiebzigfacht. Lag der Umsatz im Jahr 2000 noch bei bescheidenen 1.3 Milliarden Euro, ist er inzwischen auf rund 88 Milliarden Euro gestiegen, die Pandemie brachte einen zusätzlichen Wachstumsschub. Jetzt allerdings zeigen sich die Grenzen des Wachstums. Nur rund drei Prozent Zuwachs sollen es 2024 werden, die Verschiebung von Marktanteilen vom Einzel- zum Online-Händler kommt zum Erliegen. Inzwischen wird aber fast jeder fünfte Euro im Handel im Internet abgewickelt, in Bereichen wie Mode oder Elektronikartikel liegt der Anteil sogar bei rund 40 Prozent.

Für Hamburg sind das keine guten Nachrichten – gerade Mode war mit einem Anteil von 50 bis 70 Prozent eines der zentralen Angebote der Innenstadt. Und mit dem Ende für den Kaufhof und Karstadt-Sport an der Mönckebergstraße sind gleich zwei Schneidezähne aus dem schmucken Gebiss der Innenstadt herausgefallen. Zeit für neue Ideen, neue Ansätze, neue Wege.

Das Neue ist die Jobbeschreibung der Innenstadtkoordinatorin Prof. Elke Pahl-Weber, die in der Behörde für Stadtentwicklung und Wohnen angesiedelt ist. Mit ihrem Team aus fünf Mitarbeitern auf zwei Vollzeitstellen will sie den Wandel begleiten und coachen. 500 Sprechstunden haben sie und ihr Team in ihrem neuen Kontor in der Rathausstraße abgehalten, Pahl-Weber allein 100 Einzelgespräche geführt. „Es kommt vor, dass ich wie eine Maklerin angesprochen werde, um Flächen zu finden. Da versuche ich dann auch zu vermitteln", sagt die Stadtplanerin und Hochschullehrerin. Derzeit hilft sie, Projektideen auf den Weg zu bringen – darunter auch die Ansiedlung einer internationalen Hotelfachschule nach New Yorker Vorbild mit dem Schwerpunkt Kreuzfahrt.

Zugleich geht es ihr darum, die großen Trends aufzuzeigen, die unsere Städte umkrempeln. Einer ist unübersehbar: Autohäuser, Radläden oder Möbelgeschäfte – früher meist am Rande der Stadt beheimatet – drängen plötzlich in die Innenstädte. „Und das ist erst der Anfang", sagt Julia Erdmann, Architektin und Gründerin des Beratungsunternehmens JES Socialtecture. „Einkaufen wird zum Event. Und auch Haustechnik wird cool."

Daran glaubt auch das Unternehmen Saturn/Media Markt. Das Kaufhaus (Tech Village) und wichtiger Frequenzbringer am Eingang der Mö wirkt wie ein letzter Mohikaner vergangener Kaufhauszeiten und wurde von manchen längst totgesagt. Doch der Anbieter von Batterien, Vinyl-Schallplatten und Waschmaschinen glaubt an den Standort. Tatsächlich sind hier in der Mönckebergstraße Ost/Spitalerstraße bei Frequenzzählungen 2023 wieder 26,6 Millionen Passanten gezählt worden, fast so viele wie

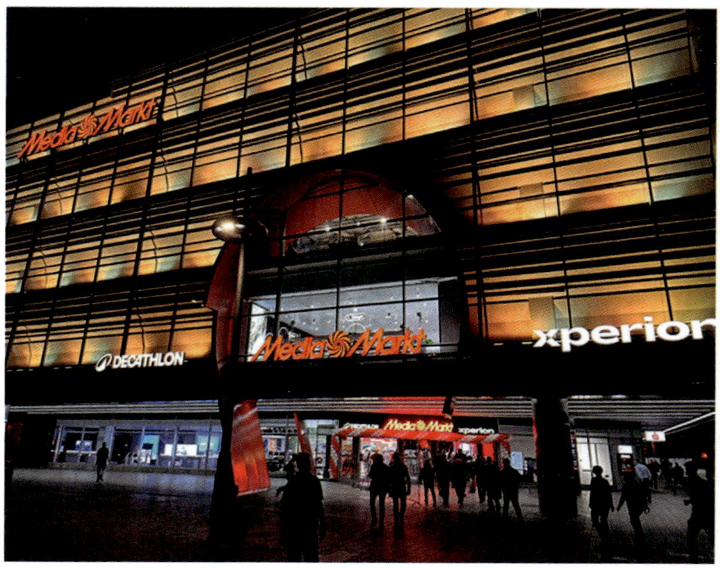

Dem Kaufhaussterben trotzt das Tech Village am Eingang der Mönckebergstraße. Die Fachmarkt-Kette hat viel Geld investiert und holt sogar Künstler ins Haus.

vor Corona. Diesen Einblick gibt der neue interaktive Datentisch bei der Innenstadtkoordinatorin. Während der Pandemie 2021 kamen nur noch 15,7 Millionen Menschen in diesen Teil der Stadt. Gerade hat der Elektronikhändler den Mietvertrag um zehn Jahre verlängert. „Wir glauben an das Konzept und die Zukunft des Handels", sagt Sultan Kaya, Geschäftsführer des Tech Village an der Mönckebergstraße. Nun will sich das Technikkaufhaus auf 15.000 Quadratmetern neu erfinden und Online und Offline besser vernetzen.

Im Erdgeschoss präsentieren sich Technikmarken wie Apple, Sony oder Sonos in einem Boutique-Konzept – wie es heute auch die Luxusmarken in manchen Kaufhäusern tun. „Dabei geht es um das Erleben, Ausprobieren, um das Fühlen", sagt Kaya. „Wir sind nicht nur Konsumtempel, wir wollen uns der Gesellschaft öffnen." Das soll auch architektonisch geschehen, die abgeklebten Scheiben im Erdgeschoss verschwinden, das Haus öffnet sich zu den Langen Mühren, die ganze Ecke am Eingang der City soll attraktiver und lebendiger werden.

Ins Untergeschoss zieht die Marke Decathlon (Sportgeschäft), unter dem Dach wird Xperion auf 3.500 Quadratmetern eine Arena fürs Gaming bauen. Das Konzept verbindet Erlebnis, Event und Gastronomie. „Das soll ein Grund sein, für junge Menschen ins Kaufhaus zu kommen", beschreibt Sebastian Knaup, Geschäftsführer Xperion. Er rechnet mit 2.500 bis 3.000 Jugendlichen und jungen Erwachsenen am Tag, auch Spiele der virtuellen E-Bundesliga können dann an der Mönckebergstraße stattfinden. Das Kalkül dahinter: „Wir wollen die Marke Saturn positiv aufladen." Er will den 15 Millionen der jungen Generationen, die ohne Hertie, Horten und Karstadt sozialisiert wurden, das Konzept Kaufhaus näherbringen. Und setzt darauf, dass die Gamer von heute die Waschmaschinenkäufer von morgen werden.

Ganz neu ist die Idee nicht: Kaufhäuser waren auch schon vor Jahrzehnten Erlebnisräume und Ausflugsziel.

Nun wird das Konzept modernisiert. Das Dach des Tech Village , wo jetzt noch Autos parken, wird für neue Nutzungen geöffnet – für einen Weihnachtsmarkt, für kleinere Veranstaltungen, für Gastronomie. Von der cleveren Luftnummer verspricht sich Hamburgs Oberbaudirektor Franz-Josef Höing einiges: „Wir müssen die Dachwelten neu erschließen", sagt er.

Sogar die Kunst zieht ins Technikkaufhaus ein: Der Oberbaudirektor hat die Hochschule für Bildende Künste und den Betreiber zusammengebracht. Die jungen Künstler bekommen einen 70-Quadratmeter-Raum im Erdgeschoss. „Kunst hat oft Vorbehalte gegen Unternehmen", sagt Martin Köttering von der HFBK. „Hier aber wurden uns keine Schranken gesetzt. Wir bekommen einen kritischen Resonanzraum."

Solche innovativen Brückenschläge beleben die Stadt. „Das muss Schule machen. Wir müssen den Handel mit anderen Angeboten verschränken", sagt Höing. Auch im Erdgeschoss wird die wenig charmante Ecke am Innenstadteingang aufgewertet. Die Parkplätze in den Langen Mühren verschwinden, die Baustelle am früheren Kaufhof soll in Containern gastronomisch bespielt werden.

Schaut man sich um, könnte Hamburgs Innenstadt mehr Originalität vertragen. Wohin auch das Auge blickt, sieht es Flaggschiffgeschäfte und Filialisten, große, aber eben auch austauschbare Namen sind die Nachbarn: Zara, Adidas, H&M und die Hamburger Schuhmarke Görtz. Die europäischen Einkaufsstraßen haben sich vielleicht nicht zu Tode, aber ins Sterbenslangweilige gesiegt: Die internationalen Marken haben den Bummel austauschbar gemacht – Hamburg, Stockholm, Madrid, es ist zu oft die Wiederholung des Immergleichen. Zugleich zeigt die Krise, dass Innenstadt mehr ist als eine große Verkaufsfläche: Lebensraum, Kulturraum, Erlebnisraum.

Nur 300 Meter weiter Richtung Rathaus drehen sich die Kräne an der Mönckebergstraße 9. Dort thronte einst das große C&A-Warenhaus mit 20.000 Quadratmetern Ver-

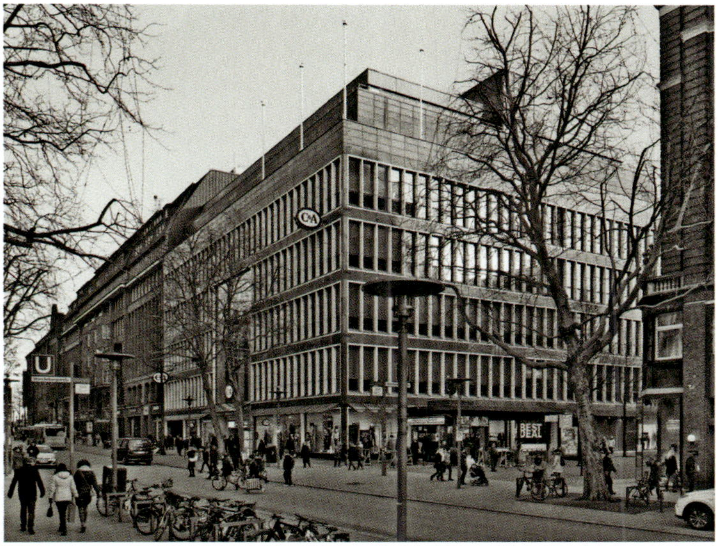

Das alte C&A-Haus (links) an der Mönckebergstraße 9 ist Geschichte. An seine Stelle tritt nun ein Rotklinkerbau, der die Straße aufwertet (unten). Der Projektentwickler Redevco setzt auf eine Mischnutzung mit Einzelhandel, Hotels, Büros und Gastronomie.

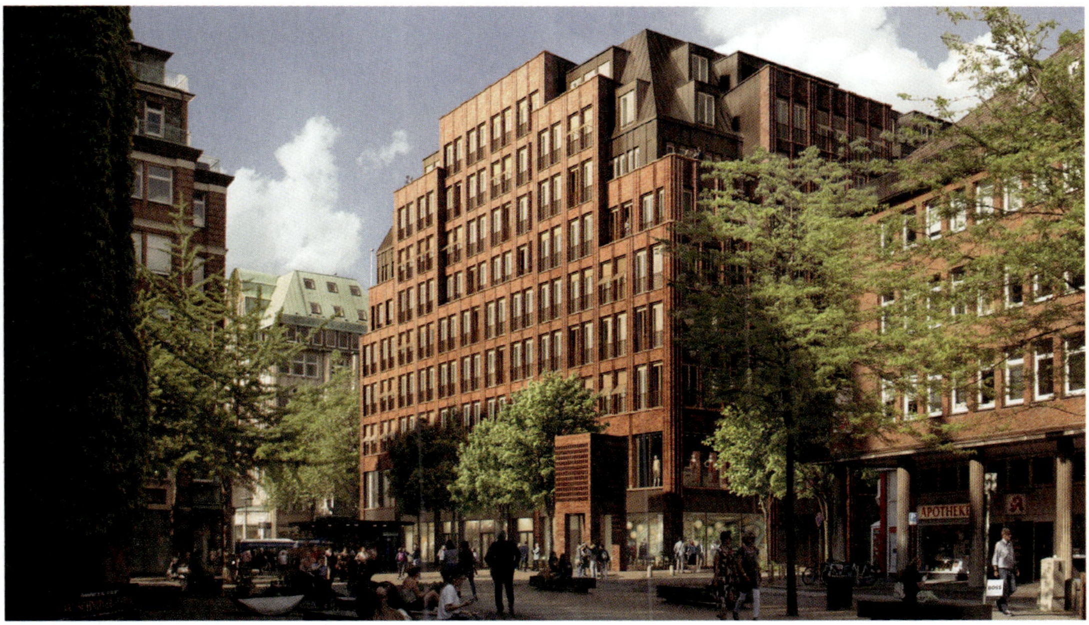

kaufsfläche. Der Nachkriegsbau ist längst abgeräumt, nun entsteht dort bis zum ersten Quartal 2026 ein ästhetischer Backsteinbau mit dem ambitionierten Namen Elisen-Palais. „Der Bau aus den Sechzigerjahren war nicht mehr marktgerecht“, sagt Jörg Schmidt, Asset Manager des Projektentwicklers Redevco. „Wir haben uns die Frage gestellt, wie viele Etagen die Mö verträgt.“ Seine Rechnung ist einfach: Pro Etage verliert der Händler zwischen 40 und 50 Prozent an Umsatz, die Kosten aber sinken nicht mit. Deshalb setzt das neue Schmuckstück hinter der Rotklinkerfassade auf eine Mischnutzung mit Einzelhandel, Hotels, Büros und Gastronomie. „Wir wollten keine 08/15-Architektur“, sagt Schmidt.

Der Handel zieht in drei Geschosse im Elisen-Palais – das sogenannte Basement, das Erd- und das erste Obergeschoss. Mehrere Eingänge ermöglichen drei verschiedene Ladenkonzepte, auch ein Lebensmittelhändler, der in diesem Teil der City fehlt, soll dort seine Ware anbieten. Das Interesse ist groß. Aber jeder guckt, wie sich das Überseequartier entwickelt. Trotzdem glaubt Schmidt an die Mönckebergstraße. Das wird ein Topstandort bleiben.

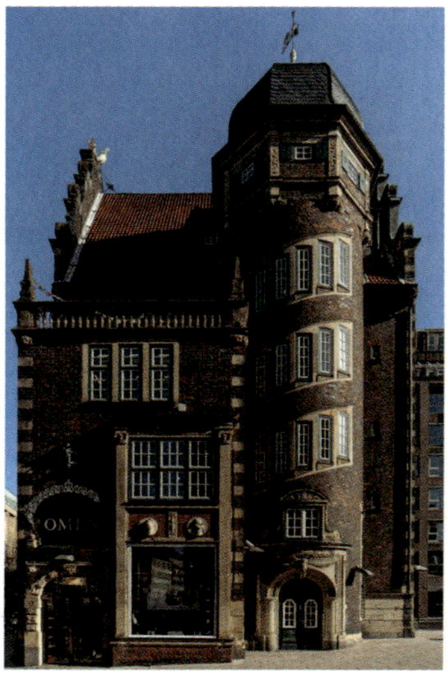

Das inhabergeführte Modegeschäft Thomas i Punkt hat im obersten Stockwerk des denkmalgeschützten Hulbe-Hauses, 1910/11 nach Entwürfen des Hamburger Architekten Henry Grell (1870–1937) erbaut, ein attraktives Café eingerichtet.

Bereits vertraglich vereinbart ist der Einzug eines Hotelkomplexes. Dort vermietet der Anbieter StayKooooK 73 Apartments; das Hyatt kehrt mit einem Vier-Sterne-Hotel und 192 Zimmern in die City zurück. Im achten Geschoss ist ein Restaurant mit Dachterrasse geplant, Ausblick auf die HafenCity inklusive. Zudem wird es zum Kontorhausviertel hin eine ebenerdige Außengastronomie geben. Höing hofft auch auf städtebauliche Impulse: „Damit machen wir die Bugenhagenstraße wieder zu einer Adresse. Bislang gleicht sie einem Dienstboteneingang.“

Der Abgesang auf die City könnte etwas zu früh angestimmt worden sein. Der Leerstand ist meist nur ein vorübergehendes Phänomen. Händler sind kreativ: So hat das inhabergeführte Modegeschäft Thomas i Punkt im denkmalgeschützten Hulbe-Haus kurzerhand eine Etage in ein attraktives Café verwandelt. Zugleich drängen neue Konzepte in die Innenstadt, so zum Beispiel auch Elektro-Fahrradanbieter. Oder Internetmarken, die aus dem Virtuellen ins Echte drängen und ihrerseits einen Flagship-Store beziehen. Das Zalando Outlet ist in die Großen Bleichen gezogen, der Online-Möbelhändler Westwing zeigt seine Möbel am Jungfernstieg. „Die Kunden haben den Wunsch, einmal auf dem Sofa Probe zu sitzen und reisen aus dem

Umland, aus Hannover oder Flensburg an“, sagt die Innenstadtkoordinatorin Elke Pahl-Weber. Online und Offline müssen nicht immer Gegenspieler sein, manchmal verschmelzen die Nutzungen.

Am Ballindamm hat Hamburgs Unternehmenshoffnung 1komma5 Grad ein großes Verkaufsbüro bezogen. Das Start-up setzt voll auf die Energiewende, berät, plant und installiert für seine Kunden klimaverträgliche Lösungen und ist inzwischen mehr als 500 Millionen Euro wert.

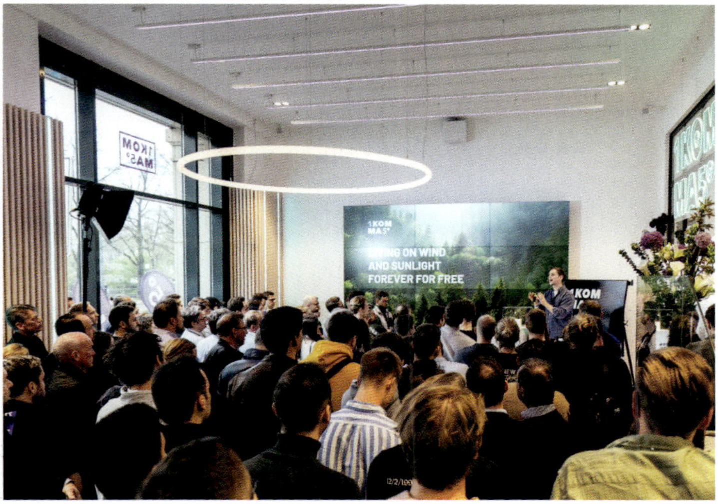

Der erste Flagship-Store von 1Komma5 Grad wurde 2022 am Ballindamm eröffnet. Das Start-up berät, plant und bietet Kunden klimaverträgliche Lösungen zur Energiewende an. Das Unternehmen zählt inzwischen zu den wertvollsten Neugründungen Deutschlands.

Auch hier machen die Passantenzählungen Mut: Im Bereich Mönckebergstraße West, Ballindamm und Jungfernstieg Ost liegt die Zahl der Besucher mit 16,7 Millionen 2023 schon wieder fünf Prozent über dem Stand von 2019. „Der Ballindamm kommt wieder“, sagt Höing. „Er bleibt aber noch etwas unter seinen Möglichkeiten.“

Das ist höflich formuliert – welche Stadt mit diesem Panorama würde eine derart attraktive Westlage im Sommer nicht zu einer Gastromeile machen? Mit dem CIU’ DIE BAR und dem Grill Royal ist ein Anfang gemacht, das prächtige Gebäude von Hapag-Lloyd aber verweigert sich noch dem Aufbruch an Hamburgs Prachtstraße. Dort stehen im Souterrain Wasserkästen. Wasserkästen mit Wasserblick. Erkenne den Fehler.

Das Deutschlandhaus am Gänsemarkt entstand 1928 bis 1929 nach Entwürfen von Fritz Block und Ernst Hochfeld. Besonders spektakulär an dem Kontorhaus war sein großes Kino: Im Ufa-Palast fanden 2.700 Menschen Platz, große Filmpremieren kamen nach Hamburg. Es wurde 2019 abgerissen (Foto von 1932).

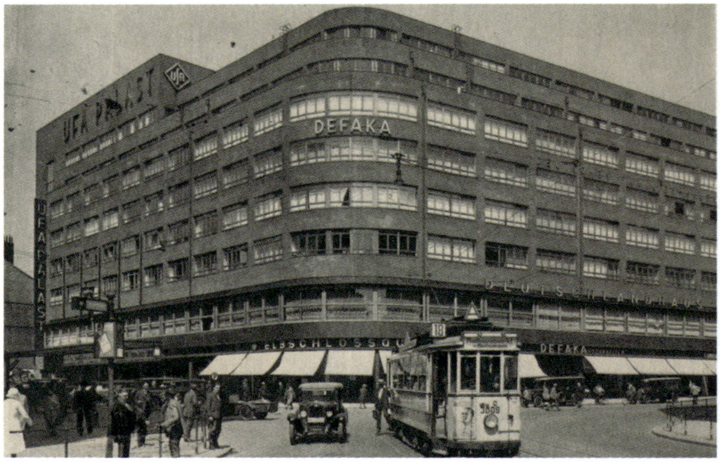

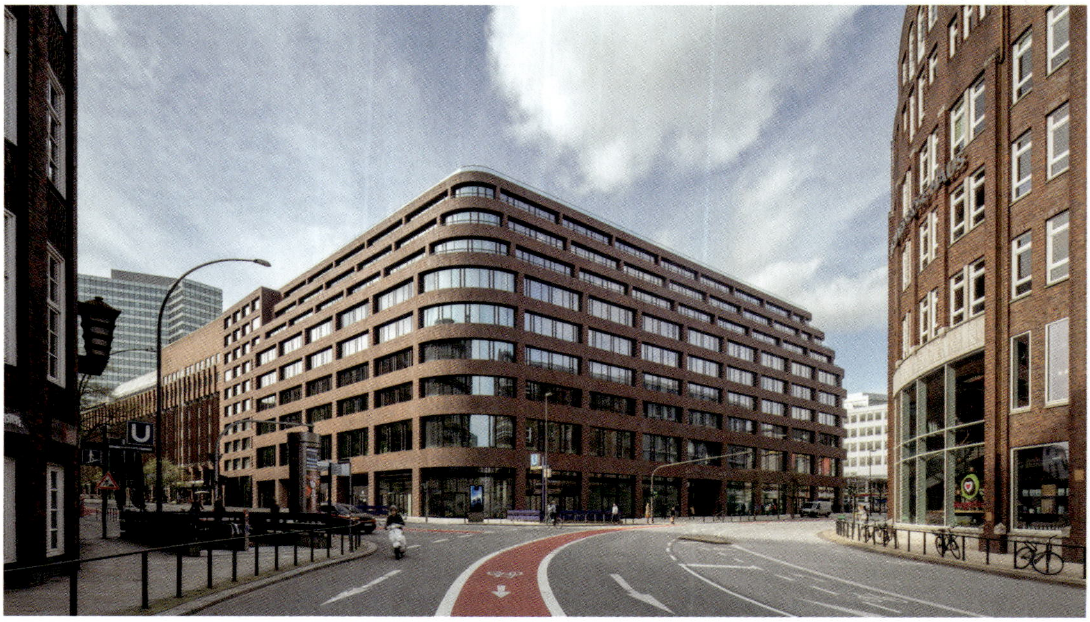

Im Zweiten Weltkrieg wurde das Deutschlandhaus nach Luftangriffen schwer beschädigt und wieder aufgebaut, im späteren Verlauf aber weiter entstellt. 2019 ließ die ABG Real Estate Group das Deutschlandhaus abreißen. An seine Stelle trat ein Neubau von Hadi Teherani, der sich mit seinem Entwurf am Vorgängerbau orientierte.

Wie ein Aufbruch funktionieren kann, lässt sich am Deutschlandhaus an der Dammtorstraße besichtigen. Das alte Gebäude mit seiner bewegten Geschichte wurde nach Plänen von Hadi Teherani neu erschaffen und öffnet sich nun zum Gänsemarkt und zur Staatsoper. Während das Äußere die Tradition mit seiner Backsteinfassade behutsam aufgreift, besticht das Innere mit einer großen, lichtdurchfluteten Freifläche.

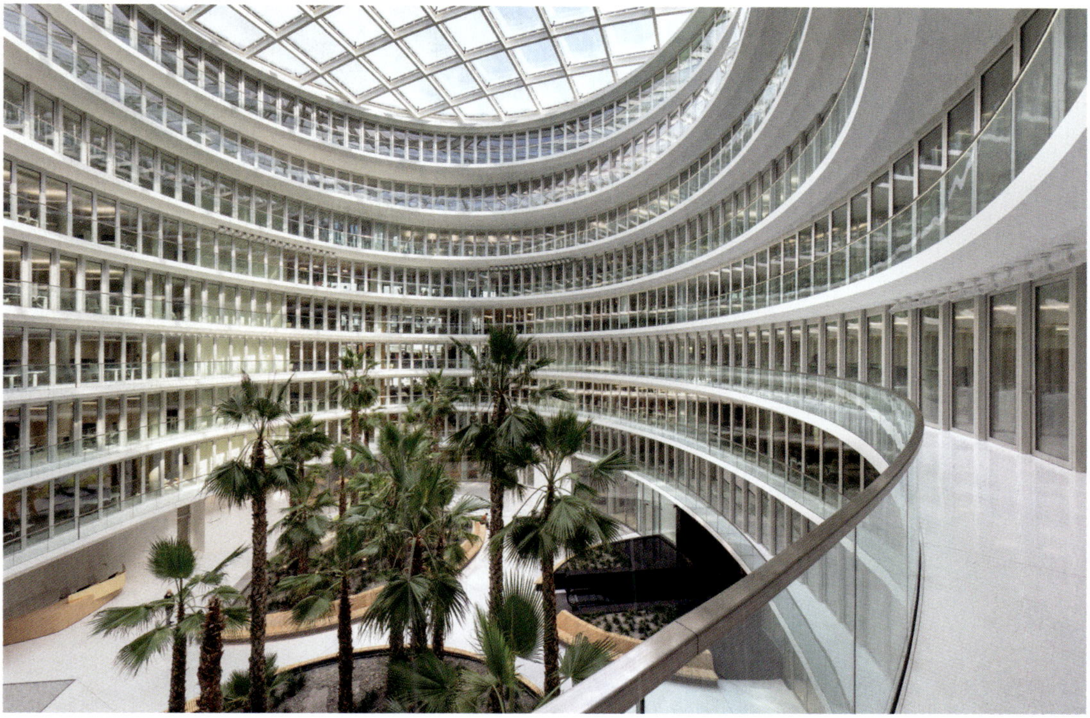

Im neuen Deutschlandhaus gibt es eine große Halle unter einer knapp 40 Meter hohen Dachkuppel, in der Palmen wachsen und die für die Öffentlichkeit zugänglich ist.

Der Zehngeschosser mit seinen etwa 50.000 Quadratmetern Grundfläche ist fast komplett vermietet – darunter an die Haspa. Von den sieben Einzelhandelsflächen sind fünf vergeben, eine davon an den Showroom von Aston Martin. „Es lassen sich durchaus hohe Mieten erzielen, wenn man attraktive Flächen anbietet", sagt Guido Wiese, Geschäftsführer des Entwicklers AGB Development. Das ist aber kein Selbstläufer mehr: „Man muss sich kümmern und die eigene Kompetenz einbringen. Jetzt trennt sich die Spreu vom Weizen."

Auch Gastronomie oder Blumenanbieter gibt es jetzt im Deutschlandhaus. „Wir haben vor der Entwicklung hier Passanten gezählt – das war früher bestenfalls eine 1b-Lage. Der Neubau hat die Lage deutlich aufgewertet", sagt Wiese. Diese Entwicklung liegt auch im Interesse der Stadtentwicklung – denn der Valentinskamp stoppt bislang die Bummler wie eine Mauer aus. „Es ist noch nicht bei allen in der mentalen Topografie angekommen, dass es hier weitergeht", sagt Höing.

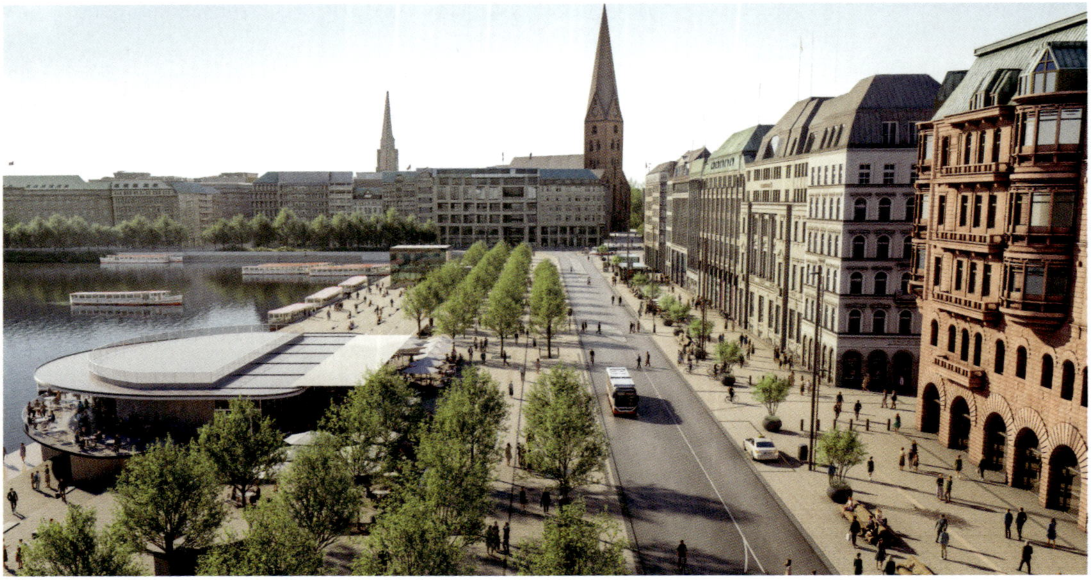

Hamburgs Innenstadt verändert sich rasant: Der Prachtboulevard Jungfernstieg wurde erneut umgebaut und dabei verkehrsberuhigt. Zudem ist eine weitere Baumreihe entstanden. Ab 2025 folgt der Neue Jungfernstieg, der ebenfalls begrünt wird.

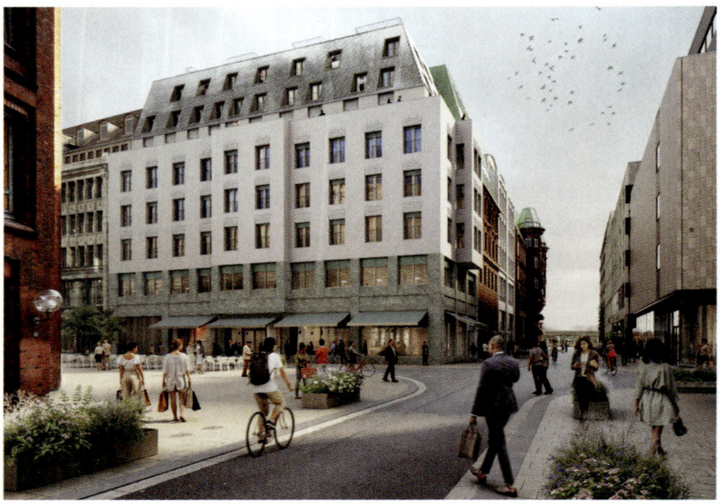

Das Quartier „Hamburger Hof" zwischen Jungfernstieg, Poststraße und den Großen Bleichen wird mit einem Mix aus Einzelhandel, Gastronomie, modernen Büroflächen und Wohnungen revitalisiert. Während in die Erdgeschosse exklusive Einzelhändler einziehen sollen, sind die Obergeschosse als Standorte für Büroflächen und ein Konferenzzentrum vorgesehen.

Ohnehin steckt das Viertel zwischen Jungfernstieg und Gänsemarkt in einem Häutungsprozess. Nach dem Umbau des Prachtboulevards soll dieser mit seiner zusätzlichen Baumreihe und mehr Platz für Fußgänger attraktiver werden. Wenn der Jungfernstieg vollendet ist, beginnt eine neue Großbaustelle. Hinter der historischen rötlichen Sandsteinfassade des Hamburger Hofs wird bis 2029 alles anders. Der Komplex, der sich vom Jungfernstieg über die

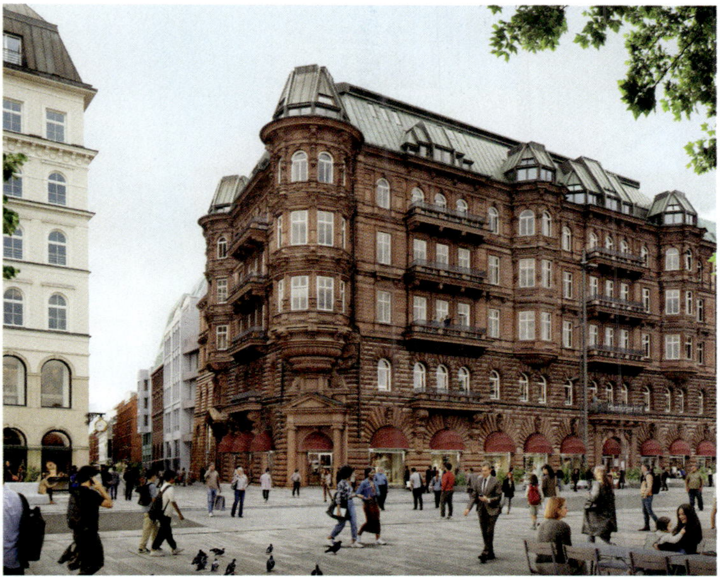

Die MEAG entwickelt den Hamburger Hof neu. Dort entsteht bis Ende des Jahrzehnts ein Mix aus Einzelhandel, Gastronomie, modernen Büroflächen und Wohnungen. Die Fassade soll erhalten bleiben. Im obersten Geschoss soll eine Bar mit Blick auf die Binnenalster einziehen. Für den Umbau ist ein Zeitraum von fünf Jahren vorgesehen.

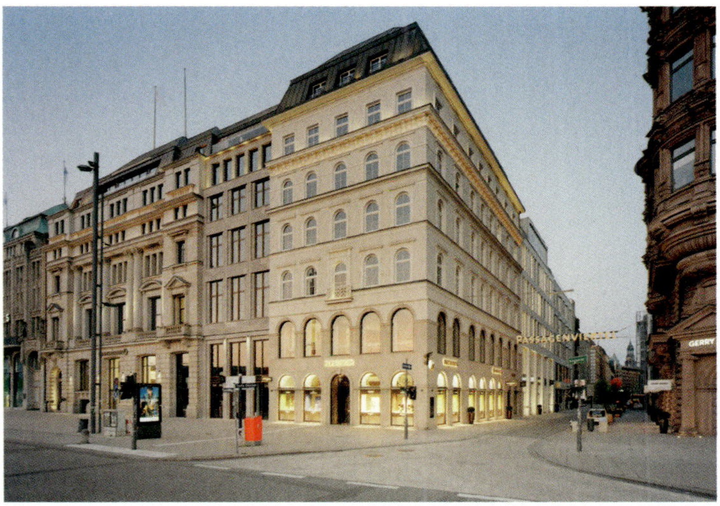

Neben der neuen Commerzbank-Filiale ist das Nachbarhaus Jungfernstieg 24 ebenfalls zu neuem Leben erwacht. Dort, wo Anfang des 20. Jahrhunderts ein Kempinski-Hotel Gäste beherbergte, wird der Boulevard durch ein Gebäude mit einer neuen, feingliedrigen Fassade aufgewertet – ein Entwurf des Hamburger Architekten Jo Landwehr.

Großen Bleichen bis zur Poststraße zieht, entsteht komplett neu. Die Passage, die zuletzt nicht mehr funktionierte, verschwindet auf Nimmerwiedersehen. Im Erdgeschoss sollen dann auf exklusiven Handelsflächen Flagship-Stores und kleinere Läden einziehen. In den oberen Geschossen entstehen Büroflächen und auch Wohnungen sind geplant. Das Highlight der Entwicklung: Im obersten Geschoss ist eine Bar mit Blick auf die Binnenalster vorgesehen. „Die

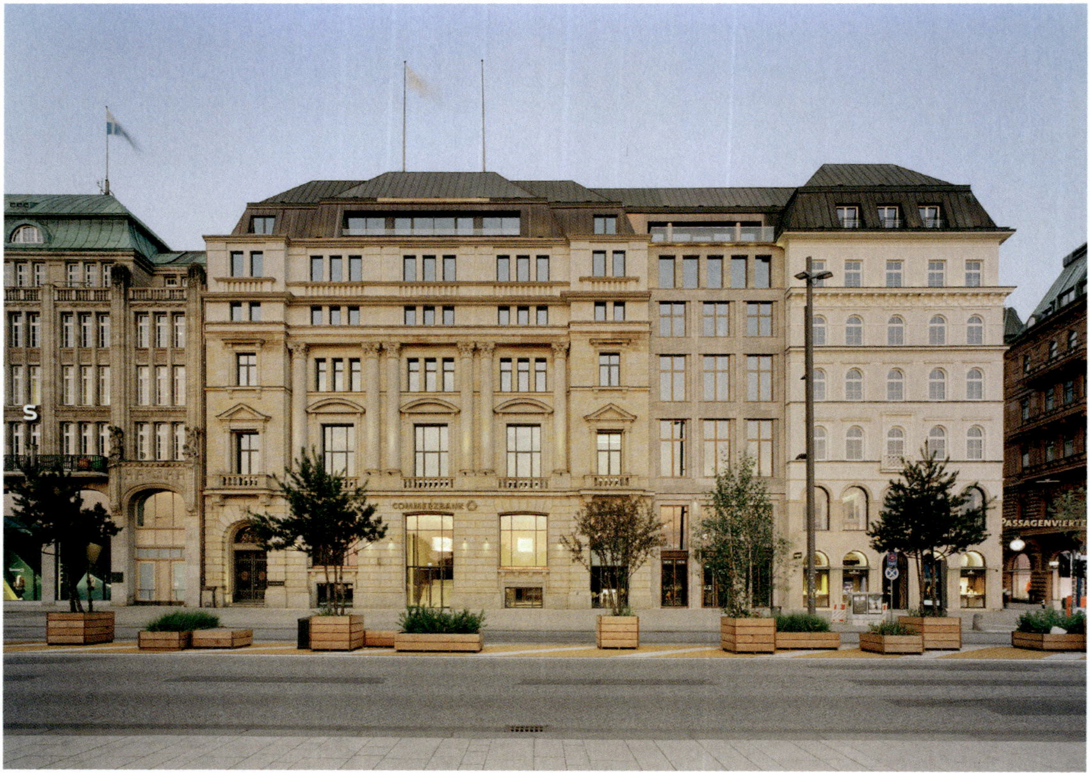

Kaum wiederzuerkennen ist das Commerzbank-Gebäude am Jungfernstieg. Das Haller-Haus, benannt nach seinem Architekten Martin Haller, hat Art Invest in mehreren Jahren denkmalgerecht revitalisiert. Die historische Kassenhalle (rechts) ist ein Glanzstück geworden.

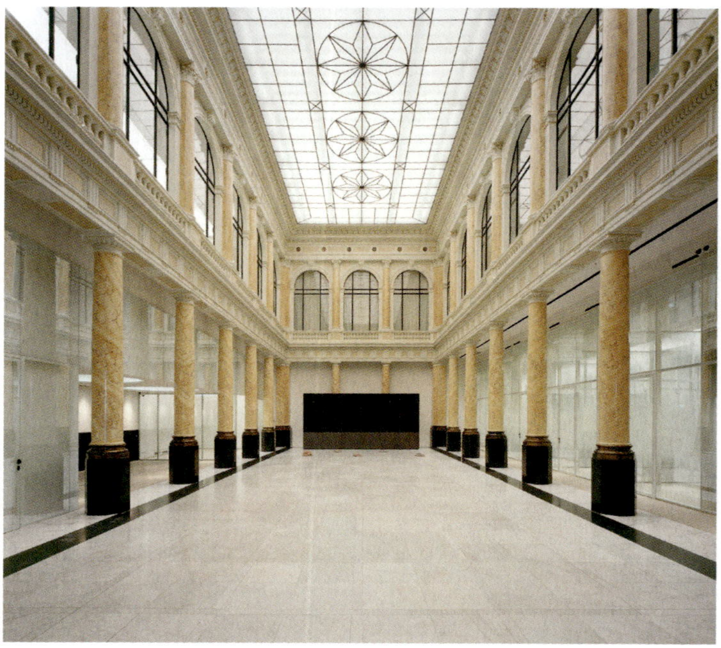

Planungen für den Hamburger Hof sind eine gute Nachricht für Hamburg und eine große Investition in die Zukunft der Innenstadt“, sagt Höing. „Der Entwurf von Diener & Diener geht sensibel mit der denkmalgeschützten Bausubstanz und dem Stadtgrundriss um und wird in zentralster Lage für architektonische Exzellenz sorgen.“

Wenn die weggerissene Gänsemarkt-Passage wie geplant als Hofkonzept neu entsteht, dürfte die Ecke noch lebendiger werden. Das Konzept von Signa ist zwar an der Pleite des Immobilienkonzerns zunächst gescheitert, aber nicht vom Tisch. Die Architekten von BiwerMau haben ein Ensemble aus drei Gebäuden entworfen, dass nicht nur den Gänsemarkt mit den Colonnaden verbindet, sondern auch attraktive Durchgänge und Höfe schafft.

Was Höfe zu leisten vermögen, zeigen die neuen Stadthöfe. Es brauchte etwas Zeit, bis die Hamburger, aber auch die Mieter das neue Ensemble zwischen Stadthausbrücke, Neuem Wall, Bleichenbrücke und Große Bleichen angenommen haben. Aber die Geduld hat sich ausgezahlt. Tanja Zuther-Grauerholz, Projektleiterin der Stadthöfe, blickt in-

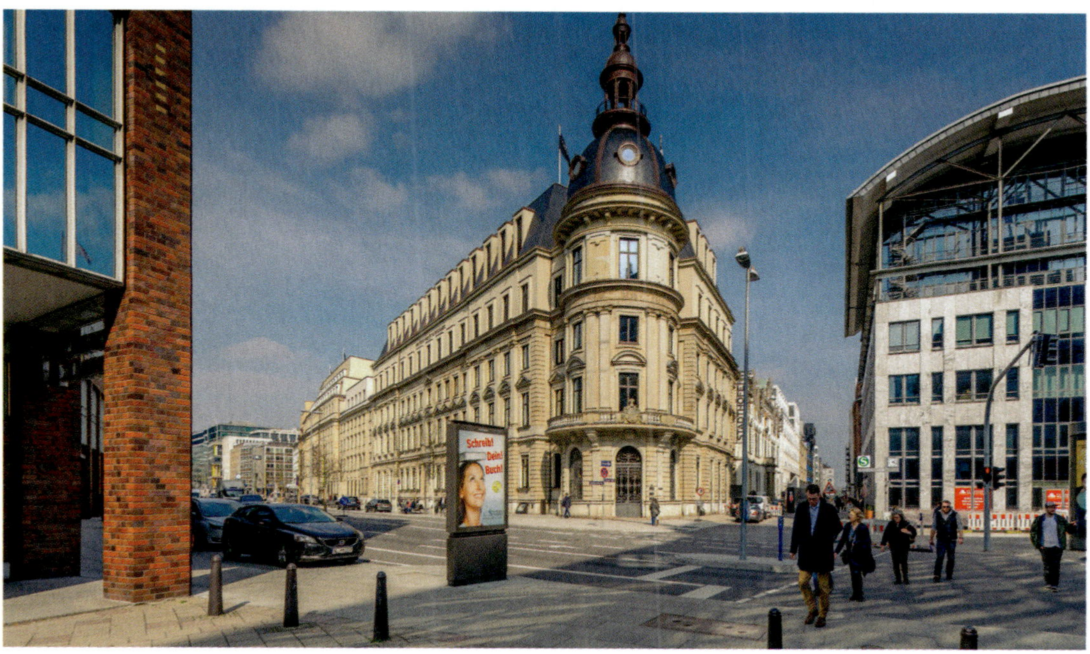

Am anderen Ende des Neuen Wall ist die frühere Stadtentwicklungsbehörde als Teil der neuen Stadthöfe zum Leben erwacht. Attraktive Höfe setzen die sieben Gebäude in einen neuen Kontext und verbinden sie. Hier sind rund 50 Geschäfte und 100 Wohnungen entstanden.

Hinter dem Konzept des Architekten David Chipperfield stecken mehrere Höfe, die sich voneinander abheben und zugleich eine hohe Aufenthaltsqualität bieten. Wie in den Hackeschen Höfen in Berlin sind attraktive gastronomische Angebote entstanden.

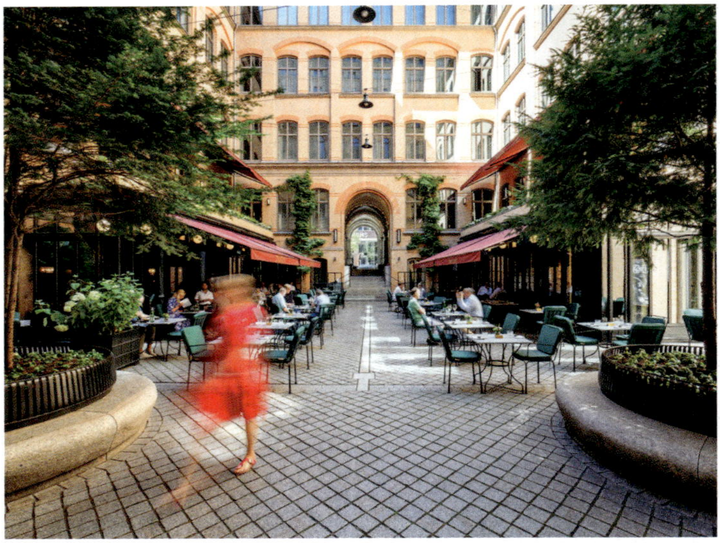

Einen besonderen Reiz bekommen die Stadthöfe durch ihre alte und vielseitige Bausubstanz. Entstanden zwischen 1888 und 1916 geben die umliegenden Gebäude den Höfen ihr einzigartiges Gepräge. Insgesamt hat der Investor Quantum auf dem Gelände der früheren Stadtentwicklungsbehörde rund 250 Millionen Euro investiert.

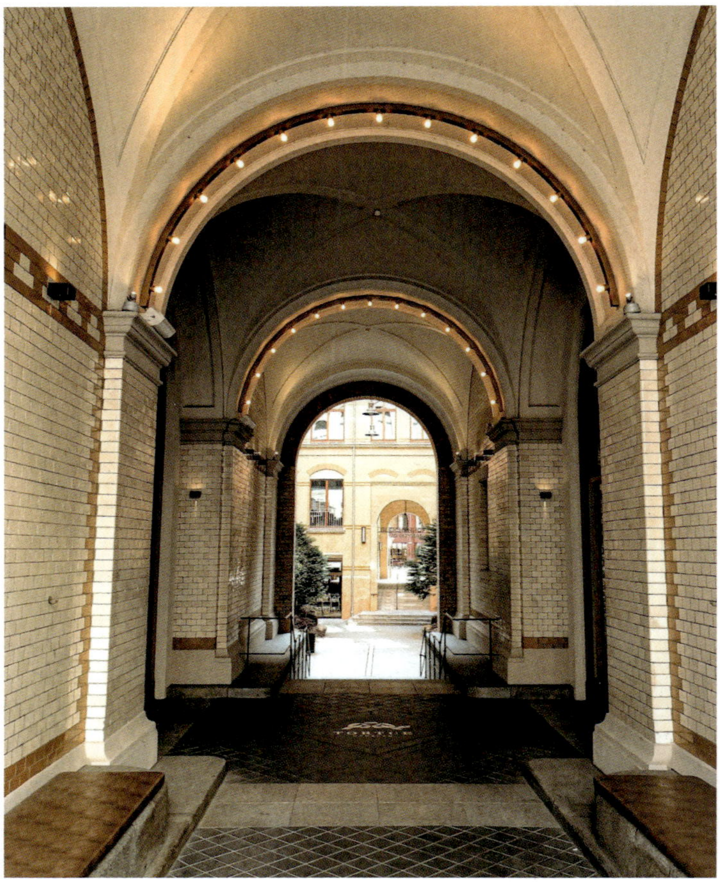

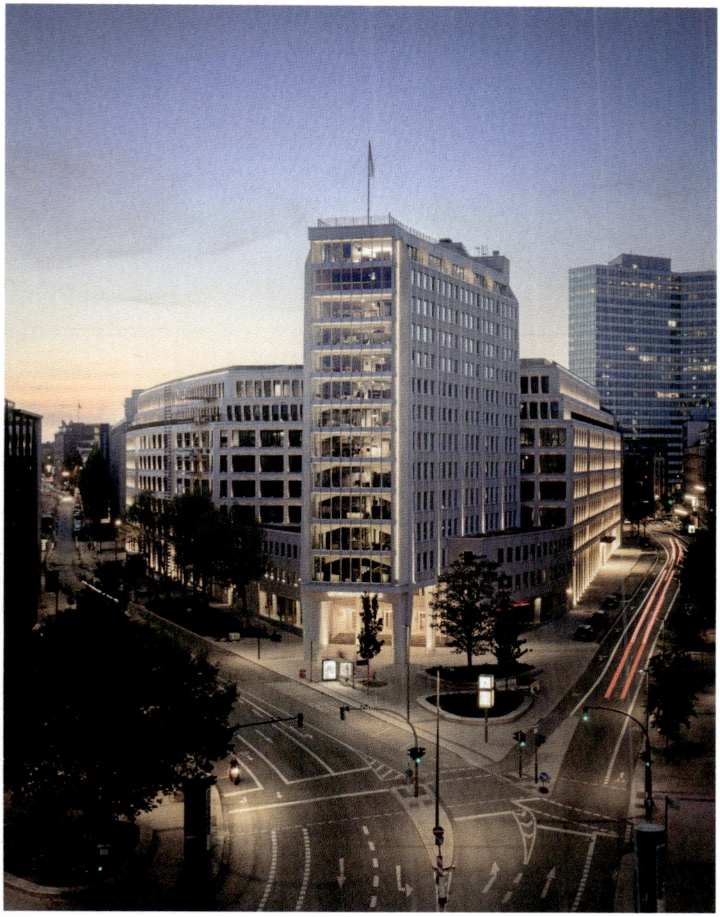

Das frühere Verlagsgebäude vom Verlag Axel Springer, der längst nach Berlin gezogen ist, wurde in den vergangenen Jahren revitalisiert. Den Altbau aus den 1950er-Jahren entwarf Ferdinand Streb (1907–1970). Er hatte eine Höhe von 50 Metern auf 14 Etagen und steht seit 1997 unter Denkmalschutz. Die Momeni Immobilien Holding Gruppe hat ihn aufgefrischt, dahinter entstanden Neubauten und eine neue Passage im Springer-Quartier.

zwischen auf fast voll vermietete Flächen in den acht Gebäuden und den vier Höfen.

Diese neue Struktur aus den alten Häusern haben David Chipperfield Architects herausgearbeitet. Sie verbinden Straßen und arbeiten eine Stärke der europäischen Stadt heraus, sie überraschen, entführen, verführen Hamburger und Touristen zugleich. „Das ist die Zukunft der City, ein Gegenpol zum Internet", sagt Zuther-Grauerholz. „Ins Internet können alle, ein Bummel muss zum Erlebnis werden."

Die Passantenzahlen in dem Gebiet zwischen Neuem Wall, den Großen Bleichen und der Poststraße sind das Wachstumsviertel der Stadt. Kamen 2019 hier 19,4 Millionen Besucher, waren es 2023 schon 22,8 Millionen. Die

Corona-Delle mit nur 13 Millionen Besuchern ist längst vergessen.

Im Sommer brummt in den Stadthöfen die Außengastronomie, im Winter ist der Weihnachtsmarkt der vielleicht schönste der Stadt. Das Hotelkonzept hat der Eigner einfach selbst umgesetzt, nachdem alle Ketten abwinkten, und hat mit dem Tortue einen großen Erfolg gelandet. Viele Möbelgeschäfte und inhabergeführte Konzepte sind hier heimisch geworden. „Man muss die Miete so gestalten, dass sich die Mieter wohlfühlen", sagt Managerin Zuther-Grauerholz. Auf der anderen Seite muss der Vermieter die Erträge erwirtschaften, dass es funktioniert.

Derzeit wird überall der Anspruch der Vermieter und die Leistungsfähigkeit der Mieter neu austariert. Aber die Stadthöfe zeigen, dass es klappen kann.

Auf eine ähnliche Erfolgsgeschichte hofft Hanjo Hautz, Geschäftsführer der Momeni Holding, die für das Vermietungskonzept im Springer-Quartier zuständig ist. Das neue Areal wartet darauf, wachgeküsst zu werden, die City West scheint hier zu enden.

„Der Sprung über die Fuhlentwiete klappt noch nicht, die Leute laufen quasi vor eine Wand", beschreibt Höing das Phänomen. Vergrößert hat diese Barriere die Baustelle, die seit vier Jahren die Kaiser-Wilhelm-Straße lahmlegt. Der Mensch wie der Hamburger ist ein Gewohnheitstier. Er denkt noch immer, dort an der Caffamacherreihe sei wie in den Jahrzehnten zuvor nicht viel zu holen. Sie irren sich.

Teile des alten Verlagsgebäudes, nach dem Umzug von Springer nach Berlin ohnehin nicht mehr benötigt, wurden abgerissen, die Erdgeschosszonen geöffnet und mit der Springertwiete gibt es nun sogar einen neuen Durchgang. Hier kann man Zitate Hamburger Größen an den Lampen lesen. „Hamburger geben nicht auf" (Uwe Seeler) oder „Irgendwie, irgendwo, irgendwann" (Nena).

Das sind auch schöne Losungen für die Immobilienbranche. Seit zwei Jahren ist das Springer-Quartier fertig, die 53 Wohnungen sind alle vermietet, aber in den Erdgeschossflächen fehlen noch manche Mieter. „2.500 Mitarbeiter arbeiten im Springer-Quartier, sie müssen essen und einkaufen“, rechnet Hautz vor. Er verweist auf die nötige Geduld und das richtige Händchen bei der Auswahl. Er kann sich gut vorstellen, dass die Möbelmeile, die längst nicht mehr im Vorort, sondern an den Stadthausbrücke verläuft, weiter nach Westen zieht. „In der City bilden sich Cluster. Das hier ist eine gute Lage für Showrooms, Galerien, Einrichter“, sagt er.

Klar ist: Hamburg wandelt sich. Neue Zeiten bringen neue Herausforderungen und neue Chancen. Die Stadtexpertin Julia Erdmann von JES Socialtecture erwartet nach der Verkehrs- und Energiewende auch eine Textilwende. „Fashion war in Hamburg dominant, aber das ändert sich.“ Während der Luxus- und Premiumbereich weiter funktioniere, werden sich in anderen Bereichen neue Trends durchsetzen: „Second-Hand und Vintage bekommen einen anderen Stellenwert und drängen heraus aus der Nische“, aber auch das Reparieren oder das Leasen von Kleidung werde interessant. Damit krempelt sich auch die Einzelhandelsszene um.

Einen ganz neuen Ansatz verfolgt das FABRIC Future Fashion Lab an den Großen Bleichen 21. Hier haben sich Designer, Unternehmer, Labels und die Hochschule zusammengeschlossen, um die Zukunft der Textilbranche zu gestalten. In der Galeria-Passage wird auf drei Stockwerken nachhaltige Mode entworfen, produziert und verkauft. Es ist das Gegenteil von Fast Fashion, dem Fast Food der Kleiderimperien. Es ist Slow Fashion. „FABRIC zeigt die Entwicklungsrichtung für den Wandel der Innenstadt“, sagt die Innenstadtkoordinatorin, die am Zustandekommen dieses „Prototyps“ für künftige Nutzungen mitgewirkt hat.

Im Keller stehen die Nähmaschinen, Drucker, Cutter der gläsernen Werkstatt, im Erdgeschoss gibt es einen Kaffee, dort und im ersten Obergeschoss werden die Handwerkswaren in einem Pop-up-Store an den Mann und die Frau gebracht. Der Anstoß kam dabei nicht von der Kammer, sondern von der Kreativgesellschaft. Sie hat schon mit dem

Früher machten Modehändler einen beträchtlichen Teil der Geschäfte in der City aus – doch die Zeit der Ketten und Filialisten neigt sich dem Ende zu. Junge Modemacher sind nun in die Große Bleichen 21 gezogen. Im FABRIC Future Fashion Lab kann man den Designern bei der Arbeit zuschauen.

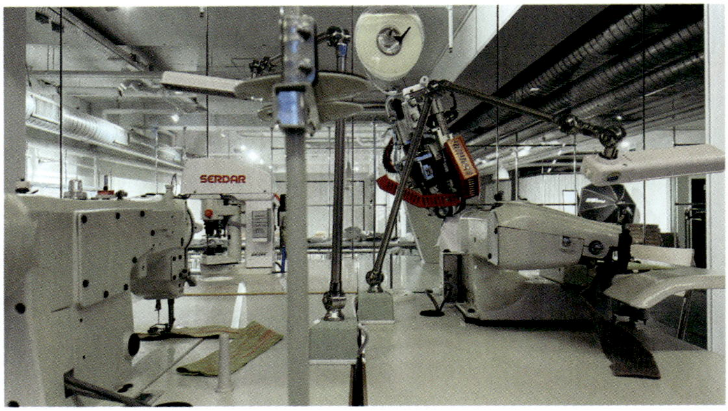

Programm Frei_Fläche Zwischennutzungen in leerstehenden Immobilien wie dem Jupiter ermöglicht, die die City beleben und angehenden Unternehmern eine Spielfläche bieten, um herauszufinden, ob ihr Geschäftsmodell funktioniert.

„Das ist ein superspannender Ort", sagt Egbert Rühl von der Kreativgesellschaft. „Das soll ein Hub, ein Zentrum für Mode werden." Er gibt der Mode Raum zum Werden und den Kunden Raum zum Staunen. Hier ist die Welt der Manufakturwaren, der ausgefallenen Kollektionen, der Experimente.

Lea Theres Lahr-Thiele ist eine Textilkünstlerin, die sich der Idee des Zero Waste, der kompletten Müllvermeidung verpflichtet fühlt. Mittels Lasertechnik schöpft sie aus aussortierten Materialien ausgefallene Mode. Christian Adler, der lange eine Boutique in Ottensen betrieb, zeigt seine Kollektionen im kreativen Kontext. Interessierte können den Modeschöpfern nicht nur bei der Arbeit zuschauen, sondern auch einen Termin vereinbaren.

Hier treffen zwei zusammen, die sich neu erfinden müssen: Die Textilwirtschaft und die Passagen – denn diese Konsumtempel hatten einst zwei Funktionen – unabhängig vom Hamburger Schietwetter das Flanieren zu ermöglichen und die Stadtfläche zu erweitern, um noch mehr Läden anzubieten. Die Vermehrung der Quadratmeter aber ist keine Strategie von morgen – auch angesichts des Überseequartiers mit seinen 80.500 Quadratmetern Ladenfläche zusätzlich.

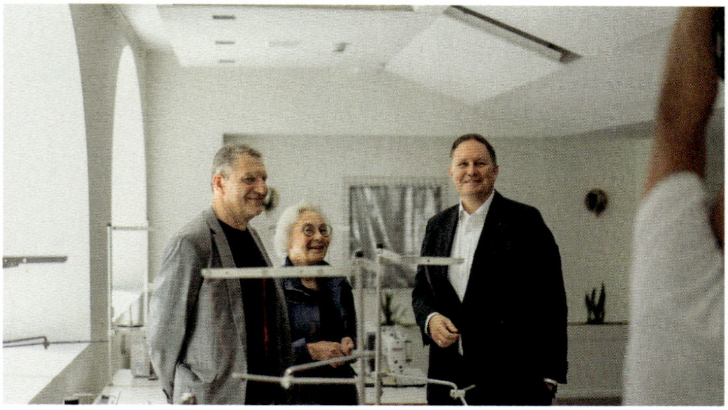

Hier arbeiten Designerinnen und Designer, Modelabels und Unternehmen gemeinsam an den Zukunftsthemen der Modebranche. Die Idee ermöglicht haben Egbert Rühl von der Kreativgesellschaft Hamburg, Innenstadtkoordinatorin Elke Pahl-Weber und Kultursenator Carsten Brosda.

Es geht nicht mehr um Quantität, sondern um Qualität. Die Innenstadt verwandelt sich vom reinen Verkaufstresen zur Manufaktur. In der Krise liegt eine Chance: Die Gewerbemieten haben sich längst – das zeigen Analysen der Immobilienexperten von Bulwien-Gesa – von den Wohnmieten entkoppelt. In den vergangenen Jahren sind sie kaum noch gestiegen, zuletzt sanken sie sogar. „Zunehmend entdecken gastronomische und diskontierende Einzelhandelskonzepte die innerstädtischen Lagen für sich, aber auch Modeanbieter konnten zuletzt wieder hohe Vermietungsquoten erzielen", heißt es in einer aktuellen Analyse. Die Nachfrage nach großen Flächen ab 2.000 Quadratmetern und mittleren Flächen ab 250 Quadratmetern zieht demnach wieder an, oft aber bei sinkenden Mieten, weil die Vermieter zu Zugeständnissen bereit sind. „Einige werden sich an niedrigere Mieten gewöhnen müssen", prophezeit auch Höing.

Wenn aber die Mieten sinken, wachsen die Möglichkeiten. Und zugleich bedeutet es: Der Vermieter muss sich intensiver kümmern, die Mieter werden anspruchsvoller. Das müssen keine schlechten Nachrichten sein – ganz im Gegenteil.

Von der Innenstadt in die HafenCity – wie lassen sich zwei Stadtteile verbinden?

Wahrscheinlich ist es die schwierigste Schnitzeljagd der Stadt: Es geht darum, den perfekten Weg zu finden zwischen der alten Innenstadt und der HafenCity, zwischen Rathaus und Elbphilharmonie, zwischen Mönckebergstraße (Mö) und Überseequartier. Er soll bequem sein, schnell sein und gut funktionieren. Das Problem: Im Nachkriegshamburg war eine solche Verbindung nicht vorgesehen. Und auch nie benötigt.

Als es um den Wiederaufbau der Stadt ging, hatte Hamburg der Elbe längst den Rücken gekehrt. Dort, wo die HafenCity heute ihrer Vollendung entgegenstrebt, lag der Freihafen, ein Lagerhauskomplex hinter Zäunen. Dorthin verirrte sich kein Passant, kein Flaneur, kein Tourist.

Davor durchschnitten zwei Verkehrsschneisen die Stadt: Was ihnen im Wege stand, wurde niedergerissen und zugeschüttet. So trennt heute die 36 Meter breite Ost-West-Straße* (ursprünglich sollte sie gar 52 Meter messen) die Viertel; eine weitere Trasse führt entlang des Zollkanals. Die Stadt war allein von Osten nach Westen ausgerichtet, südlich der City begann für manche der Balkan.

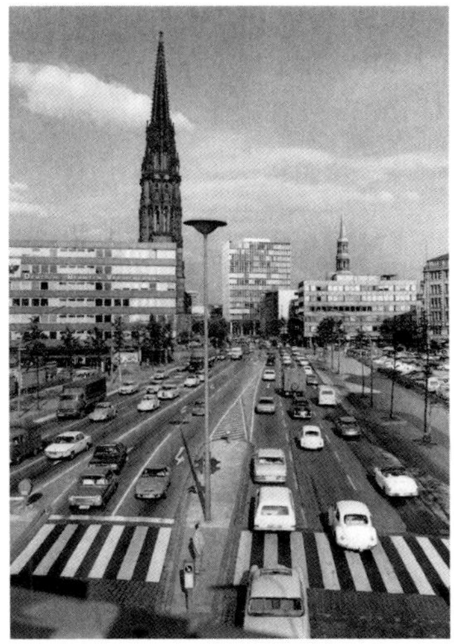

Ohne Rücksicht auf Verluste wurde nach dem Krieg dem Ideal der „autogerechten Stadt" gefrönt – dafür wurde die Ost-West-Straße durch Alt- und Neustadt geschlagen.

Nun wird alles anders. Wer die alte Stadt und ihre junge Erweiterung verbinden will, muss die alten Schneisen und Mauern überwinden, Wegverbindungen schaffen und Passanten geschickt leiten. Aus der HafenCity kommt man auf natürlichem Weg gen Norden – hier ziehen die hohen Kirchtürme die Menschen an. Der Weg aus der anderen Richtung ist ungleich schwieriger. „Man geht durch die Mönckebergstraße, aber kommt bislang nicht auf die Idee, abzubiegen", sagt Oberbaudirektor Franz-Josef Höing. „Das müssen wir herausarbeiten."

Da können Hamburgs Hauptkirchen helfen. Ein mögliches Verbindungsstück zum Süden ist St. Jacobi. Der mittelalterliche Bau mit dem ungelenken 125-Meter-Turm steht zwischen Mö und Steinstraße und damit an der schnellsten Verbindung ins Kontorhausviertel. Noch wirkt die Pilgerkirche wie eingemauert: Die Rückseiten der Geschäftshäuser der Mö zeigen sich abweisend, das Hochbahn-Gebäude

* Bis 1991 Ost-West-Straße. Dann wurde der westliche Streckenabschnitt in „Ludwig-Erhard-Straße" umbenannt, 2005 folgte die Umbenennung des östlichen Teils in „Willy-Brandt-Straße".

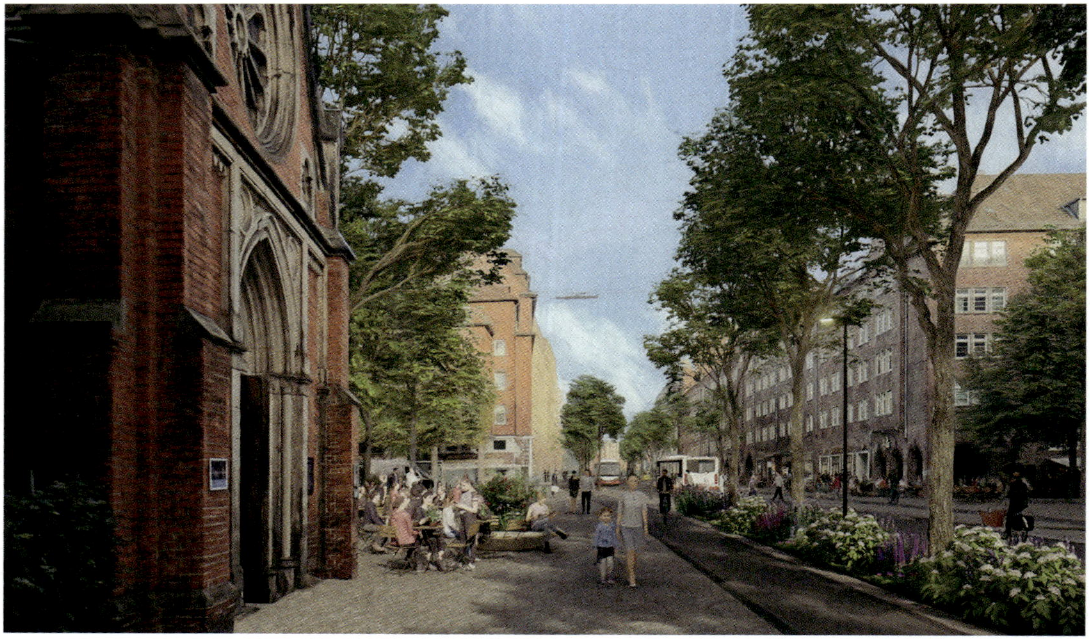

Den Hauptkirchen kommt bei der Belebung der Innenstadt eine wichtige Aufgabe zu. Mit neuen Angeboten und Umbauten will sich St. Jacobi als wichtiges Bindeglied zwischen City und Kontorhausviertel öffnen.

geradezu verschlossen, Autos stellen den Innenhof zu, und die Steinstraße macht ihrem Namen alle Ehre: Viel Stein, wenig Leben. Höing spricht zurecht von einer „mentalen Barriere".

St. Jacobi will das Kleinod aus seinem steinernen Gefängnis befreien: „Wir wollen uns als Kirche öffnen. Jede Himmelsrichtung soll in Zukunft zum Verweilen einladen", sagt Astrid Kleist, viele Jahre Pröpstin und Hauptpastorin von Jacobi. So ist ein Pilgercafé geplant, in der Kirche soll eine offene Restaurierungswerkstatt entstehen, in der sakrale Denkmäler restauriert werden. Fallen die Parkplätze und Anlieferungszone weg, könnten dort Bänke und Bäume Platz finden. Das prächtige Portal benötigt ein standesgemäßes Gegenüber. Im Klartext: Die umliegenden Gebäude müssen geöffnet und attraktiver werden. „Noch will hier kein Brautpaar aus der Kirche heraustreten", sagt Kleist. „Aber das können wir ändern."

Die fünf Hauptkirchen in Hamburgs Innenstadt sind Frequenzbringer, sie locken Touristen, sind zugleich Orte der Stille und Kulturräume. In die St. Jacobi-Kirche beispielsweise kommen wöchentlich 200 Menschen zum Orgelkonzert, St. Petri lädt jeden Werktag um 17:15 Uhr zur „HörZeit: Fünfzehn Minuten für Kopf und Herz“. Auch St. Katharinen und der Michel warten mit regelmäßigen offenen Angeboten auf. „Die Kirchen sind wichtige Stimmen im Konzert der Stadt“, nennt es Höing.

Bald bekommt die mittelalterliche Hauptkirche St. Jacobi ein attraktiveres Umfeld. An der Mönckebergstraße 9 entsteht derzeit auf der alten C&A-Fläche ein neues Kontorhaus mit Hotel und Restaurant; die Steinstraße wird zurückgebaut. Die überdimensionierte Trasse bekommt 2026 einen Fahrradweg und Bäume.

Der erste Trittstein auf dem Weg gen Süden sitzt: Gleich hinter St. Jacobi lockt das Weltkulturerbe Kontorhausviertel. Hier besteht eigentlich schon seit Jahrzehnten Veränderungsbedarf: Zwischen den Meisterwerken des Backstein-Expressionismus – dem Chilehaus, dem Mohlenhof und Sprinkenhof – liegt der Burchardplatz. Anderswo wäre dieser Platz längst ein herausgeputztes Postkartenmotiv, ein Ort zum Verweilen und Vorbeischauen, eine Sehens-

Der Burchardplatz in der Hamburger Altstadt ist ein lange vernachlässigtes Kleinod mitten im Kontorhausviertel. Nun wird der Platz nach Plänen der WES Landschaftsarchitekten und BAID Architekten revitalisiert. Der frühere Parkplatz verwandelt sich in einen attraktiven Freiraum. Nach Kritik in der Öffentlichkeit sollen nun noch einige Bäume mehr gepflanzt werden.

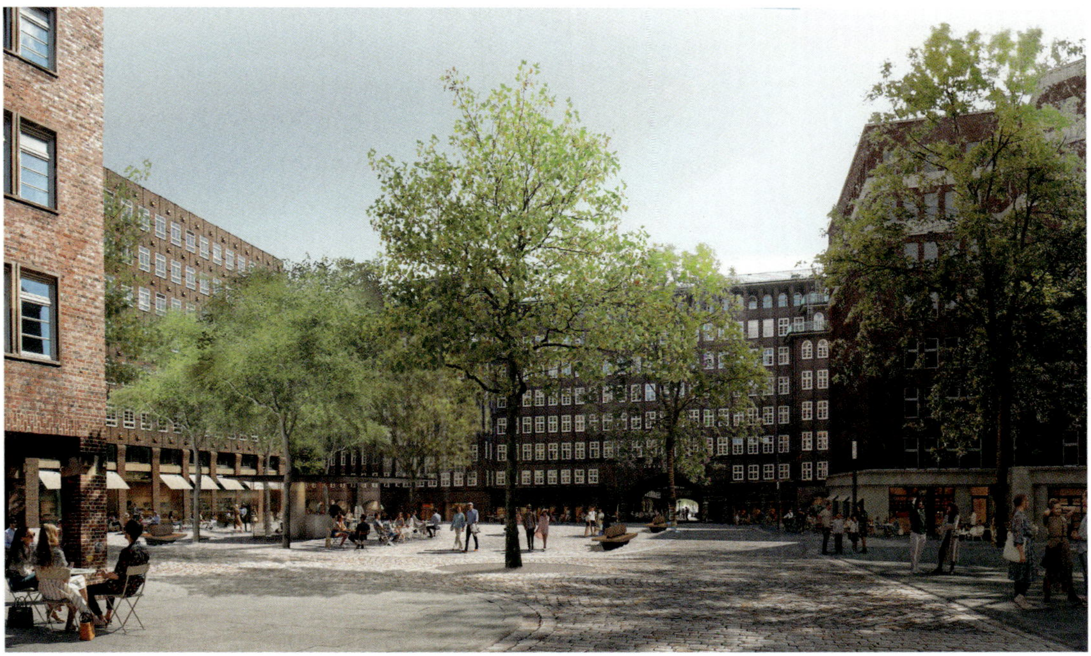

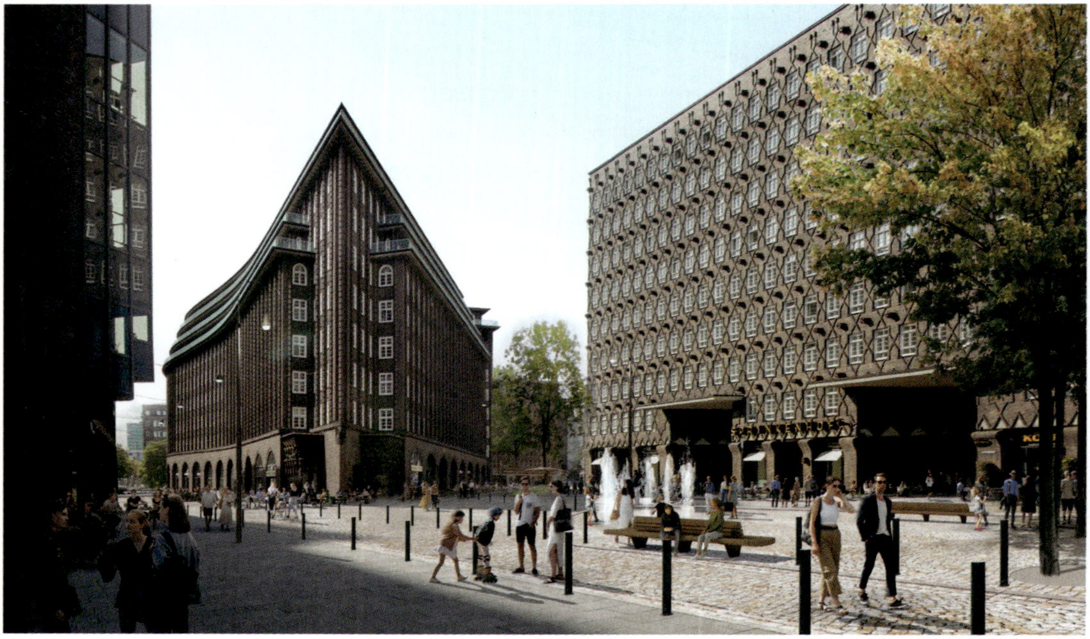

Auch die Straßen und Plätze im Kontorhausviertel wie hier die Burchardstraße (rechts im Bild ist der Sprinkenhof, in der Mitte das Chilehaus zu sehen) werden aufgeräumt und attraktiver.

würdigkeit. In Hamburg ist er seit ewigen Zeiten ein Parkplatz.

Architektonische Höhepunkte des Burchardplatzes sind bislang bemalte Stromkästen und Fahrradbügel. Doch hier wird sich vieles ändern, sagt Michael Kaschke, Geschäftsführender Gesellschafter WES LandschaftsArchitektur, die im In- und Ausland Freiflächen gestaltet: Der Platz wird von den Autos befreit, bekommt ein geschliffenes Kopfsteinpflaster und weitere Bäume, die Bordsteine entfallen. „Wir räumen diesen Platz auf", verspricht Kaschke, der sich intensiv mit der Geschichte des Burchardplatzes befasst hat. „Er war immer für den Verkehr gestaltet", sagt er. „Und doch strahlt er inmitten dieser Elefanten im Klinkerkleid eine unheimliche Ruhe aus."

An den Markttagen dienstags und donnerstags deutet der Burchardplatz an, welches Versprechen er für die Zukunft gibt. Dann soll ein filigraner Pavillon dort, wo früher die Tankstelle stand, Besucher mit Kaffee und Kleinigkeiten auf dem Platz halten. Im dritten Quartal 2025, sagt Sebastian Binger, als Geschäftsführer für die sogenannten Business Improvement Districts bei Otto Wulff zuständig, könnten die Bauarbeiten beginnen. Die Eigentümer des BID stünden hinter den Umbaumaßnahmen, die Bedenken der Gewerbetreibenden werden aufgegriffen.

Das Areal befindet sich – anders als andere Ecken in der City – im Aufwind: Die Erdgeschosse wirken schon deutlich lebendiger als vor einigen Jahren, in viele kleine Ladenlokale sind Restaurants eingezogen. Kein Zweifel: Das Kontorhausviertel putzt sich heraus – mit dem Johann Kontor zwischen Kloster- und Johanniswall erhält es nun einen architektonischen Abschluss. Höing freut sich, dass das Deichtor endlich „Gesicht und Rückgrat bekommt".

Der dort gelegene Peter-Schulz-Platz wird mit einem Wasserspiel neugestaltet, und auch der Kattrepel, bislang eher eine deformierte Straße, erhält eine Platzstruktur. Hier soll ein weiterer Pavillon entstehen, eine Art Zeitungskiosk, den die Wochenzeitung „DIE ZEIT" betreiben soll. „Den Messberg müssen wir noch anfassen", sagt der Oberbaudirektor. Das stellenweise unwirtliche Kontorhausviertel soll zu einem echten Weltkulturerbe werden, ein Ort mit Kultur und Weltgewandtheit. „Das wird nicht modisch, sondern schön", verspricht Höing.

Das alles dürfte dem benachbarten Domplatz – jetzt Hammaburg-Platz – nützen, diese seltsam kahle Freifläche im Herzen Hamburgs. 2005 hatte ein Wettbewerb hier ei-

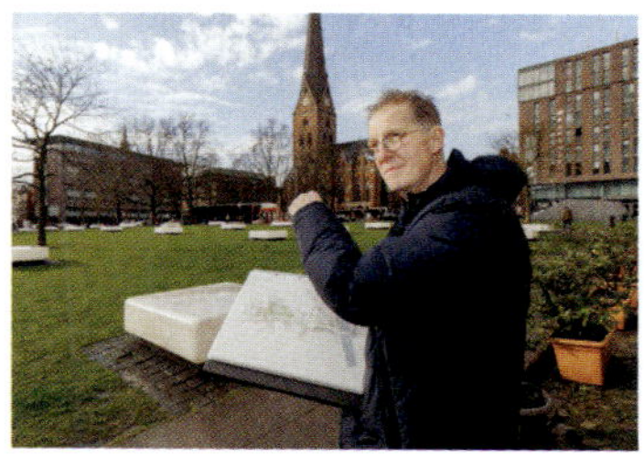

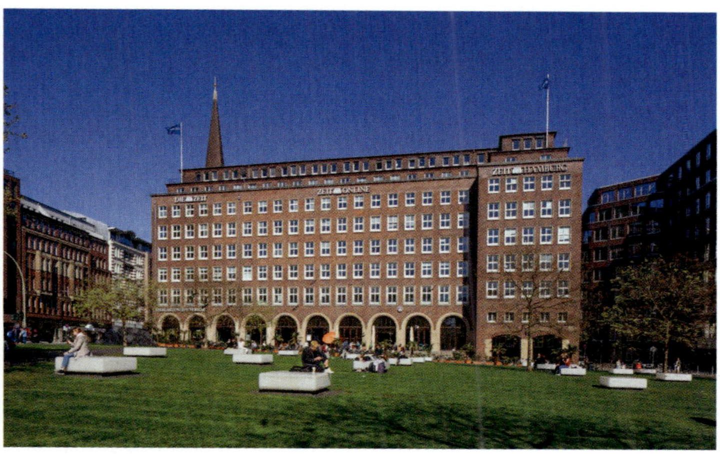

Seit Jahren ist der Domplatz – im August 2024 umbenannt in Hammaburg-Platz – ein Provisorium, eine begrünte „Denkpause". Nur im Sommer ist er dank des Biergartens im Helmut-Schmidt-Haus belebt. Oberbaudirektor Franz-Josef Höing (kleines Foto) prüft verschiedene Ansätze.

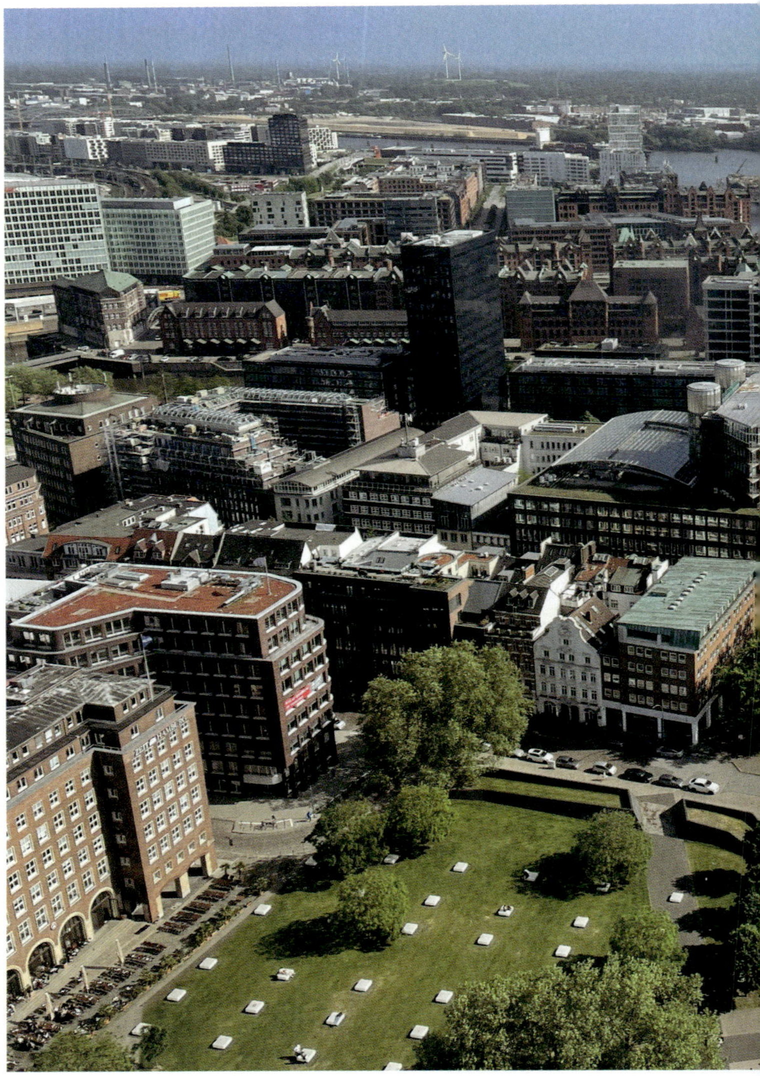

nen 30 Meter hohen Glaskomplex gewollt, als neue Heimat für die Bücherhallen und Bürgerschaft. Ein Nachbar war empört: Allein mit der Macht seines Wortes verhinderte der frühere Kanzler Helmut Schmidt als „ZEIT"-Herausgeber 2007 die Bebauung des früheren Parkplatzes mit dem zeitgeistigen Kristall. Seitdem bleibt der Hammaburg-Platz ein Provisorium. Ihm fiele die Rolle eines weiteren Trittsteins zwischen Innenstadt und HafenCity zu, aber bis heute fehlt die zündende Idee.

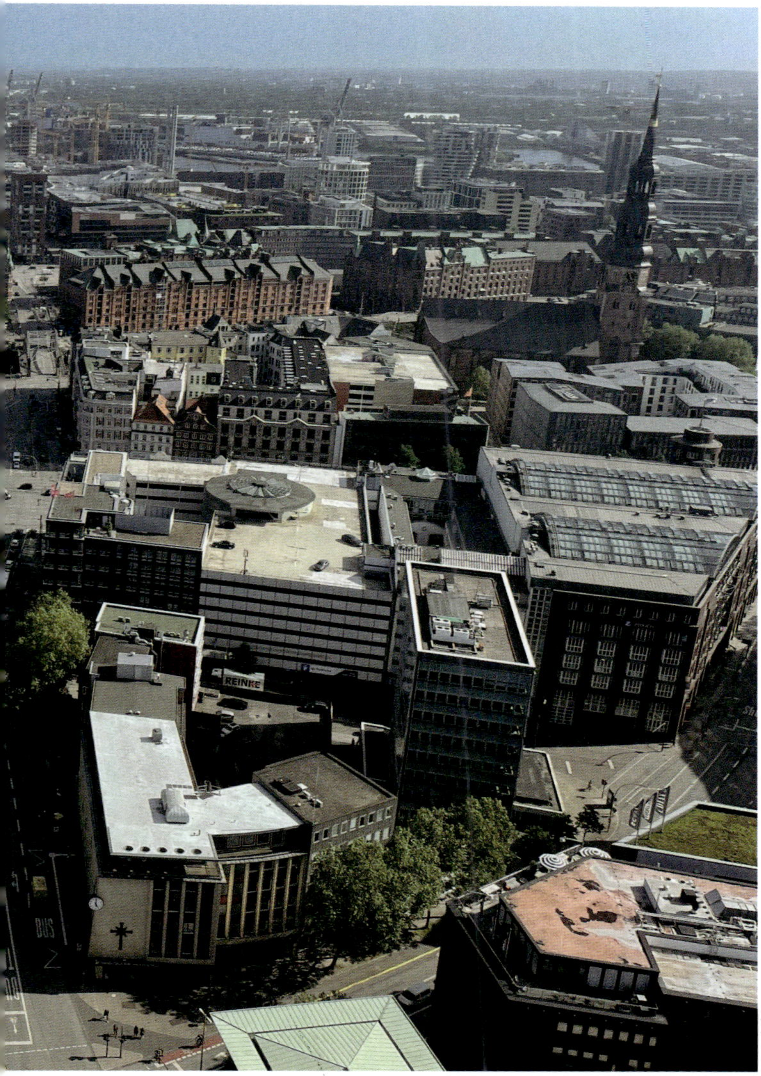

Auch ein neuer Name löst das Problem des Hammaburg-Platzes nicht. Aus der Luft ist zu erkennen, dass ihm die städtebauliche Bindung fehlt. Die weißen Sitzgelegenheiten aus Acryl markieren die Stützpfeiler des Anfang des 19. Jahrhunderts abgerissenen Doms.

Der Hammaburg-Platz liegt etwas planlos inmitten eines Sammelsuriums der Stile; kein Haus passt zum nächsten, ein architektonischer Kraut- und Rübenacker, Höing spricht von einem „architektonischen Streichelzoo". Die Domstraße geht in eine viel zu wuchtige Kurve, Passanten sind Randerscheinungen und die Gestaltung wirkt nach sechzehn Jahren so, wie sie ist: provisorisch. Die Stahlbleche, die den alten Wallring symbolisieren, erinnern an gestrandete Metallwale, die gläsernen Bänke, die bildlichen

Säulen des Doms, laden wenig ein. Der Platz zerfällt in seiner Struktur, die Seiten haben wenig miteinander zu tun. Auch Höing sagt: „Das ist kein richtiger Platz, kein richtiger Raum."

Er möchte durch Veränderung der Straßenführung und die Aufwertung des Alten Fischmarktes den Hammaburg-Platz behutsam entwickeln. Das Parkhaus Große Reichenstraße kann durch eine innovative Nachnutzung helfen, das „städtebauliche Aschenputtel" zu verwandeln. „Wir benötigen eine kluge Nutzung und kleine Akzente, um das Vakuum zu füllen", sagt Höing.

Es gibt die Idee, dem Platz eine grüne Kontur zu verleihen und an der Westseite einen Boulevard zu schaffen – aber mindestens bis dahin bleibt der Hammaburg-Platz das Missing Link, das fehlende Glied zwischen City und HafenCity. Seit dem Abriss des Doms 1805 und der Zerstörung

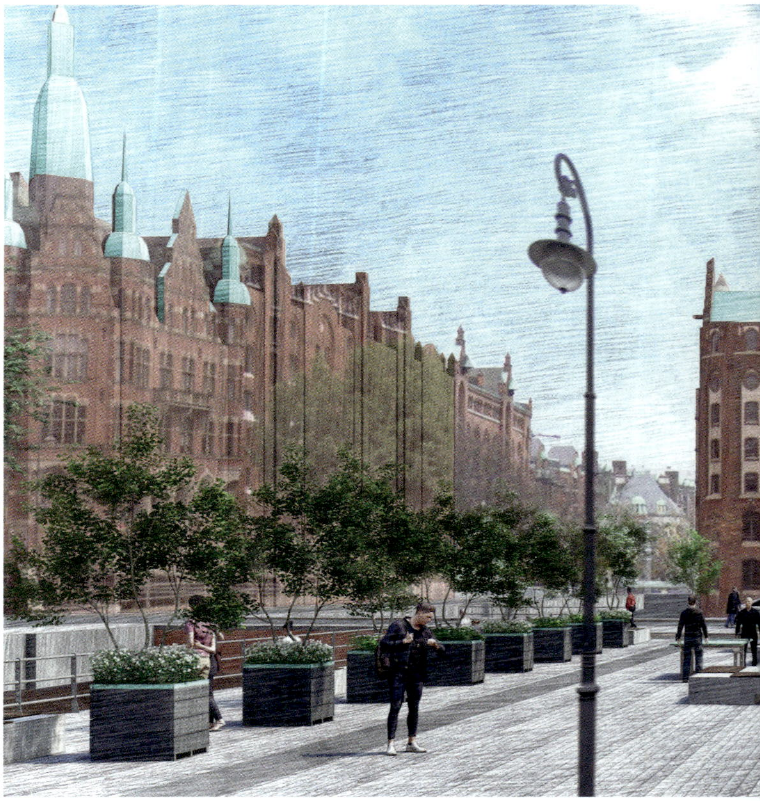

des Johanneums 1943 fehlt die zündende Idee. SPD-Fraktionschef Dirk Kienscherf hatte mit seinem Vorschlag einer High Line nach New Yorker Vorbild vom Hammaburg-Platz zur Speicherstadt schon einmal vorgelegt. Doch schnell wurde es wieder still um seine Idee.

Höing hat noch keinen Masterplan für den Hammaburg-Platz. „Das ist eine Denksportaufgabe für Fortgeschrittene", sagt er. Klar ist – von hier bis in die HafenCity ist es nur ein Katzensprung. „Das ist keine unüberwindbare Strecke", sagt er. Die größten Hürden existieren nicht auf dem kurzen Weg, sondern vielleicht in den Köpfen der Hamburger.

Nur 400 Meter weiter südlich dämmert der St. Annen Platz in der Verlängerung der Domachse, ein weiterer Trittstein in die HafenCity: Links steht das Fleetschlösschen, im Rücken liegt die Speicherstadt und vor dem Betrachter öffnet sich der neue Stadtteil mit seinem heimlichen Wahrzei-

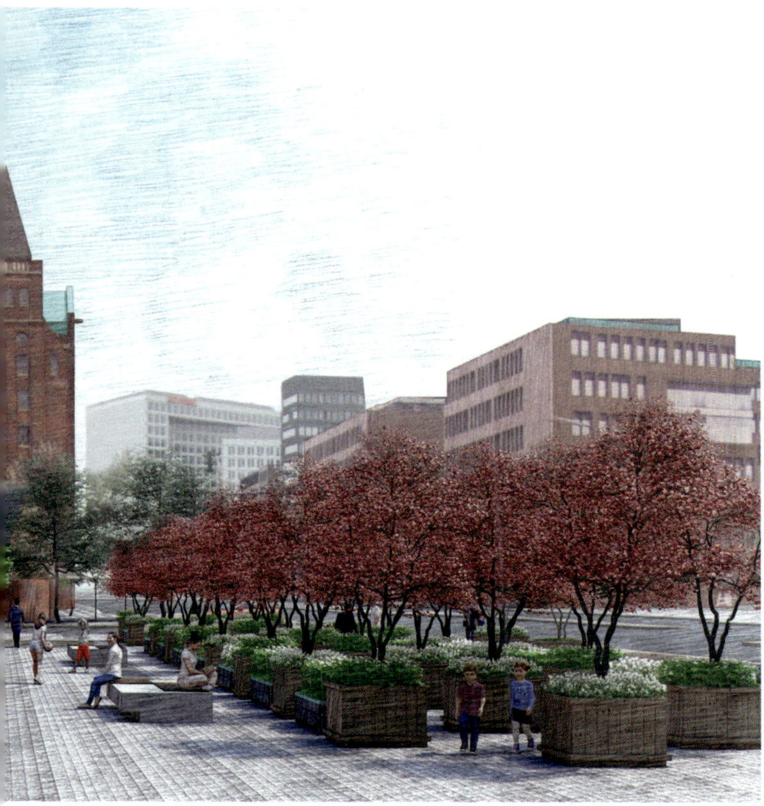

Der St. Annen Platz in der HafenCity könnte das fehlende Puzzlestück sein, um den neuen Stadtteil mit der gewachsenen City zu verbinden. Er liegt nicht nur denkbar zentral, sondern bietet auch den Blick auf den Verwaltungssitz der HHLA (Hamburger Hafen und Logistik AG), das „Rathaus der Speicherstadt" (ganz links).

chen, dem Kaispeicher B, in dem das Maritime Museum untergebracht ist, schließlich die Osakaallee herunter das neue Überseequartier mit XXL-Einkaufszentrum und Erlebniswelt, eine Stadt in der Stadt.

Der St. Annen Platz liegt zwischen den Welten und ist zuletzt aufgehübscht worden: Manschetten an den Lampen weisen als Beschilderung auf Sehenswürdigkeiten hin, große Pflanzkörper bringen Farbe ins Viertel. Und temporäre Veranstaltungen sollen an dieser Verbindungsfläche zwischen Vergangenheit und Zukunft Akzente setzen. Von hier aus kann das Leben Kreise ziehen.

Der Weg über die Domachse ins Herz der HafenCity ist vielleicht der kürzeste, aber beileibe nicht der einzige. Vom Rathausmarkt führt eine weitere Verbindung über Holzbrücke und Mattentwiete bis zum Sandtorkai und Sandtorhafen. Auch hier hat die Stadtentwicklung Barrieren aus dem Weg geräumt – das jeden Maßstab sprengende Allianz-Gebäude wie die brachiale blaue Brücke über die Ludwig-Erhard-Straße. Was einst als Verbindung gedacht war, hat am

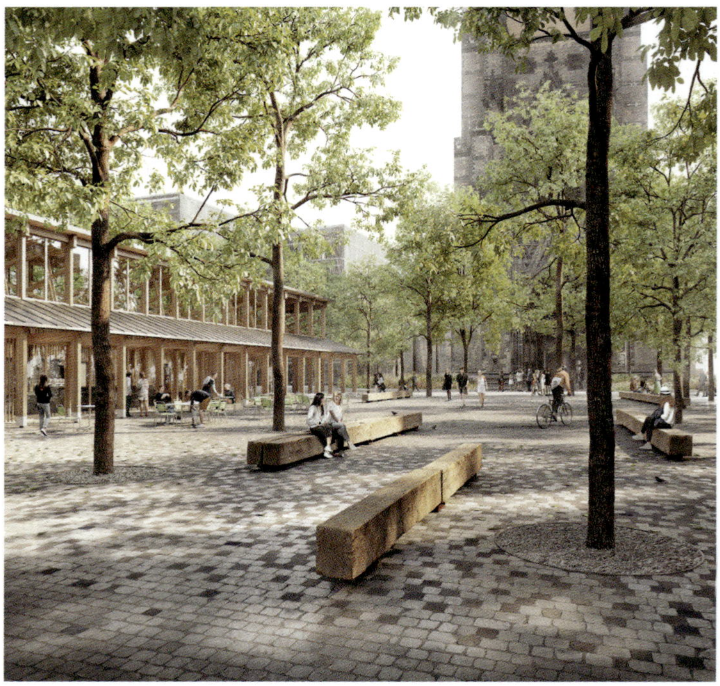

Noch liegt der Hopfenmarkt an der Turmruine von St. Nicolai öd und leer da und ist vor allem ein Parkplatz. Das soll sich mit dem archäologischen Fenster ändern.

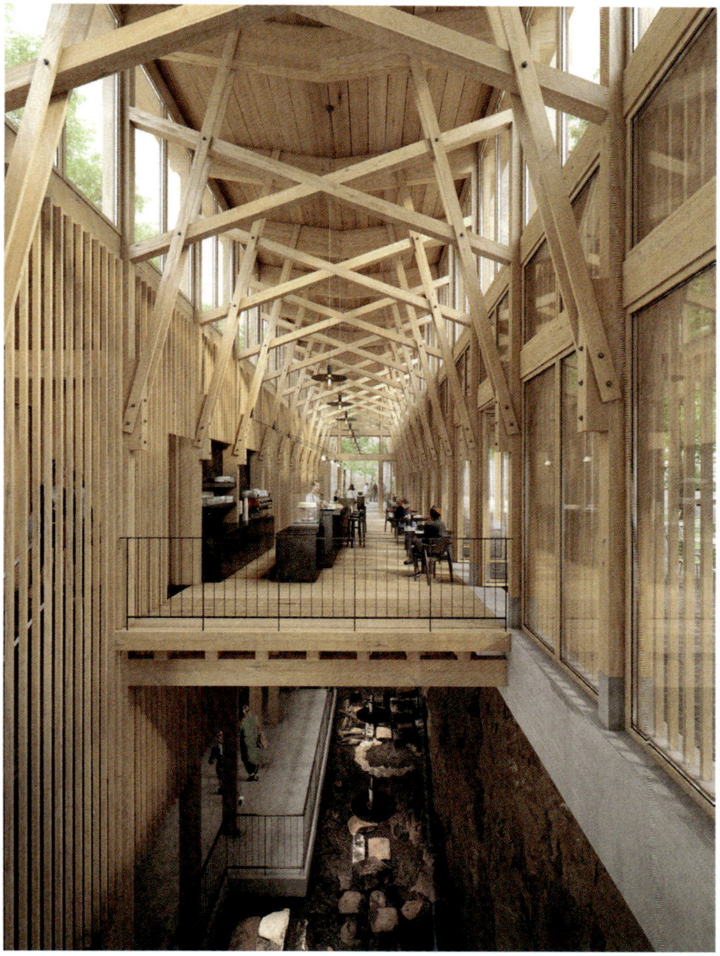

Mit dem neuen Museum, das die Geschichte der Stadt auf verschiedenen Ebenen erlebbar macht, wird der Platz ein anderer: „Das archäologische Fenster wird ein markantes, schönes, offenes Haus und zugleich erhält der Hopfenmarkt eine hohe Aufenthaltsqualität und bleibt ein baumüberstandener Platz, der zum Verweilen einlädt", verspricht Oberbaudirektor Höing.

Ende getrennt. Die Überquerung befand sich zuletzt in einem erbarmungswürdigen Zustand, die Pfeiler der Brücke standen wie Bollwerke im Weg.

Hier harrt der Hopfenmarkt einer Neuentwicklung. „Den zweitwichtigsten historischen Platz nutzt die Stadt noch heute so, wie sie früher den wichtigen Domplatz missbraucht hat – als Parkraum", sagt Prof. Rainer-Maria Weiss, Museumsdirektor und Landesarchäologe der Freien und Hansestadt Hamburg. Das soll sich ändern. Wenn alles glatt geht, öffnet sich auf dem bis zur Operation Gomorrha wohl schönsten Platz der Stadt bald ein archäologisches Fenster. An dieser Stelle dürfte die Hammaburg aus dem 11.

Jahrhundert gestanden haben. „Archäologen haben lange nach der Neuen Burg gesucht – dabei heißt die Straße seit Jahrhunderten genau so“, sagt Weiss mit einem Lachen und verspricht: „Wir werden diesen jetzt so trostlosen Platz in ein Schmuckkästchen verwandeln.“

Ein Museum soll zum Ende des Jahrzehnts zeigen, wie diese Burg einst ausgesehen hat – sie liegt mehrere Meter unter dem Parkplatz, schließlich ist die Stadt in den vergangenen Jahrhunderten peu à peu aufgewachsen. Bei dem Neubau des neuen Burstah-Quartiers stießen die Archäologen auf spektakuläre Funde aus der Hamburger Geschichte wie Bauhölzer, die 1021 geerntet wurden und im Erdreich stecken wie „frisch geschlagen“. Ein hölzernes Haus soll die Menschen bald „die Ursprünge Hamburgs von der Hammaburg bis zur Stadtentwicklung im 12. Jahrhundert hautnah erleben lassen“, so Weiss.

Vor der Zerstörung der Kirche und ihres Umfelds im Zweiten Weltkrieg und vor dem Bau der Ost-West-Straße galt der Hopfenmarkt, hier eine Aufnahme von 1934, als einer der schönsten Plätze der Stadt.

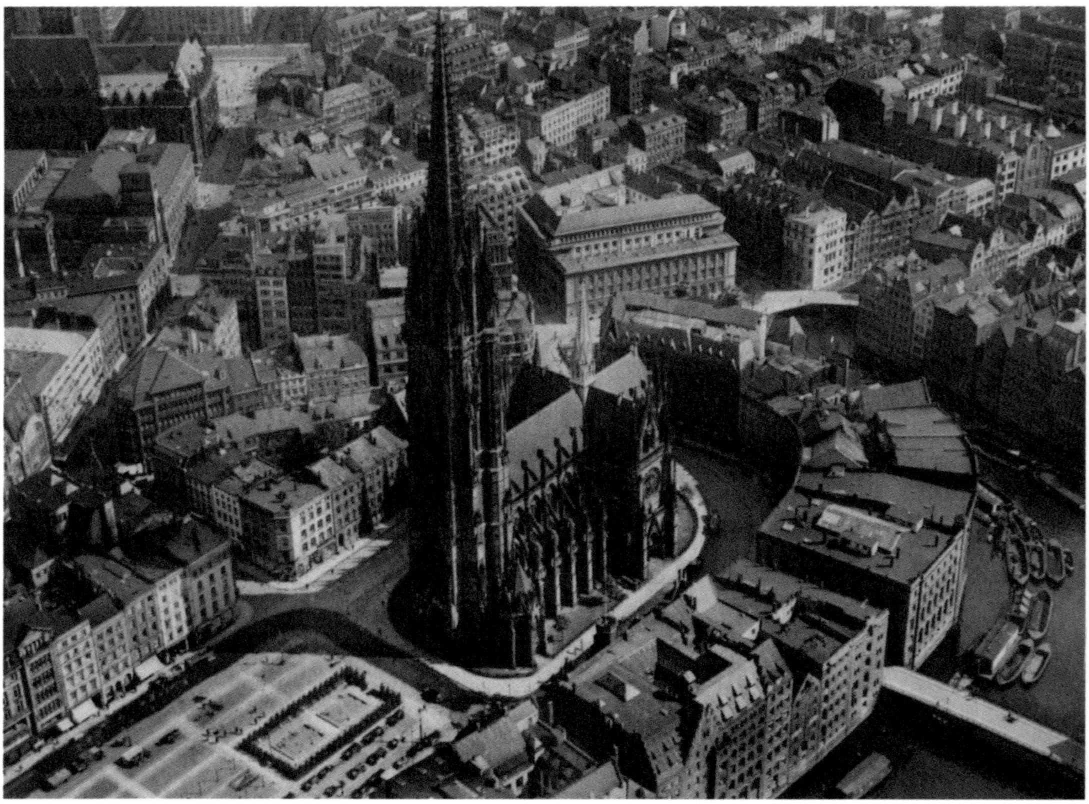

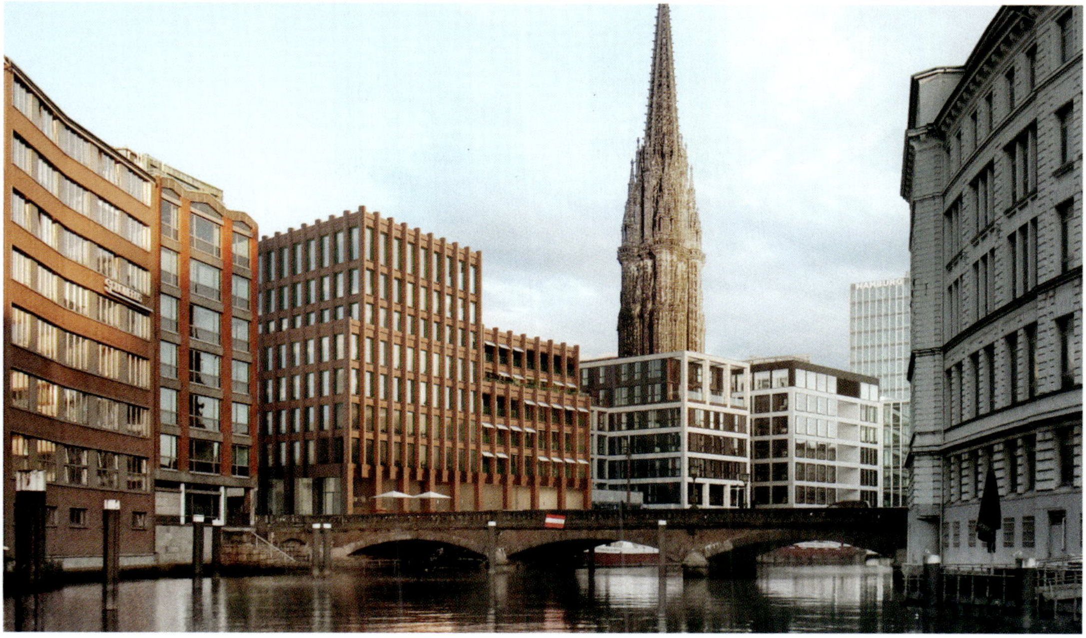

Das Tichelhaus an der Willy-Brandt-Straße will mit seiner markanten Backsteinfassade eine Brücke zur Backsteinkultur und zur Historie des Standorts schlagen. Hier ein Blick auf das Gebäude zum Nikolaifleet Richtung Cremon. Quest Investment plant hier nach dem Entwurf der Baseler Architekten Christ & Gantenbein Büros, Wohnungen und Gastronomie.

Der touristische Hotspot – schon heute besuchen jährlich rund 150.000 Menschen den Turm von St. Nikolai – könnte den Platz beleben. Die historische Deichstraße liegt nur einen Steinwurf entfernt. „An dieser Stelle können wir die Innenstadt nach Süden ziehen", verspricht Höing. Obwohl das Burstah-Quartier nachverdichtet wurde, haben die Neubauten zugleich Raum geschaffen für die Wiedererstehung der historischen Bohnenstraße.

Auch auf der anderen Seite der Willy-Brandt-Straße, an der Hausnummer 69, wird die Stadt repariert. Direkt am Nikolaifleet baut Quest Investment Partners das Tichel-Haus, benannt nach dem plattdeutschen Wort für Ziegel. Die 600.000 roten Backsteine für die markante Fassade werden im Alten Land gebrannt. „Die Fassade soll eine Brücke schlagen zwischen der angrenzenden historischen und modernen Architektur", sagt der Projektleiter Carsten Harbusch. Höing spricht von einem Scharnier zwischen Altstadt und HafenCity, einem lange fehlenden Puzzlestück. „Mit einem einzigen Haus werden wir die räumliche Struktur total verändern." Anfang 2025 soll es so weit sein – dann

Das Rathausquartier, lange Zeit etwas vergessen hinter der Mönckebergstraße (Mö), hat sich in den vergangenen Jahren auch durch die Investitionen der Anlieger im Rahmen eines Business Improvement Districts und wegen der Verkehrsberuhigung positiv entwickelt.

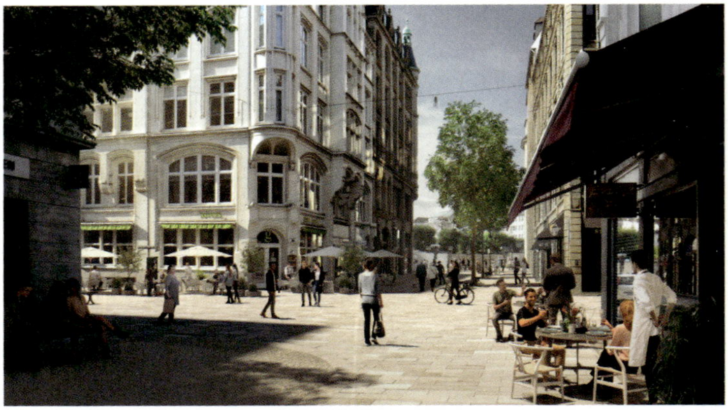

sollen Büros, Restaurant und acht Wohnungen bezugsfertig sein.

Auch das Rathausquartier soll attraktiver werden. Die Impulse der Bürgerinitiative „Altstadt für Alle“ werden weiterentwickelt. Die Straßen wurden neugestaltet und verkehrsberuhigt, das Stadtbild aufgeräumt, die Stadtmöblierung vereinheitlicht. Poller, Bänke, Mülleimer sind nun aus einem Guss. „Wir sollten nicht alle 100 Meter die Architektur neu erfinden“, sagt Höing.

Private Investoren und die öffentliche Hand finanzieren das Aufhübschungsprogramm für das Rathausquartier gemeinsam: 3,5 Millionen stemmen die Anlieger, vier Millionen gibt die Stadt. Insgesamt sind seit der Erfindung des Business Improvement Districts (BID) rund 85 Millionen Euro private Investitionen in 26 Vorhaben des öffentlichen Raums geflossen. Acht Projekte laufen, fünf weitere sind in Vorbereitung.

Offenbar mit Erfolg, wie das umgestaltete Rathausquartier zeigt: „Wir sehen eine Verbesserung von einer B- zu einer A-Lage. Das ist ein super Beispiel, wie Stadt und private Investoren zusammenarbeiten“, sagt Frithjof Büttner, Geschäftsführer des Trägerverbunds Projekt Innenstadt. „So lässt sich die Innenstadt weiterentwickeln, was einzelne Investoren allein nicht schaffen.“ Nun soll das Quartier mit einem Mehr an Außengastronomie auch an den Abenden belebt werden.

Eine weitere Verbindungsachse wandelt derzeit ihr Gesicht – der Weg vom Jungfernstieg über den Alten Wall und den Rödingsmarkt bis zur Elbphilharmonie. Vor Kurzem haben die Bauarbeiten am Jungfernstieg begonnen, der die kriselnde gute Stube der Stadt aufwerten soll. An der Binnenalster wächst bald eine vierte Baumreihe, die Straße, aus der privater Verkehr schon herausgenommen wurde, wird schmaler, der Boulevard großzügiger, die Außengastronomie dehnt sich aus.

Der erste Bauabschnitt der Alten Walls zeigt sich längst in alter Pracht, als zweiter Abschnitt wird nun der Bereich zwischen Adolphs- und Stadthausbrücke neu entwickelt. Das rund 170 Meter lange Areal mit rund 50.000 Quadratmeter Nutzfläche soll bis Ende 2026 fertiggestellt sein. „Das ganze Quartier soll zu einer Verbindungsachse werden", sagt Martin Wolfrat, Niederlassungsleiter der Art-In-

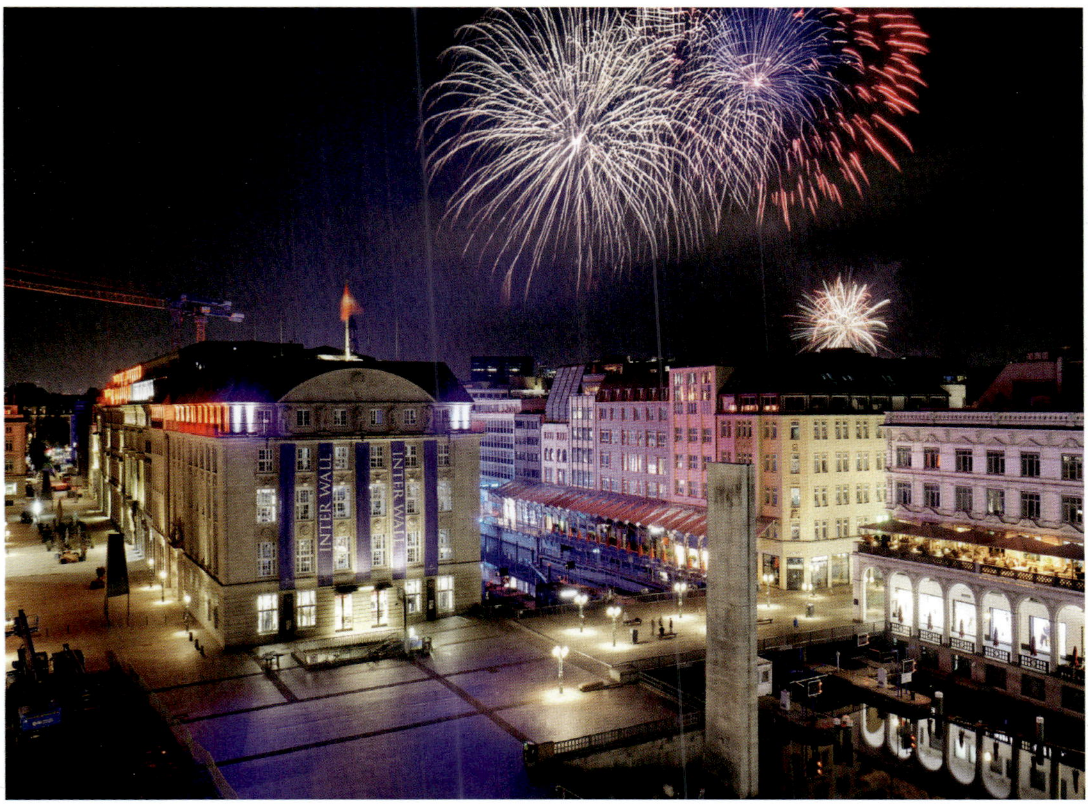

Die Art Invest entwickelt Stück für Stück fast den gesamten Alten Wall neu. Der erste Abschnitt mit Geschäften, Gastronomie und dem neuen Bucerius Kunst Forum ist längst fertiggestellt und wird vom Künstler Michael Batz beim InterWall Festival ins rechte Licht gerückt – hier der Blick auf das Alsterfleet mit den Alsterarkaden (rechts) und dem Gebäude der ehemaligen Reichsbank-Hauptstelle (links), das seit 1983 unter Denkmalschutz steht.

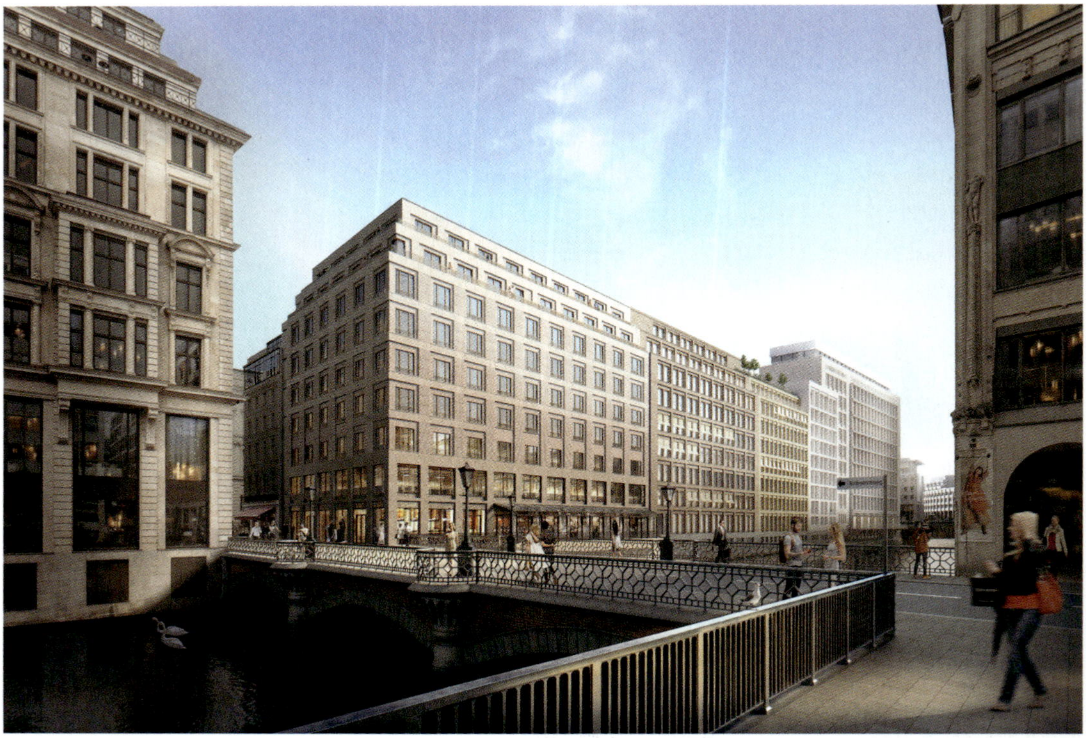

Das rund 170 Meter lange Areal zwischen Rödingsmarkt und Adolphsplatz am Alten Wall wird komplett neu gestaltet. Das Quartier mit rund 50.000 Quadratmetern soll bis Ende 2026 fertiggestellt sein und bietet Büros, Einzelhandel und 80 Wohnungen sowie ein Lifestyle-Hotel.

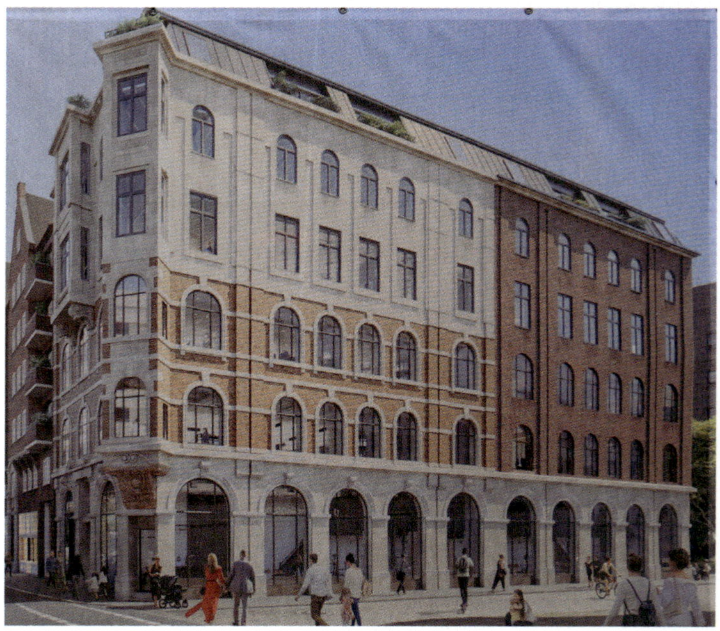

Derzeit laufen Umbau, Neubau und Revitalisierung des denkmalgeschützten Gebäudekomplexes am Rödingsmarkt. Die Flüggerhöfe bestehen aus vier verschieden Baukörpern, die in den Jahren 1888, 1908 und 1937 errichtet wurden. Die Fertigstellung war ursprünglich für 2024 geplant, jedoch wurden die Bauarbeiten nach der Signa-Insolvenz im Herbst 2023 gestoppt. Im Juli 2024 erwarb der Hamburger Investor Harm Müller-Spreer die Flüggerhöfe, um die Sanierung fortzusetzen.

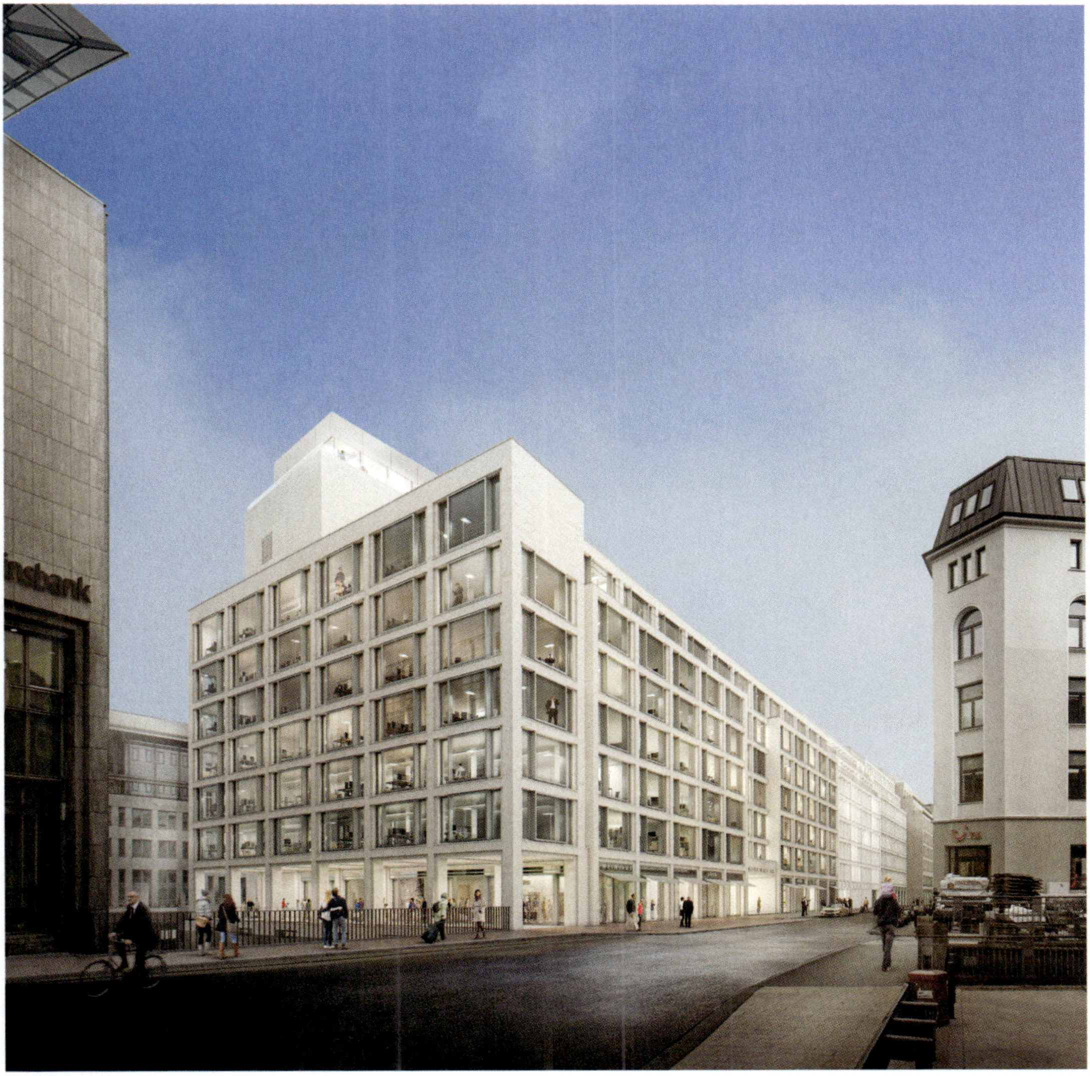

vest Real Estate. Am Alten Wall entstehen 80 Wohnungen, ein Boutique-Hotel, kleine Läden, Gastronomieflächen und Büros – die Straße bekommt ihre Blockbebauung zurück, Teile des früheren Fünf-Sterne-Hotels Sofitel bleiben erhalten und werden integriert.

„Das ist eine der ältesten Straßen der Altstadt und die kürzeste Verbindung zwischen Rathaus und Elbphilharmonie. Nun stellen wir die historischen Grundrisse und die Maßstäblichkeit wieder her", sagt Höing. Auch im

Das frühere Sofitel wird entkernt und zum Lifestyle-Hotel The Hoxton. Am Übergang zum Rödingsmarkt soll der neue Kopfbau von Winking Froh Architekten dem Alten Wall seine Bauflucht zurückgeben.

Die spektakuläre Rotunde des Parkhauses am Rödingsmarkt. Inzwischen steht der Bau unter Denkmalschutz und soll in den kommenden Jahren behutsam weiterentwickelt werden. Ein Teil der 872 Parkplätze wird entfallen, einige Etagen könnten neu genutzt werden.

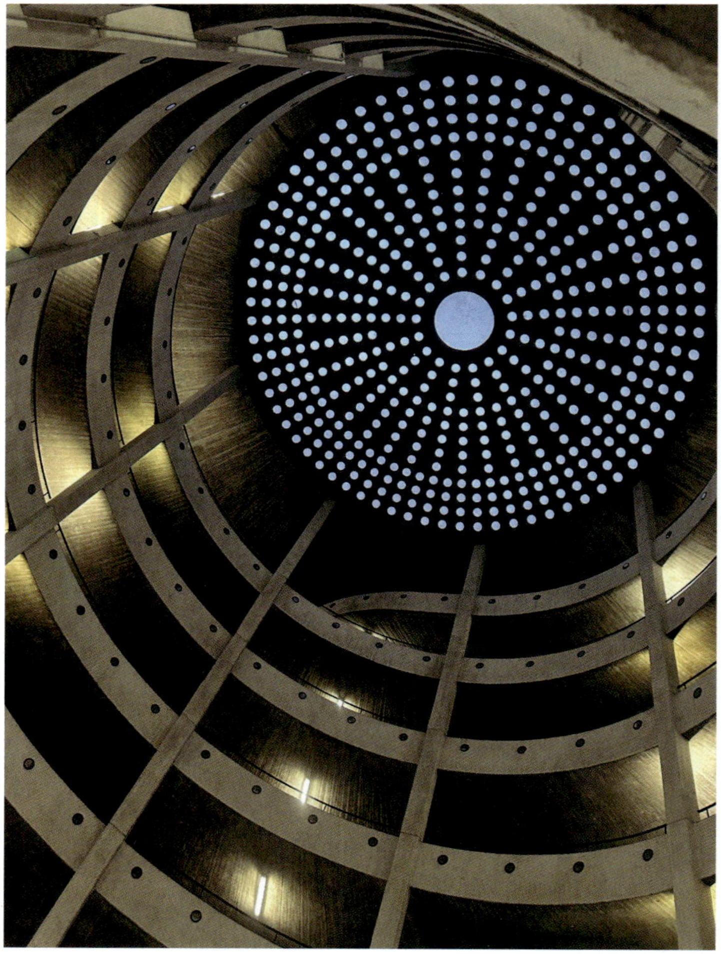

weiteren Verlauf Richtung Elbe soll die Straße aufleben – mit dem Umbau der früheren Oberfinanzdirektion zu einem Boutiquehotel und der Revitalisierung des Klöpperhauses ist der Anfang längst gemacht; das Projekt der Flüggerhöfe verzögert sich wegen der Insolvenz der Signa Prime.

Großes Potenzial bieten zudem Flächen, die sich dem Betrachter erst auf den zweiten Blick erschließen – wie etwa das Parkhaus am Rödingsmarkt. Hinter dem Bau mit der beeindruckenden Rotunde liegt das Fleet. Was heute rau und abweisend wirkt, könnte bald ein Raum für Flaneure sein: „Das ist eine Lage, die wir wachküssen müssen.

Wer das Erdgeschoss aktiviert, hat gewonnen", sagt Finanzsenator Andreas Dressel (SPD).

Die Politik hat das Parkhaus unter Denkmalschutz gestellt. Jan Zunke, Geschäftsführer der Sprinkenhof, betont, dass jetzt gehandelt werden müsse, um den faszinierenden Bau der Auto-Ära zu erhalten. Es sollen nicht alle 800 Parkplätze wegfallen, es könnten aber einzelne Etagen herausgenommen werden.

Ideen für das alte Parkhaus gibt es reichlich: Das Dach könnte einen Beachclub bekommen, das Erdgeschoss sich in einen Foodmarkt verwandeln, zudem könnten Flächen für die Kreativwirtschaft entstehen. Die Herrlichkeit, wie die Straße am Alsterfleet heißt, könnte ihren Namen wieder zurecht tragen. „Wir suchen nun nach einer wirtschaftlich tragfähigen Lösung, sind aber noch in einem embryonalen Stadium", sagt Dressel. Im vierten Quartal 2024 soll ein Wettbewerb beginnen, der Ideen für die Zukunft sammelt.

„Das ist ein toller Stadtraum", sagt Höing und verweist auf das Viadukt der U3 am Rödingsmarkt. Bislang wirkt er noch vergessen, verdreckt, die Straße ist komplett auf den Individualverkehr fixiert. Aber das Auge des Profis sieht schon die Möglichkeitsräume von Morgen. „Man muss nicht den Isemarkt herbeizaubern, aber dieser Vergleich zeigt, was hier möglich wäre", sagt der Oberbaudirektor.

Gelänge es den Rödingsmarkt aufzuwerten, würden HafenCity und Innenstadt besser zusammenwachsen. Die heute noch halbtoten Zwischenräume zwischen Willy-Brandt- und Ludwig-Erhard-Straße und Zollkanal bekämen neues Leben. Zugleich würde die Frage, wo die Innenstadt beginnt, in Fluss geraten und immer neue Antworten bekommen.

Damit hätte sich auch die schwierigste Schnitzeljagd der Stadt wie von selbst erledigt, weil viele Wege die alte und die neue Stadt wie selbstverständlich verbinden.

Oberbillwerder – wie gestaltet man einen neuen Stadtteil?

Auf den ersten Blick liegt dort in Allermöhe bloß ein Feld: Am Horizont erhebt sich der Geesthang, davor wachsen Gras und Getreide. Am Weg dümpelt ein Graben mit dem technokratischen Namen Nördlicher Bahngraben, ein kleiner Grünzug mit Eichen, Hagebutten und Schafgarbe liegt verlassen da. Ein schiefes Schild weist den Weg: 15 Kilometer sind es von hier ins Stadtzentrum, 3,6 Kilometer östlich liegt Bergedorf. Ein Ort irgendwo im Nirgendwo. Und bald Hamburgs 105. Stadtteil.

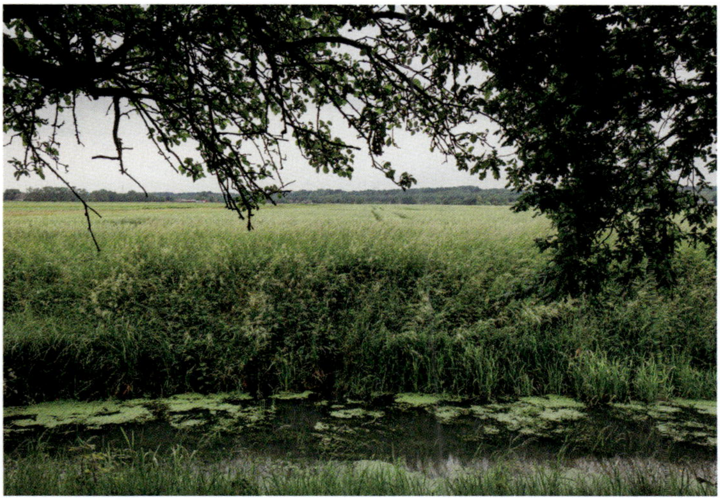

Bislang erstrecken sich nördlich der S-Bahn Allermöhe Wiesen und Felder. Dort sollen in den 2040er-Jahren rund 15.000 Menschen leben, wenn der neue Stadtteil Oberbillwerder fertig ist.

Genau hier sollen in einigen Jahren 15.000 Menschen wohnen und tausende Hamburger Arbeit finden. Der S-Bahn-Anschluss Allermöhe ist seit Jahren fertig, der Radweg längst gebaut. Noch verläuft hier eine scharfe Grenze zwischen Stadt und Land. Während südlich davon vor drei Jahrzehnten die Stadt erweitert wurde, warten die Felder nördlich auf ihre Stadtwerdung. Etwas Zeit wird noch ins Land gehen; die vorbereitenden Arbeiten sind nicht vor Ende 2024 möglich, der Hochbau dürfte um 2028 beginnen, die Fertigstellung liegt irgendwann in den Vierzigerjahren.

Oberbillwerder ist eine besondere Herausforderung. Einen neuen Stadtteil hat Hamburg seit 2008 (HafenCity) nicht mehr bekommen – und er ist in manchem auch ein

Gegenmodell zum gegenüberliegenden Allermöhe. Ein Besuch auf dem halbrunden Fleetplatz an der S-Bahn beweist, dass 30 Jahre in der Stadtentwicklung einer Ewigkeit gleichen. Der Platz ist gähnend leer, ein bloßer Parkplatz für Paketboten. Mit Mühe sind die Erdgeschosse vermietet, das Eiscafé serviert Getränke in Dosen und dem Fleet-Grill-House sind ausgerechnet das l und das G in der Lichtreklame entfallen. Passt auch so.

In den 1980er-Jahren entstand hier Neuallermöhe-Ost, ein Jahrzehnt später Neuallermöhe-West. Es sind Entwicklungen der längst überkommenen Art. Das Auto dominiert den öffentlichen Raum. Die Planer wollten viel Grün und vergaßen die Dichte. Die Häuser wirken eher monoton, Arbeitsplätze im Stadtteil finden sich kaum. „Die öffentlichen

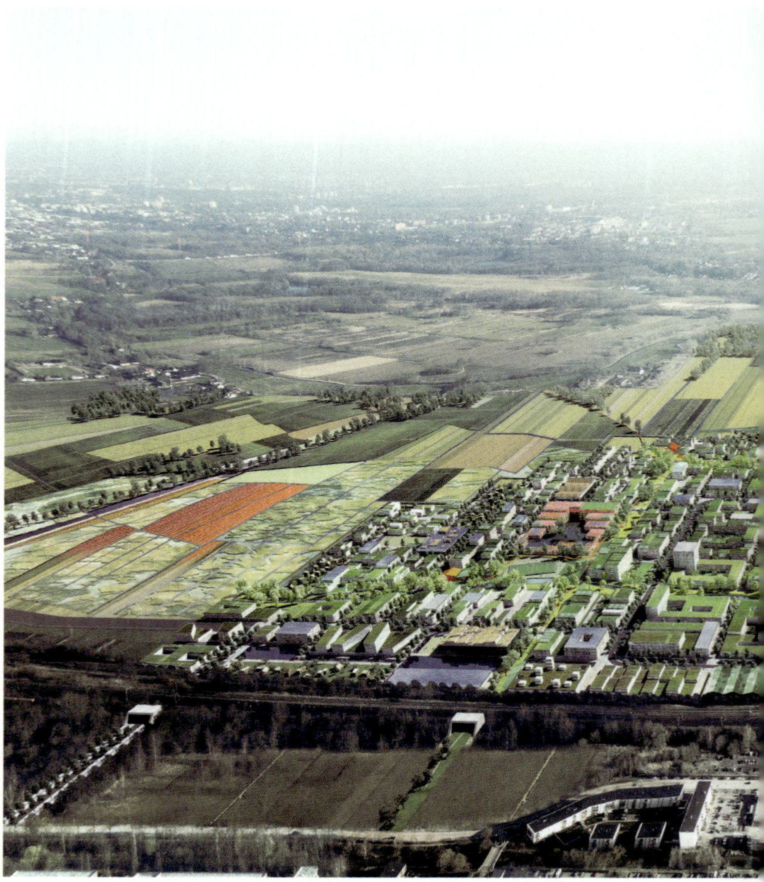

Räume sind häufig nicht sehr belebt, die Erdgeschosszonen haben Schwierigkeiten, etwas anderes als Wohnungen unterzubringen“, sagt Stadtentwicklungssenatorin Karen Pein. „Alles hängt miteinander zusammen. Daher haben wir sehr darum gekämpft, unsere Zielzahlen in Oberbillwerder zu halten: 6.500 Wohneinheiten und 4.000 bis 5.000 Arbeitsplätze. Wir brauchen diese kritische Masse.“

Der neue Stadtteil soll vieles besser machen – in Oberbillwerder wie in Allermöhe. Noch liegt das Feld, das Stadt werden soll, wie eine leere Leinwand da, die sich in den kommenden Jahren füllen wird. Sie soll sich in das Kunstwerk Hamburg einpassen, von dem Hamburgs legendärer Oberbaudirektor Fritz Schumacher einstmals sprach. Schon er sah im Rahmen seines Fächerplans entlang der

Bislang existiert Hamburgs neuer Stadtteil nur auf dem Reißbrett. Auf 118 Hektar sind 6.500 Wohneinheiten geplant, rund 4.000 bis 5.000 Menschen sollen dort Arbeit finden. Insgesamt bilden fünf Quartiere das neue Oberbillwerder.

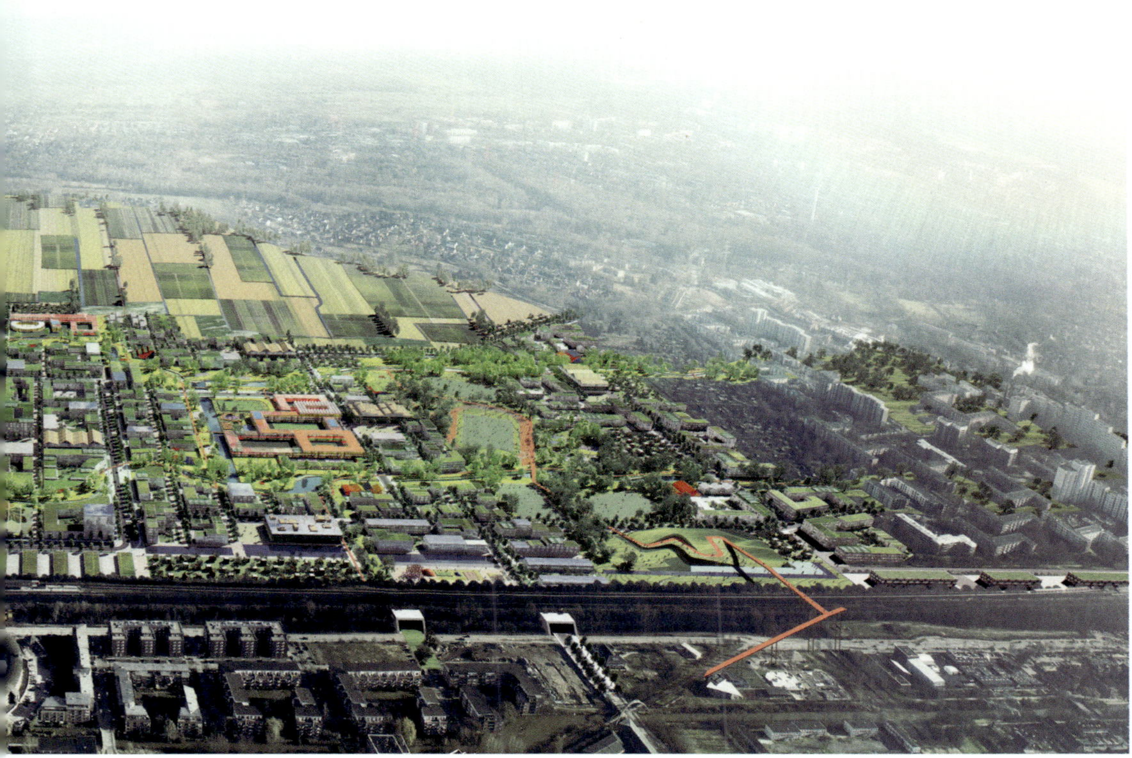

Hamburger Fernverkehrswege genau dort eine große Siedlung vor seinem geistigen Auge. Und schon vor mehr als 100 Jahren sicherte sich die Stadt die Grundstücke.

Nummer 105 wird wirklich anders werden. Neu ist das Verständnis von Mobilität, Mischung und Masse. Und neu ist die Integration der Landschaft in das Viertel. Die Planung liegt bei der städtischen Projektentwicklungsgesellschaft IBA Hamburg. Der frühere Bezirksamtsleiter Kay Gätgens hat die Nachfolge als IBA-Hamburg-Geschäftsführer von Karen Pein übernommen, die zur Stadtentwicklungssenatorin aufstieg.

Diese Freifläche von 118 Hektar ist ein großer Stadtraum der Möglichkeiten. „Wir bauen ein Stück Stadt mit allem Drum und Dran", verspricht Gätgens. Es ist eine Stadt, die aus den Fehlern gelernt hat. „Wir werden die Mobilität revolutionieren", sagt der Geschäftsführer. Die autogerechte Stadt ist Geschichte, die Stadt der kurzen Wege das neue Ziel. Von keinem Ort in Oberbillwerder ist es weiter als 250 Meter zu einem der elf bis 13 sogenannten Mobility Hubs.

Hinter dem Begriff versteckt sich eine Art erweitertes Parkhaus – dort stellt man nicht nur sein eigenes Fahrzeug ab oder bucht seinen Mietwagen, dort gibt es zugleich Angebote für den Stadtteil, Servicebüros, Einzelhändler – ein Stadtteilzentrum mit Parkmöglichkeit. Die Dächer der Parkhäuser bieten Raum für Freizeitangebote und Energiegewinnung. Sie sind die Anlauf- und Anfahrpunkte.

Die Mobility Hubs stehen dabei nicht als hässliche Entlein am Rande von Oberbillwerder, sondern an den Quartiersplätzen und sind über Zubringer und die Ringstraße gut erreichbar. So entfällt jeder Parkplatzsuchverkehr, geparkte Autos wird man im öffentlichen Raum nicht sehen, die meisten Straßen gehören den Menschen und spielenden Kindern. „Wir schaffen in Oberbillwerder bemerkenswerte Freiräume, die eine andere Qualität haben, als man sie aus Hamburg kennt", verspricht Stadtentwicklungssenatorin Karen Pein.

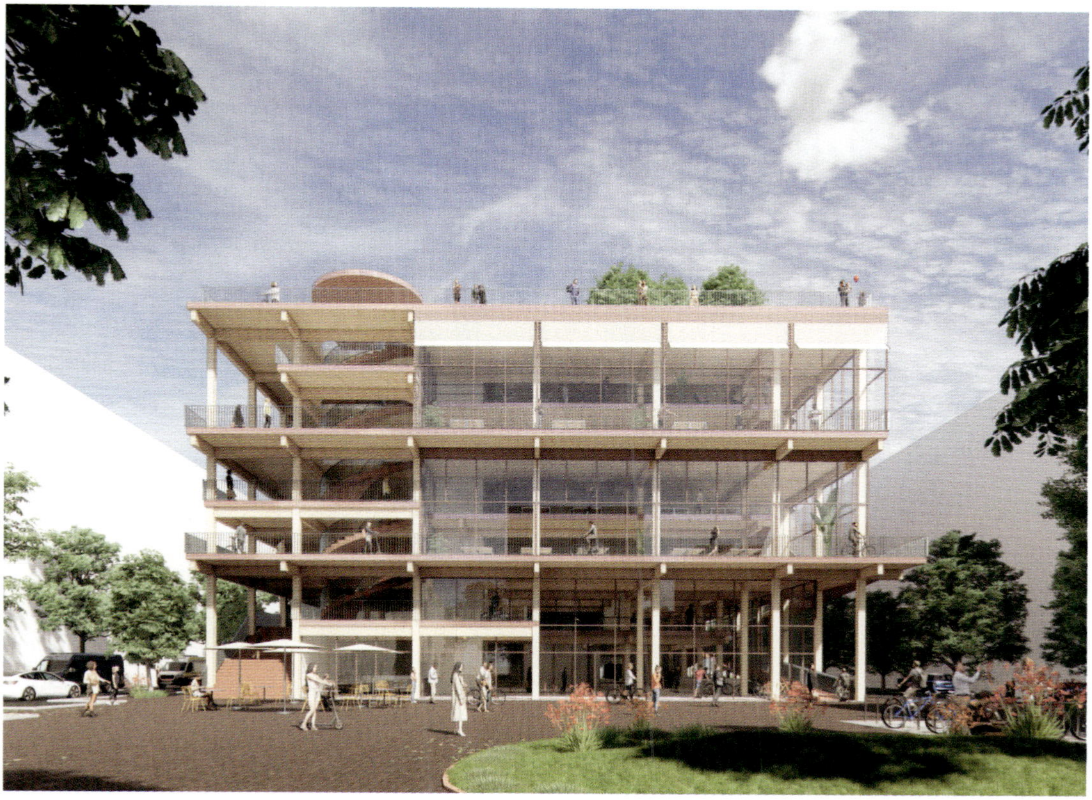

Das Mobilitätskonzept von Oberbillwerder ist ein Experiment mit ungewissem Ausgang. „Wir kalkulieren zunächst mit einem Stellplatzschlüssel von 0,6“, sagt Gätgens. Im Klartext: Drei Autos für fünf Haushalte, weniger als im Hamburger Schnitt von knapp 0,8. Wie viele Stellplätze letztendlich benötigt und gebaut werden, wird dann noch die Erprobung durch die Bewohner zeigen – die Hoffnung ist, dass er weiter sinken kann. Das Ziel ist ambitioniert. Gerade Familien, so zeigen es Zahlen aus Neubaugegenden wie der Mitte Altona, kommen oft auf eine Zahl von 1,5 Autos.

Noch etwas unterscheidet den neuen Stadtteil von seiner Schwester auf der anderen Seite der S-Bahn. Mit der Hochschule für Angewandte Wissenschaften gibt es einen Ankernutzer im Herzen von Oberbillwerder – 5.000 Studenten werden den Campus wie das Viertel beleben und sollen verhindern, dass hier eine bloße Schlafstadt entsteht.

Um das Quartier autoarm zu machen, sind elf bis 13 Mobility Hubs geplant: Sie sind Parkhäuser und Quartierstreff in einem, hier kann man einkaufen oder sich treffen.

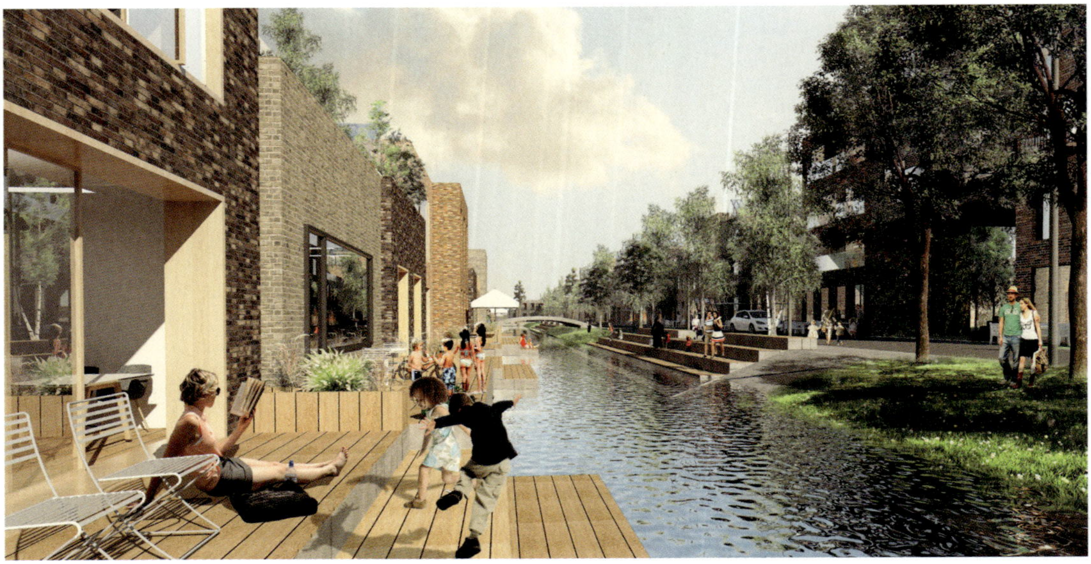

Wie Oberbillwerder eines Tages aussehen wird, ist noch unklar. Klar ist aber, dass das Wasser eine zentrale Rolle spielen wird wie hier im Blauen Quartier im Westen. Die Baudichte und -höhe nimmt zu den Rändern hin ab.

Eine zentrale Rolle nimmt der Sport ein – die Active City, als die sich Hamburg versteht, wird erstmals in der Planung mitbedacht. So bekommt Oberbillwerder ein 25-Meter-Schwimmbad. Auch das Parkkonzept bedenkt Bewegung mit. Im Osten des Stadtteils, dem Grünen Quartier, entsteht ein Aktivitätspark; zudem ist ein Grüner Loop geplant, der als rund 160.000 Quadratmeter großes Band am Wasser den ganzen Stadtteil durchzieht und die Quartiere verbindet. Diese grünen Räume variieren, sie weiten und verengen sich. Profis modellieren eine Landschaft mit einer Million Kubikmeter Sand; die Wasserflächen übernehmen zugleich die Funktion der Entwässerung und können bei Starkregen Wasser speichern.

Insgesamt bilden fünf Quartiere den neuen Stadtteil. Im Blauen Quartier ganz im Westen leben die Menschen direkt am Wasser. Das Gartenquartier am Nordrand präsentiert sich fast ländlich und geht schließlich in Landschaft über. „Mein persönlicher Ansporn ist ein Projekt, wo das eigene Pferd direkt an der Kulturlandschaft auf der Wiese steht. So etwas gibt es in Hamburg noch nicht", sagte Pein einmal.

Kleingärten und weniger verdichtete Straßen im Parkquartier werden Oberbillwerder eines Tages mit Bergedorf

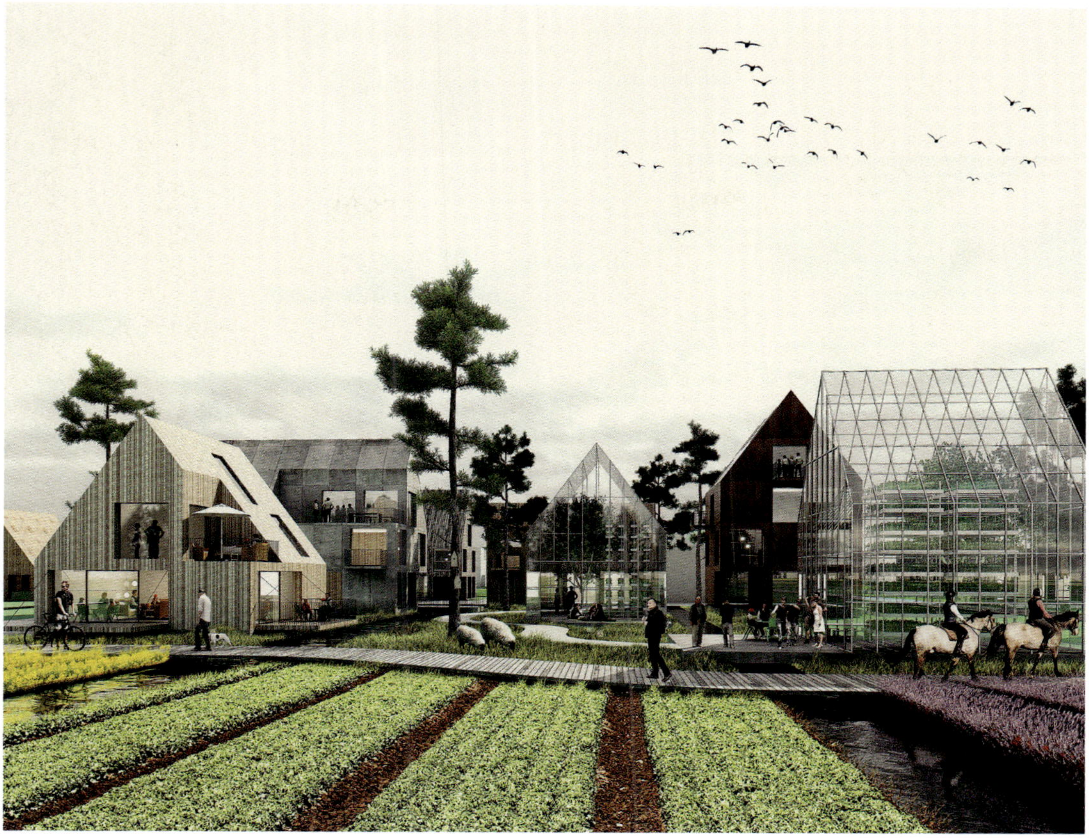

West verknüpfen. Die Herzkammer wird das zentrale Bahnquartier mit Mehrfamilienhäusern, das als erstes verwirklicht wird. Es soll all das bieten, was Allermöhe fehlt: Urbane Dichte, Cafés, Geschäfte, die Hochschule, die sich etwa mit ihrer Mensa allen öffnet.

„Auch die soziale Infrastruktur wird strategisch in den Stadtteil eingepasst", sagt Gätgens. Es entstehen zwei Grundschulen, ein Gymnasium und eine Stadtteilschule auf einem Campus, ein Berufs- und Bildungszentrum sowie 14 Kitas. Verantwortlich fühlt sich die IBA Hamburg auch für die Erdgeschosszonen, die bis zum Online-Handel oft Selbstläufer waren. „Die Herausforderung lautet, Urbanität zu schaffen", sagt Karen Pein. Dies sei nicht einfacher geworden, weil klassische Zentren ihre Bedeutung verloren hätten – ob Kirchen, Bankfilialen oder auch Rathäuser. „Vie-

Der Masterplan für Oberbillwerder sieht eine behutsame Integration in den Naturraum vor. Das Gartenquartier am Nordrand präsentiert sich fast ländlich und geht schließlich in die Landschaft über.

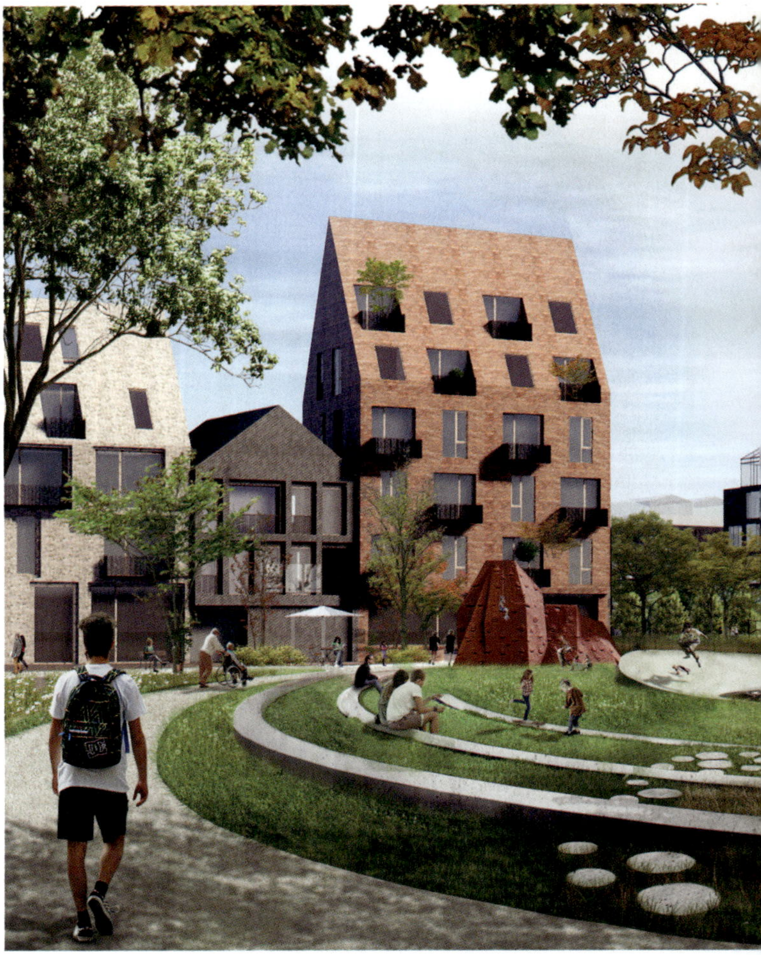

les, was historisch das Zentrum ausmachte, ist weggefallen.“ Eine Kirche wird es in Oberbillwerder nicht geben.

Urbanität lautet die Herausforderung: „Mit einem Erdgeschossmanagement werden wir eine gute Mischung hinbekommen“, verspricht Gätgens. Mit einer angestrebten Zahl von 4.000 bis 5.000 Arbeitsplätzen wird der neue Stadtteil auch zum Wirtschaftsfaktor, so sind beispielsweise Handwerkerhöfe geplant.

Auch beim Wohnungsbau mit seinen 6.000 bis 7.000 Einheiten überlassen die Planer nichts dem Zufall. Mit dem Drittelmix orientiert sich die IBA am Hamburger Erfolgsmodell – einen höheren Anteil an geförderten Wohnungen

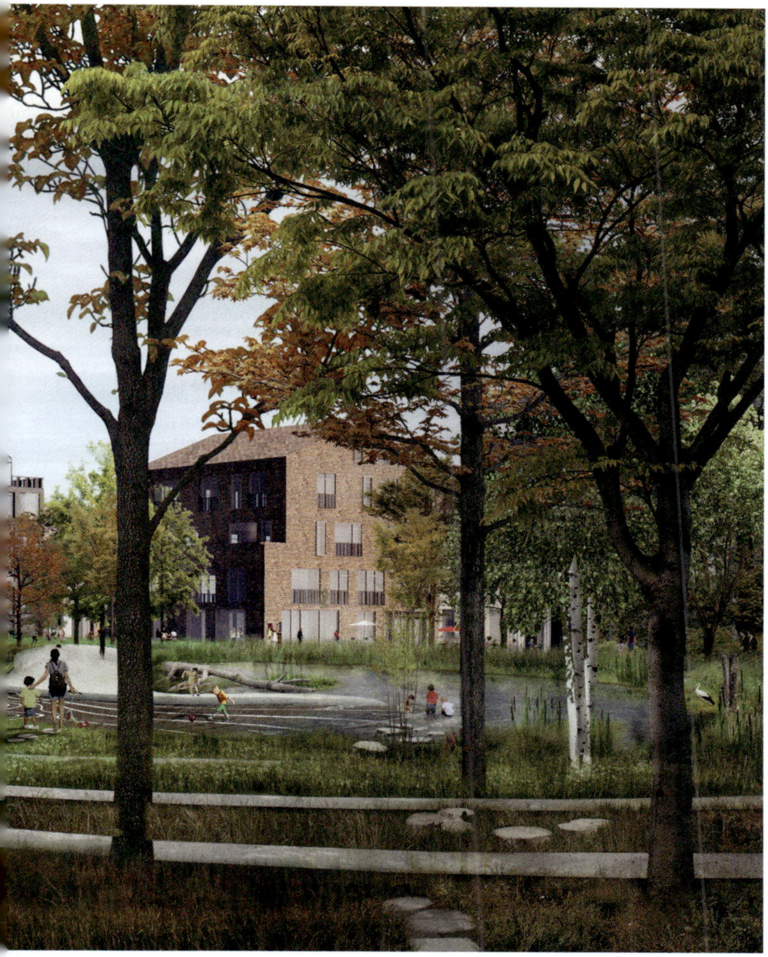

Der sogenannte Grüne Loop soll als Parkband alle Quartiere verbinden und sichere und angenehme Fuß- und Fahrradverbindungen ermöglichen.

möchte man hier angesichts der sozialen Durchmischung und der Lehren aus Allermöhe wohl eher nicht. „Wir planen darüber hinaus mit einem hohen Anteil an Baugemeinschaften. Das sind Pioniere mit Innovationskraft, die ein anderes Wohngefühl schaffen", so Gätgens.

Neue Eigenheime, in grün-regierten Bezirken wie Nord schon auf dem Index, wird es in Oberbillwerder in Form von Doppel- und Reihenhäusern geben. Das Reihenhaus ist das Einfamilienhaus des 21. Jahrhunderts. Auf den demografischen Wandel reagieren die städtischen Entwickler mit ihrem Konzept „Wohnen bleiben im Quartier", das barrierearme oder barrierefreie Wohnungen bereithält. „Wir nehmen diese Angebote bewusst mit rein. Wir denken die Alterung der Gesellschaft mit", sagt Gätgens. Auch ein junger Stadtteil wird schnell alt.

Wer heute einen Stadtteil baut, muss Nachhaltigkeit mitdenken. „Der Stadtteil wird so entwickelt, dass er zukunftsfähig ist und dafür neue Wege geht", sagt der Geschäftsführer: Die Wärmeversorgung soll zu 100 Prozent grün sein und durch Abwärmenutzung aus Abwasser zu beträchtlichen Teilen vor Ort erzeugt werden. Gerade in der Bauphase geht es um Nachhaltigkeit. Das zirkuläre Bauen, das Häuser in Rohstofflager verwandelt, wird in Oberbillwerder Wirklichkeit. Dafür werden alle verwendeten Bauteile dokumentiert, sodass sie im Falle eines Abrisses recycelt werden können.

Die Architektur soll möglichst vielfältig werden, für die zentralen Baufelder wird es Wettbewerbe geben. „Diese Quartiere sollen nach ihrer Lage und Historie aus dem Ort heraus entwickelt werden", sagt Gätgens, der selbst Architektur studiert hat. Der Durchschnitt im Geschosswohnungsbau liegt im Quartier bei vier Stockwerken, Sprünge nach oben mit bis zu acht Geschossen sollen ein abwechslungsreiches Bild schaffen. „Wir möchten ein Höhenspiel der Dachlandschaften, wir wollen unterschiedliche Fassaden, einen vielseitigen Stadtteil", sagt Pein.

Die Pläne für den neuen Stadtteil Oberbillwerder stoßen nicht überall auf Begeisterung. Gerade Anwohner fürchten um ihr grünes Idyll im Osten der Stadt.

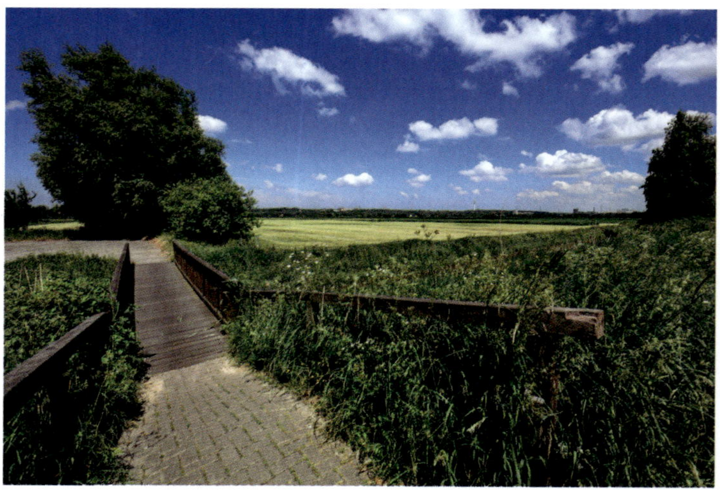

Das große Plus aber bleibt die Landschaft, das Versprechen von Leben in der Natur – wenngleich eine direkte Verbindung zu den beliebten Boberger Dünen aus Naturschutzgründen unterbleiben soll. Neu und anders ist, dass die Stadt und ihre Planer den Stadtteil gemeinsam mit der Landschaft entwickeln, die Wassergräben werden in die Stadtentwicklung eingewoben. Die Erholung soll vor der Haustür beginnen. So entsteht ein Viertel, dass die Landlust in die Stadt holt und am Ende möglicherweise auch verhindert, dass junge Menschen sich ein Eigenheim im Speckgürtel suchen.

„Wir werden als IBA Hamburg die Qualität kontrollieren und den gestalterischen Anspruch hochhalten", sagt Gätgens, der sich an internationalen Vorbildern wie Kopenhagen, Aarhus oder der Seestadt Wien-Aspern orientiert. Doch auch das weite Feld von Allermöhe kann einmal eine Pilgerstätte für Stadtentwickler aus dem In- und Ausland werden. „Wir wollen Maßstäbe setzen. Denn Projekte wie diese gibt es nicht viele", sagt Gätgens.

Wichtig ist bei der Entwicklung, die Nachbarn und zukünftigen Bewohner immer wieder einzubeziehen. Heute kann noch keiner sagen, wie sich der Stadtteil im Jahr 2040 präsentieren wird: „Wir haben ein robustes Gesamtkonzept, aber die Planung muss flexibel bleiben." Denn auch 15 Jahre können in der Stadtplanung eine Ewigkeit sein.

Science City – wo Hamburg Oxford spielt und einen Leuchtturm für die Zukunft errichtet

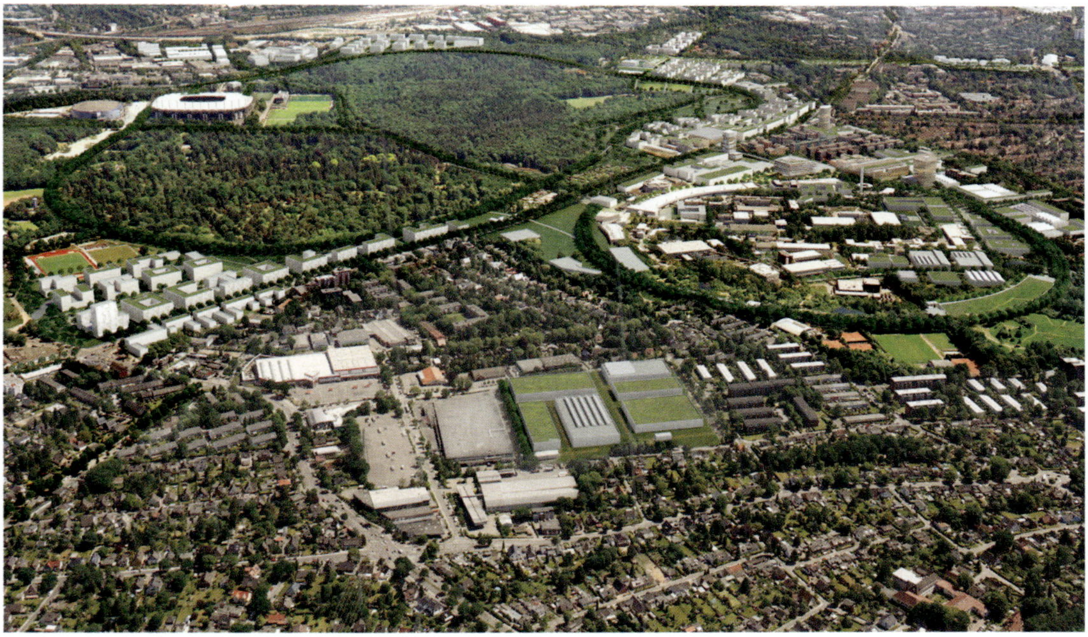

Rund um den Volkspark entsteht bis in die 2040er-Jahre mit der Science City Bahrenfeld ein neuer Teil Hamburgs, der Wissenschaft sowie Innovation mit einen attraktiven Wohnumfeld verbinden will.

Mit Superlativen wurde an diesem Januartag 2019 im Hamburger Kaisersaal nicht wirklich gegeizt: Der damalige Universitäts-Präsident Dieter Lenzen sprach von einem „deutschen Oxford" und kündigte an: „Es wird nicht lange dauern, bis Nobelpreisträger dabei sein wollen." Das Vorhaben biete „eine sehr, sehr großartige Perspektive für den Wissenschaftsstandort Hamburg", versprach Bürgermeister Peter Tschentscher (SPD). Und er rief einigen Schülern zu, die Zeuge der Pressekonferenz waren: „Das ist eure Zukunft. Das sind super Jobs und faszinierende Entwicklungen, das macht die Stadt künftig stark."

Die großen Schwärmereien galten einer Reißbrettstadt – der damals präsentierten Science City Bahrenfeld, einem neuen Stadtteil der Wissenschaft am Volkspark. In den folgenden Monaten war landauf, landab vom großen Plan die Rede – mit 125 Hektar ist das Areal nur etwas kleiner als die HafenCity. Mit der Science City will Hamburg auch international punkten. Bei seinem Besuch in China lobte der Bürgermeister „das wichtigste urbane Projekt in Hamburg" gar als einen „Leuchtturm für die Zukunft".

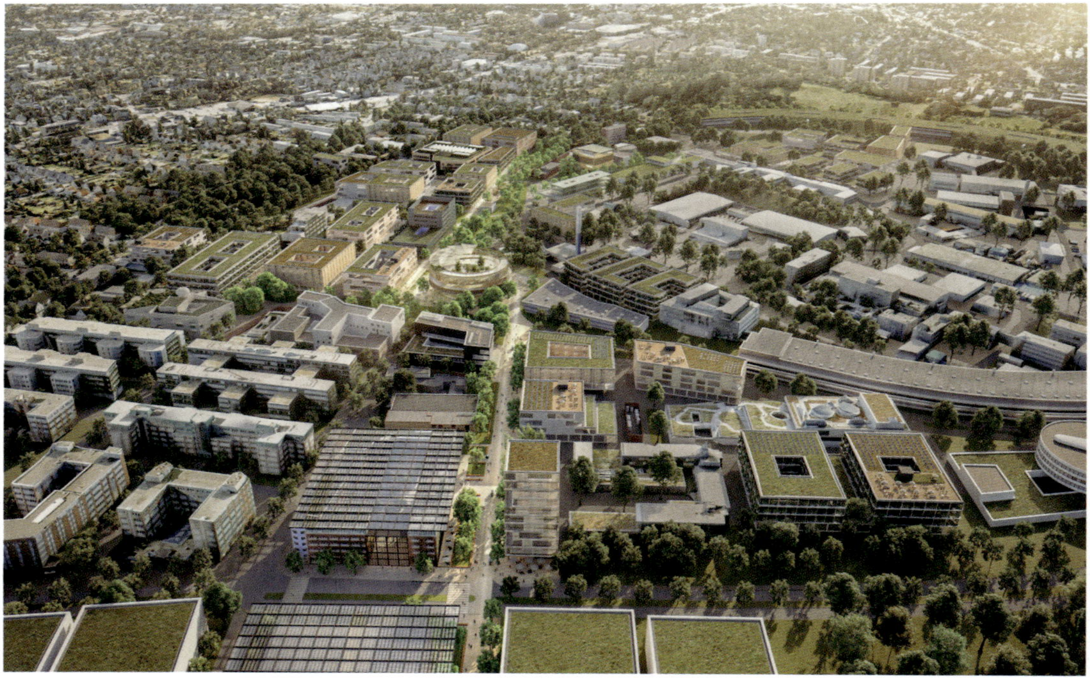

Früher prägten Hochschulen Stadtteile, nun soll ein ganzer Stadtteil die Wissenschaft inspirieren. Auf 125 Hektar ist ein integrierter Standort für mehr als 4.000 Forscher sowie 3.000 Studenten geplant. Hier ein Bild vom Campus West, der den wissenschaftlichen Kern bildet.

Ein gutes halbes Jahrzehnt später ist die Euphorie etwas verflogen. Manches rund um den Volkspark wie etwa die Park- und Flohmarktfläche an der Trabrennbahn erinnert noch immer eher an Wladiwostok denn an Oxford, Nobelpreisträger trifft man auch noch nicht so häufig und die zentrale Meile der zukünftigen Wissenschaftsstadt, die Luruper Chaussee, sieht aus wie so viele Ausfallstraßen.

Es ist eine Mischung aus kriegsüberlebenden Altbauten, ein bisschen Wohnungsbau und viel Nutzwertarchitektur ohne Wert: Bürogebäude, Gewerbe, Tankstellen. Stadtauswärts fallen an der breiten vierspurigen Trasse die bewachsene Mittelinsel und Parkbuchten auf. Was sind das denn für Wörter? Buchten! Insel! Schon Sprache kann verräterisch sein, Wörter aus dem Setzkasten der autogerechten Stadt.

Erst auf dem zweiten Blick fallen die langsamen Veränderungen ins Auge. Am Übergang zwischen Luruper Hauptstraße und Luruper Chaussee auf Höhe der Stadionstraße ist das Start-up-Lab Bahrenfeld entstanden. Dort gibt es Büros sowie Laborflächen für Existenzgründer und

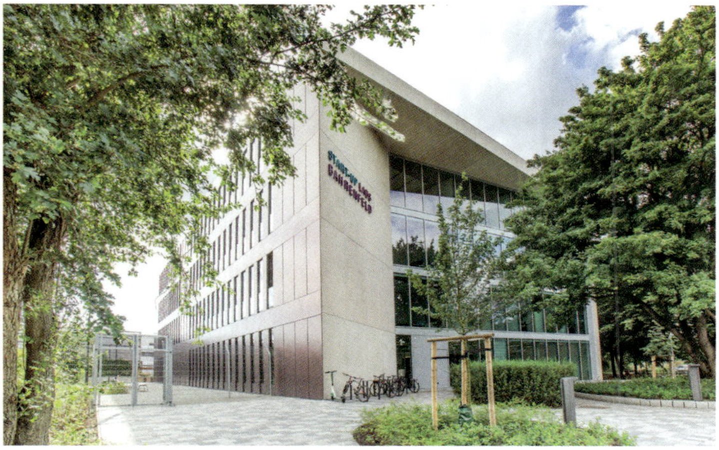

Im September 2021 gingen die Start-up Labs Bahrenfeld an den Start: In dem Gemeinschaftsprojekt von DESY, der Universität Hamburg und der Stadt finden Unternehmer ein Zuhause: Auf 2.700 Quadratmetern sind Labore und Werkstätten, Büros und Meetingräume entstanden.

etablierte Firmen aus dem Wissenschaftsbereich. Es ist – neben den Ausstellungsräumen der Science City am Albert-Einstein-Ring – das vielleicht sichtbarste Zeichen des Hamburger Aufbruchs.

Die anderen verbergen sich zwischen hohen Bäumen, hinter einem Wall, abgeschirmt von einem hohen Zaun. Auf dem Gelände des DESY – einem Teil des zukünftigen Campus West – wächst im Versteckten der Stadtteil der Wissenschaft. Zuletzt, im Herbst 2021, ging das futuristische Gebäude HARBOR („Hamburg Advanced Research Centre for Bioorganic Chemistry") für Nanophysik, Chemie und Strukturbiologie auf dem Campus Bahrenfeld an den Start. Das Zentrum für Röntgen- und Nanoforschung CXNS auf dem DESY-Forschungscampus wurde 2022 eröffnet. Gleich zwei weitere Gebäude, die DESY Innovation Factory I und II als Zentrum für Start-ups, Brückenforschung und neue Ideen sollen die Stadt des Wissens ergänzen. Und im nahe gelegenen Innovationspark Altona eröffnet mit dem TecHHub ein weiterer Standort für innovative Unternehmen. Wer derzeit über den Campus bummelt, sieht ein buntes Sammelsurium von Gebäuden, Epochen und Geschmäckern – es fehlt noch ein wenig die ordnende Struktur.

Bald kommt für die Physiker das Laborgebäude HAFUN der dänischen Stararchitekten C.F. Møller Architects hinzu. „Weltklasse-Forschung braucht innovatives Design, das

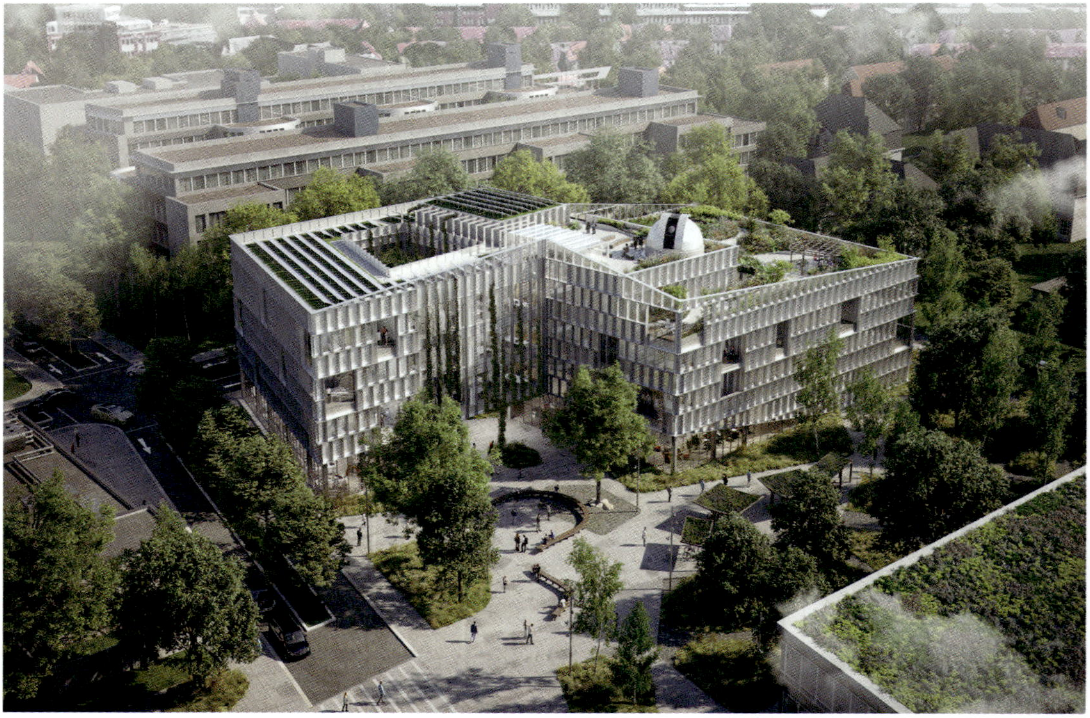

Die Forschungsgebäude in der neuen Science City tragen auf den ersten Blick seltsame Namen: HAFUN steht für Hamburg Fundamental Interactions Laboratory. Hier sollen Wissenschaftler des Exzellenzclusters Quantum Universe der Universität arbeiten und forschen. Der Neubau entsteht in direkter Nachbarschaft zu den bestehenden Physik-Gebäuden der Universität namens HARBOR und CHYN.

neue Wege zur Freisetzung kreativen Potenzials ermöglicht, mit einer Architektur, die engere Verbindungen und Kreativität zwischen Kollegen, Forschungsgruppen und der weiteren Gesellschaft fördert" beschreibt Julian Weyer, Partner bei C.F. Møller Architects, das Konzept. Dort sollten große Köpfe ihre Ideen bei einer Tasse Kaffee genauso leicht austauschen können wie in dem Labor. Inzwischen ist davon schon etwas zu spüren: In einem kleinen Wäldchen, der auch in der Science City erhalten bleibt, können sich Studenten auf Hängematten und Sitzmöbeln treffen, eine Theke aus Paletten ermöglicht studienfernere Nutzungen.

An dieser Stelle könnte eines Tages die zukünftige Campus-Achse enden. Denn auch auf der anderen Seite der Chaussee, dort, wo fast eineinhalb Jahrhunderte die Trabrennbahn genutzt wurde, entstehen zentrale Gebäude der Wissenschaftsstadt: Hörsäle und die Mensa.

Eine der Verantwortlichen für das Gelingen des neuen Prestigeobjekts ist die grüne Senatorin Katharina Fegebank.

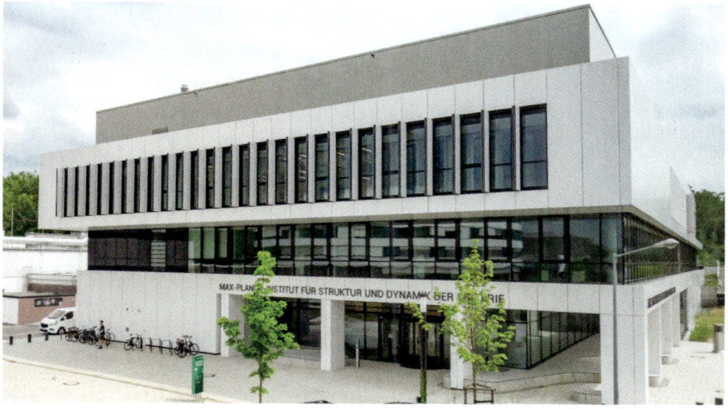

Im Mai 2024 wurde das Max-Planck-Institut für Struktur und Dynamik der Materie in der Science City eröffnet. Hier sind die Forscher den Eigenschaften der Materie auf der Spur. 54 Millionen Euro wurden investiert. „Spitzenforschung braucht Top-Rahmenbedingungen – und mit dem Neubau wurde hier wirklich Hervorragendes geleistet", sagte Max-Planck-Präsident Patrick Cramer.

„Die Idee eines Stadtteils, in dem die Wissenschaft die Stadtentwicklung treibt, ist in Europa einmalig", sagt die Grünen-Politikerin. „Wir fangen nicht auf dem Reißbrett an, sondern nutzen eine großartige Forschungslandschaft, die sich dort in den vergangenen Jahrzehnten mit dem DESY, der Universität Hamburg und vielen weiteren Instituten, wie beispielsweise Max Planck, entwickelt hat." Das Forschungszentrum DESY für naturwissenschaftliche Grundlagenforschung wurde 1959 gegründet und hat sich inzwischen zu einem Wahrzeichen des Wissens herausgeputzt. Das soll erst der Anfang sein: „In der Science City werden wir europaweit Standards setzen."

Das „Wir" ist in diesem Fall wichtig – bei der Science City arbeiten die Senatskanzlei, die Wissenschaftsbehörde, die Behörde für Stadtentwicklung und Wohnen, die

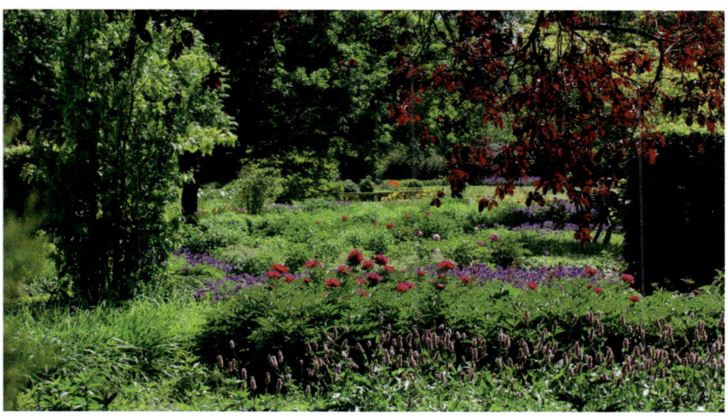

Einer der großen Pluspunkte der neuen Science City ist die Lage und die Integration in Hamburgs größten öffentlichen Park, den Volkspark, dessen Kernbereich seit 2002 unter Denkmalschutz steht. Eingebettet in einen großen Wald mit Tälern und Schluchten und einem weitläufigen Wegenetz bietet der Altonaer Volkspark vielfältige Erholungsmöglichkeiten für die Stadtbevölkerung.

Mit 205 Hektar ist der Altonaer Volkspark der größte öffentliche Park der Stadt. Gartenbaudirektor Ferdinand Tutenberg (1874–1956) ließ den Park zwischen 1914 und 1920 anlegen und ging neue Wege: Er ließ sich bei der Gestaltung von den natürlichen Gegebenheiten inspirieren. Besonders aufwendig präsentiert sich der 1920 erbaute Schulgarten – ein Lehr- und Anschauungsgelände für die naturkundliche Bildung der Altonaer Schüler. Auch Erwachsene können hier bis heute viel über fachgerechten Gartenbau lernen.

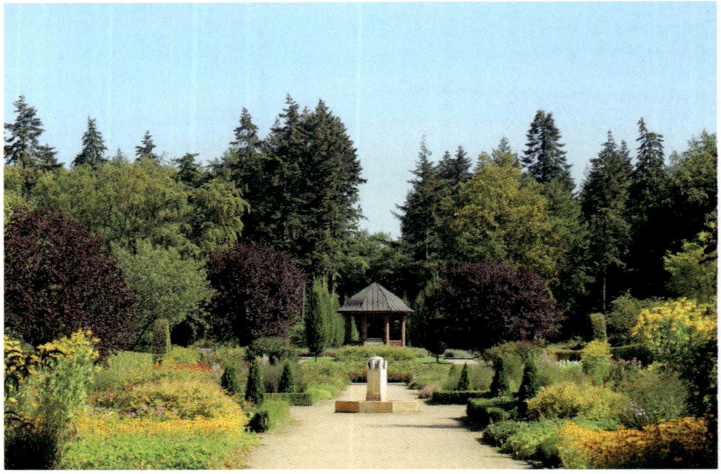

Verkehrs- und die Umweltbehörde zusammen. Hinzu kommt das Bezirksamt Altona, die Science City, der Landesbetrieb Immobilienmanagement, Hamburg Invest, das DESY, die Universität Hamburg und das Max-Planck-Institut für Struktur und Dynamik der Materie zusammen. Viele Köche, die den Brei aber nicht verderben sollen.

Dort wächst eben nicht nur eine neue Universität oder ein neuer Stadtteil, sondern die Verknüpfung von beidem: Leben in einem Wissenschaftsumfeld, forschen in einer attraktiven Stadt, die durch ihre Lage am wunderbaren Volkspark zusätzlich punkten kann. Auf 205 Hektar schuf der Altonaer Gartendirektor Ferdinand Tutenberg vor über einem Jahrhundert eine wunderbare Mischung aus prächtigen Gärten und wildem Wald mit Hügeln und Tälern. Wahrscheinlich ist der Volkspark die am meisten verkannte öffentliche Grünfläche der Stadt.

Direkt an diesem Park wird ein Quartier mit 3.800 Wohnungen für 8.000 Menschen entstehen. Der Wettbewerb verlangt eine relativ dicht besiedelte Stadt, die den Westen Hamburgs umkrempeln dürfte. Bahrenfeld, bislang von der A7 brutal zerschnitten, wird wiedervereinigt. Die Lutherkirche, fast eine Autobahnkirche ohne Anschluss, bekommt ihre Nachbarschaft zurück. Die Kleingärten ziehen nach der Vollendung des Deckels – geplant für 2028

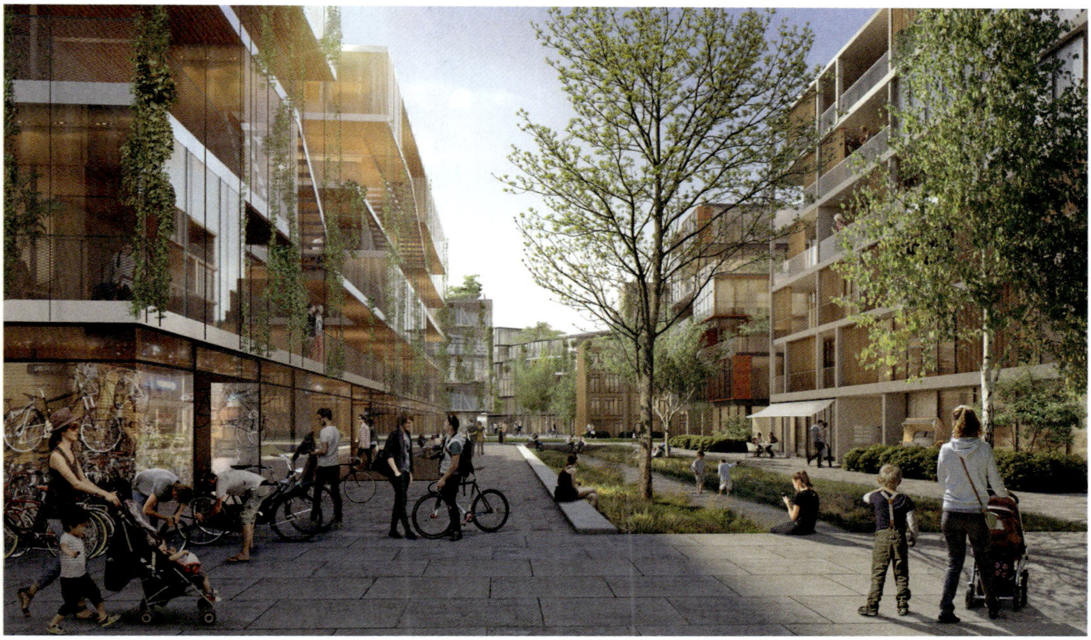

– gen Osten auf die Autobahn und machen Platz für Wohnstraßen.

Zuletzt waren drei Planungsteams im Rennen. Ihre Entwürfe wurden im Sommer 2024 vor der finalen Entscheidung des Auswahlgremiums präsentiert. Trotz der jeweils eigenen Handschriften der Teams, die aus dem skandinavischen Raum und den Niederlanden stammen, eint die Entwürfe manches: Bei allen fällt die Bebauung im Osten, auf dem heutigen Gebiet der Trabrennbahn in direkter Nachbarschaft zum zentralen Forschungscampus, städtischer aus. Dort werden weitere Gebäude für Wissenschaft und Forschung zu finden sein, zum Beispiel das zentrale Hörsaalzentrum für alle Fachbereiche. Bauliche Akzente mit Höhen von 12 bis 15 Geschossen finden sich rund um dem künftigen Quartierseingang und die neue S-Bahnstation. Nach Osten hin fällt die Bebauung dann immer kleinteiliger und vielfältiger aus. Dort bilden verschiedene Wohnformen den Schwerpunkt – für Singles wie Paare, Familien wie Wohngemeinschaften. Gemeinsamkeiten gab es auch bei den Ideen für die öffentlichen Freiräume: Sie sollen Bestandteil der übergeordneten Grünräume und Landschaftsachsen und

Bislang gibt es viele Ideen über den neuen Stadtteil nur auf Papier – aber in Bahrenfeld soll die Vernetzung von Wohnen, Forschen, Arbeiten und Erholen auch im Stadtbild erkennbar sein. Eine hohe Dichte ist durchaus gewollt. Zugleich hoffen die Planer, dass die meisten Bewohner auf ein eigenes Auto verzichten.

an den Volkspark angebunden werden. „Alle Arbeiten haben aus dem Wettbewerbsverfahren und insbesondere aus der Kommunikation mit den Bürgerinnen und Bürgern viel mitgenommen“, lobte der Gremiumsvorsitzende Reiner Nagel, zugleich Vorstand der Bundesstiftung Baukultur. Der Siegerentwurf wird im Herbst 2024 ausführlich vorgestellt und anschließend weiter ausgearbeitet. Der Erfolg der Idee lebt von der Attraktivität des Umfelds. Die Rahmenbedingungen müssen stimmen, der Freizeitwert hoch sein, die Lage überzeugen, gute Schulen die Familien der Forscher mit nach Hamburg locken. Geplant sind zwei Schulen, eine Grund- und eine weiterführende Schule sowie neun bis elf Kindertagesstätten. Auch der Sport findet seine Heimat in dem jungen Viertel mit Großspielfeldern, Vereinsheimen und Beachvolleyball. Konzipiert wird die Science City als Stadt der kurzen Wege. Innerhalb von 15 Minuten sollen die Bewohner erreichen, was sie benötigen: Ärzte, Einzelhandel, Schulen, Sportstätten. Am Ende soll es kein Dorf für sich sein, sondern Teil der Stadt und der Stadtgesellschaft.

Der Forschungscampus der Science City wächst und gedeiht: Im Herbst 2021 eröffnete das „HARBOR" (Hamburg Advanced Research Centre for Bioorganic Chemistry). In diesem Gebäude arbeiten 130 Wissenschaftler an der Schnittstelle von Molekularbiologie, Biochemie und Physik. Hauptziel ist es, molekulare Prozesse menschlicher Zellen zu untersuchen, um die Entstehung und Entwicklung von Krankheiten besser verstehen und bekämpfen zu können. Die Kosten für den Neubau beliefen sich auf rund 32 Millionen Euro, der Bund übernahm davon 13,75 Millionen Euro.

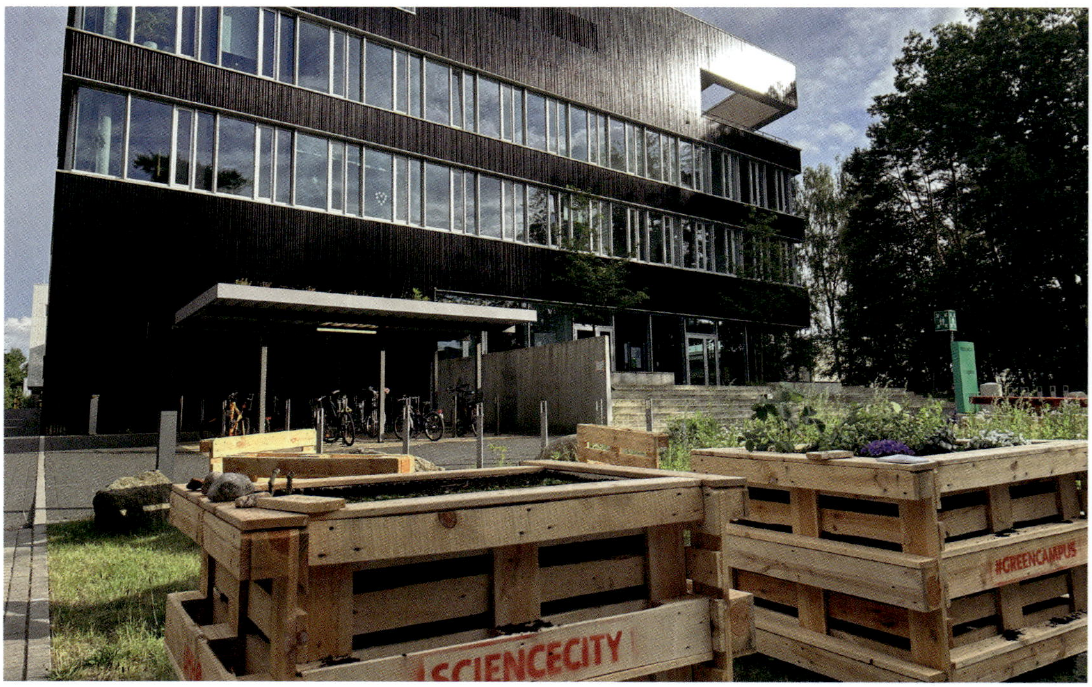

Auch der Stadtteil des Wissens soll seinen Beitrag zur Verkehrswende leisten. Wie in Oberbillwerder wird es Quartiersparkhäuser, so genannten Mobility Hubs, geben. Der geplante Stellplatzschlüssel liegt mit 0,2 weit unter dem städtischen Durchschnitt, Tiefgaragen wird es aus Kostengründen nicht geben. Dafür bekommt die Science City einen S-Bahn-Anschluss. Fraglich ist nur, wann.

Vor 2040, und das ist ziemlich optimistisch, dürfte es jedenfalls nichts werden. Die Planungen zeigen, dass zunächst der so genannte Verbindungsbahnentlastungstunnel zwischen Hauptbahnhof und dem neuen Bahnhof Altona in Diebsteich fertiggestellt werden muss. Wenn denn den Planern nicht das Geld ausgeht.

Hinzu kommt ein weiteres Problem: Die unterirdische Trasse kann nicht wie ursprünglich geplant unter der Luruper Chaussee entlanglaufen, sondern muss nach Norden Richtung Volkspark verschwenkt werden, um die Experimente beim DESY und in der Science City nicht durch Erschütterungen zu beeinträchtigen. So dürften die ersten Jahre des neuen Stadtteils mit einer Hamburger Krücke verkehrspolitisch bedient werden – mit Expressbussen bis in die 2040er-Jahre.

Die Universität wird deutlich früher nach Westen ziehen. Erste Abteilungen sind bereits dort, weitere werden folgen – Chemie und Biologie werden auf der Trabrennbahn, den zukünftigen Campus Ost, heimisch. Während dort nur neue Gebäude entstehen und das alte Tribünenhaus wahrscheinlich abgerissen werden wird, bekommen die bestehenden Bürogebäude auf der südlichen Seite der Chaussee eine zweite Chance.

Die wenig ästhetischen Zweckbauten aus den 1990er-Jahren, ein wenig gelungener kleinerer Abklatsch der City Süd, mit Nutzungen wie Trauringstudio oder Parketthandel, werden zu Universitätsgebäuden. Dort zieht beispielsweise das Learning-Center ein. Zu Beginn der Dreißigerjahre dürften rund 3.000 Studenten und 1.000 Uni-Bedienstete in der Science City arbeiten.

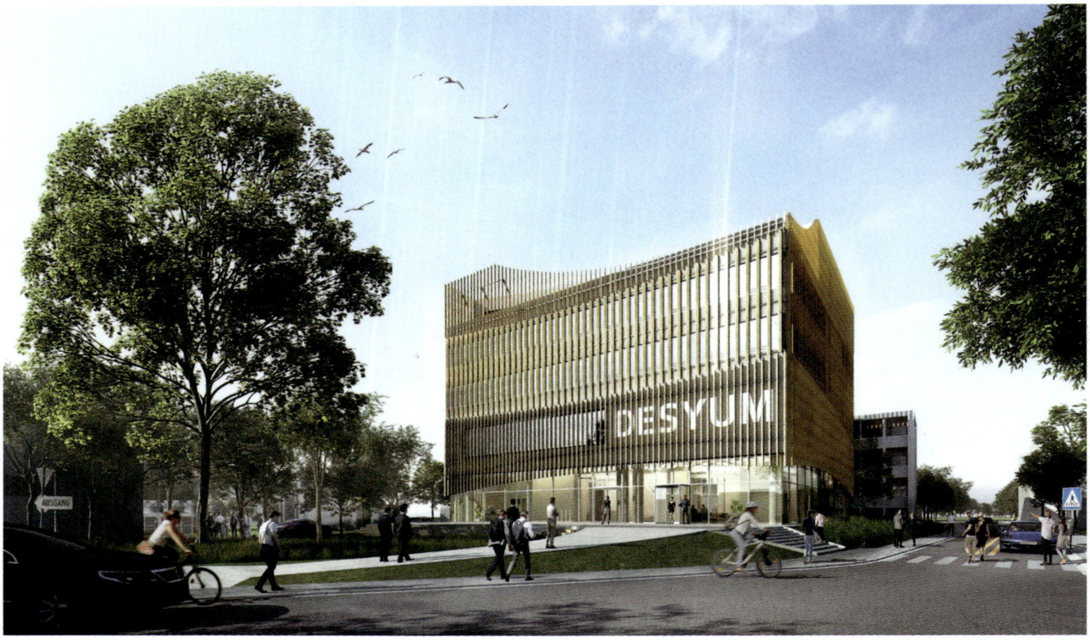

Das DESYUM soll zum Wahrzeichen des neuen Stadtteils werden. Das sechsstöckige Gebäude wird ein Ausstellungshaus für interessierte Bürger wie Treffpunkt der Wissenschaft. In dem Besuchszentrum, konzipiert vom Büro HPP Architekten, finden sich zudem Tagungsräume, ein Auditorium, eine Cafeteria, Büros.

Den wissenschaftlichen Kern der Science City bildet der Campus mit dem Forschungszentrum DESY sowie dem Max-Planck-Institut für Struktur und Dynamik der Materie. Zugleich wird sich der Teilchenbeschleuniger den Bewohnern mit einem großen Besucherzentrum öffnen. Das DESYUM soll ein lebendiges Wahrzeichen werden, dessen Kosten von fast 30 Millionen Euro zum Großteil vom Bundesministerium für Bildung und Forschung getragen werden. Das sechsstöckige Gebäude verfügt über eine Nutzfläche von 3.250 Quadratmetern mit Tagungsräumen, einer Cafeteria, Büroräumen und einem Auditorium sowie Ausstellungsflächen. Dort soll die Arbeit der Forscher multimedial verständlich gemacht werden. „Um sich für Wissenschaft zu begeistern, muss man keine Teilchenphysikerin sein“, sagt Fegebank. Schon ab 2025 sollen bis zu 100.000 Besucher jährlich kommen. Die entstehende Transparenz soll architektonisch durch die durchgängige Glaswand im Erdgeschoss versinnbildlicht werden.

Nach einem Entwurf des Architektenbüros HPP Architekten ist das DESYUM das erste nachhaltige Gebäude auf dem Campus. Der Einsatz spezieller Bautechniken ermöglicht es, 30 Prozent des Betonverbrauchs zu reduzieren. Zusätzlich wird die Fassade aus recyceltem und recycelbarem Aluminium hergestellt, es entsteht ein Gründach mit Regenspeicher. Zur Wärmenutzung wird das Haus an das Teilchenbeschleunigungsnetz angeschlossen.

Ein weiteres Wahrzeichen ist dort nicht vorgesehen – weil die Science City selbst das Wahrzeichen ist. „Der Ort selbst wird Strahlkraft entwickeln, ein Ort, an dem die Ideen von morgen entstehen, ein Hotspot der Innovation. Diese Verbindung aus Leben und Forschen und Wissenschaft als Treiber der Entwicklung sucht man anderswo vergeblich – das kann viel mehr als München-Garching oder Berlin-Adlershof bieten", verspricht Fegebank. Wissenschaft und Stadtentwicklung sollen sich gegenseitig befruchten. Wahr ist aber auch: Hamburg ist nicht die erste Stadt mit diesem Konzept, sie muss es also mit Strahlkraft unterlegen.

„Hamburg 2040 soll selbstbewusster sein und seine Stärken kennen. Wir haben mit dem European XFEL* beispielsweise eine Elbphilharmonie unter der Erde. Vielleicht gibt es bald Starschnitte von unseren Wissenschaftlern und nicht nur von Rockstars oder Sportlern."

* Der 3,4 Kilometer lange European XFEL erzeugt extrem intensive Röntgenlaserblitze, die Forschende aus der ganzen Welt nutzen können. Die Röntgenblitze werden in unterirdischen Tunneln erzeugt und ermöglichen es, atomare Details von Viren zu erkennen, chemische Reaktionen zu filmen und Vorgänge wie im Inneren von Planeten zu untersuchen.

Die Wiederentdeckung des Wassers – oder Im Osten was Neues

Hamburg ist das Venedig des Nordens, erklären die Kapitäne bei Hafenrundfahrten so stolz wie viele Reiseführer. Sie verweisen darauf, dass die Hansestadt 2.500 Brücken zählt und damit weit vor Wien und Amsterdam rangiert; Venedig übrigens folgt erst auf Platz fünf. Aber während jeder Europäer die holländische oder die italienische Schönheit automatisch mit Wasser verbindet, ist das bei Hamburg etwas anders. Natürlich kennt jeder Elbe und Alster. Aber wer denkt an die Bille? Wer an die Fleete und Kanäle? Wer an die Wasserseiten im Osten und Süden der Stadt?

Das Problem ist schon fast chronisch: Blättert man in alten Hamburg-Reiseführern, sucht man eine Sehenswürdigkeit vergeblich: Die Speicherstadt, 2015 zum Weltkulturerbe geadelt, war bis vor zwei Jahrzehnten ein verschlossener Lagerhauskomplex am Rande der Innenstadt. Von Denkmalschützern „das dunkle Tier" genannt, war sie als Teil des Hafens der Stadt entrückt. Erst 2001 verwandelte der Lichtkünstler Michael Batz die Speicherstadt mit geschickten Installationen und holte die Backsteingotikwelt aus ihrem Schattendasein hinein ins Licht der Stadt.

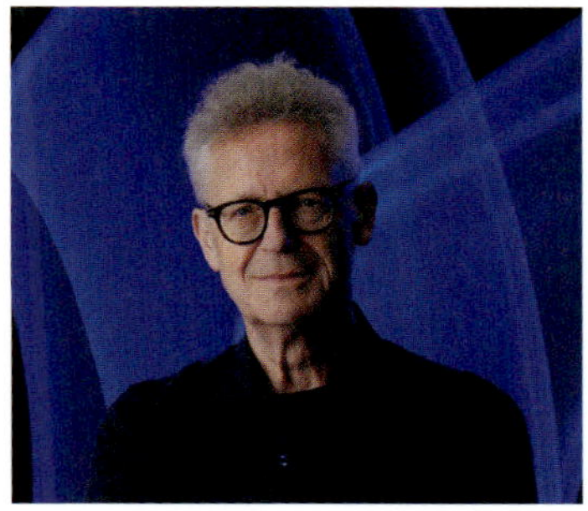

Der Lichtkünstler und Autor Michael Batz aus Hamburg holte die Speicherstadt im wahrsten Sinne des Wortes aus dem Dunkel ins Licht. Seit 2001 hat Batz die Lagerhäuser der Speicherstadt in ein fantastisches Licht getaucht. Das Weltkulturerbe wird seitdem viel intensiver wahrgenommen als zuvor.

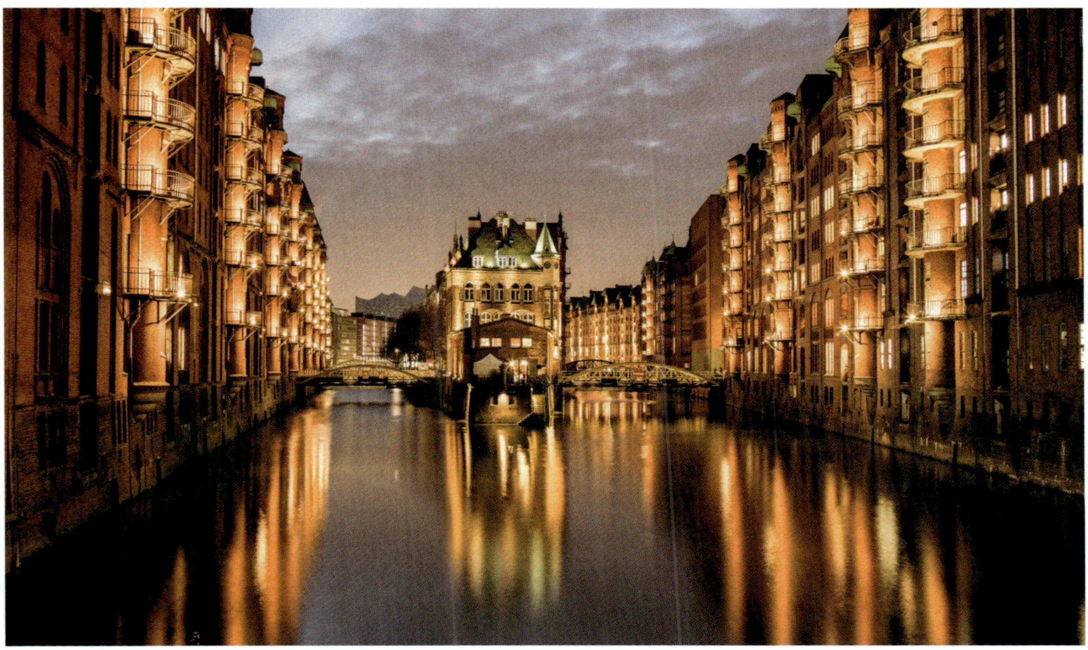

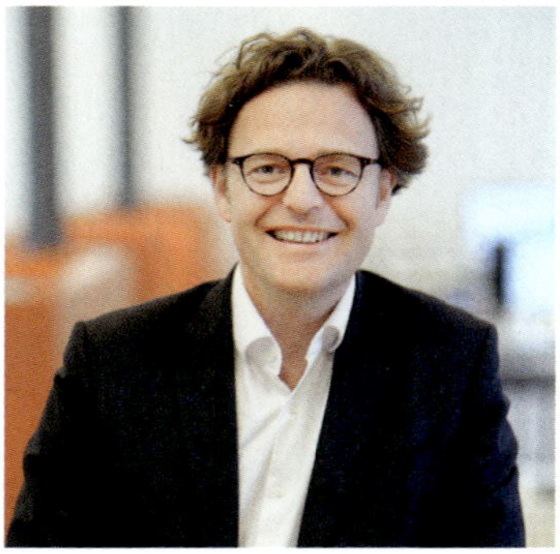

Der Hamburger Architekt und Bauingenieur Marc Ewers wirbt seit Langem darum, den Nikolaifleet als Wasserweg für Fußgänger zu erschließen – mittels Stegen und Pontonanlagen. So könnte die HafenCity besser an die Innenstadt angebunden werden.

Seine Mission begann dort schon 1994 mit dem Theaterstück „Hamburger Jedermann" – damals noch hinter dem Zollzaun. „Es war ein Unort, der nicht mehr zu Hamburg gehörte. Da ging man nicht hin. Der Zollzaun war wie eine Wand, wie eine chinesische Mauer", erinnert sich Batz. Von April 2001 an tauchte er die Lagerhäuser dauerhaft in ein fantastisches Licht.

Immer wieder gibt es Impulse, die schlafende Schöne und ihre Wasserlagen aufzuwecken. Einer von ihnen ist der Hamburger Architekt und Bauingenieur Marc Ewers: „Wir müssen mit dem, was wir vor der Haustür haben, wuchern – wir müssen das Wasser in den Mittelpunkt rücken", sagt er und plädiert für die Wiederentdeckung des Wassers per „Grachtengefühl" für Hamburg. „Touristen erkennen die besondere Lage oft besser als Einheimische. Sie lieben die Landungsbrücken, die Pontons, die mit der Tide hoch- und niedergehen. Aber wer hat verinnerlicht, dass es das in der Hamburger Innenstadt auch gibt?"

Eine gute Frage – es dauerte lange, bis die Wege entlang der Alster und der Elbe der Stadtgesellschaft geöffnet wurden. Nach dem Krieg schütteten die Stadtväter manche Fleete kurzerhand zu. Ewers sagt: „Wir fahren in andere Städte und staunen dort über das Wasser. Den Canale Grande in Venedig finden alle toll – aber was machen wir aus unseren Wasserlagen?" Seine Idee ist der Bau von Stegen und Pontons auf dem breiten Nikolaifleet. Es beginnt unweit der Handelskammer am Großen Burstah und führt bis zur Alstermündung im Binnenhafen. Schon seit Jahren schwebt Ewers vor, diese Verbindungsachse zwischen Elbe und Innenstadt neu zu gestalten. „Sie wäre die gesuchte Verbindung aus der Innenstadt in die Speicherstadt", sagt er. „Dieser Wasserweg schafft zugleich eine neue Verortung der Altstadt, des alten Herzens Hamburgs."

Auch die Binnen- und Außenalster sind mehr als ein Postkartenmotiv – immer wieder werden Forderungen laut, hier eine Badeanstalt zu eröffnen, um das Wasser stärker in die Innenstadt zu integrieren. Ähnliche Ideen gibt es für die

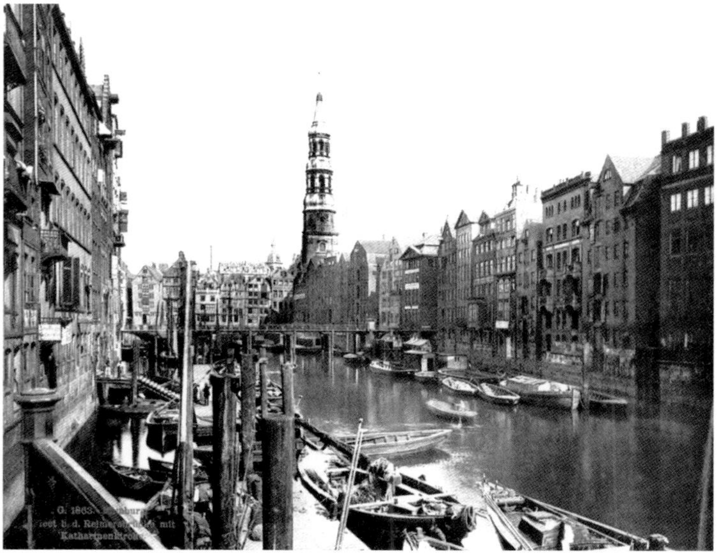

So sah das Leben und Treiben am Nikolaifleet bereits 1863 aus: Dazu der Hamburger Architekt und Bauingenieur Marc Ewers heute: „Wir müssen mit dem, was wir vor der Haustür haben, wuchern – wir müssen das Wasser in den Mittelpunkt rücken ... Touristen erkennen die besondere Lage oft besser als Einheimische. Sie lieben die Landungsbrücken, die Pontons, die mit der Tide hoch- und niedergehen. Aber wer hat verinnerlicht, dass es das in der Hamburger Innenstadt auch gibt?“

HafenCity oder den Grasbrook, wo beispielsweise ein Schwimmbad oder ein Badeponton das Leben locken sollen. Kopenhagen hat es vorgemacht und allein drei Hafenbäder eingerichtet. Oberbaudirektor Höing hat sich schon vor Jahren mit der Idee befasst: „Wir können uns einen Badeponton am Grasbrook gut vorstellen – ein solcher Baustein würde das Viertel interessant machen – das wäre ein Transmissionsriemen für die Stadtentwicklung.“

Wie sehr die Neuentdeckung des Wassers und die Rückbesinnung auf den Fluss einen ganzen Stadtteil verändern können, hat die Perlenkette am Hafen in Neumühlen gezeigt. Noch vor einigen Jahrzehnten war die Straße zwischen Fischmarkt und Övelgönne ein No-go-Areal mit Straßenstrich und Wohnunterkünften auf der „Bibby Altona“, einem von 1993 bis 2006 unter der Flagge der Bahamas betriebenen Wohnschiff für Flüchtlinge, das auch als zentrale Erstaufnahmeeinrichtung diente. Heute prägt das Viertel eine Mischung aus Büros, Gastronomie, Handel und Wohnen. Mit dem Areal West steht nun der letzte Lückenschluss an der Großen Elbstraße in Altona an. Abrissbagger haben die alten Hallen beseitigt, bald sollen hier sechs Gebäude entstehen, die neues Leben an den Elbberg bringen. Eine Markthalle soll kommen, attraktive Freiflächen, Ateliers, Büros und Wohnungen, darunter auch geförderte. Der Geltungsbereich des Bebauungsplans besitzt eine Größe von mehr als zehn Hektar. Das Herzstück wird die offene Markthalle mit rund 20 Gewerbeeinheiten und einer Ateliergasse. Dort sollen Fisch- und Feinkostmärkte eine Heimat finden, die Tradition des Standorts stärken und sieben Tage die Woche einen „Beitrag zur Ernährungswende" leisten. Das Gebäude zieht sich über die Große Elbstraße und bietet eine Gewerbefläche von rund 9.000 Quadratmetern. Auch die Erdgeschosszonen der beiden „Elbkaihäuser" direkt an der Wasserpromenade sind für Gewerbe vorgesehen, darüber sind Büros geplant. Richtung Elbhang sollen drei Wohngebäude mit 70 Einheiten hinzukommen. Besonders aufgewertet wird der Schellfischplatz unterhalb des Viadukts, der zu einem Marktplatz an der Elbe werden könnte. Projektentwickler des Areals ist die Fischmarkt Hamburg-Altona GmbH (FMH) ein hundertprozentige Tochter der Hamburger Hafen und Logistik AG.

Noch ist das Zukunftsmusik, die nicht vor 2028 erklingt. Und doch ist der Hamburger Westen dem Osten um Jahrzehnte voraus – die dortigen Wasserseiten dümpeln vor sich hin. Hier sind nach dem Krieg ganze Stadtteile

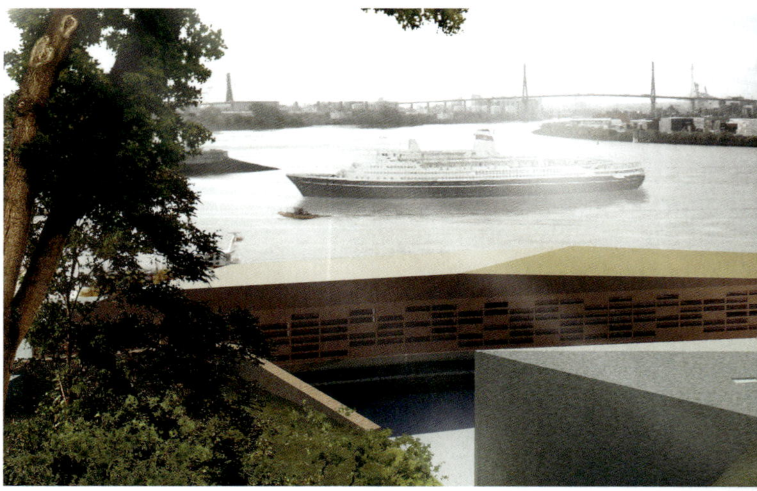

dem Vergessen anheimgefallen, weil sie komplett zerstört wurden. Ein bedrückendes Bild malt Wolfgang Borchert 1947 in seiner Kurzgeschichte Billbrook – dort wandert ein kanadischer Soldat direkt nach dem Zweiten Weltkrieg in den Stadtteil, der seinen Namen trägt...

„Aber seit einer halben Stunde war es immer stiller geworden. Immer weniger Menschen wohnten links und rechts in den Häusern, und es standen immer weniger Häuser links und rechts von der Straße. Die Kinder, die Hunde wurden seltener, immer seltener ... Das Leben wurde immer weniger, seltener, leiser. Dann blieb es ganz weg, kam kaum angedeutet für ein paar Hundert Meter wieder, blieb dann doppelt so lang aus, kleckerte sich noch mal mit eine paar Häusern einige Schritte neben der Straße entlang ...

Kein Haus. Kein Haus! Nicht einmal ein Häuschen. Nicht einmal eine Hütte. Nicht einmal eine vereinsamte, stehengebliebene, zittrige, wankende Wand."

Das alte Hammerbrook, Rothenburgsort und Billbrook sind da längst in Trümmer gefallen, die Stadtteile der Arbeiter und Handwerker existieren nicht mehr. Und nach dem Krieg ließ sich Hamburg Zeit mit dem Wiederaufbau, die Wüstenei wurde zugebaut mit gigantischen Verkehrsachsen, zubetoniert mit dem Billhorner Kleeblatt, ein trister

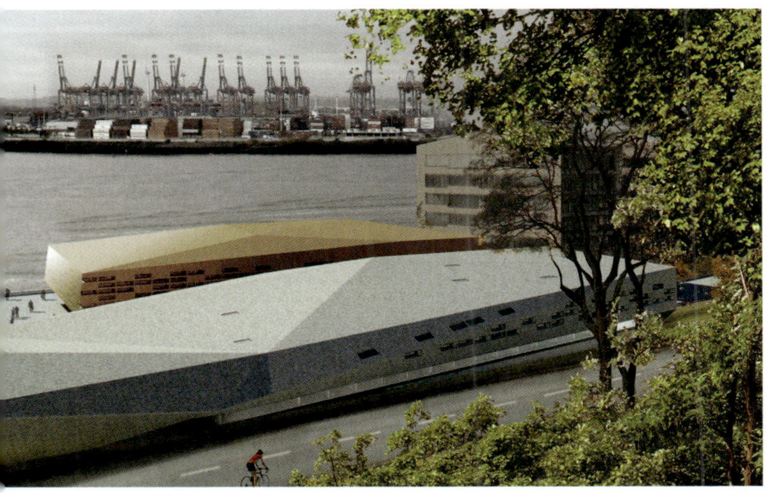

Die Perlenkette am Hafen in Neumühlen soll mit dem Areal West an der Großen Elbstraße vollendet werden. Sechs Gebäude sind geplant, darunter eine Markthalle, Ateliers, Büros und Wohnungen.

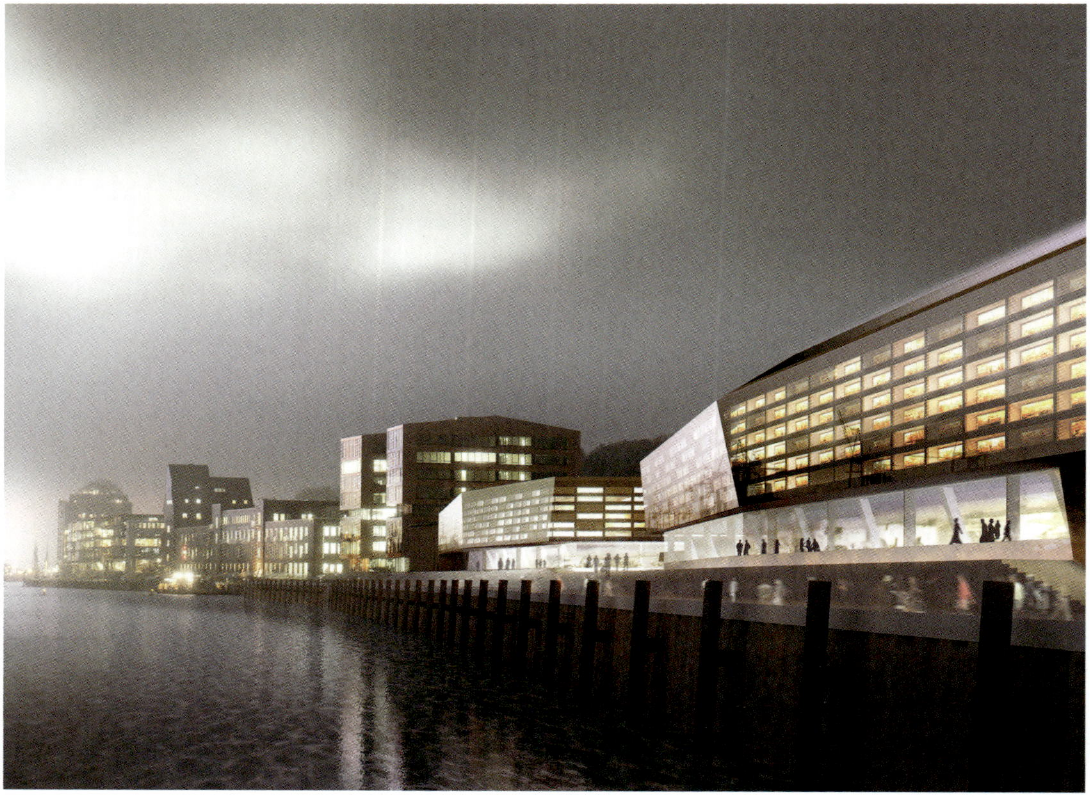

Mit dem Lückenschluss der Perlenkette im Areal West würde die gesamte Elbpromenade vom Fischmarkt nach Övelgönne aufgewertet.

Raum für Lagerhallen, Autohäuser und schließlich Bürokomplexe wie der City Süd.

Überall sieht man Mahnmale dieser zweiten Zerstörung: Straßenkreuzungen größer als Fußballfelder, Brachen, Zersiedelung. Hier wartet auf die Planer eine Heidenarbeit – aber auch gigantischer Gestaltungsraum. „Die Stadtentwicklung gleicht auflaufendem Wasser", sagte der frühere Bürgermeister Olaf Scholz einmal. „Sie bewegt sich die Elbe hinauf, erst entlang der HafenCity und nun weiter gen Osten."

In Hammerbrook, citynah und Nachbar der HafenCity, hat sich längst vieles verändert. Mit der Rettung des Oberhafenquartiers gibt es eine so quirlige wie innovative Ecke, in der das Alte und das Neue zusammenfließen. Die Hobenköök, eine Mischung auf Markthalle und Restaurant, setzt auf Genuss und Nachhaltigkeit. In den Hallen arbeiten Kreative, Architekten und Start-ups.

Gegenüber am Stadtdeich wächst ein neues Viertel – ein Kern der Wirtschaft von morgen. Der Name ist Programm: Hammerbrook wird zu Hammerbrooklyn, es soll eine Verbindung knüpfen aus Neuer und Alter Welt, aus Hamburg und New York, aus Vergangenheit und Zukunft. Bauherr ist der Projektentwickler, Asset Manager und Investor Art-Invest, einer der großen Player im Land.

Bis 2029 sollen auf zwei Baufeldern am Oberhafenkanal fünf Gebäude mit einer Bruttogeschossfläche von insgesamt rund 68.000 Quadratmetern entstehen.

Das erste Gebäude im ersten Bauabschnitt ist längst fertig: Der Pavillon der USA, den der New Yorker Architekt James Biber für die Expo 2015 entworfen hatte, zog von Mailand an den Stadtdeich. Das temporäre Expo-Gebäude ohne Fassade, durch das in Mailand der Wind pfiff, wurde in Hamburg als Bürogebäude ertüchtigt. Auf einer Fläche von 7.317 Quadratmetern finden sich ein Saal für bis zu 800 Menschen und zahlreiche Arbeitsplätze und Konferenzräume, in die sich Kreative, Firmen oder Start-ups einmieten können. Eine Dachterrasse über den fünf Stockwerken ermöglicht Weitblicke auf das Quartier im Aufbruch diesseits und jenseits des Oberhafens.

Der sogenannte Treetop Tower, ein fünfzehngeschossiges Gebäude in Holz-Hybrid-Bauweise, soll den ersten

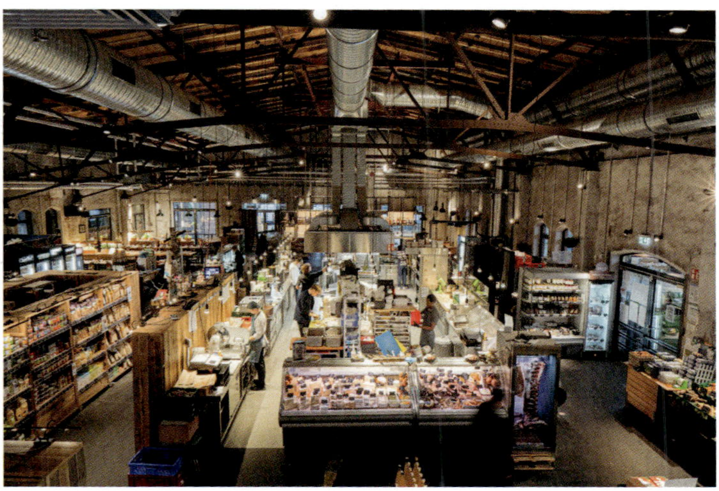

Das Oberhafenquartier mit der Hobenköök hat sich in den vergangenen Jahren zu einem attraktiven Quartier für Künstler, Kreative und Kulinarik gemausert. Die alten Hallen sind eine perfekte Ergänzung zu der benachbarten HafenCity.

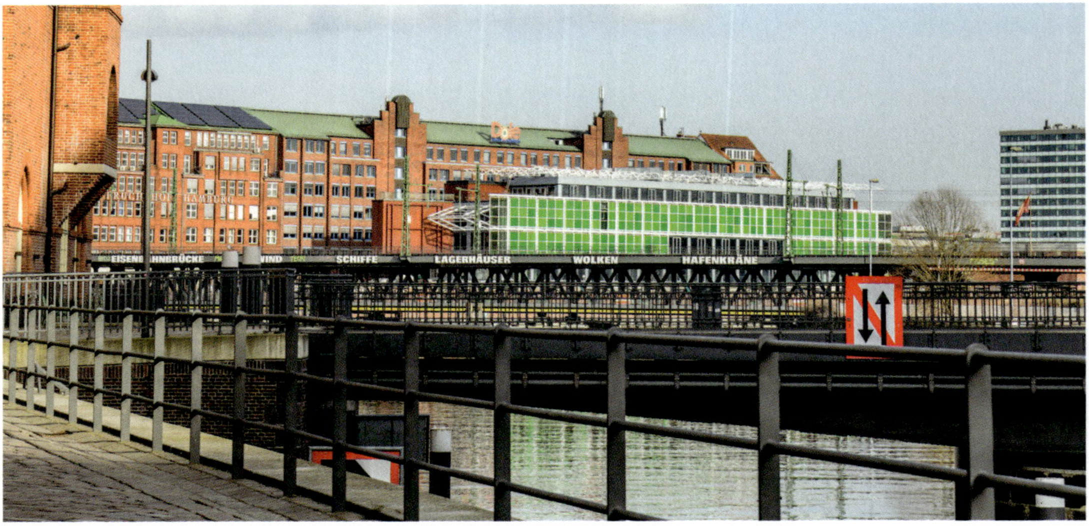

Ein früherer Expo-Pavillon aus Mailand hat am Oberhafen eine neue Heimat gefunden. Hier ist Hammerbrooklyn an den Start gegangen und will zum Zentrum für digitale Transformation werden.

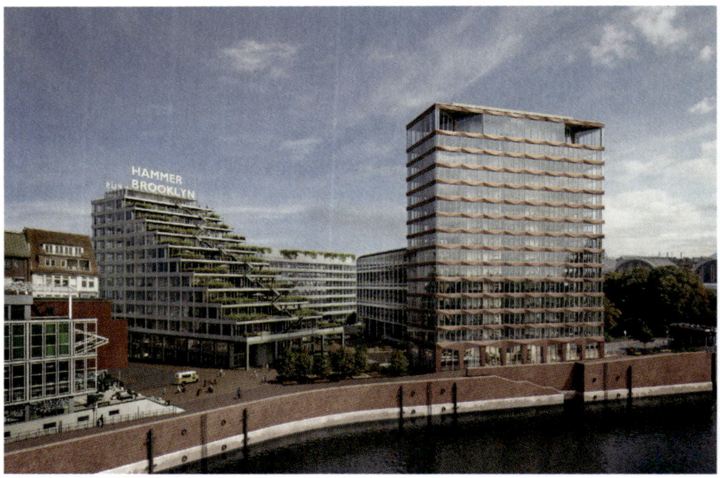

Im zweiten Bauabschnitt von Hammerbrooklyn plant Art Invest am Oberhafenkanal bis 2026 einen hybriden Treetop Tower mit 16 Geschossen, bei denen die Decken, Böden und Trägerwerk aus Holz sind. Das Stairway Building fällt mit seiner spektakulären treppenförmigen Architektur auf.

Bauabschnitt zwischen dem Deich und den Gewerbehallen westlich des Schleusenkanals krönen. Den Schlussstein des neuen Hammerbrooklyn setzt der zweite Bauabschnitt, der westlich davon nach Wegfall der Großmarktnutzung beginnen soll. Auf diesem „Big Market" sollen drei weitere Neubauten voraussichtlich in Holz-Hybrid-Bauweise gebaut werden.

„Wir möchten das Quartier beleben und wollen das Scharnier zwischen Deichtorhalle und Großmarkt sein", heißt es bei Art Invest. Die Fertigstellung ist bis 2029 geplant. Schon seit

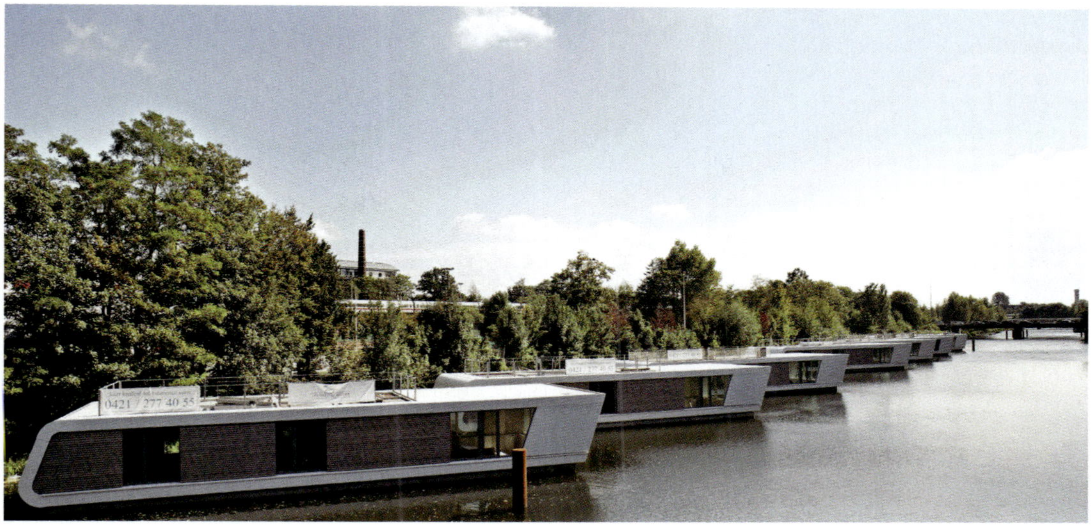

Im Osten der Stadt gibt es viele ungenutzte Wasserflächen. Seit 2014 sind sieben Hausboote am Victoriakai in Hammerbrook entstanden, wo sie eine „schwimmende Perlenkette" bilden. Die „Floating Homes" waren die erste geschlossene Siedlung schwimmender Häuser in Deutschland. Sie öffnen sich mit ihrer Verglasung nach Süden, Osten und Westen und schließen nach Norden mit der gerundeten Fassade des Hecks ab. Die schwimmenden Häuser sind mit sämtlichen Ver- und Entsorgungsleitungen an das öffentliche Netz der Stadt angeschlossen.

2021 ist der Großmarkt ein magischer Ort: Seitdem wird dort im Theater am Großmarkt „Harry Potter und das verwunschene Kind" aufgeführt – ein Dauerbrenner, der die Menschen nach Hamburg und in den Osten lockt. Auf der anderen Seite des Oberhafenkanals wächst die HafenCity den Elbbrücken entgegen.

Das Leben pirscht sich an den Billebogen heran: Schon seit 2014 wird der Stadtraum mit enormen Potenzial von der städtischen Billebogen Entwicklungsgesellschaft mbH & Co., einer Tochter der städtischen HafenCity Hamburg GmbH, entwickelt. Seinen Namen verdankt diese Gegend der geschwungenen Lage zwischen Elbe und Bille.

Die Bille durchzieht in Kanälen das Gebiet, doch das Wasser ist unerreichbar. Hin und wieder führen Treppen hinunter ans Nass, die niemand freiwillig betritt. Dreck allerorten, ein Gestank, der Beine macht. Fußgänger gibt es ohnehin keine, das menschliche Tempo ist nicht vorgesehen. Gewerbegebiete sind nie schön, aber dieses hier erscheint mir noch etwas hässlicher.

Selbst die Stadtentwicklungsbehörde schreibt nüchtern: „Die Kanäle und das Billebecken sind kaum zugänglich, viele Flächen sind untergenutzt." Untergenutzt, ein Wort wie eine Burka.

Das Ensemble des Big Market am Oberhafenkanal in Hammerbrooklyn sieht zudem einen Gallery Complex mit Ateliers, Werkstätten und innovativen Arbeitsplätzen vor sowie ein Greenhouse. In drei übereinander liegenden Hallen und Klimagärten sollen neue Marktkonzepte zu Mobilität, Wissenschaft und Food ausprobiert werden. 2029 soll das Gesamtensemble fertig sein.

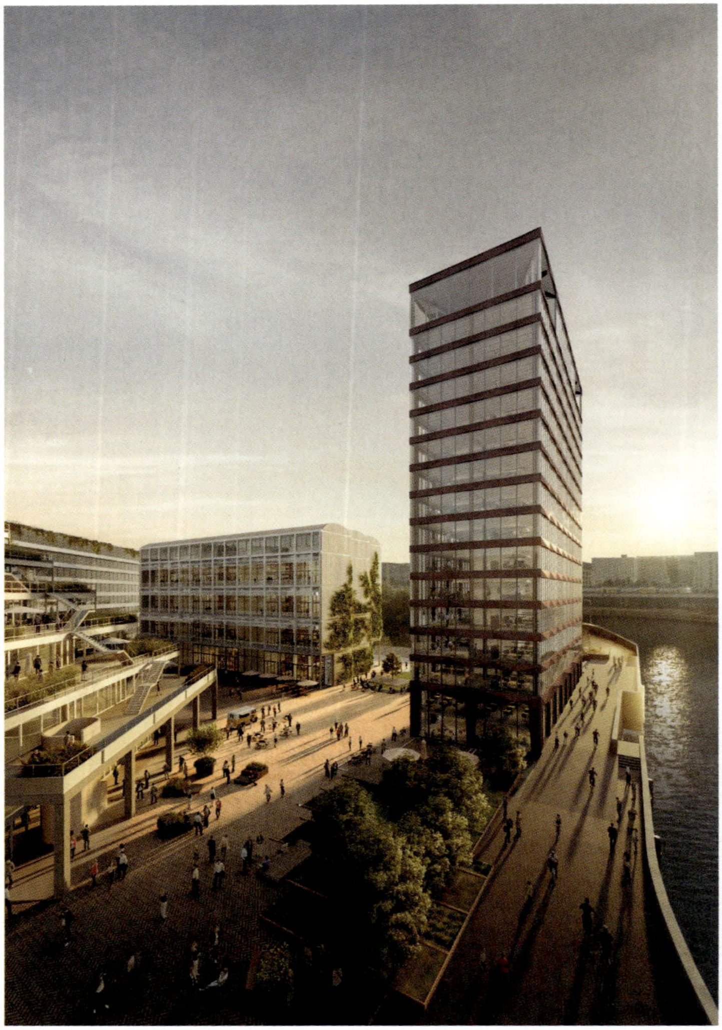

Aber es gibt die kleinen Oasen, in denen das neue Hamburg wächst – etwa direkt am Park das „Gold von Entenwerder“ – der am häufigsten genannte Lieblingsort der Gäste im Podcast „Was wird aus Hamburg“. Auf einem Ponton in der Elbe hat „Entenwerder 1“, das ungewöhnlichste Café der Stadt, festgemacht. In der Mitte lockt ein begehbarer goldener Container, es ist so skurril wie gemütlich: Tische und Stühle aus unterschiedlichen Werkstoffen, ein Sammelsurium von Stilen, massive Blumenkübel im Industriedesign. Und ein ungewohnter Blick auf die Elbe; Ham-

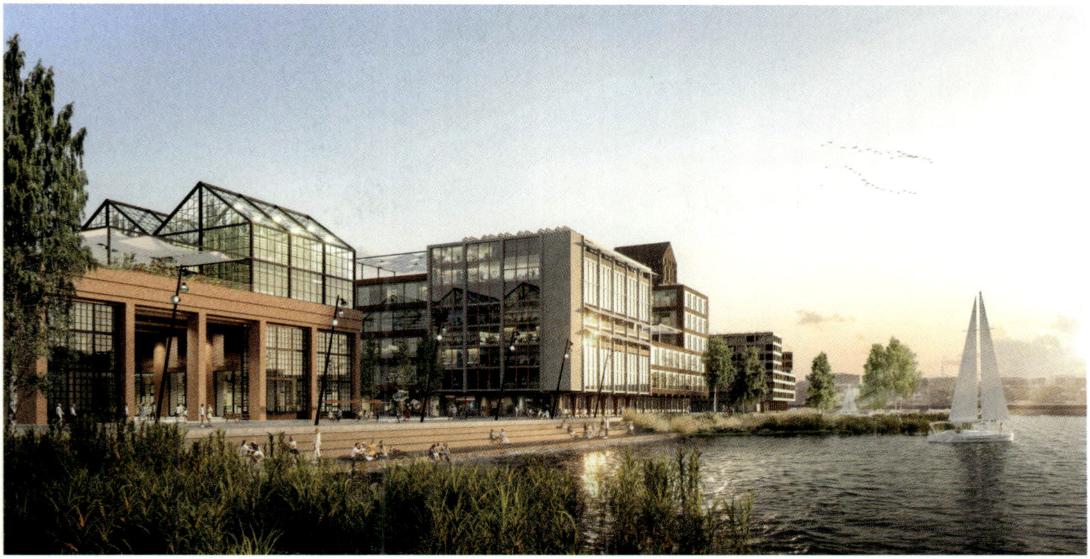

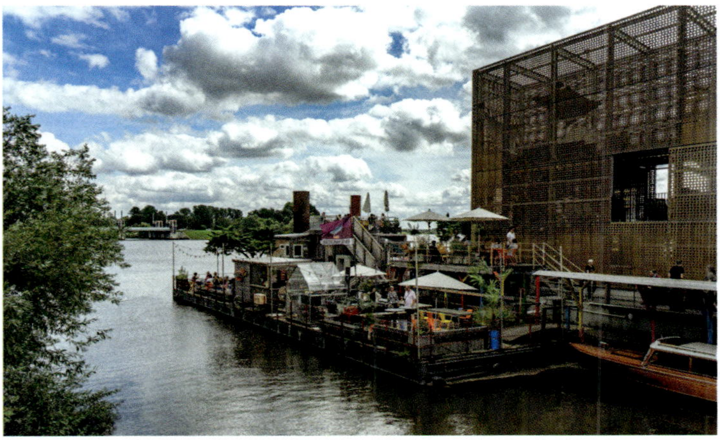

Bislang ist der Osten der Stadt vor allem durch Industrie und Gewerbe geprägt. Die attraktiven Wasserlagen bleiben vielen im Verborgenen. Visualisierung zur städtebaulichen Neuordnung am Billebecken.

Das „Gold von Entenwerder“ ist längst kein Geheimtipp mehr: Seit 2015 lockt dort das Café, das in zwei Schiffscontainern beheimatet ist, Gäste und Ausflügler auf den Ponton im Park an der Elbe.

burg als ein faszinierender Kontrast zu den Beach-Clubs und Strandperlen – mit Kraftwerken und Industrie am Horizont. So soll es bleiben – die Stadtplaner haben den Tiefstackkanal als „gewerblichen Innovationskern“ reserviert. Am Wasser aber soll ein grüner Weg Hamm mit der Elbe und darüber hinaus den Vier- und Marschlanden verbinden.

Aufgrund des Lärms durch die Hauptverkehrsachsen wie die Billhorner Brückenstraße oder der Fern- und Güterbahn ist Wohnen hier nur eingeschränkt möglich. Deshalb soll hier in den kommenden Jahren Platz geschaffen wer-

Hamburg-Rothenburgsort: Der Tiefstackkanal von der Borsigbrücke. Nach Verlagerung des Verkehrsübungsplatzes kann am Tiefstackkanal Raum für einen gewerblichen Innovationskern an einer neuen grünen Passage entstehen.

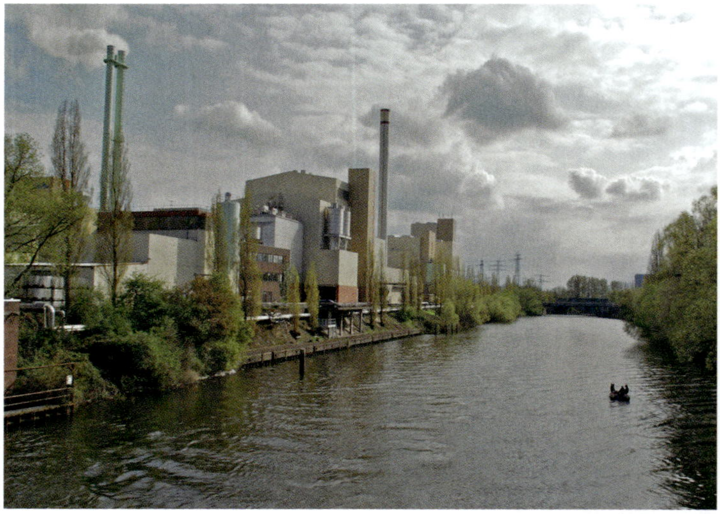

den für urbane Produktion und Gewerbe im 21. Jahrhundert. Neben innovativen gewerblichen Nutzungen liegt der Fokus auf Forschung & Entwicklung, Start-ups und der Kreativwirtschaft. „Vor dem Hintergrund eines tiefgreifenden Wandels in Produktion und Logistik ist er als zentral gelegener, verkehrlich gut angebundener und für urbane Vernetzung bestens geeigneter Standort für zahlreiche Branchen interessant“, sagt Andreas Kleinau, HafenCity-Chef. „Im Lärmschatten neuer Gewerbe- und Bürogebäude wird zusätzlich auch Wohnen möglich.“

Zumal die HafenCity und der Große Grasbrook diesen Flächen entgegenwächst: Allerdings läuft es nicht so rund wie erhofft. Der Elbtower stockt seit dem Baustopp im Oktober 2023 in der Krise. Und auch ein weiteres Großprojekt kommt nicht voran: Eigentlich wollte ein Projektentwickler auf dem ehemaligen Huckepackbahnhof eine Mehrzweckhalle für 7.000 bis 9.000 Zuschauer errichten. Doch das 150-Millionen-Euro-Projekt stagniert.

Auf diesem großen früheren Bahn-Areal will die Stadt wirtschaftlich wachsen: Nur 500 Meter von den Elbbrücken und 2,5 Kilometer vom Rathaus entfernt, hoffen die Entwickler auf Firmenstandorte für Forschung, Entwicklung, urbane Produktion oder gar Firmensitze. Die rund elf Hek-

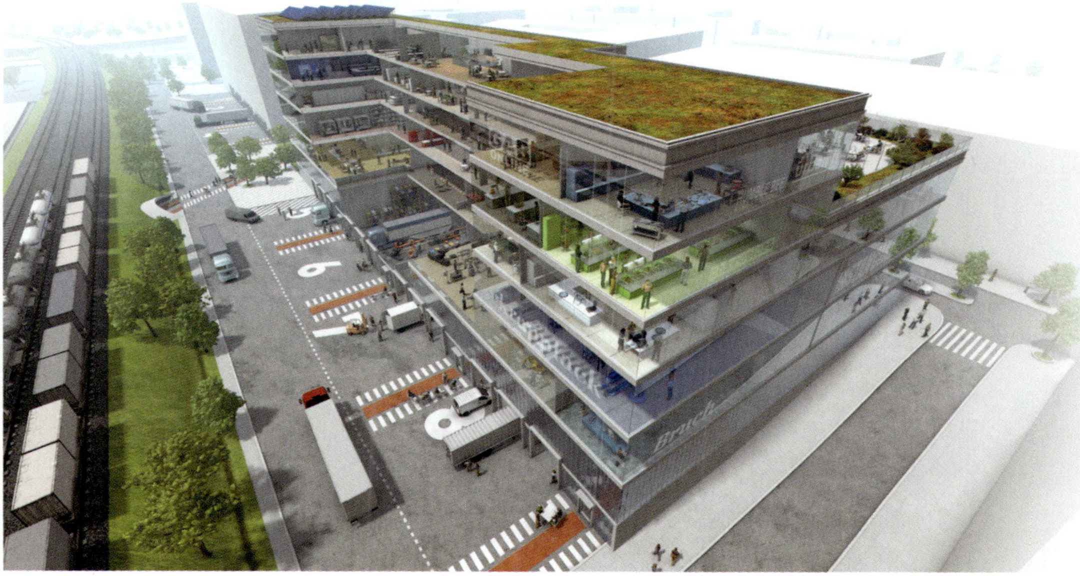

tar große Brache des ehemaligen Huckepackbahnhofs soll einmal die „Speicherstadt des 21. Jahrhunderts" beherbergen – mit „hochverdichteten, gestapelten und architektonisch anspruchsvollen Gewerbebauten", der Opernfundus und die Opernwerkstätten haben bereits an der Cornelia-Harte-Straße eine neue Heimat gefunden.

Das Gebiet soll für den öffentlichen Nahverkehr, Fußgänger und Radler völlig neu erschlossen werden. Der Alster-Elbe-Grünzug schließt dann an den Billebogen an, selbst die monströse Brückenstraße soll dereinst eine grüne Allee werden. Stadtplanung bedarf der Fantasie. Damit würde auch das Erbe der autogerechten Stadt abgeräumt, dass dieses Viertel verheert hat. Würde das überdimensionierte Autobahnkleeblatt an der Billhorner Brückenstraße zurückgebaut, könnten hier neue Büro- und Gewerbegebäude und vielleicht sogar Wohnungen entstehen.

Auch das Billebecken wird zu einem Chancenraum für die Stadtentwicklung. Hier existieren noch manche alte Backsteinbauten, die chronisch unternutzt sind und dessen Potenzial jede Fahrt auf dem Wasser unterstreicht.

Das Billebecken liegt zwischen der Innenstadt und dem Industriegebiet Billbrook und gehört zu den Stadtteilen Rothenburgsort, Hamm und Hammerbrook. Das Gebiet ist seit Jahrzehnten durch Gewerbe und Produktion geprägt, die faszinierenden Wasserlagen des Billebeckens sind kaum zugänglich. Nach den Vorstellungen der Stadtentwicklungsbehörde soll sich hier „urbane Produktion" ansiedeln: „Wirtschaftlich, nachhaltig und mitarbeiterfreundlich in Städten produzieren" – so definiert das Fraunhofer-Institut für Arbeitswirtschaft und Organisation den Begriff. Das Plangebiet soll dabei deutlich verdichtet werden: Statt der bisher offenen Lager- und Kfz-Abstellflächen sowie der niedrigen Bebauung bringen die Entwürfe der Architekturbüros mehrgeschossige Büro-, Labor- und Produktionsgebäude ins Spiel. Solche hybriden Gebäude stapeln Produktionshallen, Büros, Forschungs- und Entwicklungsräume sowie Labore übereinander.

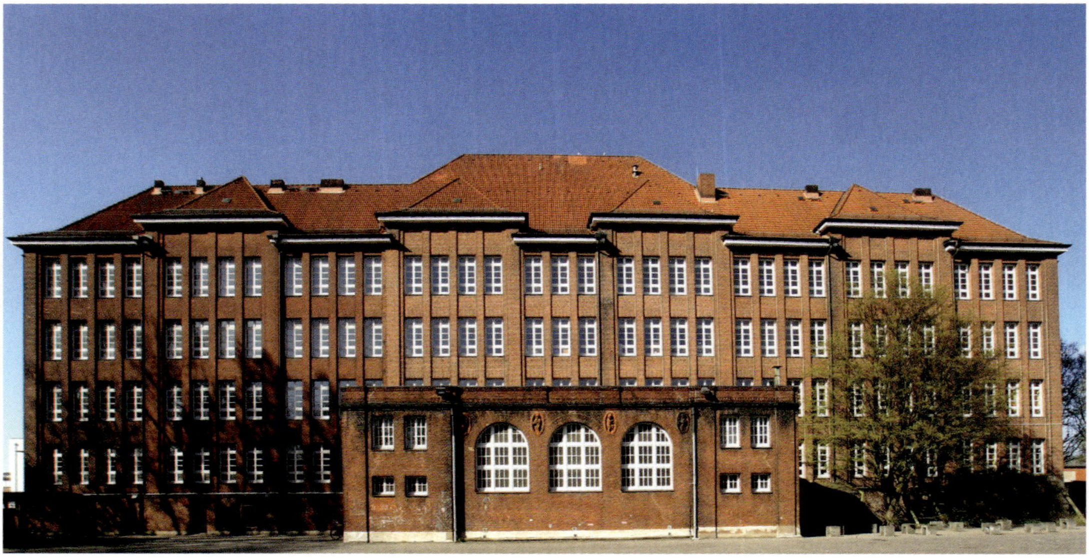

Die Schule am Bullenhuser Damm, entworfen von Albert Erbe, wird schon seit 1987 nicht mehr als Schule genutzt – auch weil es im Umfeld in Rothenburgsort an Einwohnern mangelt.

Heute verfügen manche Autohändler und Gewerbebetriebe über einen direkten Wasserzugang, den sie nicht nutzen. Wege, die entlang des Wassers führen, gibt es hingegen kaum.

Das soll sich ändern: Im Zuge der Entwicklung sollen hier ungefähr 12 Meter breite öffentliche Uferzonen entstehen. Wassersportnutzungen, die es hie und da bereits gibt, bekommen dann eine langfristige Perspektive. Den Planern schwebt eine grundsätzliche Neuordnung der Flächen und Neuansiedlungen vor.

Wenige Hundert Meter entfernt dämmert eine Gedenkstätte, die alte Schule am Bullenhuser Damm. Im Keller ermordete die SS im April 1945, kurz vor dem Anrücken der britischen Befreier, 28 Kriegsgefangene und 20 jüdische Kinder, die sie zuvor für grausame Menschenversuche missbraucht und gequält hatten. Die beiden Ärzte praktizierten übrigens nach dem Krieg jahrelang unbehelligt weiter, der eine in Magdeburg, der andere an der Universität Heidelberg. Zwei Staaten, keine Haltung. Die Außenstelle der KZ-Gedenkstätte Neuengamme ist werktags geschlossen. Erinnern? Nur sonntags. Mit der Neuentwicklung des Gebietes dürfte sich das ändern: Das imposante Back-

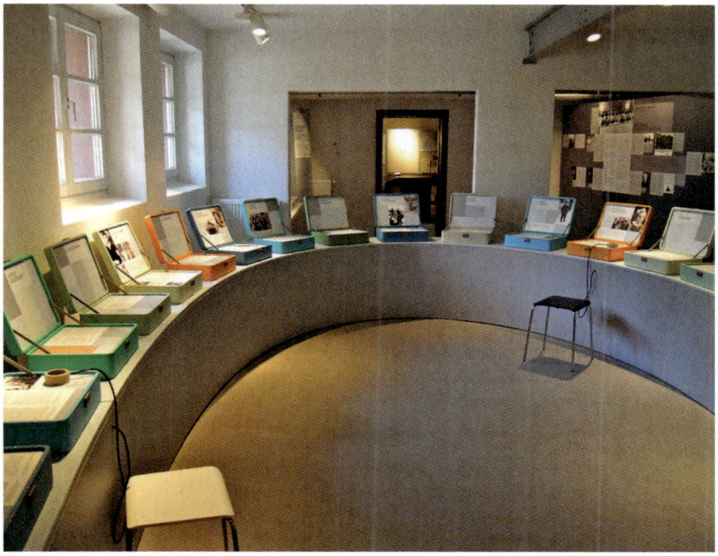

Traurige Berühmtheit erlangte die Schule am Bullenhuser Damm, weil dort am Ende des Zweiten Weltkriegs SS-Soldaten 20 Kinder und ihre vier Betreuer ermordeten. Sie waren zuvor für medizinische Experimente im KZ Neuengamme missbraucht worden. Heute erinnert eine Gedenkstätte in der Schule an ihr Schicksal.

steingebäude von Albert Erbe, erbaut 1908–1910, hat mehr Aufmerksamkeit verdient.

Eine Einschätzung, die noch immer für das ganze Gebiet gilt.

Hier wird das möglich, was das Schlagwort „Mehr Stadt in der Stadt“ meint. Auch weiter nördlich rund um die Wendenstraße am Mittel- und Südkanal harren noch viele attraktive Lagen ihrer Entdeckung und Entwicklung. „Wir können die Stadt auch aus dem Inneren entwickeln“, sagt Höing. „Das sind Lagen, die jede Mühe lohnen.“ Aber die auch Mühe machen. Jahrzehnte ist an diesen Orten wenig passiert und wurde noch weniger geplant; die Stadt ist hier eher gewuchert denn gewachsen. Zugleich haben sich Freiräume gebildet, in denen sich Menschen eingerichtet haben, heimisch geworden sind. Kleingärten beispielsweise sollen jetzt „umgetopft“ werden – deren Pächter aber lassen sich nur ungern umtopfen. Der Strukturwandel wird hier keine Sache von Jahren, sondern eher von Jahrzehnten sein. Aber die Möglichkeiten sind es, um die viele andere Städte Hamburg beneiden dürften.

Die HafenCity – die letzte Meile der großen Stadterweiterung

Stadtentwicklung erinnert ein bisschen an einen Marathon – und ausgerechnet auf den letzten Kilometern kommt die HafenCity etwas ins Straucheln. Der Elbtower steht vor einer ungewissen Zukunft, das Überseequartier hat sich mehrfach verzögert, das Kongresshotel wurde verworfen. Die Krise aus Zinssteigerungen, Preisexplosion und veränderter Nutzung haben auch Hamburgs Vorzeigeprojekt getroffen.

Die HafenCity aber auf die Krise zu reduzieren, wäre so unfair wie falsch. Denn in besseren Zeiten ist die ambitionierte Stadterweiterung auf immerhin 159 Hektar teilweise stürmisch gewachsen – und noch immer drehen sich dutzende Kräne. Von den 122 Baufeldern ist nur noch ein gutes Dutzend nicht vergeben, auf vielen entstehen Häuser, die nicht nur auffallen, sondern Neues wagen. „Die Neugier, die dieser Stadtteil auslöst, ist riesig", sagt Andreas Kleinau, Vorsitzender der Geschäftsführung der HafenCity Hamburg GmbH. „Der Besucherstrom nimmt nicht ab, sondern wächst weiter."

Der Hamburger Bauunternehmer Arne Weber hat 2015 seinen Traum vom Leuchtturm in der HafenCity verwirklicht. Dort steht das Lighthouse Zero, der Prototyp eines Wohnpilzes. In 20 Metern Höhe schwebt eine Wohnfläche von 280 Quadratmetern und bietet ein großartiges Hafenpanorama. Wenn auf dem Baakenhöft eines Tages die Oper entstehen sollte, muss der Wohnleuchtturm weichen.

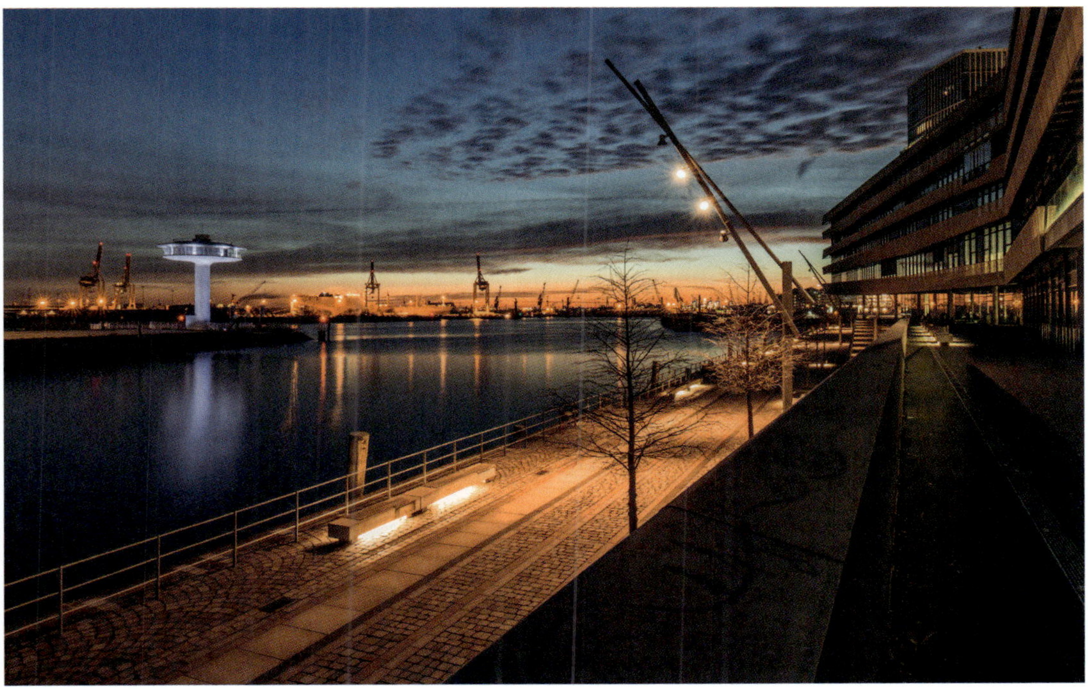

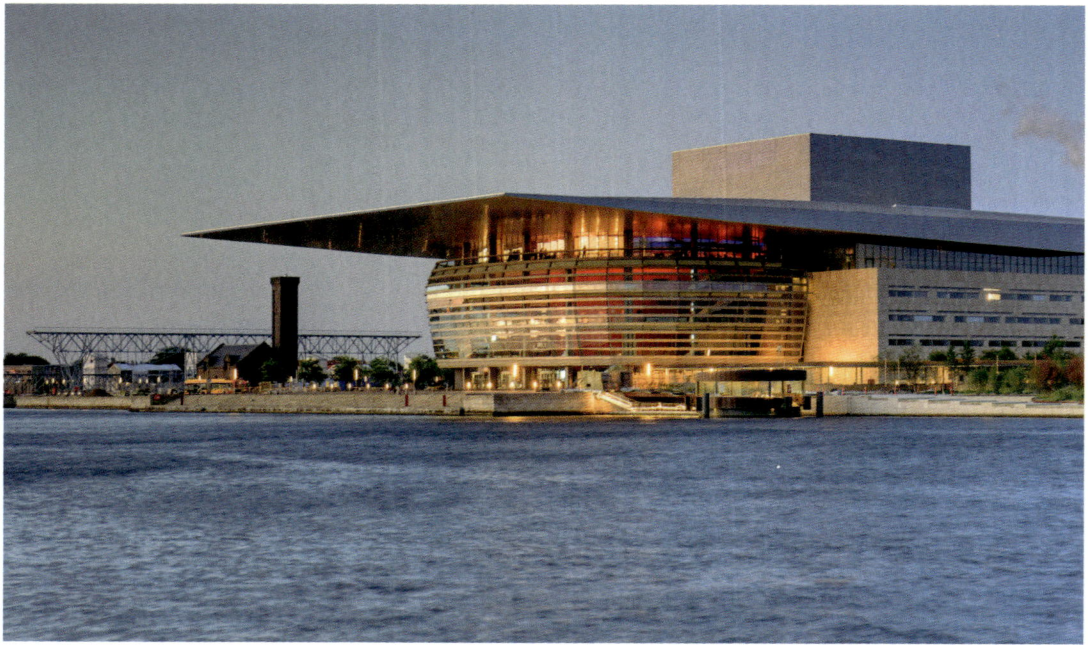

Die Königliche Oper in Kopenhagen könnte ein Modell für Hamburg sein. Dort schenkte der Reeder Arnold Mærsk Mc-Kinney Møller und seine Stiftung der Heimatstadt ein Opernhaus. Auch der Logistikunternehmer Klaus-Michael Kühne erwägt für seine Vaterstadt eine Schenkung. Die Verhandlungen zwischen dem Multimilliardär und der Politik aber ziehen sich schon seit Jahren hin.

Das ist mehr als Zweckoptimismus. Wer sich dieser Tage in den Osten des Stadtteils aufmacht, sieht überraschend viele Passanten. Ein paar Touristen mischen sich unter die ersten Bewohner, Schüler laufen fröhlich am Wasser entlang, Jogger ziehen ihre Runden, und Stadtangler bringen Ruhe in die Szenerie.

Zwischen den Neubauten muss man die freien Baufelder fast suchen. Das spektakulärste trägt die Nummer 85 und ist bislang nur ein Provisorium. Hier auf dem Baakenhöft, genau zwischen Elbphilharmonie und Elbtower gelegen, steht das Lighthouse, ein innovativer Wohnpilz mit fantastischem Blick auf das Wasser und alte Hallen. Es sind Immobilien mit Halbwertszeit. Läuft alles wie erhofft, könnte genau hier am Baakenhafen bald die neue Oper entstehen. Im Abendblatt hatte Klaus-Michael Kühne eine Summe von 300 Millionen Euro als Spende in Aussicht gestellt, damit wäre ein Großteil, aber eben nur ein Teil des Baus, schon finanziert.

„Der Stand bei der Oper ist unverändert: Wir sprechen mit Herrn Kühne regelmäßig darüber, ob es ein Modell gibt,

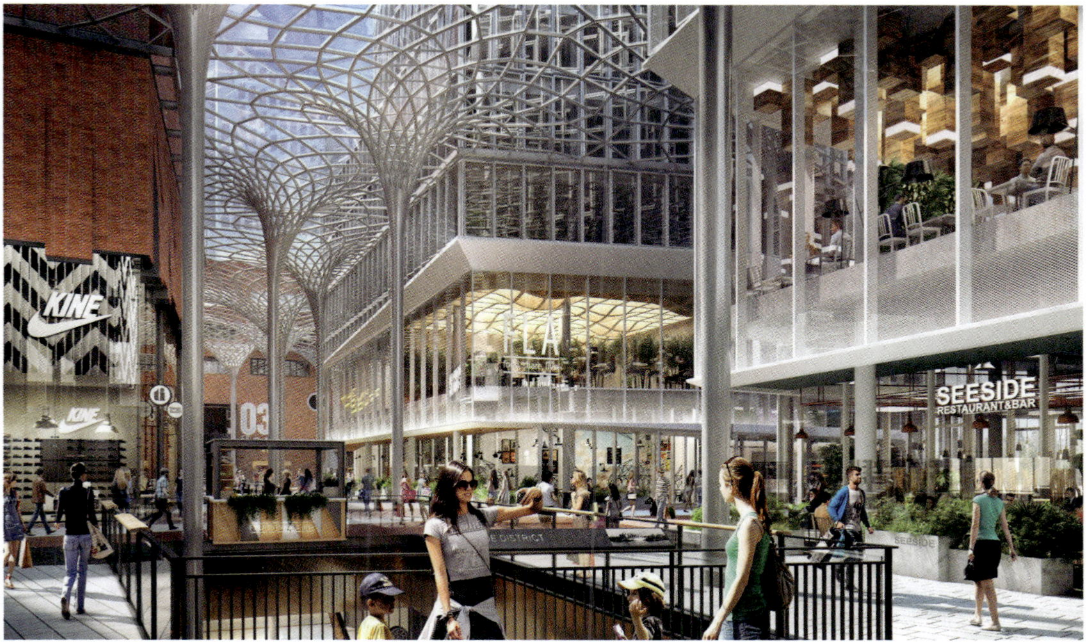

Das Westfield Überseequartier ist eine Stadt in der Stadt und wird neben Handel und Gastronomie viele Attraktionen bieten. Die Eröffnung aber war ein Schlag ins Wasser. Statt im April 2024 soll das neue Zentrum im ersten Quartal 2025 seine Pforten öffnen.

in dem er der Stadt eine Oper stiftet“, hatte Kultursenator Carsten Brosda erklärt. „Kulturorte neu zu schaffen ist für eine Stadt immer ein Aufbruchssignal. Aber wir sind noch nicht an einem Punkt, an dem wir wissen, ob es gelingt.“ Brosda bestätigt, dass es bereits eine gemeinsame Reise mit Kühne und seiner Stiftung nach Nordeuropa gab, um sich anzuschauen, wie ein solches Projekt aussehen könnte. Andreas Kleinau hofft, dass es gelingen wird: „Wenn die Oper noch dazu kommt, hat Hamburg einen Stadtteil, den man sonst nirgendwo in Europa findet.“

Unweit davon geht das Westfield Überseequartier am 10. Längengrad seiner Vollendung entgegen. 2025 soll dann auch das neue vierstöckige Kreuzfahrtterminal fertig sein. Es wird das XXL-Einkaufszentrum mit 200 Flächen für Einzelhandel, Gastronomie, Unterhaltung, das sechstgrößte zusammenhängende Einzelhandelsumfeld der Bundesrepublik, komplettieren.

Das Überseequartier bietet mehr als einkaufen: Hier locken zehn Kinosäle im größten Lichtspielhaus der Stadt oder Ausstellungsräume wie das LEGO Discovery Center

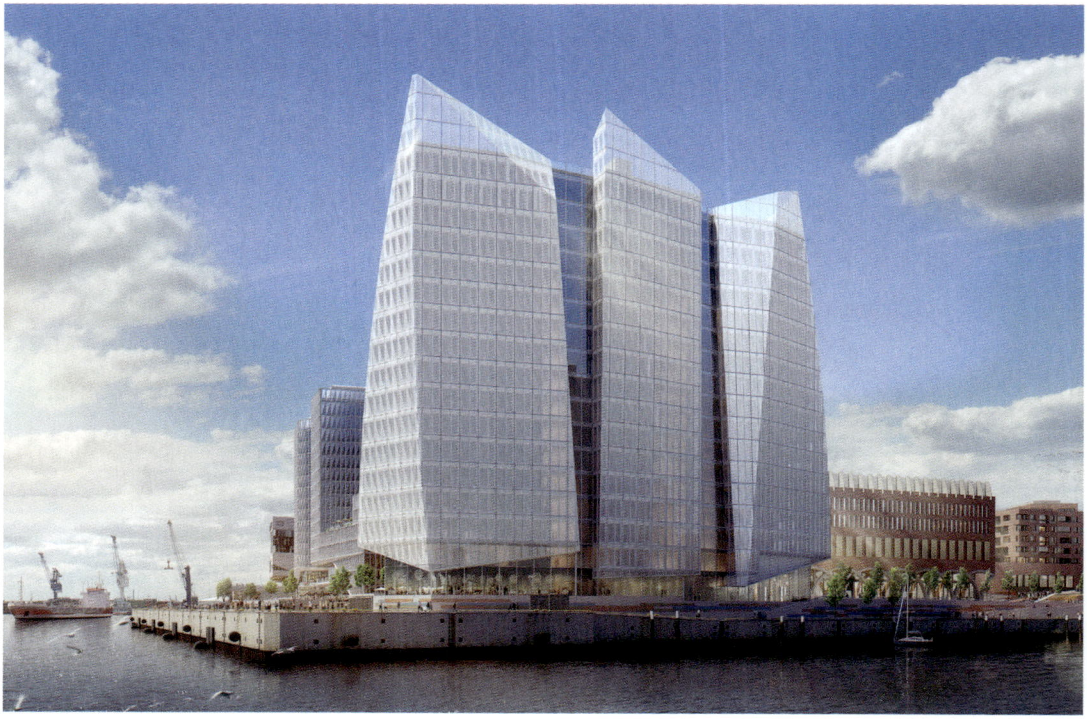

Das Skysegel, ein 73 Meter hoher Glasturm, soll Ende 2025 fertiggestellt werden. Die nautische Architektur des Architekten Christian de Portzamparc verspricht spektakuläre Elbblicke. Im Erdgeschoss soll ein öffentliches Restaurant mit Terrasse einziehen, insgesamt sind dort 1.650 Arbeitsplätze vorgesehen.

oder der Port des Lumières, der Hafen der Lichter, nach dem Vorbild des französischen Ateliers des Lumières. Es entsteht eine Stadt in der Stadt mit 579 Wohnungen, 80.500 Quadratmetern Ladenfläche, Büros für 4.000 Arbeitsplätze, drei Hotels mit 819 Zimmern. Nur ein Bau ist zurückgestellt und wartet auf bessere Immobilienzeiten: Das Skysegel aus Glas nach Entwurf von Christian de Portzamparc soll Ende 2025 73 Meter in die Höhe wachsen und

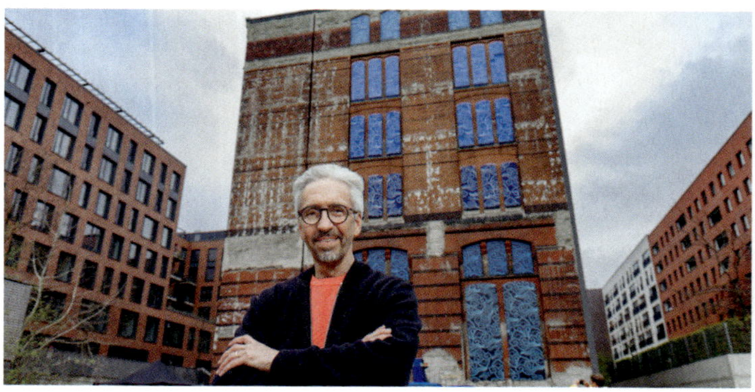

Die „Blaue Mauer“: Backstein und verzierte Fenster – die 20 Meter hohe Brandmauer in der Hongkongstraße 7 ist ein Hingucker. Die Fensteröffnungen sind mit Wellen und Wolkenmustern in blau und weiß gestaltet. Der Designer Stefan Kiefer hat das Kunstwerk mitgestaltet: „Für mich ist es ein harmonisches Werk, eine Kombination aus Linien, Wellen, Blumen oder Wolken.“

den Komplex komplettieren. Im Erdgeschoss entsteht ein öffentliches Restaurant, dessen Terrasse einen Blick auf die Promenade bietet.

Die HafenCity ist mehr als das Überseequartier. Viel mehr. Und wächst fortlaufend. Die Baufelder 48 und 51 harren noch ihrer Entwicklung, Kleinau spricht von „verbleibenden Perlen". Bislang nimmt die Grube zwischen der Überseeallee, der Shanghaiallee und der Hongkongstraße nur das überschüssige Wasser von der Baustelle des Überseequartiers auf, noch sind das Spektakulärste die beiden Kunstwerke an den Brandmauern. An der Hongkongallee hat Stefan Kiefer Fensteröffnungen mit Wellen und Wolken platziert, daneben an der Shanghaiallee 20 erinnert das Straßenmagazin „Hinz und Kunz(t)" mit einem großen Wandgemälde an den Verkäufer Uwe. Es soll Leute geben,

Das Evolutioneum will als modernes Naturkundemuseum sich mit den drängendsten Zukunftsfragen der Menschheit befassen und zugleich ein Ort des Lernens und Forschens sein. Mit der geplanten zentralen Lage in der HafenCity hofft der Senat auf einen Leuchtturm des Wissenschaftsstandorts Hamburg.

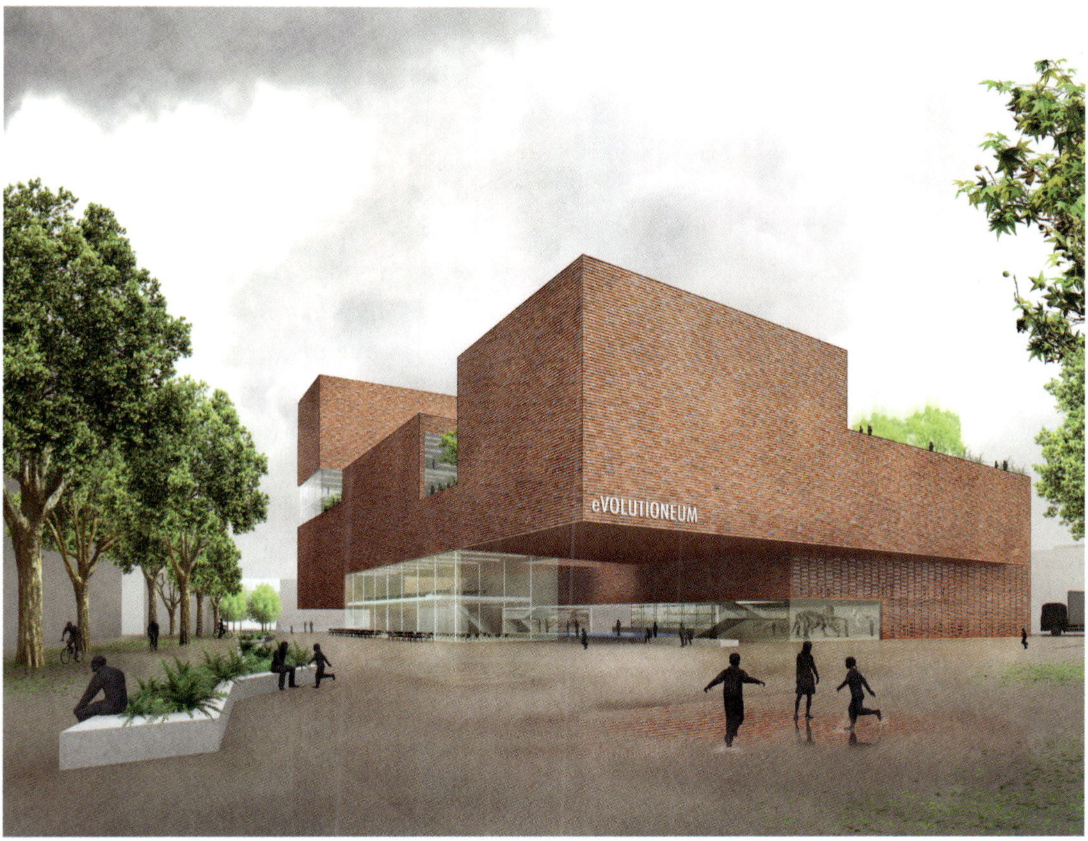

Das neue Naturkundemuseum soll die Welt erklären: Denn der Mensch ist längst zu einem entscheidenden Faktor der Evolution geworden – durch den Klimawandel, Umweltzerstörung und die Veränderung von Lebensräumen. Die neue Ausstellung will multimedial wie sinnlich erfahrbar sein.

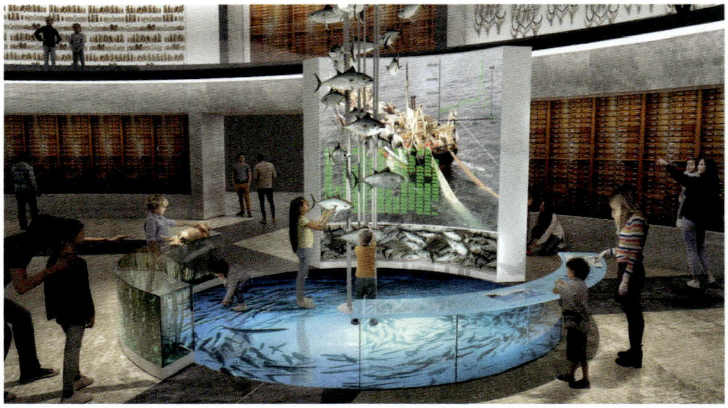

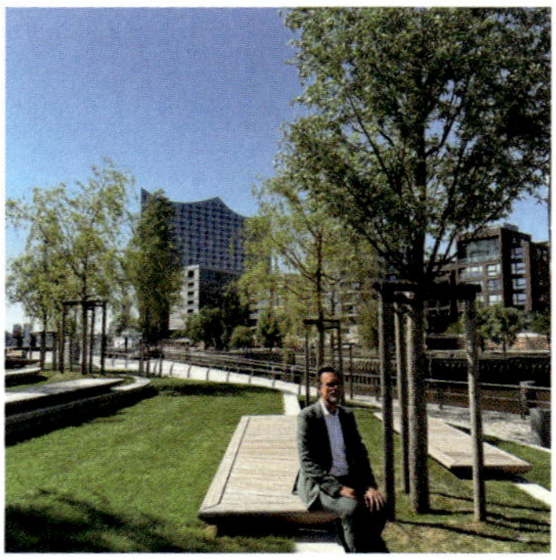

Steht man an der Spitze des neuen Strandhöfts, wähnt man sich mitten auf dem Wasser. Geradeaus fällt der Blick auf die Elbe stromabwärts, steuerbord schiebt sich die Elbphilharmonie ins Bild, backbord fällt der Blick auf den Hafen. „Die neuen Freiräume am Strandkai ergänzen die umliegenden Promenaden und Plätze wie die Marco-Polo-Terrassen, der Platz der Deutschen Einheit, die Dalmannkai-Promenade und künftig der Chicagokai im Überseequartier“, sagt Andreas Kleinau, Vorsitzender der Geschäftsführung der HafenCity Hamburg GmbH.

die diese beiden Fassaden für die schönsten der Häuser halten.

Bald werden sie verschwinden: Auf dem dreieckigen Grundstück könnte das Evolutioneum und das Leibniz-Institut zur Analyse des Biodiversitätswandels entstehen. Es wäre die Rückkehr einer Legende – bis 1943 zu den Bombennächten der Operation Gomorrha beherbergte die Stadt die zweitgrößte naturkundliche Sammlung des Landes, nun soll sie ihre Ausstellungsflächen zurückbekommen. Das neue, idealerweise als nachhaltiger Holzbau konstruierte Forschungsmuseum soll sich über fünf oberirdische und zwei unterirdische Stockwerke erstrecken, insgesamt bis zu 60.000 Quadratmeter groß.

Wann das Evolutioneum seine Tore öffnet, steht noch dahin: „Es wird derzeit an der Architektur und den Inhalten gearbeitet – denn es soll Forschung und Präsentation verbinden“, sagt Ehrenbürger Michael Otto, der sich seit Langem für das Haus engagiert. Das neue Museum werde ein attraktives Ziel für die Bürger in Hamburg, aber auch für Touristen. Auf einen Eröffnungszeitpunkt will sich Otto nicht festlegen – nur so viel: In diesem Jahrzehnt soll es noch klappen. Ursprünglich war das Jahr 2027 angepeilt worden – aufgrund der Größe des Projektes und der Probleme in der Bauwirtschaft spricht davon niemand mehr. Möglicherweise wird auch noch einmal über das Grundstück nachgedacht.

Entsprechend vorsichtig ist auch Kleinau – er hat in den vergangenen Jahren zu oft erlebt, dass Zeitpläne hinfällig wurden, weil immer wieder etwas fehlte: In Corona erst die Materialien und die Fachkräfte, später mitunter die Kredite, die Mieter oder gleich die Perspektiven. „Die Investoren sind weiterhin sehr interessiert, aber wir können die Rahmenbedingungen nicht ändern", sagt er. Die Zeiten sind knifflig. Die Immobilienwirtschaft erinnert an die Gezeiten, die auch hier in der HafenCity zwischen Brooktorhafen und Baakenhafen wirken – erst kommt die Ebbe, dann die Flut, dann die Ebbe. Nun scheint das Wasser langsam wieder aufzulaufen.

Beim Bummel durch die HafenCity zeigt der neue Stadtteil zwei Seiten: Oftmals eine ruhige, fast promenadenartige Wasserseite; und eine laute, manchmal fast unwirtliche Straßenseite, die wie aus der Zeit gefallen wirkt – aus der Zeit der autogerechten Stadt. Der Knoten an der HafenCity-Universität etwa wirkt überdimensioniert, breite Straßen,

Unweit vom geplanten Evolutioneum steht die HafenCity-Universität. Seit 2014 werden dort alle Aspekte des Bauens und der Stadtentwicklung in Gestaltung und Entwurf, Ingenieur- und Naturwissenschaften sowie Geistes- und Sozialwissenschaften unterrichtet.

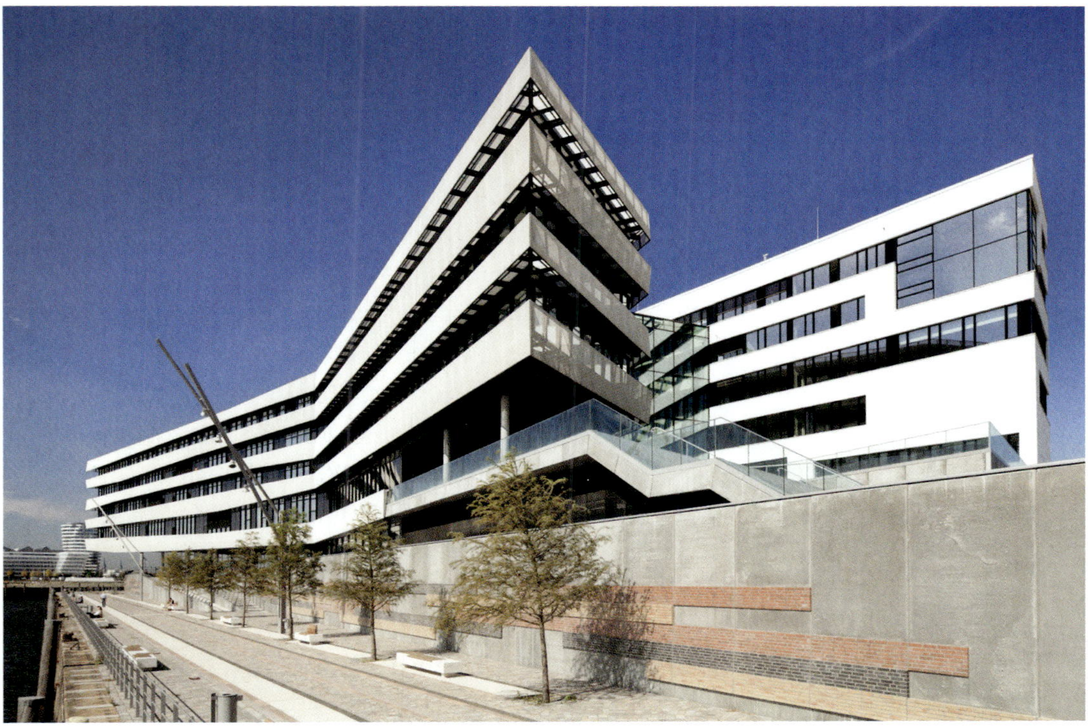

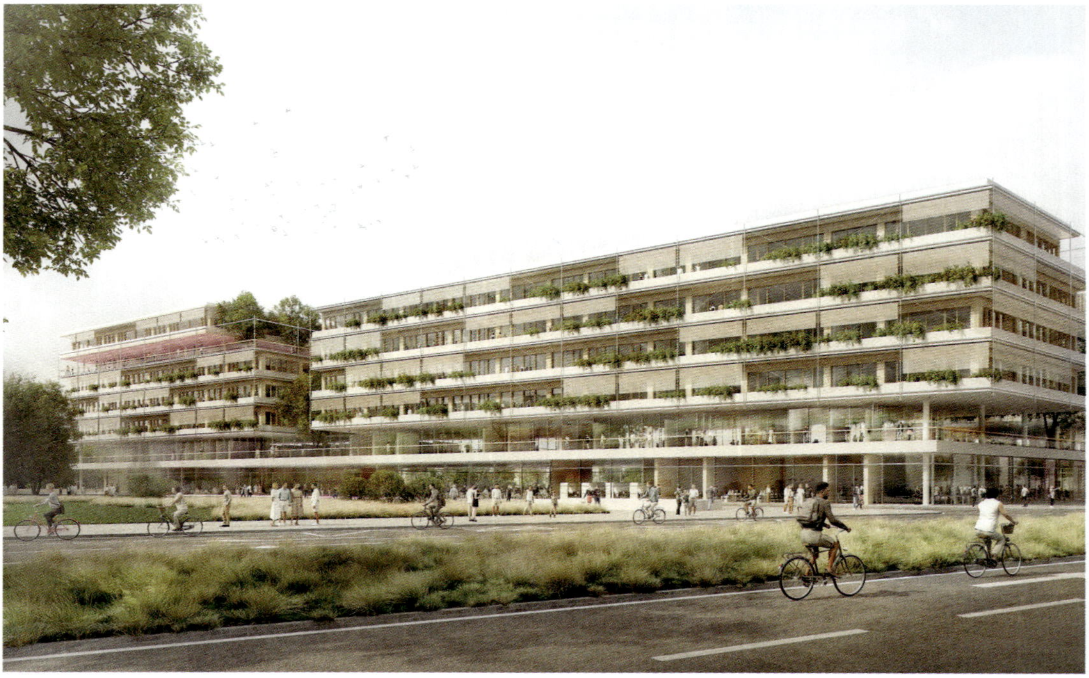

Der Campus HafenCity verspricht eine spektakuläre Schule zu werden: Am Rande des Lohseparks soll ein sechsgeschossiges Gebäude mit viel Glas, viel Licht und vielen Terrassen entstehen. Dort sind 84 Klassen-, Fach- und Gruppenräume geplant, drei Sporthallen – eine auf dem Dach –, viele Aufenthaltsräume, eine Mensa und eine große Aula. Doch vor 2027 dürfte sie kaum eröffnen.

die auf noch breitere Straßen münden. „Heute würde man das weniger mächtig machen“, sagt Kleinau. Aber die Verkehrsplanungen liegen rund zwei Jahrzehnte zurück. Noch weiß keiner, wie viele Autos hier eines Tages fahren werden, wenn die HafenCity vollendet ist. Bis zur Vollendung des großen Wurfes benötigen die Hamburger noch Geduld. „Ein Jahrzehnt dürfte es noch dauern, bis der Stadtteil ganz fertig ist“, sagt Kleinau.

Das Wachstum lässt sich baumringegleich an den Schulen erkennen. Die Campus-Schule der HafenCity soll eines Tages gut 1.500 Schüler aufnehmen – in diesem Sommer werden die neuen Fünftklässler begrüßt. Allerdings müssen sie wie die drei Jahrgänge zuvor in Container ziehen, die jedes Jahr weiter aufgestapelt werden müssen. Die aktuelle Hoffnung: 2027 soll der Campus fertig werden. Für 100 Millionen Euro ist ein Bau mit viel Glas und viel Licht geplant, aufgeteilt in drei miteinander verbundene Einzelgebäude, die bis zu sechs Geschosse hoch werden. Eine umlaufende Terrasse bildet im ersten Obergeschoss ein

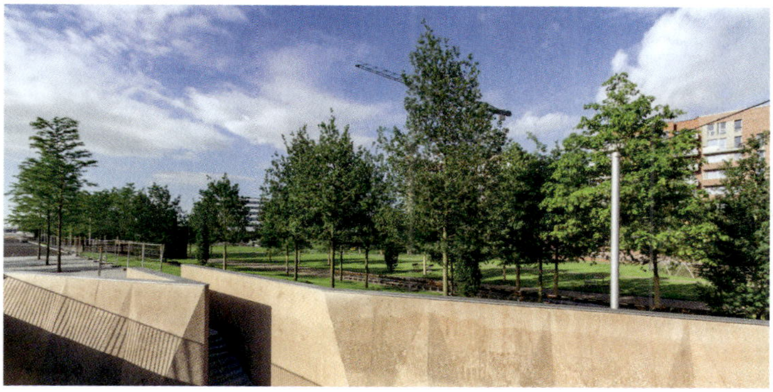

Die HafenCity lebt von ihren vielen Parks, Freiflächen und Grünanlagen. Der hier abgebildete Lohsepark ist der größte in der HafenCity. Er erstreckt sich vom Baakenhafen im Süden bis zum Ericusgraben im Norden und ist nach dem Bauingenieur Hermann Lohse (1815–1893) benannt. Auf seinem Gelände befand sich der Hannoversche Bahnhof, von dem aus Juden, Sinti und Roma in der Zeit des Nationalsozialismus in Ghettos und Vernichtungslager gebracht wurden. Eine Gedenkstätte erinnert an die Deportationen.

„erweitertes Klassenzimmer“, auf dem die Schulgebäude schweben sollen.

Die Schule versteht sich wie der Stadtteil als „demokratisch, vernetzt, bewegt, vielfältig und verantwortungsbewusst“: Zum Lohsepark gibt es einen direkten Zugang wie auch zum Gedenkort, der an die Deportation der Juden, Sinti und Roma ab 1940 erinnert. Sie wurden vom Hannoverschen Bahnhof aus in Ghettos und dann in den Tod geschickt. Zukunft und Vergangenheit, Erholung und Grauen liegen nebeneinander. Das Leben, es ist nicht nur schön.

Dem Container entwachsen ist die Grundschule am Baakenhafen – ein Bau mit markanten Rundbögen. Hamburgs bis dato kleinste Schule hat ihr Gebäude 2023 beziehen

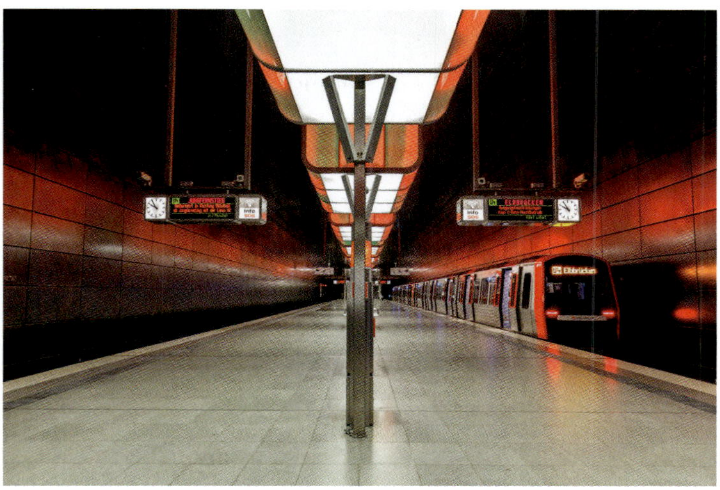

Die Anbindung des neuen Stadtteils erfolgte sehr früh. Die Haltestelle HafenCity Universität wurde schon 2014 eröffnet, das Verkehrsaufkommen wächst mit dem Stadtteil. Besonders spektakulär sind die Leuchtcontainer, deren LED die Bahnsteige illuminieren.

können und wächst nun von Jahrgang zu Jahrgang. Die HafenCity wird mehr und mehr ein ganz normaler Stadtteil.

Allerdings zeigt er noch immer unvermittelt Brüche. Eben noch herausgeputzte Architekturmoderne, dann vergessene Peripherie, in der vor allem das Wildkraut wächst. Die Versmannstraße ist eine Straße im Übergang, wie die dortige U-Bahn-Station. Der östliche Zugang zur U-Bahn-Haltestelle HafenCity Universität führt in eine gewaltige Tiefe. Hier steigt kaum jemand hinab – aber das dürfte sich eines Tages ändern. Wer genau hinsieht, erblickt einen

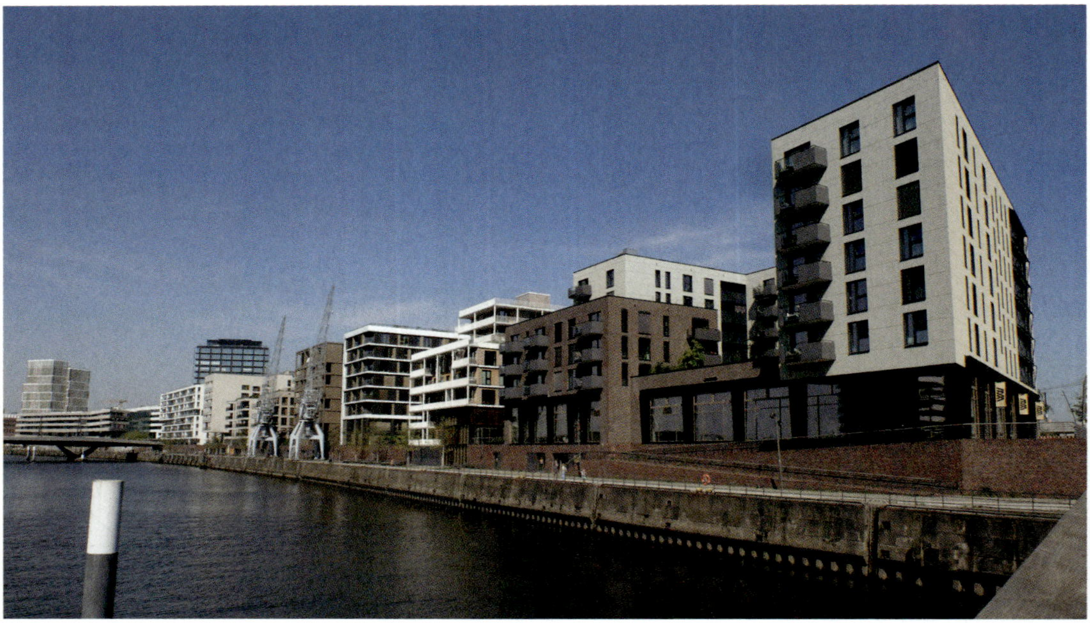

Im Osten der HafenCity wie hier am Versmannkai wurde anders als in den ersten Bauabschnitten verstärkt auf Wohnungsbau und mehr Dichte gesetzt. Als die ersten Bewohner 2004 an den Sandtorkai zogen, galt das Quartier noch als „Stadtteil der Reichen". Mit viel gefördertem Wohnungsbau hat sich dieses Bild gewandelt. Bei der Vollendung dürfte die HafenCity rund 7.500 Wohneinheiten für 15.000 Bewohner bieten.

noch versperrten Tunnelzugang. Von hier können Fußgänger, Bahnfahrer und Radler voraussichtlich ab 2025 unter den Gleisen ins Oberhafenquartier und weiter nach Hammerbrook gelangen. Ein kleiner Tunnel, der ein großer Brückenschlag für die Stadt wird.

Wer vom Westen der HafenCity nach Osten bummelt, den mag die Masse der Baukörper verstören. Anders als die kleinteiligere Gestaltung in City-Nähe wirkt hier alles höher, größer, voluminöser. Kleinau kennt die Vorbehalte, es bedarf aber einer Dichte, um den Stadtteil mit Leben zu füllen. „Dafür benötigen wir eine gewisse Masse." Zumal die Versmannstraße immer amputiert bleiben wird – auf der anderen Straßenseite rollen, donnern und quietschen über mehrere Parallelgleise die Züge gen Süden. Diese Verkehrslandschaft verschwindet hinter grauem Beton. Wo sind die Graffiti-Sprayer, wenn man sie mal benötigt?

An der Elbchaussee spottet man je nach Wasserblick über eine Margarine- und eine Butterseite. Die Häuser am Versmannkai haben beides: eine Margarine- und eine Schokoladenseite. Letztere grenzt direkt zum Wasser des Vers-

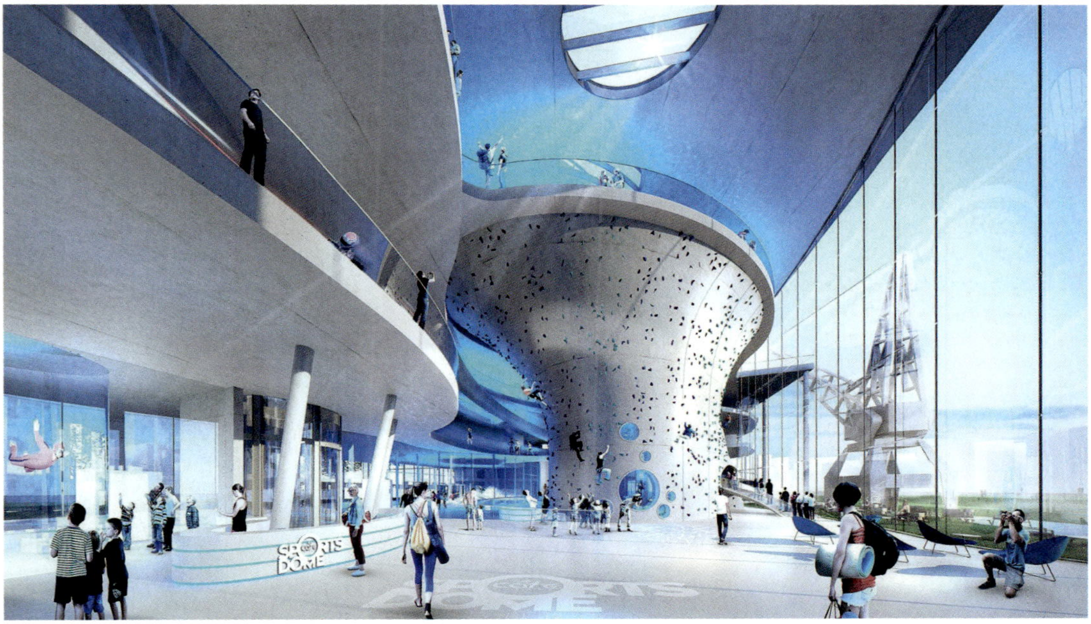

Ein ambitioniertes Projekt ist der Sports-Dome im Quartier Baakenhafen. Angesichts der Krise am Immobilienmarkt scheint eine Verwirklichung derzeit aber unsicherer denn je. Ursprünglich sollte das Haus der Trendsportarten schon 2019 eröffnen.

mannkais. Das Leben muss über die Südseite kommen, der Flaneur im Norden kommt noch nicht auf seine Kosten: Hier finden sich bislang vor allem Büros, das Jufa-Hotel und der neue Marktplatz der Manufakturen – eine so großartige wie mutige Idee, besonderes Handwerk zu präsentieren.

Dazwischen gähnen noch leere Baufelder in der Straßenfront. Auf einem soll der Sports-Dome entstehen. Schon seit Jahren befindet sich das innovative Konzept in der Ankündigungsphase: Dort sollen Trendsportarten auf sieben Etagen und 23.000 Quadratmeter Bruttogeschossfläche

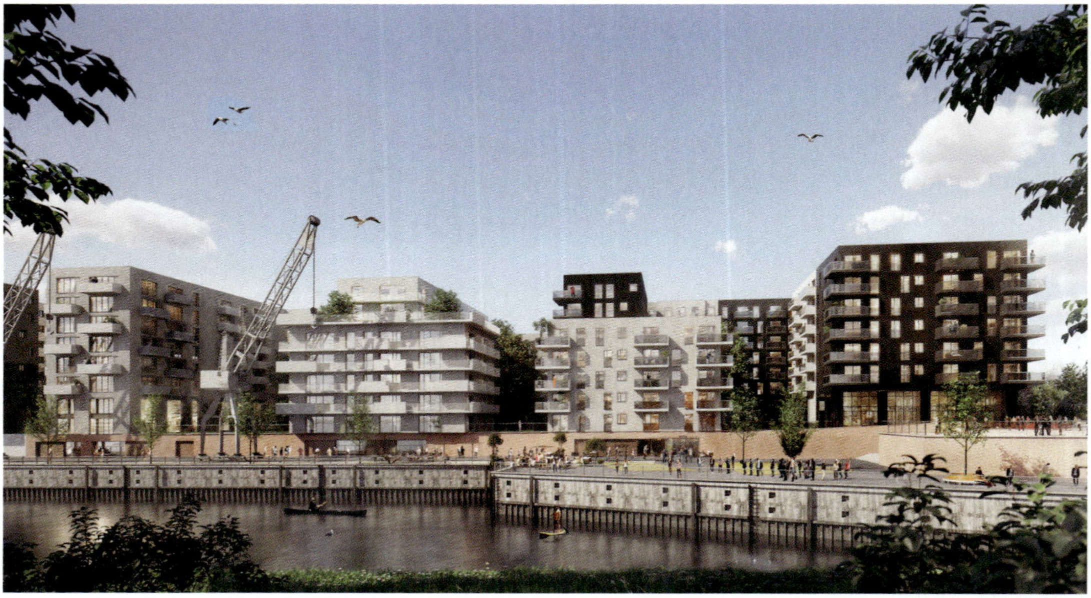

Ein großes Wohnungsbauprojekt ist Neuhavn. Am Versmannkai sind in sieben Gebäuden zehn Gewerbeeinheiten und 206 Wohnungen entstanden, davon fast die Hälfte öffentlich gefördert. „Es gelingt uns, hier in der HafenCity immer mehr öffentlich geförderte Wohnungen anzubieten", lobte Senatorin Karen Pein.

zelebriert werden wie Eisklettern, Snowboarden, Bouldern, Skydiving, das Surfen auf stehender Welle verbunden mit Fitness und Wellness sowie einem Sporthotel und Gastronomie. Vor Corona hieß es, der Sports-Dome werde Anfang 2024 eröffnen. Laut Website soll es 2025 so weit sein – allerdings ist die Baufläche im Sommer 2024 weiterhin nur ein Parkplatz.

Mehr Betrieb und Menschenauflauf könnten indes trotzdem bald kommen. Anders als die Innenstadt ist die HafenCity keine Büro- und Handelsmonokultur, sondern Wohnort. In den kommenden Jahren werden sich hier tausende Menschen niederlassen – Quantum realisiert beispielsweise im Wohnquartier Neuhavn auf dem Baufeld 84 a+b im Baakenhafen bis Ende 2024 genau 206 Mietwohnungen. Mittlerweile leben schon mehr als 8.000 Menschen in über 4.000 Wohnungen in der HafenCity, insgesamt sollen es einmal 16.000 Einwohner werden.

Sie finden Heimat in einem Stadtteil der Attraktionen. So hat die Deutsche Wildtier Stiftung im ROOTS, dem höchsten Wohnhochhaus aus Holz, eine interaktive Erlebnisausstellung eröffnet: die Botschaft der Wildtiere. „Die Inhalte wer-

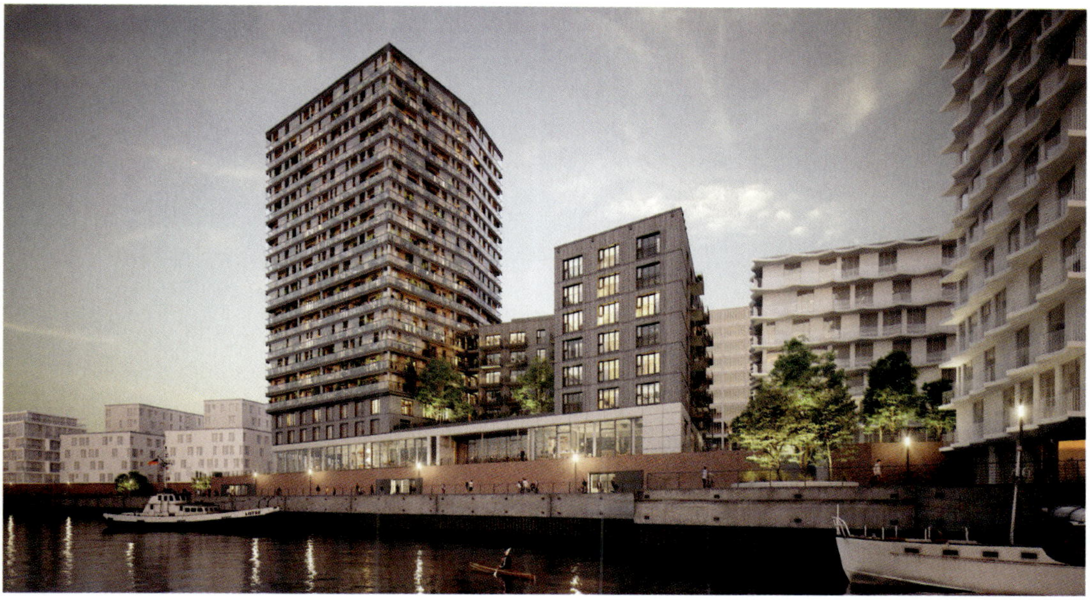

den spielerisch und interaktiv vermittelt. Die Besucher dürfen mitmachen, anfassen, aktiv werden", verspricht Jenifer Calvi, Pressereferentin der Deutsche Wildtier Stiftung.

Auf zwei Etagen geht es um die heimische Tierwelt zwischen Küste und Wald, Stadt und Feld. Die Lebensräume sprechen alle Sinne an – sie werden in ihrer natürlichen Form präsentiert, aber auch als agrarindustrielle Karikatur wie etwa als Rapsfeld-Monokultur. Die Tiere sind nicht etwa ausgestopft, sondern kommen „nachhaltig aus dem 3-D-Drucker", sagt Calvi. Die große Fensterfront zu der kleinen Landspitze, die in den Baakenhafen ragt, ist schwarz gepunktet. „Das machen wir aus Gründen des Vogelschutzes – da sollte jeder drauf achten." Hinter den schwarzen Punkten öffnet sich ein spektakulärer, neuer Blick auf Hamburg.

Das „ROOTS", wie die „Wildspitze" vermarktet wird, ist Aushängeschild und Ausnahmeprojekt zugleich. 65 Meter ist das Holz-Hybridhaus hoch und verfügt über 19 Geschosse, 5.500 Kubikmeter Nadelholz wurden verbaut. „Alles, was wir dort lernen, können wir auch im Wohnungsbau anwenden", sagt Fabian von Köppen, Geschäftsführer beim Bauherrn Garbe. Er gibt zu, dass man für ein solches Pro-

Mit dem Garbe Immobilien-Projekt „ROOTS" ist an der Lucy-Borchardt-Straße im Quartier Elbbrücken ein 18-stöckiges Holzbauhochhaus mit 181 Wohnungen sowie Ausstellungsräumen und der Verwaltung der Deutschen Wildtier Stiftung entstanden.

jekt immer auch Lehrgeld bezahle. „Das Schlimmste ist bei Holz nicht Feuer, sondern Wasser." Das gilt für Bau und Betrieb gleichermaßen. Er plädiert dafür, ökologisches Bauen endlich konsequenter zu denken. „Die meisten Häuser konzentrieren sich auf Energiesparen, aber das ist nur ein kleiner Teil der gesamten Öko-Bilanz", sagt er. „Wir wollen die gesamte Lebenszeit unter ökologischen Aspekten betrachten, vom Anfang bis zum Ende. Die Produkte, aus denen unsere Häuser sind, müssen nachhaltig sein."

Hier im Osten der HafenCity wird es noch einmal spannend – auch ohne den Elbtower, der seine Baupause so rechtzeitig eingelegt hat, dass der Torso nicht mehr alles zu überstrahlen vermag. Denn im Elbbrückenquartier wächst Hamburg noch einmal über sich hinaus. Ökologie und Nachhaltigkeit spielen bei der Planung überall eine Rolle: Als Innovationsquartier sollen die Bauherren beweisen, wie ökologisch die als Öko-Dinosaurier verschrienen Hochhäuser sein können. „Wir müssen uns die Frage stellen, welchen ökologischen Fußabdruck ein Gebäude hinterlässt", sagt Kleinau.

Der Entwickler EDGE hat zwei Zwillingstürme neben den Amerigo-Vespucci-Platz gesetzt. Das EDGE HafenCity

Das EDGE ElbSide Hamburg am Americo-Vespucci-Platz von HENN Architekten zeichnet sich durch einen imposanten, freitragenden Turm und tiefe Arkaden aus.

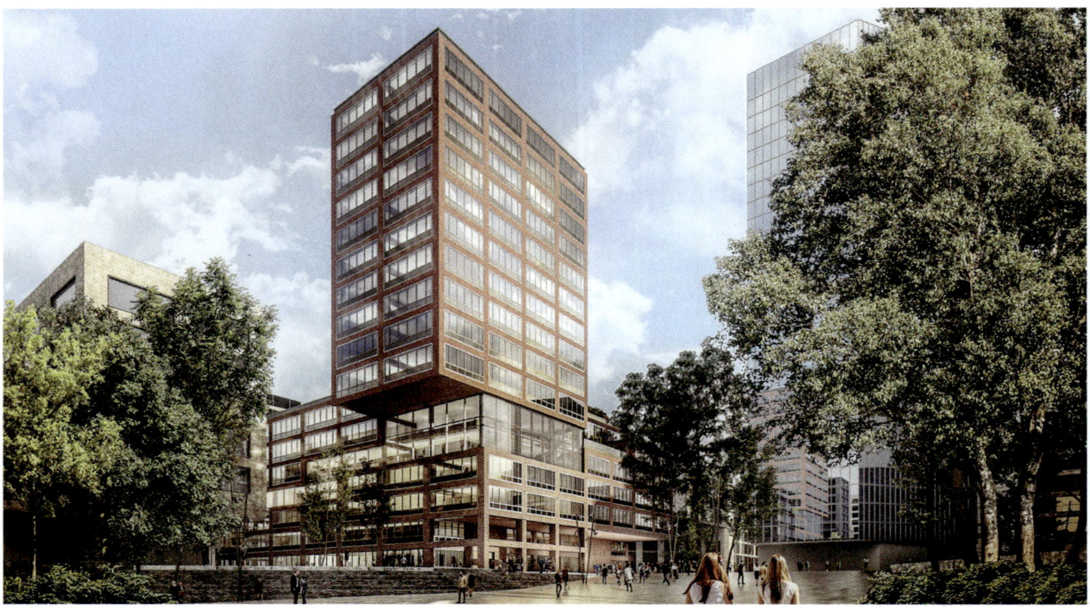

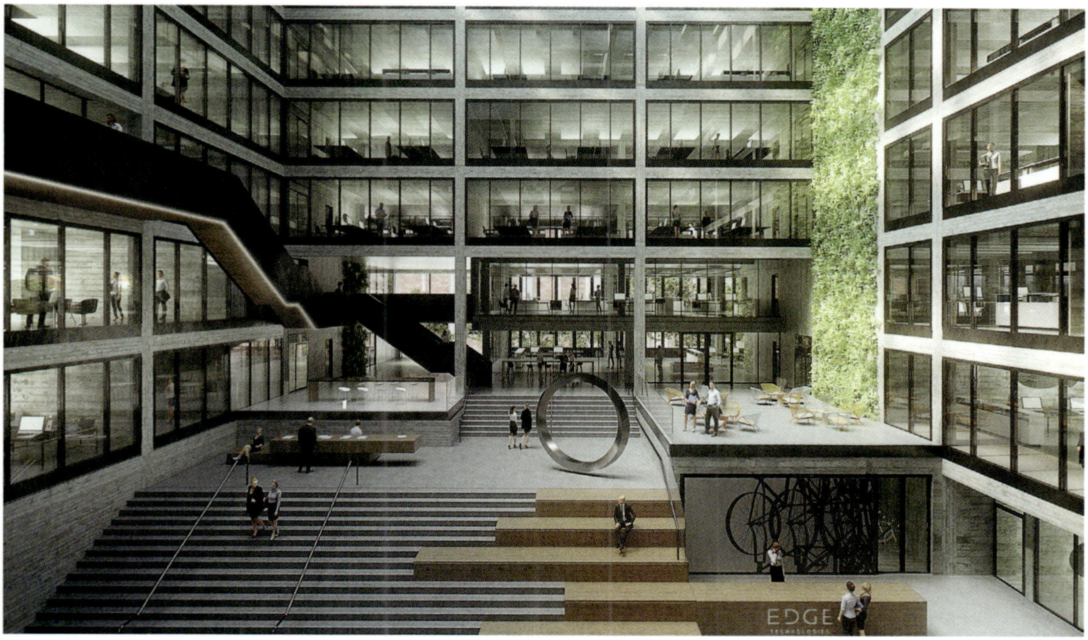

Im EDGE ElbSide befindet sich die neue Unternehmenszentrale von Vattenfall mit einem großen Atrium. Behnisch Architekten haben ein energieoptimiertes Gebäude geschaffen, das erneuerbare Energiequellen und Photovoltaik nutzt.

und das EDGE ElbSide tragen beide das Umweltzeichen HafenCity Platinum. In das 15-stöckige Gebäude zur Elbe hin ist der Energieversorger Vattenfall eingezogen – bis vor Kurzem residierten die Schweden in einem Büro am Dammtor und im preisgekrönten Arne-Jacobsen-Hochhaus in der City Nord, nun sind sie in eine neue Ikone gezogen. Zumindest fühlt es sich so an, denn das Bürogebäude wirkt wie eine Utopie von morgen. „Wir haben hier die Zukunft der Bürowelten geschaffen", sagt Vattenfall-Sprecherin Nina Burkhardt. „Deutschland ist in unserem Konzern jetzt ein Vorreiter."

Hier zeigt sich, wie sehr der Hunger auf Quadratmeter schrumpft. Corona war ein Gamechanger. Im Vergleich zu den spektakulären Scheibenhochhäusern des Versorgers in der City Nord wirkt das EDGE ElbSide überschaubar. Einen festen Arbeitsplatz gibt es für die Vattenfall-Beschäftigten nicht mehr, alle persönlichen Dinge müssen in quadratischen Schließfächern Platz finden. Ein jeder kann sich seinen Arbeitsplatz nach Lust und Laune auf einer der Etagen selbst aussuchen oder einen der Konferenzräume bu-

Die Station Elbbrücken ist ein Knotenpunkt im Nahverkehr: Der U-Bahnhof ging im Dezember 2018 in Betrieb, der S-Bahnhof folgte ein Jahr später. Inzwischen ist auch das Elbbrückenquartier weit gediehen.

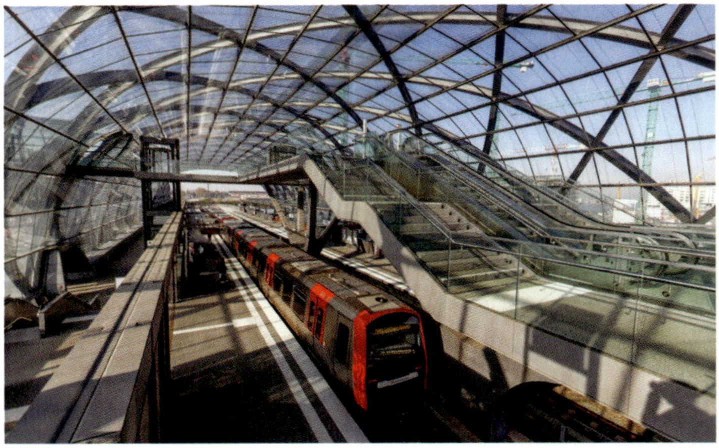

chen, die nach Hamburger Größen benannt sind. Dann lässt es sich beispielsweise mit Udo Lindenberg zusammenarbeiten, dessen Motto an der Wand prangt „Die Spinner von gestern sind die Erfinder von morgen.“, oder eben mit Loki oder Helmut Schmidt. Nur ohne Zigarette!

Die Büros ähneln eher Lounges und Kuschelecken; Laufwege und Arbeitsflächen sind geschickt voneinander getrennt, eine Wendeltreppe verbindet gleich zwei Etagen. Alles ist hell, hip und großzügig. Und bescheiden zugleich: Auch die Vorstände nennen kein Büro mehr ihr eigen – „alle Kollegen sollen sich auf Augenhöhe begegnen“, sagt Burkhardt. Selbst das Parkplatzprivileg ist gefallen, die 95 Parkplätze sind nur für Gäste, Schwerbehinderte und den Fuhrpark reserviert, nicht für die 1.400 Beschäftigten.

In der schönen neuen Welt kommen alle zu Fuß, mit dem Fahrrad oder mit der Bahn via die gegenüberliegende Station Elbbrücken. Selbst Geschlechter haben sich bei Vattenfall überlebt – auf den meisten Etagen gibt es drei Toiletten (m/w/d), hinzu kommt eine „Diversity“-Ecke unter dem modischen Regenbogen. Die Etagen sprechen englisch, die Abteilungen heißen „Generation Nuclear“ oder „Risk Management“. Nur der Betriebsrat und der Medizinische Dienst tragen noch deutsche Namen.

„Es ist beeindruckend, was man mit der Fläche machen kann, wenn nicht jeder Mitarbeiter einen eigenen Platz beanspruchtˮ, sagt Kleinau. Die vielleicht größte Stärke des Gebäudes bleibt sein Panorama. Der alte Dreiklang: Lage, Lage, Lage! Der Blick hinaus auf die HafenCity, die Elbe, die Hafenkräne und die Köhlbrandbrücke ist noch neu und unverbraucht – er lässt erahnen, warum die Aussichtsplattform des Elbtowers – wenn er denn kommt – ein Highflyer wird.

Das wohl innovativste Projekt liegt in Sichtweite stadteinwärts und hört auf den klangvollen Namen Moringa – nach einer indischen Pflanze, die als Heil- und Wundermittel populär ist. Hier soll das Bauen noch einmal neu erfunden werden, hier errichtet das Familienunternehmen der Landmarken Familie das erste Wohnhochhaus, das sich voll dem Nachhaltigkeitsgedanken verpflichtet fühlt.

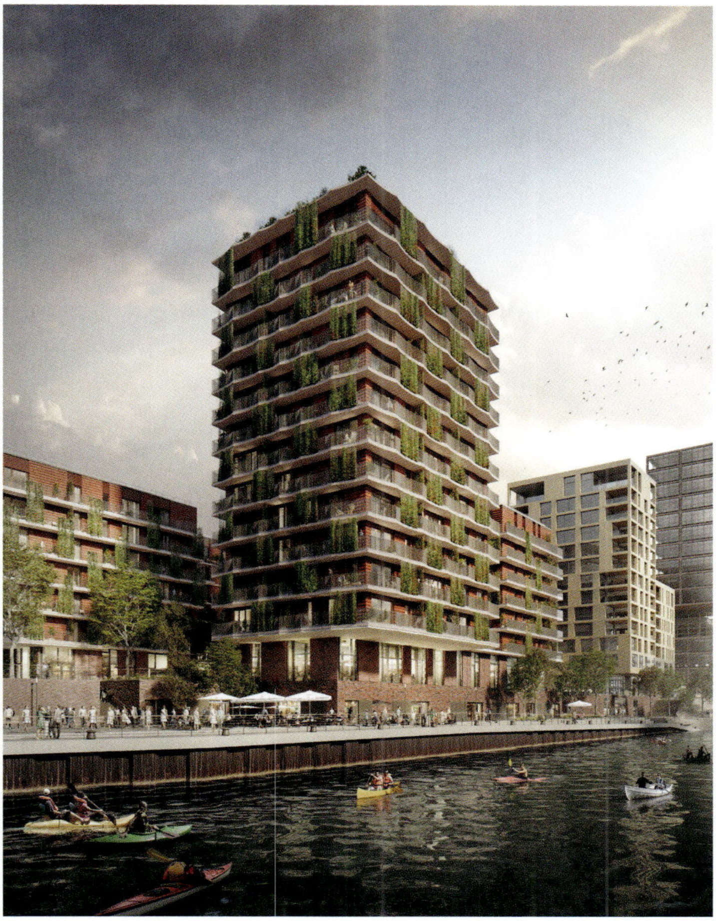

Das wohl ökologischste Haus der HafenCity ist das Moringa an der Lucy-Borchardt-Straße im Quartier Elbbrücken, bei dem sich rund 80 Prozent der Bau- und Ausstattungsmaterialien demontieren, sortenrein trennen und wiederverwenden lassen. Dort entstehen 220 Mietwohnungen.

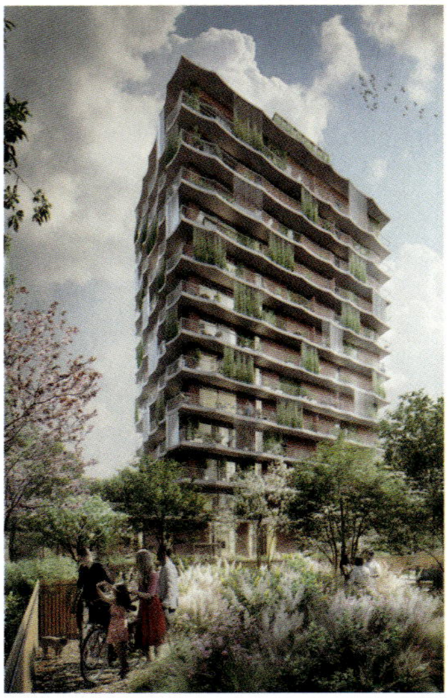

Der Name ist beim Moringa Programm: Er leitet sich vom „Wunderbaum“ Moringa Olifeira ab, eine nahrhafte und gesundheitsfördernde Pflanze. „Moringa passt sehr gut zur ökologischen Haltung, Innovationsstärke und Unternehmenskultur der Landmarken-Gruppe“, sagt Geschäftsführer Vanja Schneider.

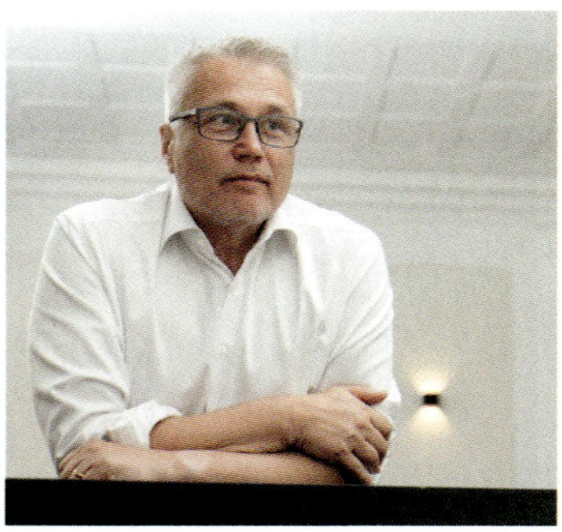

„Wir bauen die Zukunft. Über 100 Jahr Lupp“, hängt am Bauzaun. Die Unternehmensgruppe, die mangels Bezahlung die Arbeiten am Elbtower im Oktober 2023 stoppen musste, ist eine Baustelle weitergezogen. „Wir bauen hier ein Haus, das jederzeit umnutzbar ist“, sagt der Bauleiter Jörg Hansel von Lupp. „Und wir denken das Gebäude zugleich rückwärts – das macht sonst keiner.“ Damit umschreibt er das „Cradle-to-Cradle“-Prinzip. Dahinter steckt das Ziel einer dauerhaften Nachhaltigkeit – 80 Prozent der Bau- und Ausstattungsmaterialien sollen sich nach Gebrauch demontieren, sortenrein trennen und wiederverwenden lassen. Ein Kreislauf, von der Wiege bis zur Bahre – und neu zur Wiege. So gibt es beim Moringa schon jetzt mit den Herstellern und Lieferanten Rücknahmevereinbarungen.

Die Fertigstellung des Hauses mit 220 Mietwohnungen, davon 83 öffentlich gefördert, ist für 2026 geplant. Dabei geht es nicht nur um höchste ökologische Standards, sondern auch um soziale Nachhaltigkeit. Die klima- und ressourcenschonende Bauweise soll am Ende bezahlbares Wohnen ermöglichen.

„Wir wollen zeigen, dass die konsequente Anwendung des Kreislaufwirtschaftsprinzips die passende Antwort für unsere Umweltprobleme und Klimaziele ist“, sagt Vanja Schneider, Geschäftsführer der Moringa GmbH.

Moringa plant dort Gemeinschaftsflächen, ein modernes Co-Living-Konzept und Co-Working, Gastronomie und eine große Kita. Als eines der ersten Gebäude in der HafenCity überhaupt bekommt es eine begrünte Fassade und einen Dachgarten. „Das Projekt erklärt sich von selbst, wenn man das Gebäude sieht: Dort wächst so viel Grün, als würde man das ganze Grundstück bepflanzen“, sagt Kleinau. Die Idee, die lange nur auf dem Papier existierte, wird nun Wirklichkeit. „Es ist ein wunderbares Signal, dass ein so anspruchsvolles Bauvorhaben auch in diesen schwierigen Zeiten in die Realisierung geht.“

Andreas Kleinau verweist darauf, dass Hamburgs Prestigeobjekt HafenCity eben mehr als Stadterweiterung ist.

Es geht um neue ökologische und soziale Maßstäbe, um Gedankenanstöße – damit hebt sich Hamburg ab von vielen anderen renditeoptimierten Großprojekten in den Toplagen Europas. „Das macht die HafenCity aus", sagt Kleinau. „Aufgrund der besonderen Lage können wir die Investoren bewegen, neu zu denken. Die HafenCity muss auch ein Zukunftslabor sein."

Quersubventionen machen Experimente finanzierbar – die teure Wohnung finanziert dann den geförderten Wohnungsbau mit. So entsteht beispielsweise im Schatten des hochattraktiven Wohnhochhauses ROOTS eine Mantelbebauung, wo der Preis gedämpft werden kann. Luxus und Soziales müssen keine Antipoden sein, sie können auch Hand in Hand marschieren.

Hier im Osten besinnt sich die Stadt auf die Stärken der ersten Entwicklungen in der HafenCity und wagt Individualität. „Rund um den Baakenhafen entsteht ein grünes, sozial gemischtes Quartier mit einem breiten Wohnungsangebot, darunter ein hoher geförderter Anteil, aber auch Vorhaben für Baugemeinschaften und besondere Gruppen", sagt Kleinau.

Ein Blick auf ein neues Stück Hamburg: Das grüne Herz der östlichen HafenCity ist der Baakenhafen mit dem Baakenpark. Die Baakenparkbrücke bringt Fußgänger und Radfahrer schnell durch das Quartier.

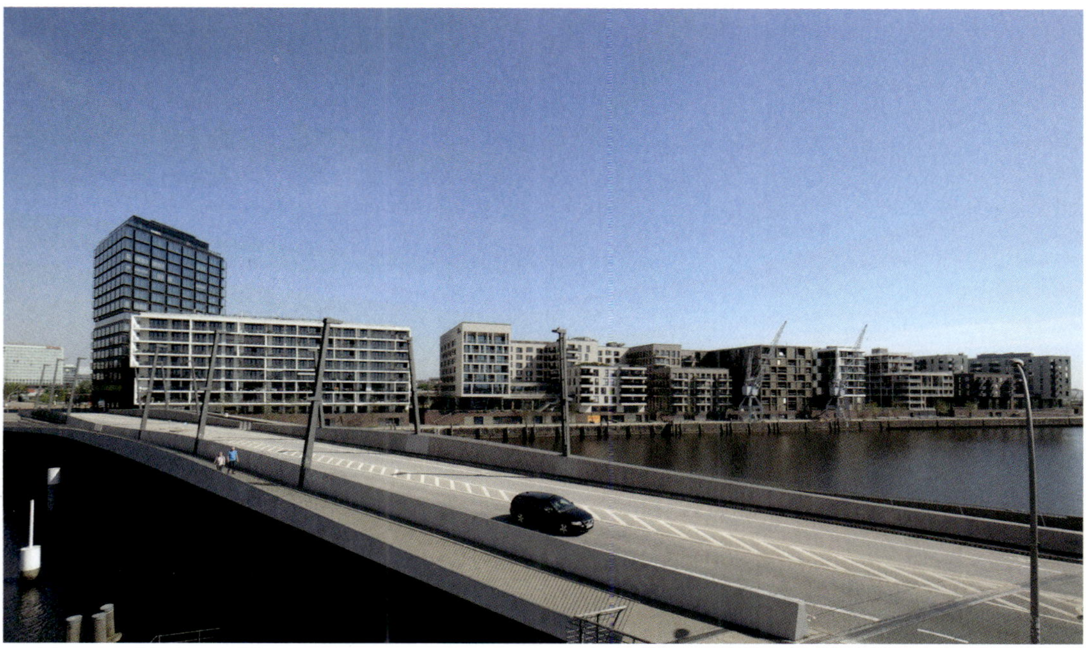

Der größte Platz der HafenCity ist schon seit Sommer 2021 fertig. Mit 10.000 Quadratmetern ist der geschwungene Platz fast so groß wie der Rathausmarkt und dürfte eines Tages ähnlich belebt sein. Seine grünen Inseln, die Holzmöbel, das Großsteinpflaster und sein Design harmonieren mit dem Wasser des Baakenhafens. So wie die Magellan-Terrassen längst zum beliebten Postkartenmotiv und Cover-Star wurden, dürfte auch der Amerigo-Vespucci-Platz einst die Stadt prägen.

Gleich daneben entsteht eine der Attraktionen, die Hamburg weiter in die Top 10 der beliebtesten Destinationen Europas schießen könnte. Im Projekt „TIDE" entstehen nicht nur rund 580 hochwertige Miet- wie Eigentumswohnungen in doppelter Wasserlage und ein Wohnheim für 370 Studierende, sondern auch eine Kindertagesstätte, Gewerbe und Gastronomie. Der Clou aber wird das UBS Digital Art Museum des Künstlerkollektivs teamLab.

In Tokio ist das digitale Museum ein Millionen-Erfolg geworden, nun soll es in Hamburg zum Magneten werden. Das UBS Digital Art Museum verspricht ab 2025 auf 6.500 Qua-

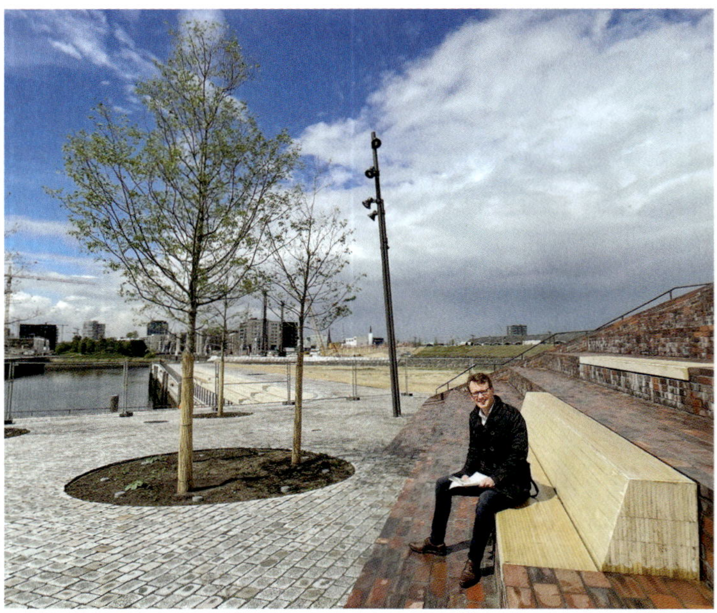

Landschaftsarchitekt Andreas Schneider von der HafenCity Hamburg GmbH auf dem von ihm und dem Atelier Loidl aus Berlin entworfenen Amerigo-Vespucci-Platz: Dieser wurde schon vor den meisten Gebäuden in der Umgebung fertiggestellt. Er soll auch für Märkte oder Veranstaltungen wie Konzerte oder Lesungen genutzt werden.

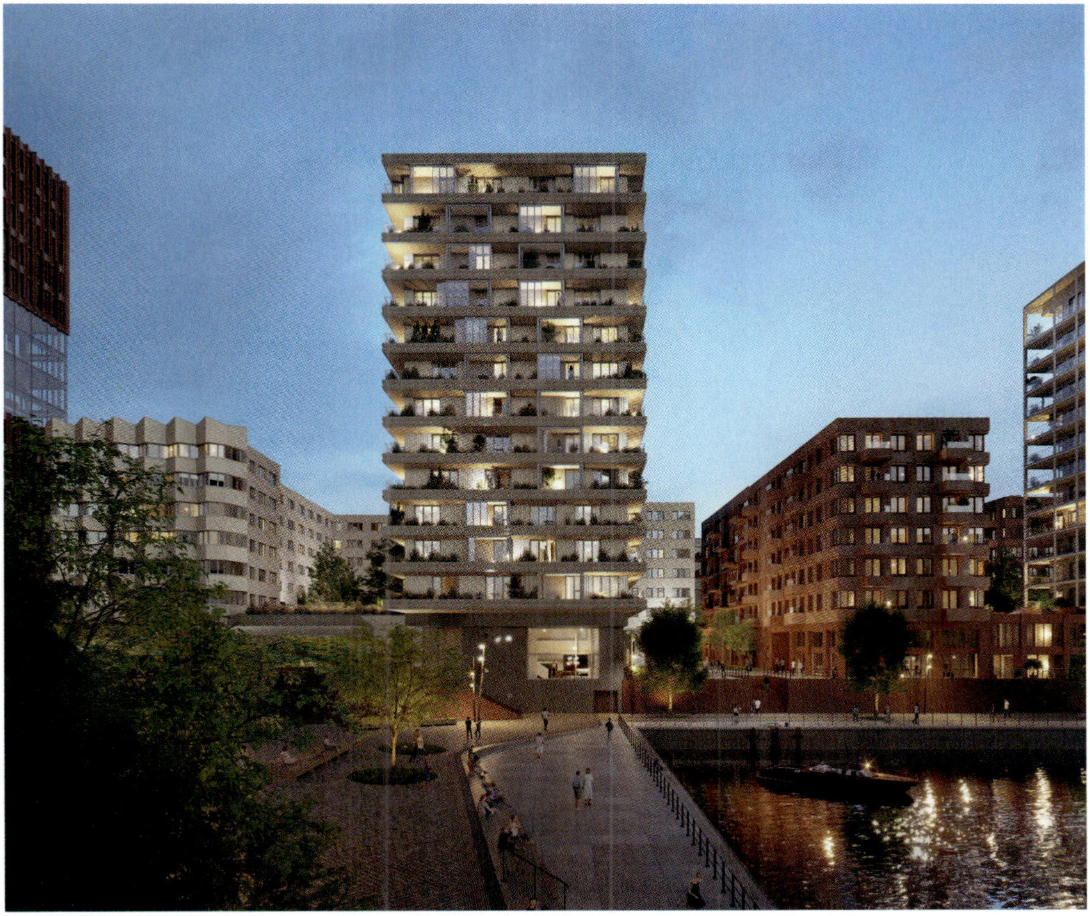

dratmetern einen Kunstgenuss der neuen Dimension – ein Museumsbesuch für alle Sinne: Die Besucher bewegen sich durch eine Ausstellung voller optischer Überraschungen, sie tauchen ein in eine Spiegelwelt, einen Irrgarten der Installationen, ja, sie werden Teil der Schau. Auch die Kunstwerke bewegen sich, kommunizieren, fließen ineinander.

„Als ich zum ersten Mal die teamLab Ausstellung in Tokio besucht habe, war ich überwältigt. Seitdem war mir eins klar: Das möchte ich in Hamburg, Deutschland und Europa erlebbar machen!", sagt der Hamburger Initiator Lars Hinrichs. Erwartet werden rund 700.000 Gäste. Es gibt aber auch Optimisten, die das Doppelte für möglich halten – das wäre die Besucherzahl im Miniatur Wunderland.

Das Quartier TIDE direkt am Amerigo-Vespucci-Platz verspricht das erste Museum für digitale Kunst in Europa, Miet- und Eigentumswohnungen, Penthouses, ein Studentenwohnheim und viel Grün. Der Wohntower Beat ist knapp 50 Meter hoch und verfügt über 15 Geschosse, auf die sich 62 exklusive Eigentumswohnungen und zwei Penthouses verteilen. Das Beat entworfen haben Heide & von Beckerath, Ulrike Krages und Frank Theuerkauf statten es aus.

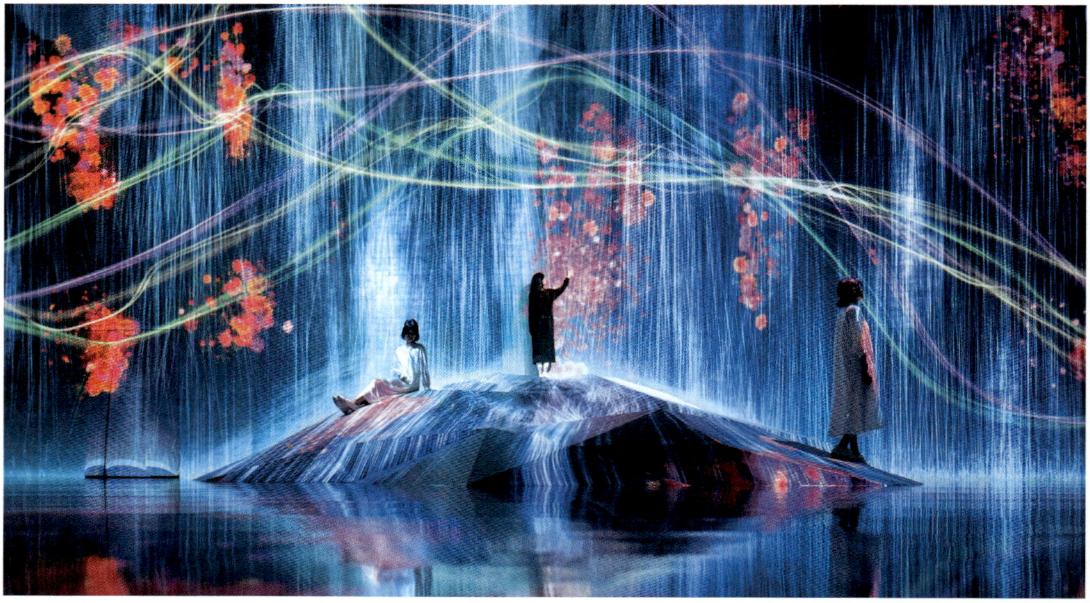

Das „TIDE“: Mit der teamLab Ausstellung holt der Hamburger Initiator Lars Hinrichs eine Weltsensation in die Freie und Hansestadt. Das UBS Digital Art Museum erwartet rund 700.000 Gäste. Die Ausstellungsräume haben eine Fläche von 6.500 Quadratmetern und zehn Meter hohe Decken.

Auch das liegt nur zweieinhalb Kilometer entfernt – angesichts der Ballung von Sehenswürdigkeiten blicken andere Stadtteile verständlicherweise neidisch auf die HafenCity, die zudem mit innovativer Architektur punktet. So entstehen im Baakenhafen drei Wasserhäuser, die per Steg mit dem Petersenkai verbunden sind. Dieses Wohnturm-Trio wird im Hafenbecken platziert, ein technologisch ambitioniertes wie faszinierendes Projekt: Die erste Baugenehmigung ist erteilt, ab 2025 könnte der erste Turm westlich des Baakenparks in die Höhe wachsen. Insgesamt werden dort 240 Wohnungen entstehen, die Kinderspielflächen in die Gebäude integriert. Ursprünglich waren sogar sechs Wasserhäuser geplant, die architektonischen und städtebaulichen Kompromisse wären aber zu groß gewesen, die Blickachsen zugestellt worden.

Zugleich zeigt sich hier, dass noch nicht alle Pläne aufgegangen, nicht alle Träume Wirklichkeit werden. Die Erdgeschosszonen am Versmannkai liegen noch meist leer da, Corona und Home Office haben sie zu Problemzonen gemacht. Aber je mehr Menschen in den Osten ziehen, umso belebter werden sie. Alles hat und braucht seine Zeit.

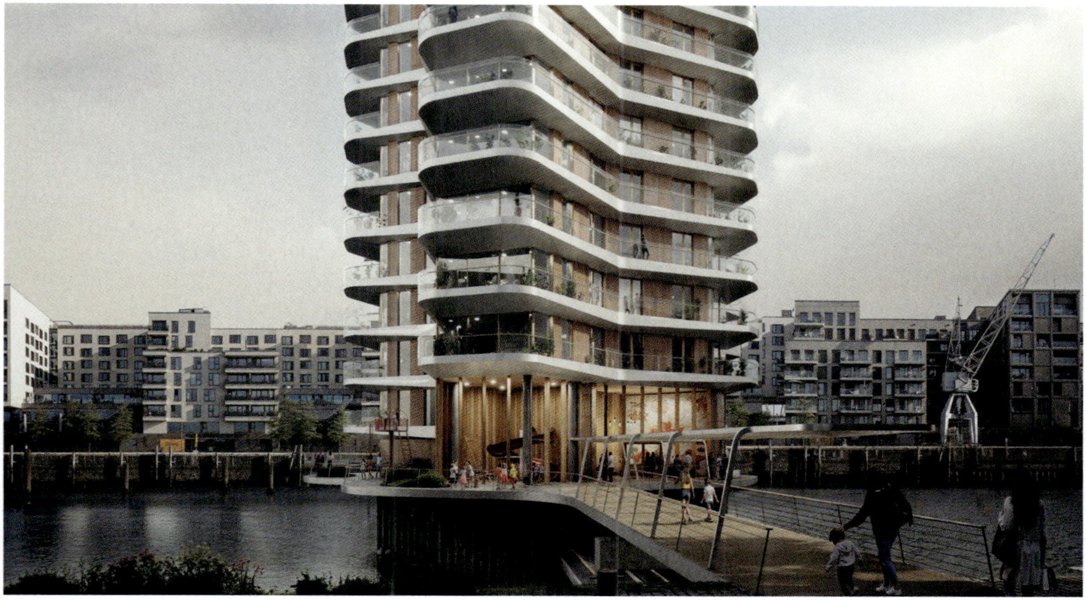

Der große Architekt Volkwin Marg, der Entwickler des ersten Masterplans der HafenCity, bewertet sein Baby positiv: „Das ist wie bei einem geglückten Kind“, sagt er. „Es ist gut veranlagt, begabt und robust, verträgt also auch ein paar Kinderkrankheiten, Schrammen und Beulen.“ Die HafenCity sei gut und schnell gediehen. „Sie bietet genau die Nutzungsvielfalt, die ich wollte. Am Anfang waren es noch zu wenig Wohnungen; durch wirtschaftlichen Druck entstanden zu viele Büros.“ Die Elbphilharmonie, die nicht Teil seines ursprünglichen Plans war, bezeichnet er als „Kulturkathedrale“, die ein Paukenschlag geworden sei. Er vergleicht die gesamte HafenCity mit einer Sinfonie mit großem Orchester: „Die Premiere mit dem Dirigenten Jörn Walter ohne vorherige Proben ist gelungen, es gab ein paar Quietscher, mal einen verstolperten Einsatz, einen zu lauten Paukenschlag, aber das macht nichts. Der neue Stadtteil ist einfach überzeugend.“

Bummelt man durch diese HafenCity, die noch im Werden ist, kann man fast wehmütig werden, dass dieser große Abenteuerspielplatz der Architektur bald fertig sein soll. Der orangene Aussichtspunkt wird dann ein weiteres Mal

Im Becken des Baakenhafens werden Häuser direkt ins Wasser gebaut: In den drei unterschiedlich gestalteten Türmen entstehen 240 Wohnungen. Das Ensemble soll ein „architektonischer Blickfang“ in der HafenCity werden. Der Bau soll 2025 beginnen.

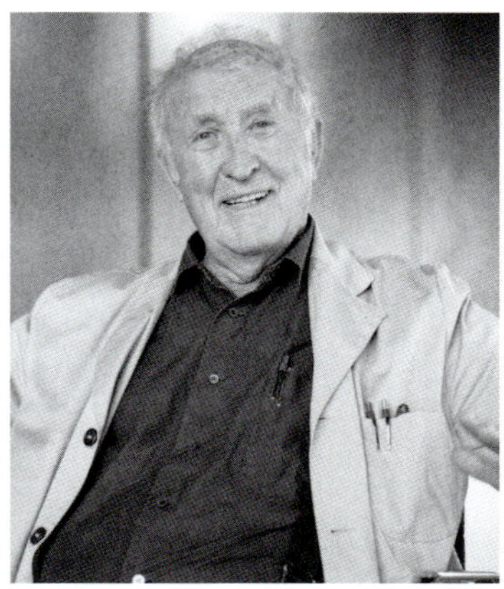

Volkwin Marg von gmp entwickelte den ersten Masterplan der HafenCity. Er ist mit dem neuen Stadtteil sehr zufrieden.

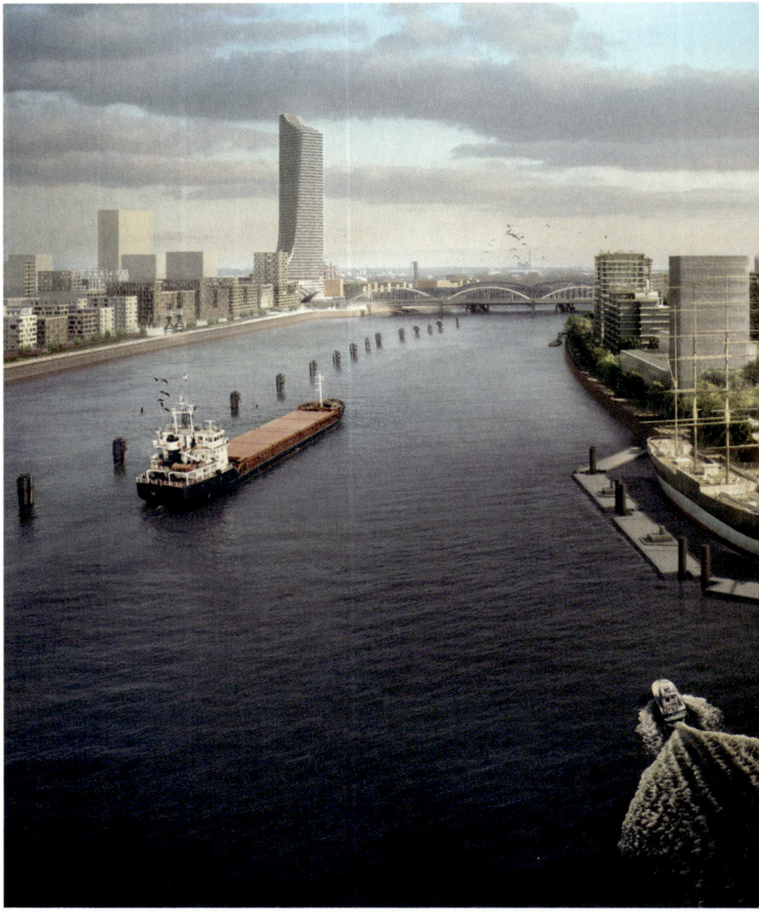

umziehen, dieses Mal über die Elbe auf den Grasbrook springen.

Dort am Südufer der Norderelbe, gegenüber der östlichen HafenCity, entsteht auf einer Fläche von 47 Hektar ein gemischtes Quartier mit bis zu 16.000 Arbeitsplätzen und Wohnungen für 6.000 Menschen. „Wir haben dort den Hafen in der Nachbarschaft. Das muss zusammen funktionieren", sagt Oberbaudirektor Höing. „Die Baufelder mögen wirken wie in der HafenCity. Aber dort versuchen wir, einen neuen Maßstab für Hamburg zu entwickeln. Wir reden über eine Höhe und Dichte, die in der Stadt ungewöhnlich sind." Die Dichte von Hoheluft – dem am dichtesten besiedelten Stadtteil der Republik – wird aber nicht erreicht. „Eigentlich

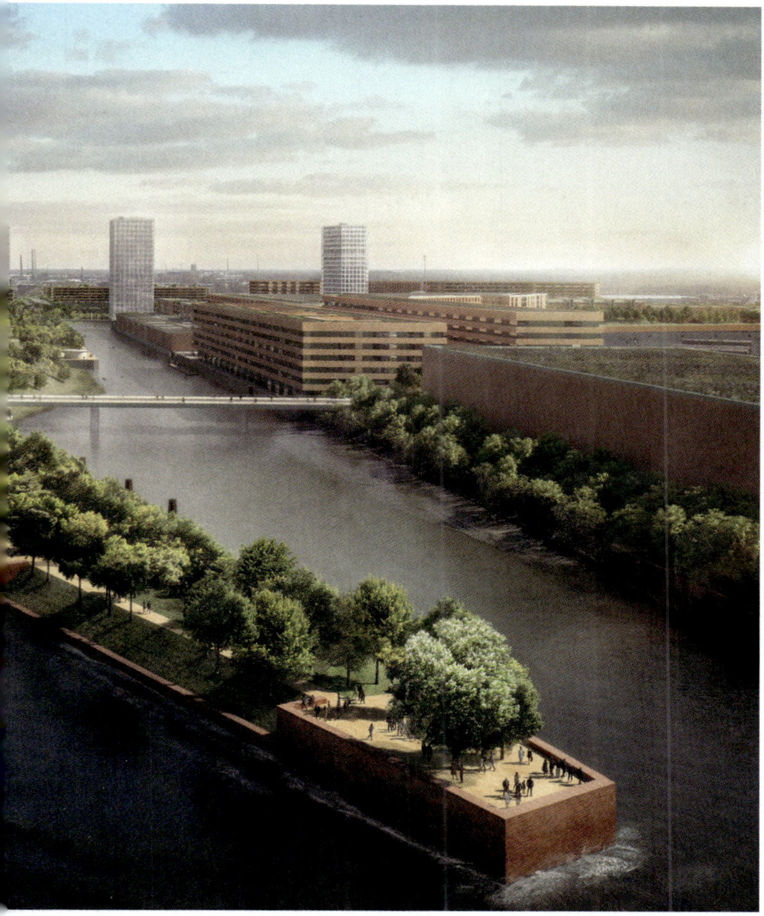

Mit dem Grasbrook entsteht ein neuer, grüner Stadtteil am Wasser. Er bietet Wohnraum für rund 6.000 Menschen und 16.000 Arbeitsplätze. Er setzt die Entwicklung der innerstädtischen HafenCity, insbesondere die der östlichen HafenCity fort und schafft damit einen Sprung innerstädtischer Qualitäten auf die Südseite der Norderelbe. Das Gebiet umfasst eine Landfläche von 47 Hektar und wird aus zwei Quartieren bestehen, die durch den Moldauhafen getrennt werden: das Moldauhafenquartier im Norden und das Hafentorquartier im Süden.

ist es schade, dass wir uns an die Dichte der Gründerzeit heute nicht mehr herantrauen – diese Viertel sind ja enorm beliebt."

Aber in einem Aspekt wird man sehen können, wie sich die Stadtentwicklung verändert: „Der neue Stadtteil hat anders als die HafenCity kaum noch breite Straßen", betont Höing. Er wird einen eigenen U-Bahn-Anschluss bekommen. Und der Stadtteil soll besonders autoarm werden, der Stellplatzschlüssel nur noch bei 0,2 je Wohneinheit liegen. Richtig losgehen wird der Bau aber erst in einigen Jahren.

Die gute Nachricht: Hamburg ist eben nie fertig.

Die Stadt weiterdenken. Die Zukunft Hamburgs und die großen Trends

Der (Alp-)Traum von der Zwei-Millionen-Metropole oder warum am Ende vieles anders kommt, als man denkt

Wir sind Kinder des Zeitgeists. Wir sind gefangen im Denken, geprägt von den großen Entwicklungen unserer Zeit. Es ist zutiefst menschlich, die Entwicklungen der Gegenwart in die Zukunft fortzuschreiben. Deshalb sagt die Krise stets den Untergang voraus, während das Wachstum glaubt, unsterblich zu sein.

Gerade in der Stadtentwicklung werden gegenwärtige Trends munter in die Zukunft fortgeschrieben. Kaum ein Mensch zweifelt daran, dass die Hansestadt schon in wenigen Jahren die Zwei-Millionen-Marke knacken wird.

Vor vielen Jahren klang das ganz anders. Damals warnte ein SPD-Politiker vor der „Unregierbarkeit der Städte": „Die Bevölkerung der Bundesrepublik Deutschland nimmt weiter ab. Sie nimmt auch in den großen Städten ab, in Hamburg überproportional. Dafür gibt es zwei Gründe: die Altersstruktur der hamburgischen Bevölkerung und die Umlandabwanderung. Eine andere Entwicklung wäre nur denkbar, wenn die Bundesrepublik ein Einwanderungsland würde, auch offiziell, woran ich nicht glaube. Wenn die erste These zutrifft, dann werden wir es – trotz der Aussiedlerzuwanderung – erleben, dass in den nächsten 15 bis 30 Jahren einzelne Stadtteile in Hamburg leerlaufen oder sich zu Slums entwickeln und die städtische Infrastruktur sich flächendeckend verdünnt."

Als Konsequenz empfahl der Vordenker: „Es braucht Mut zur Gestaltung, denn eigentlich müssten wir heute entscheiden, bestimmte Stadtteile oder Teile von Stadtteilen in einer weiteren Zukunft als Wohnquartier aufzugeben und die Flächen anders zu nutzen. Das sind, wie ich sehr wohl weiß, ungeheuer schwierige politische Entscheidungen... Betroffen werden von solchen Entscheidungen vor allem die nach 1960 erbauten Großsiedlungen."

Nun kann man mit Jahrzehnten mehr Geschichtskenntnis den Redner für einen Toren halten, aber das wäre wohlfeil. Die Gedanken zur „Unregierbarkeit der Städte" kamen vom ehemaligen Bürgermeister Hans-Ulrich Klose. Er hatte 1988 seinen Tutzinger Vortrag zum Thema aus dem Jahre

1975 für die Hamburgische Architektenkammer aktualisiert. Klose erntete viel Zustimmung, seine Rede wurde in Büchern nachgedruckt.

Dass alles anders kam, hat viel mit den Launen der Geschichte zu tun: Den Mauerfall 1989 konnte niemand vorhersehen, genauso wenig wie die Flüchtlingswelle von 2015 oder den russischen Überfall auf die Ukraine 2022. Diese drei Großereignisse haben die Stadt verändert. Das spiegeln auch die Zahlen wider: In den zehn Jahren von 2014 bis 2023 kamen 120.000 Flüchtlinge in die Stadt.

So soll die offensichtlich falsche Klose-Prognose nicht zu Hochmut verleiten, sondern Demut lehren. Die Zukunft ist offen. Und wer weiß eigentlich, dass die Städte immer weiterwachsen müssen?

Derzeit meinen es alle zu wissen: Der ehemalige Bürgermeister Olaf Scholz brachte erstmals die magische Marke von zwei Millionen Hamburgern 2013 ins Gespräch. Sein Nachfolger Peter Tschentscher sprach in seiner ersten Regierungserklärung 2018 von zwei Millionen Einwohnern bis Mitte der 2030er-Jahre. Inzwischen geht das Statistikamt Nord vom Erreichen der magischen Marke schon im Jahr 2030 aus, bis 2040 werde die Bevölkerungszahl auf 2,024 Millionen Hamburgerinnen und Hamburger ansteigen.

Dieses Wachstum hat Konsequenzen: Bei zwei Millionen Einwohnern benötigt die Stadt im Vergleich zu 2015 rund 140.000 Wohnungen, 120 Kindergärten und 38 Schulen zusätzlich.

Noch 2014 ging das offizielle Demografie-Konzept der Stadt von einer ab 2025 stagnierenden Zahl von 1,854 Mio. Einwohnern aus. Auch wenn es keiner laut sagen möchte: Die Einwohnerzahl hat viel mit der Migrationspolitik zu tun.

Möglicherweise wächst auch deshalb unterschwellig der Unmut über das Wachstum der Stadt. Verfolgt man die Debatte, ist das einstmals überwiegend beklatschte Konzept der „Wachsenden Stadt“ in Wahrheit längst umstritten. Die Absage an die Bewerbung um Olympische Spiele – übrigens auf dem Höhepunkt der Flüchtlingskrise im November 2015 – speiste sich auch aus einer grundsätzlichen Kritik an den Weltstadtambitionen. Diese Kritik hat sich seither noch verschärft. Von rechts über die Mitte bis nach links wächst der Widerstand, wenn auch aus unterschiedlichen Gründen. Nicht wenige sehen in der „Wachsenden Stadt" längst eine „Wuchernde Stadt".

Der Naturschutzbund NABU hatte 2018 mit seiner „Volksinitiative zum Erhalt von Hamburgs Grünflächen" Erfolg. Der Flächenfraß ist dabei keine virtuelle Befürchtung, sondern längst Fakt: Nach Angaben des Naturschutzbundes NABU wurden zwischen 2011 und 2016 mindestens 246 Hektar Grünfläche für Neubauten verplant – eine Fläche größer als die Außenalster. Hätte die Initiative sich damals durchgesetzt, hätte ein indirektes Bauverbot in der Stadt gedroht. In Verhandlungen gelang es dem Senat schließlich,

Einer der jüngsten und vielleicht schönsten Parks liegt in Entenwerder östlich der HafenCity und Elbbrücken in Rothenburgsort. Unter hohen Bäumen kann man direkt auf den Fluss blicken, auf dem hier nur noch Binnenschiffe verkehren. Die Industriekulisse wird sich in den kommenden Jahren mit der Entwicklung des Grasbrooks und in Rothenburgsort verändern.

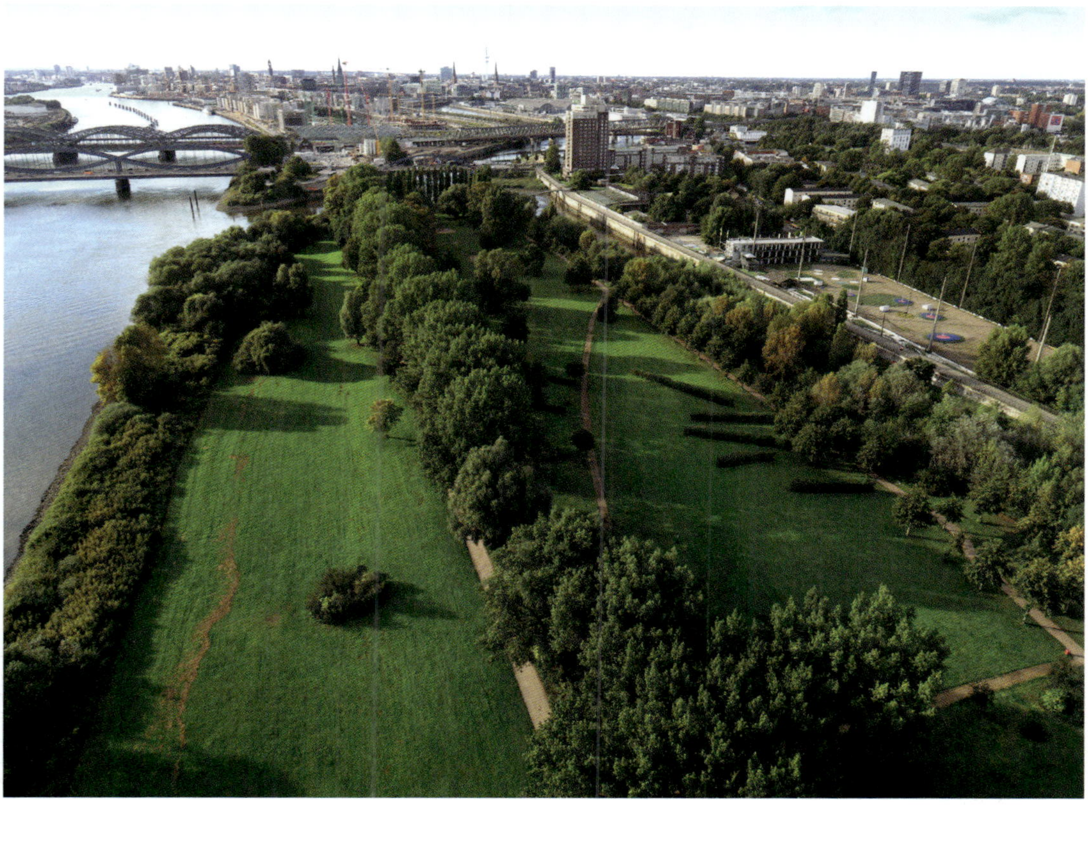

eine Kompromisslösung zu finden, indem der Anteil der Natur- und Landschaftsschutzgebiete erhöht wurde.

Ein weiteres Volksbegehren „Rettet Hamburgs Grün – Klimaschutz jetzt" hat das Hamburgische Verfassungsgericht Ende 2023 als unzulässig verworfen. Aber der Unwille, dass die Stadt weiterwächst, ist mit Händen zu greifen: Schon jetzt ist keine Nachverdichtung, kein Neubaugebiet mehr ohne Widerstand möglich. Einfach bauen lassen sich in Hamburg eigentlich nur noch Luftschlösser.

In der Schweiz ist die Debatte noch schriller. Hier haben Einwanderungsgegner den Begriff „Dichtestress" aus der Ornithologie zweckentfremdet. Damit beschreiben sie das Unbehagen vieler Bürger angesichts voller Straßen und Bahnen, neuer Wohn- und Gewerbegebiete. In diese Sorge um den Status quo mischt sich die Ablehnung von Zuwanderung. Eine solche Koalition aus ökologischer Linke und einwanderungskritischer Rechten dürfte in Deutschland mehrheitsfähig sein.

Hamburg ist eine grüne Stadt: Immerhin 5,6 Prozent der Landesfläche sind Waldgebiete, über neun Prozent Naturschutzgebiete – ein Wert, den kein anderes Bundesland auch nur annähernd erreicht. Hinzu kommen große und ausgedehnte Grünflächen wie der Stadtpark in Winterhude.

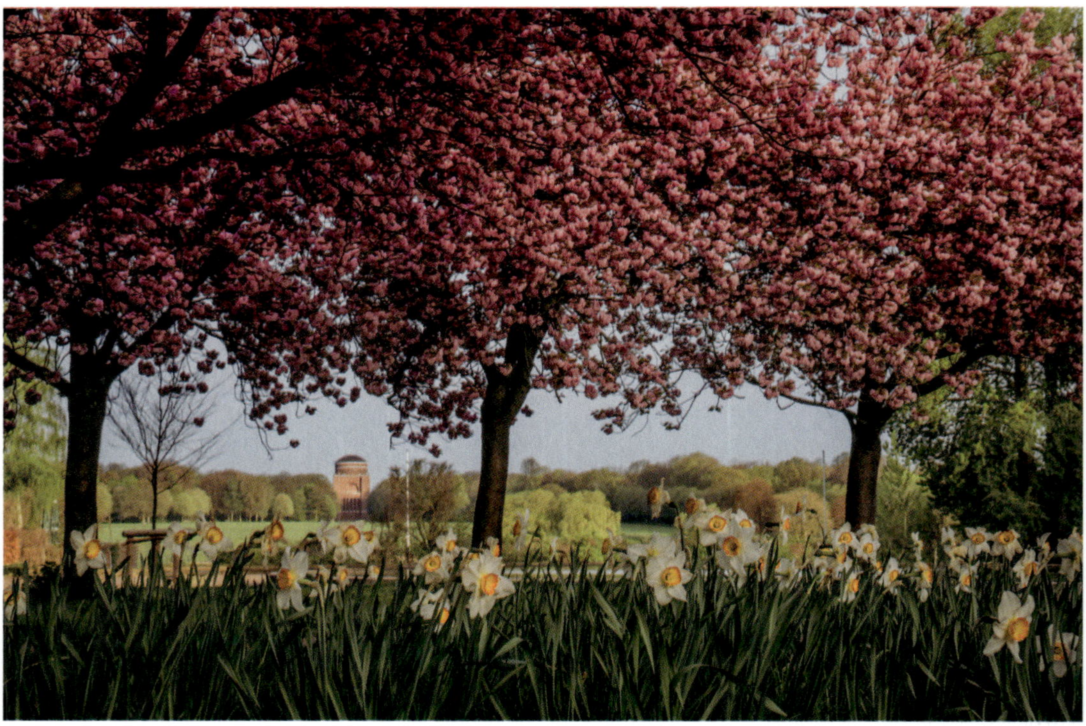

Die Zuwanderung der vergangenen Jahre hat das Problem nicht nur verstärkt, sondern bei vielen erst das Problembewusstsein geschaffen. Gerade Großstädte sind das Ziel von Migranten – hier erhoffen sie sich einen leichteren Start in ein neues Leben, bessere Chancen auf einen Job und gleichzeitig ein Stück Heimat in der Fremde unter Landsleuten. Vielfalt ist eine große Stärke der Städte. Aber

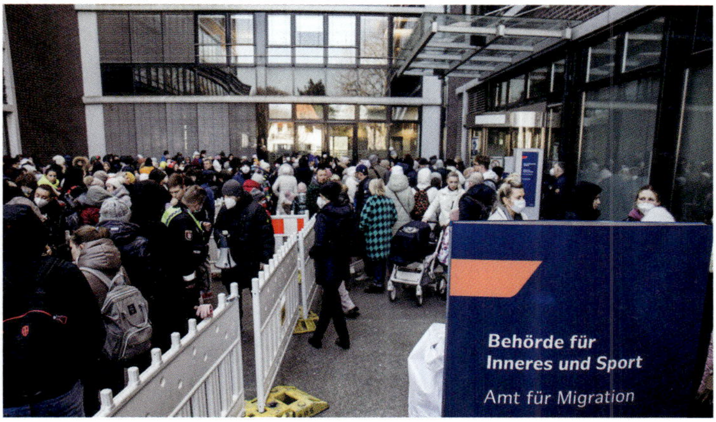

In den vergangenen Jahren kam es zu mehreren Flüchtlingswellen: Allein im Jahr 2015 wurden in der Hansestadt 43.103 Flüchtlinge registriert, im Jahr des Ausbruchs des Ukraine-Kriegs sogar 53.965. Insgesamt wurden in den zehn Jahren über 180.000 Schutzsuchende registriert, von denen 120.000 Menschen zunächst in Hamburg verblieben.

mehr Vielfalt macht sie nicht unbedingt stärker. Bei einer Ballung wachsen die Probleme: Die Ballung mancher Zuwanderergruppen in eigenen Vierteln verhindert Integration und fördert Segregation (Entmischung).

Hatte im Schuljahr 2011/2012 gut jeder dritte Schüler einen so genannten Migrationshintergrund – also mindestens ein Elternteil stammt aus dem Ausland, waren es zehn Jahre später schon mehr als jeder Zweite (50,8 Prozent). Problematischer für den Schulerfolg ist eine andere Zahl: 32,7 Prozent der Schüler spricht zu Hause nicht oder nicht überwiegend Deutsch. Diese Quote ist laut Schulbehörde in den vergangenen Jahren deutlich gestiegen. Durch den Ukraine-Krieg wuchs der Anteil binnen eines Jahrzehnts dramatisch an: Im Schuljahr 2013/14 lag er bei nur 21,7 Prozent.

Die Massenzuwanderung der vergangenen Jahre wird Hamburg verändern. Denn neben der Flüchtlingszuwanderung von mehr als 120.000 Menschen kommen weitere Migranten, Fachkräfte, Studenten. Es sind Zahlen, die für jeden Arbeits- und Wohnungsmarkt, für jede Infrastruktur zu einer Herausforderung werden. Das gilt gerade dann, wenn diese Migration in die Sozialsysteme statt in den Arbeitsmarkt erfolgt. Das Gelingen oder Misslingen der Integration wird über den Erfolg von Städten entscheiden – darin liegen Chancen wie Gefahren.

Schon heute freut sich nicht jeder Alteingesessene über die Zuwanderung – das schürt die Bereitschaft, ins Umland oder gar ins Ausland zu ziehen. Und nicht jeder möchte in einer wachsenden Stadt mit Stress und Lärm und einem verschärften Wettbewerb um Parkraum und Kitaplätze leben. Derzeit kann sich kaum ein Wohnungsbauexperte vorstellen, dass wie in den 1960er-Jahren der Wunsch nach einem Leben mit Eigenheim, Garten und Garage wieder lebendig werden kann.

Dabei geben die Zahlen Indizien für eine Trendwende her: Erstmals seit 20 Jahren zogen 2014 wieder mehr Deutsche aus den sieben größten Städten fort als zu. Der Trend hält an. Für Hamburg sind die Zahlen eindeutig: Seit 2016 verlassen mehr Einheimische die Stadt als hinzuziehen. Und dieser Trend beschleunigt sich: Gab es 2015 noch einen kleinen Wanderungsgewinn von 426 Deutschen, lag dieses Minus 2019 bei 4.154 Menschen. Die Schere öffnet sich weiter: Seit 2020 summieren sich die Zuzüge aus dem Ausland auf mehr als 60.000, während unter dem Strich 17.571 in andere Bundesländer gingen. Im Klartext: Hamburg verliert mehr Menschen an das Umland – gäbe es keine Migration, würde die Stadt schrumpfen.

Mit ähnlichen Entwicklungen haben viele westliche Metropolen zu tun: In New York verlassen die „Young Urban Professionals" die Stadt und ziehen den Hudson hinauf. Auch in Deutschland lockt es die digitalen Eliten aufs Land. Die „Süddeutsche Zeitung" schrieb über die „Stadtflucht der Nerds". Vielleicht ist die Landidylle, die sich derzeit vor allem in „Landlust"-Abos und Fahrten ins Blaue erschöpft, in Wahrheit ein Indiz für einen beginnenden Wertewandel?

Seit Corona ist aus einem Trend eine Massenbewegung geworden. New York verlor zwischen Juli 2020 und 2021 fast 380.000 Bürger, so viele wie nie zuvor. 2022 ging das Schrumpfen weiter.

Selbst eingefleischte Großstadtbewohner sehen ihr Traumviertel nach dem Lockdown, nach gesperrten Spielplätzen und geschlossenen Cafés mit anderen Augen. Sogar urbane Milieus träumen plötzlich den Spießertraum der 1960er-Jahre vom Häuschen im Grünen. Durch Heimarbeit müssen viele Arbeitnehmer statt an fünf nur noch an zwei oder drei Tagen zu ihrem Job in der City pendeln. So wird das Wohnen im Umland attraktiver und günstiger.

Der Immobilienmarkt befeuert diese Entwicklung: In dem Maße, in dem Wohnungen und Mieten jedes Jahr deutlich teurer werden, wird ein Umzug ins Umland eine Alternative. In dem Maße, in denen die Stadt zunehmend chaotisch, stressig oder fremd erscheint, verliert das Heimelige, Heimatliche, Weltabgeschiedene sein provinzielles Hautgout.

All das, was den Alltag in der Metropole erschwert, lässt das Land in rosigerem Licht erstrahlen. Wo Dreck und Stress um sich greifen, wächst das Bedürfnis nach Reinheit und Ruhe. Wo die Wiese betoniert wird und Bäume verschwinden, wird der Wald plötzlich Sehnsuchtsort. Und wenn der Ramadan den Alltag im Kiez prägt, scheint manchem gar das deutschtümelnde Schützenfest plötzlich attraktiv.

Die Digitalisierung relativiert die kurzen Wege, die stets das Königsargument der großen Metropolen waren. Dank schneller Datenleitungen ins Großraumbüro können viele Beschäftigte bequem von zu Hause arbeiten. Sogar der Superstau verliert seinen Schrecken, wenn das autonome Fahren eines Tages Alltag wird. Wenn das eigene Elektrofahrzeug uns am Stau vorbei ins Büro chauffiert, wird Pendeln sexy. Wen stört noch, dass der nächste Laden Kilometer entfernt liegt, wenn der Einkauf mit dem nächsten Klick ohnehin frei Haus kommt? Selbst Behördengänge oder mancher Arztbesuch funktionieren in Zukunft digital.

Stade ist beliebt: Wo früher Hanseschiffe entladen wurden, finden sich heute einladende Cafés direkt am Wasser. Der Hansehafen, die winkligen Gassen, die gut erhaltenen Fachwerkhäuser, der Festungsring und die Umgebung, das Alte Land, machen die Stadt an der Schwinge zu einem attraktiven Ziel für „Stadtflüchtlinge“. Gerade junge Familien streben aus der Großstadt ins preiswertere Umland, vor allem in die funktionierenden Mittelstädte.

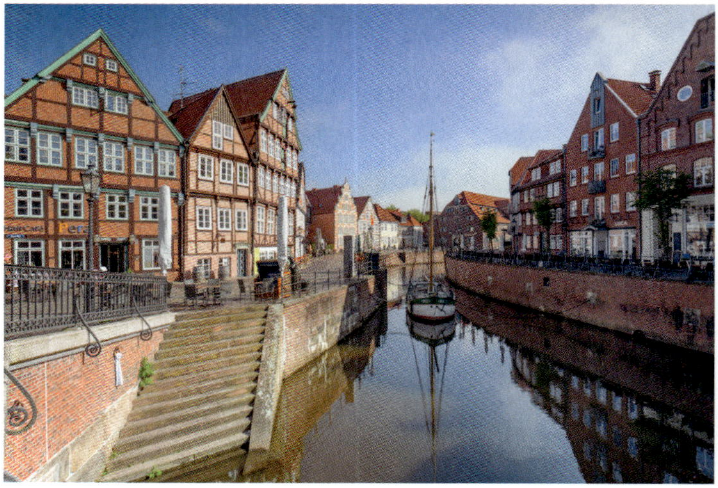

Und Experten sehen noch einen weiteren Trend: Die Möglichkeiten der Digitalisierung verwandeln uns in moderne Nomaden: Früher haben die Menschen große Teile des Einkommens in ihr Häuschen gesteckt, vieles selber gebaut und selber gemacht und so einen anderen Bezug zur eigenen Scholle bekommen. Mit der Digitalisierung werden die Menschen flexibler, ruheloser, heimatloser.

Noch mag für die Renaissance des Landes die kritische Masse fehlen – viele Dörfer schrumpfen noch, Vereine sterben, Kneipen schließen, Busse fahren nur unregelmäßig, Kitas und Ärzte fehlen, das nächste Krankenhaus ist weit. Wenn die Stadtflucht sich aber verstetigt, drehen die Strukturen ins Positive. Die ersten Gewinner sind Kleinstädte der Metropolregionen in attraktiver Lage. Hier wächst die Bevölkerung seit Längerem.

Das Wachstum der einen aber bremst das Wachstum der anderen. Auch Hamburg könnte ein Scheinriese sein: 2024 wurde die Bevölkerungszahl um 3,5 Prozent nach unten korrigiert. Der aktuelle Zensus, der mit Stichpunktbefragungen die Volkszählung fortschreibt, wartete im Sommer 2024 mit einem überraschenden Ergebnis auf. Demnach lag die Einwohnerzahl Hamburgs Stand 2022 um fast 64.000 Menschen niedriger und musste auf 1,81 Millionen nach unten korrigiert werden. Die amtliche Bevölke-

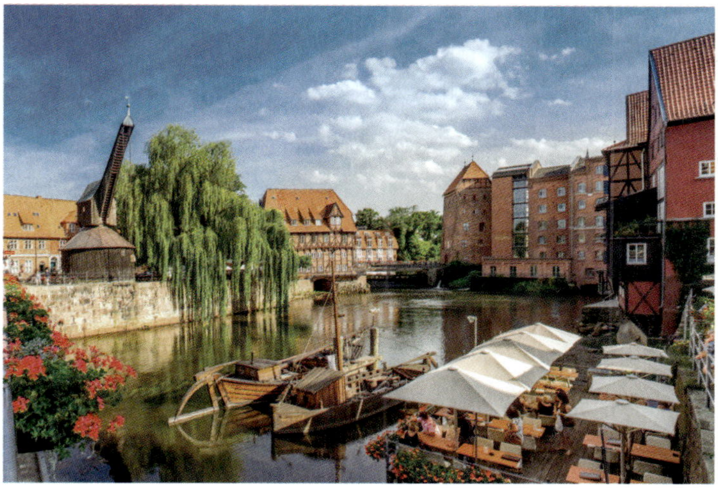

Lüneburg profitiert vom Drang ins Umland. Die traditionsreiche Hansestadt hatte noch 1985 weniger als 60.000 Einwohner; 2005 waren es fast 72.000 und inzwischen sind es rund 78.000.

rungsfortschreibung, die die Statistikämter durchführen, hatte hingegen 1,875 Millionen Menschen ermittelt. Noch verwirrender wird es, wenn man das Melderegister bemüht. Dann hätten im Mai 2022 sogar 1,964 Millionen Menschen in Hamburg gelebt.

In Zeiten der Digitalisierung weiß die Stadt offenbar kaum, wie viele Menschen an Alster, Elbe und Bille leben. Experten verweisen darauf, dass Fehler in den Registern entstünden, wenn Personen oder ganze Familien ins Ausland abwandern, ohne sich abzumelden. „In diesem Zusammenhang dürften auch die Fluchtbewegungen der vergangenen Jahre eine zusätzliche Rolle spielen", heißt es beim Statistikamt. Die häufig ausbleibende Abmeldung von ausländischen Einwohnern bei Rückzug in ihre Herkunftsländer sei ein bereits aus früheren Bevölkerungsuntersuchungen bekanntes Phänomen.

Ist Hamburg also doch kleiner? „Nichts Genaues weiß man nicht", hätte wohl Karl Valentin geantwortet. Aber die zwei oder gar 2,2 Millionen Hamburger könnten am Ende eine so falsche Prognose sein wie die Unregierbarkeit der Städte.

Wie der demografische Wandel die Stadt verändert oder warum wir mehr Dorf in der Stadt benötigen

Der zweite Megatrend, der die Metropolen verändern wird, läuft mit jeder Sekunde. Wir werden älter – auch wenn die Hansestadt mit einem Durchschnittsalter von 42,2 Jahren die bundesweit jüngste Bevölkerung hat. Zugleich leben immer mehr Hochbetagte unter uns, die Bevölkerungspyramide verschiebt sich langsam, aber sicher wie eine Wanderdüne nach oben. Heute sind 18 Prozent der Hamburger über 65 Jahre alt – schon 2030 könnten es 22 Prozent sein.

Doch während wir älter werden, verlieren wir die Angst vor dem Alter. Die Älteren, so betonen Experten, ändern sich – sie sind digitaler, mobiler, gesünder. Sie wollen nicht „alt" sein. Doch auch wenn sich 70-Jährige heute wie früher 50-Jährige fühlen und sich 40-Jährige wie 20-Jährige benehmen, geht das Alter nicht spurlos an den Menschen vorüber. Eine Stadt, die zukunftsfähig sein will, muss in Würde und Klugheit altern.

Das beginnt beim Wohnungsbau: „Zum einen werden die Menschen älter, zum anderen wollen viele von ihnen so lange wie möglich in den eigenen vier Wänden wohnen bleiben", sagt Andreas Breitner, Direktor des Verbands norddeutscher Wohnungsunternehmen (VNW). Er spricht für die Wohnungsbaugenossenschaften, die allein in Hamburg mit gut 300.000 rund ein Drittel der Wohnungen im Bestand haben.

Die Genossenschaften versuchen, ihren Mietern zu ermöglichen, so lange wie möglich in ihren eigenen vier Wänden zu bleiben: Bestandswohnungen werden barrierearm: Sie bekommen breitere Türen, bodentiefe Duschen, Haltegriffe im Bad und auf der Toilette, eine Rampe zum Hauseingang, Fahrstühle im Treppenhaus, eine moderne Beleuchtung.

Die Unternehmen des VNW (Verband norddeutscher Wohnungsunternehmen e.V.) – dazu zählen immerhin 411 Wohnungsgenossenschaften im Norden – geben jährlich mehr als 200 Millionen Euro für derartige Umbauarbeiten aus. Damit Menschen im Falle einer Pflegebedürftigkeit so lange wie möglich in den eigenen vier Wänden und im vertrauten Umfeld leben können, hat das in Hamburg von der Politik und der Immobilienwirtschaft gegründete Bündnis für das Wohnen Anforderungen an neue Wohn- und Betreuungsformen im Quartier definiert.

Trotzdem verpflichtet die Hamburgische Bauordnung derzeit nur dazu, eine Etage pro Wohnhaus barrierearm zu gestalten. Laut Breitner erfüllen daher rund drei Prozent der Genossenschaftswohnungen diesen Standard. Bei den Wohnungen der SAGA sind es einer älteren Umfrage zufolge nur 1,8 Prozent – die strenge DIN-Norm erreichen gar nur 0,2 Prozent.

Immer wieder verweisen Stadtentwickler, zuletzt auch Stadtentwicklungssenatorin Karen Pein, auf die Möglichkeiten, die im Wohnungstausch liegen. Oftmals bewohnen ältere Menschen Wohnungen oder Häuser, die ihnen längst zu groß geworden sind. Die Idee, dass sie in eine kleinere Wohnung umziehen und so Platz für Familien machen, ist charmant, aber scheitert oft daran, dass die Menschen am Ende doch davor zurückschrecken. Vielen fällt das Verlassen der gewohnten Umgebung schwer, stehen doch die eigenen vier Wände für gelebte Erinnerungen. Einer Umfrage der Gesellschaft für Immobilienverrentung unter 1.000 Rentnern hat ergeben, dass sich 76 Prozent der Eigentümer und 62 Prozent der Mieter nicht vorstellen können, im Alter noch einmal umzuziehen.

Der Umzug scheitert zudem daran, dass die Menschen ihr Viertel nicht verlassen möchten. Gerade in den beliebten Stadtteilen Hamburgs sind Wechsel fast unmöglich, wer auszieht, muss zugleich wegziehen. In den angesagten Vierteln liegt der Anteil älterer Menschen deutlich niedriger – in der Schanze, Hoheluft oder Ottensen sind nur rund zehn bis zwölf Prozent der Bewohner 65 Jahre und älter, im Hamburger Durchschnitt hingegen 18 Prozent. Denn das Wohnen in den Szeneviertel ist teuer, ein Wohnungstausch scheitert schon an den finanziellen Realitäten.

Das könnte sich bald ändern: Nun beginnen die Baby-Boomer, die oftmals über Eigentum und Vermögen verfü-

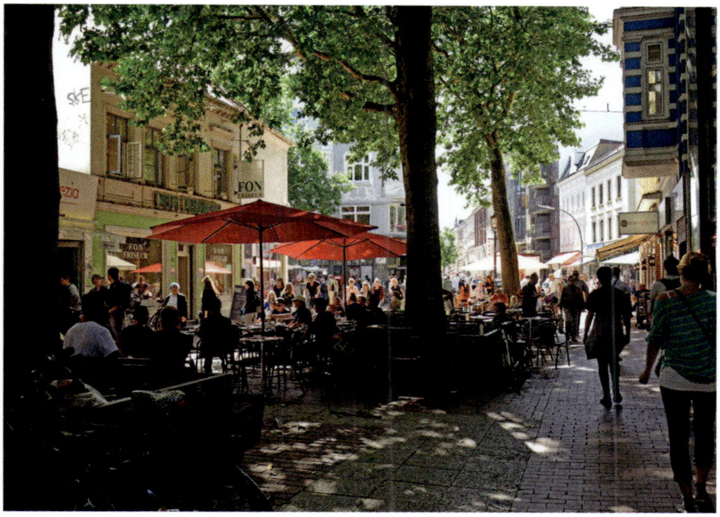

Die Szenestadtteile sind besonders beliebt – deshalb ziehen kaum noch Menschen fort. In Ottensen beispielsweise sind nur rund zehn Prozent der Bewohner 65 Jahre und älter. Wer eine kleinere Wohnung sucht, wird kaum fündig.

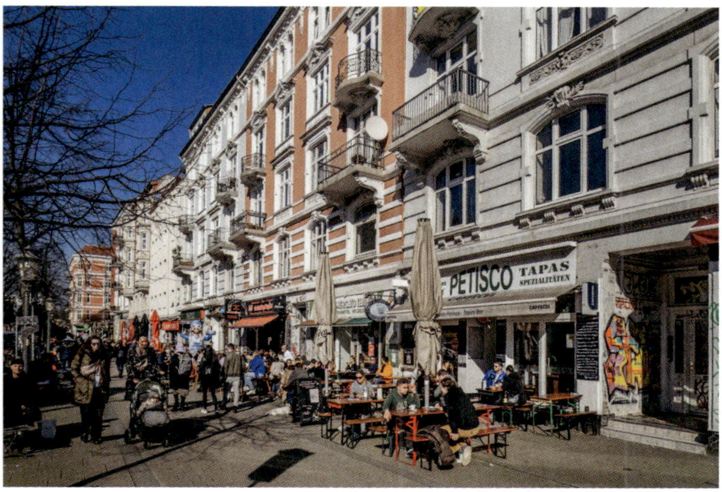

Immobilienexperten beklagen seit langem einen sogenannten Lock-in-Effekt in Szenelage – wie hier im Hamburger Schanzenviertel –, das heißt, niemand zieht dort mehr aus. „Die Fluktuation ist mit fünf Prozent historisch niedrig, das Doppelte wäre gesund", sagt SAGA-Chef Thomas Krebs. Auch die Leerstandsquote von 0,2 Prozent sei einzigartig. „Der Markt ist eingefroren, die Menschen bleiben in ihren Wohnungen."

gen, in den Ruhestand zu gehen. Sie dürften eine selbstbewusstere Seniorengruppe stellen als die Elterngeneration. Sie werden sich kaum verpflanzen lassen wollen.

Da fällt der Blick ins Ausland – der demografische Wechsel betrifft fast alle europäischen Staaten, allerdings setzt er hierzulande früher ein, weil die Geburtenzahlen schon in den 1960er-Jahren zu sinken begannen. In der Schweiz gibt es Genossenschaften, die bereits beim Einzug die Modalitäten des Auszugs vereinbaren: Man lebt dort als Familie auf Zeit: Wenn die Kinder ausgezogen sind, bekommt man eine kleinere Wohnung und muss die größere Wohnung freimachen.

Trotz aller Vorbehalte liegt in der besseren Verteilung des Wohnraums eine Lösung für viele Probleme. In den 1960er-Jahren lebten schon einmal rund 1,8 Millionen Menschen in Hamburg. Der große Unterschied – damals reichten für sie 600.000 Wohnungen, heute sind nicht einmal 900.000 genug. Eine wirksame Strategie wäre da die bessere Verteilung des Wohnraums.

„Immobilien sind die am schlechtesten ausgelastete Ressource in Deutschland. Wie viel Prozent ihrer Zeit nutzen Sie ihre Wohnung? Und benötigen Sie wirklich so viele Quadratmeter?“, fragt Andreas Pfnür, Leiter des Fachgebiets Immobilienwirtschaft an der TU Darmstadt. Seine Antwort: „Vieles spricht dafür, Immobilien anders zu nutzen.“ Autos beispielsweise würden inzwischen geteilt, um sie besser auszulasten. Angebot und Nachfrage könne man auch beim Wohnen besser zusammenbinden.

Bislang galt es als Normalfall, dass man immer mehr Wohnraum beansprucht – nach dem Studium etwa blieb man mit seinem ersten Einkommen Alleinmieter in der alten WG, heiratete, bekam Kinder. „Aber sich danach wieder zu verkleinern, fällt vielen schwer. So entsteht der Eindruck, es gäbe hierzulande zu wenige Immobilien. Aber das stimmt gar nicht.“ Tatsächlich zählen Statistiker heute bundesweit rund 43,4 Millionen Wohnungen, zur Jahrtausendwende waren es nicht einmal 38 Millionen. Die Zahl der Singlehaushalte ist zugleich von 35 auf 41 Prozent gestiegen. Zugleich geben mehr als ein Drittel der Haushalte an, sie verfügten über mehr Platz als sie bräuchten.

Pfnürs Institut hat die Hamburger gefragt, wie viele Quadratmeter ihrer Wohnfläche sie abgeben könnten. Herausgekommen ist eine Zahl, die überrascht: 12 bis 13 Quadratmeter. „Dahinter steht hamburgweit ein Potenzial von 170.000 Einheiten.“ Zum Vergleich: Jedes Jahr sollen 10.000 Wohnungen entstehen. „Das zeigt, was hier zu holen ist. Leider haben wir noch viel zu wenig versucht, klug umzuverteilen“, kritisiert der Experte. „Es ist bequem, in seinen zu groß gewordenen vier Wänden zu bleiben. Aber ist es auch ökonomisch?“

Wohnungen müssten auch aus ökologischen Gründen kleiner werden – schließlich ist die Immobilienbranche für rund 40 Prozent des CO_2-Ausstoßes verantwortlich. „Wir haben die Gebäude, wir müssen sie aber intelligenter nutzen.“

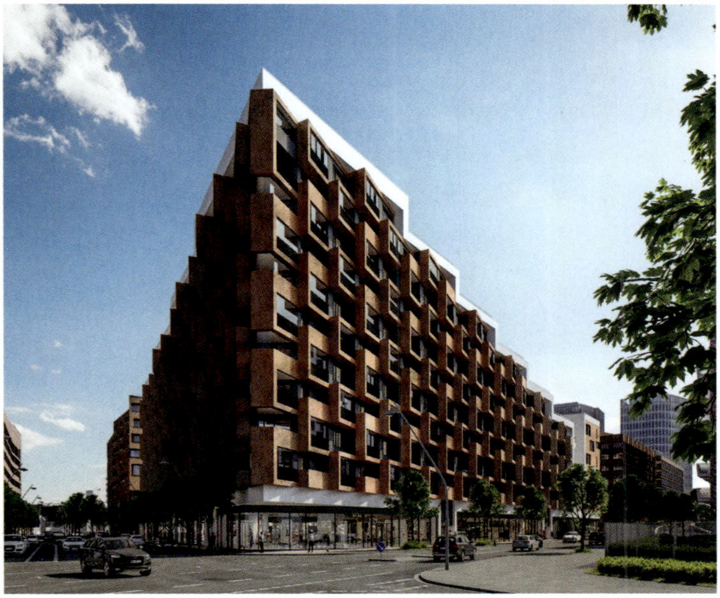

Im Überseequartier hat DC Developments das Apartment-Haus „Eleven Decks“ mit 306 Wohnungen errichtet. Die Wohnungen sind luxuriös und bescheiden zugleich, weil viele Funktionen in Gemeinschaftsräume ausgegliedert werden. „Dort können die Käufer oder Mieter bei Bedarf nutzen, was sie nicht ständig in der Wohnung benötigen. In diese Gemeinschaftsräume mit 600 Quadratmetern Fläche verlängere ich meinen Wohnraum und habe weniger Fixkosten“, sagt der Immobilienentwickler Lothar Schubert.

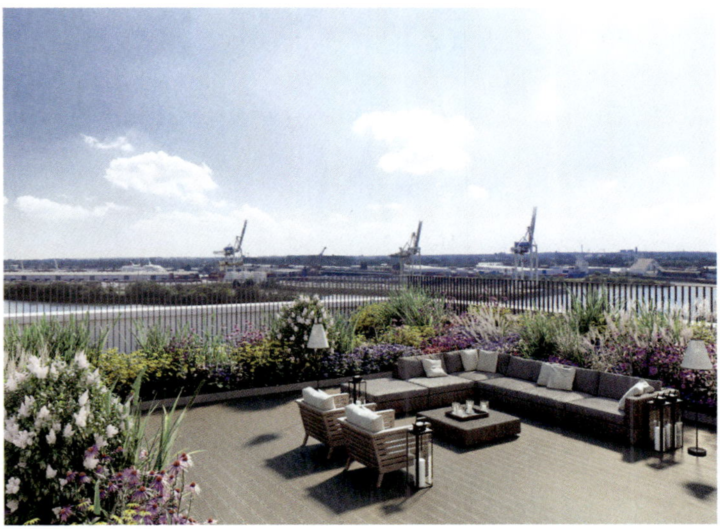

So gibt es auf dem „Eleven Decks“ für alle Bewohner eine Dachterrasse, einen grünen Innenhof mit 2.000 Quadratmetern Größe, ein Fitnessstudio, einen Yoga-Raum, Co-Working-Büros, einen Clubraum zum Computerspielen, eine Veranstaltungsküche und eine Grill-Terrasse. Das offene Konzept gilt als einzigartig.

Darauf setzen inzwischen auch Immobilienentwickler und bauen Häuser mit größeren Gemeinschaftsflächen und kleineren Individualflächen – in der HafenCity entsteht gerade als Modell das Eleven Decks, das mit gemeinsam genutztem Fitnessstudio, Yoga-Raum, Spielezimmer oder Grill-Terrasse lockt. „Inzwischen sind viel mehr Menschen zum Teilen der Flächen bereit, weil es günstiger, aber auch bequemer im Unterhalt ist", sagt Pfnür. Soziale Aspekte kämen hinzu. „Hier kann man gute neue Geschäftsmodelle entwickeln."

Damit könnte man ein weiteres Problem lösen: Eine ältere Gesellschaft ist oftmals eine einsame Gesellschaft. Die Kinderlosigkeit beginnt hier brutal durchzuschlagen. Schon heute liegt die Zahl der Ein- und Zwei-Personen-Haushalte in Hamburg bei etwa 80 Prozent. Ein Ergebnis der aktuellen Studie „Wohntrends 2040" des GdW (Bundesverband deutscher Wohnungs- und Immobilienunternehmen e.V.) zeigt die Vereinsamung der Menschen in der Single-Gesellschaft.

Mehr als ein Viertel der 2.200 Befragten gab an, dass sie keine oder kaum Menschen haben, die ihnen nahestehen. Die Vereinsamung hat Spitzenwerte erreicht. So könnte die Bereitschaft steigen, mit anderen zusammenzuzie-

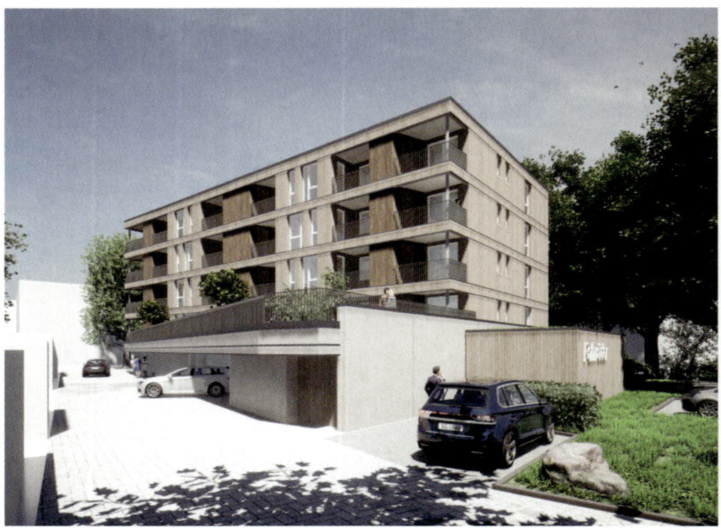

Die Wohnungsbaugesellschaften stehen vor vielen Herausforderungen: Sie müssen die extremen Preissteigerungen auffangen und zugleich klimafreundlich bauen. Das SAGA-Tochterunternehmen HIG baut in der Wagenfeldstraße ein modernes Holz-Hybridhaus als Beitrag für innovatives Bauen der Zukunft: Die Bauelemente wurden weitgehend vorgefertigt, um Zeit auf der Baustelle einzusparen. Der gesamte Rohbau entstand so innerhalb von nur sieben Monaten. Die Außenwände des Neubaus bestehen aus Holz, die Innenwände werden aus Kalksandstein oder in Leichtbauweise errichtet. Die Decken bestehen aus Fertigteilen, wodurch Beton eingespart werden konnte und das Bauvorhaben insgesamt rohstoff- und CO_2-ärmer wurde.

hen – nicht in eine Not-WG, sondern in eine Wohnung mit gehobenem Wohnstandard.

Darauf reagieren die Vermieter: Wohnungsbaugenossenschaften wie die SAGA haben das Konzept „Lebendige Nachbarschaft" in Stadtteilen wie Barmbek, Horn und Steilshoop auf den Weg gebracht. Dort vermittelt ein Nachbarschaftsbüro Ehrenamtliche, die Besorgungen erledigen, Gefälligkeiten übernehmen oder als Gesprächspartner zur Verfügung stehen. Mit der Anlage Fehlinghöhe gibt es ein Modellprojekt mit 85 barrierefreien Zweizimmerwohnungen, die ganz auf die Bedürfnisse von Senioren ausgerichtet sind. Das Haus verfügt über zwei Gemeinschaftsräume, eine Gemeinschaftsküche sowie eine Terrasse zum grünen Innenhof. Zehn Wohnungen sind für pflegebedürftige Bewohner reserviert. Noch sind diese Angebote eher Ausnahme denn Regel. Gemeinschaftsräume sind übrigens ein uralter Hut, die schon der soziale Wohnungsbau vor einem Jahrhundert schuf.

Auch die Stadtentwicklung muss sich auf eine alternde Gesellschaft einstellen, deren Mobilität zurückgeht. Für alte Menschen beginnt die Welt zu schrumpfen, die direkte Umgebung spielt eine größere Rolle. Damit müssen Dienstleistungen schneller erreichbar sein. Hier kommt der so ge-

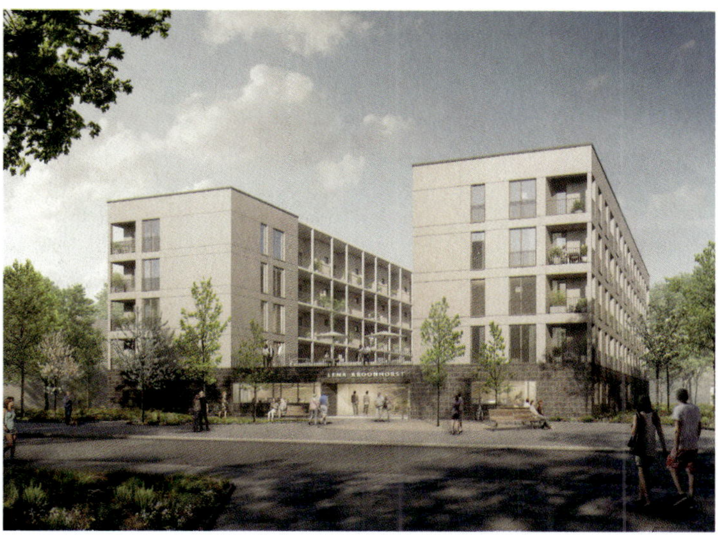

Am Osdorfer Born hat die SAGA ihr insgesamt viertes Projekt „Lebendige Nachbarschaft", kurz LeNa, eingeweiht. Es soll den Bewohnern ermöglichen, auch im Alter und mit Betreuungsbedarf im heimischen Quartier zu bleiben. Die 78 öffentlich-geförderten 2- bis 3-Zimmer-Wohnungen am Kroonhorst sind barrierefrei und haben eine Loggia. Zusätzlich entstanden sind eine Gemeinschaftsküche, eine Dachterrasse sowie ein grüner Innenhof mit Sitzgelegenheiten.

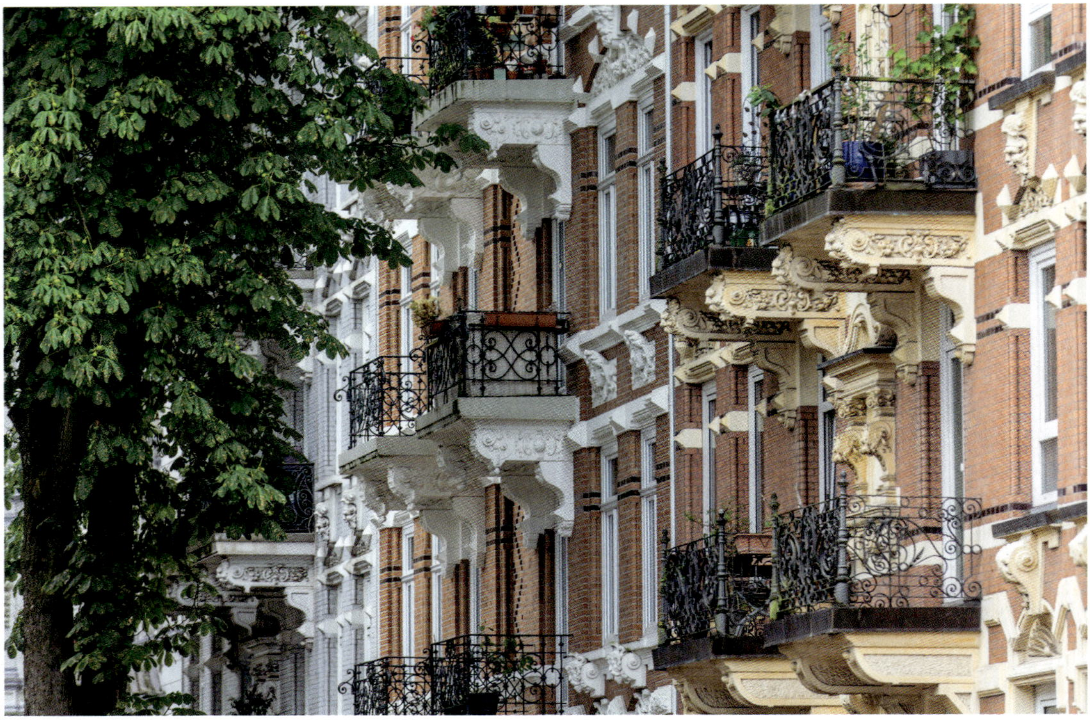

Die Jugendstilstraßen in Eimsbüttel, Eppendorf oder Winterhude gehören seit Jahrzehnten zu den beliebtesten Quartieren: Hier mischen sich schöne Wohnungen mit Urbanität und Dichte.

nannten 15-Minuten-Stadt eine zentrale Rolle zu. Dahinter verbirgt sich die Idee, alle wichtigen Orte in fußläufiger Entfernung in einer Viertelstunde zu erreichen.

Mehr dezentrale Angebote, ob Ärzte, Briefkästen, Behörden, aber eben auch Bäcker, Obstläden oder Supermärkte sind wünschenswert, weil sie auch als „Begegnungszentrum" eines Quartiers fungieren können. Aber diese müssen sich wirtschaftlich tragen, was in Zeiten der Lieferdienste und des Internets nicht einfacher wird. Die Pandemie hat dem Bestellen per Mausklick einen zusätzlichen Schub versetzt – besonders die über 60-Jährigen haben das Netz neu entdeckt. Ausgerechnet die Senioren, die von fußläufigen Angeboten profitieren, sind ins Internet abgewandert.

Die Ökonomie und die Alterung spielen den Stadtplanern einen weiteren Streich: Die Immobilienpreisexplosion hat noch eine weitere Folge. Gerade die besseren Wohnviertel der Hansestadt – ob Elbvororte, Walddörfer oder

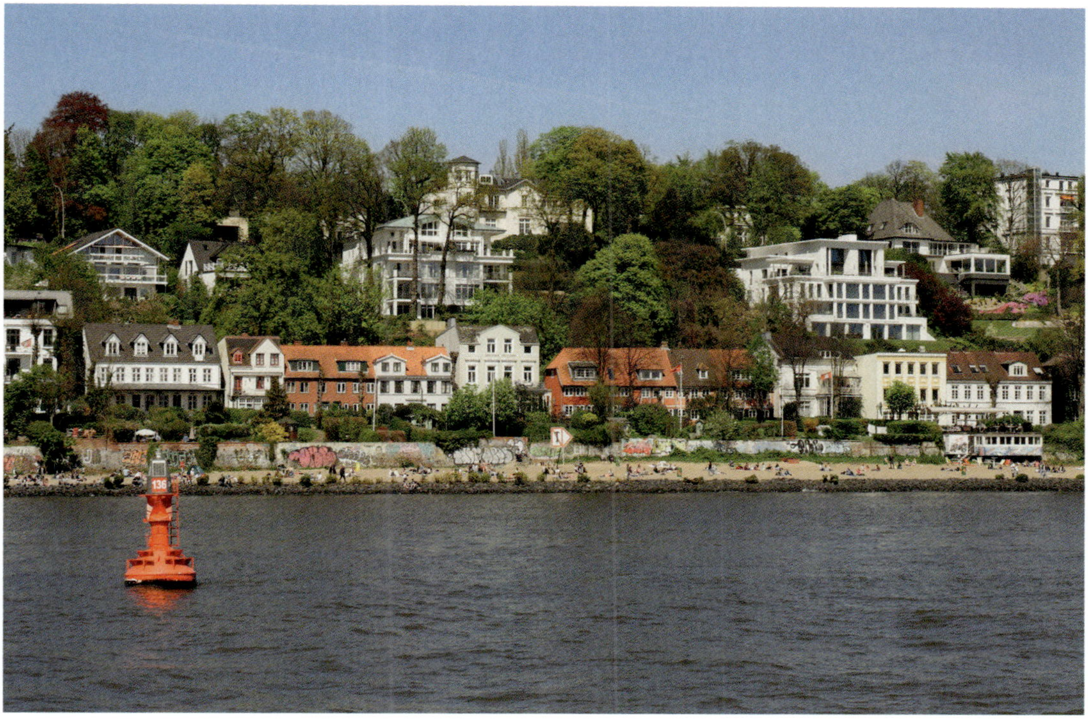

Stadtteile im Speckgürtel – stehen vor einem tiefgreifenden Wandel: Die Einfamilienhäuser werden in Zukunft mehr und mehr an den Nachwuchs vererbt. In Familien mit mehreren Kindern muss die Immobilie fast zwangsläufig verkauft werden, um das Erbe aufzuteilen und mögliche Erbschaftssteuer zu bezahlen. Die Folgen lassen sich inzwischen in vielen Wohnstraßen besichtigen: Alte Villen werden abgerissen, auf einem Grundstück mit Eigenheim entstehen dann Luxuseigentumswohnungen und Penthouses. So verliert die Hansestadt mehr und mehr ihr Gesicht. Und die Möglichkeiten für die Politik, dieser Entwicklung Einhalt zu gebieten, sind dann doch sehr überschaubar.

Durch die Explosion der Immobilienpreise wird das Erben für die Hinterbliebenen in den hochpreisigen Wohnlagen wie hier in Övelgönne oft teuer. Gerade in den Elbvororten zeigt sich: Die Freibeträge liegen niedriger als der Wert, zudem müssen mitunter Geschwister ausgezahlt werden. Die Gefahr: Das Einfamilienhaus der Familie wird abgerissen, es entsteht ein luxuriöser Neubau mit mehreren Wohnungen.

Die Stadt im Klimawandel – oder warum nicht alles schlechter wird, wenn es wärmer wird

Beginnen wir mit dem Wetterbericht aus der Zukunft. Die Hamburger Durchschnittstemperaturen sollen in einigen Jahrzehnten durchweg um vier Grad über den heutigen Werten liegen, im Winter lägen sie dann bei zwei bis sieben Grad, im Sommer bei 15 bis 26 Grad. Die Hamburger Klimazone wechselt die Seiten – von gemäßigt mit warmen Sommern hin zu gemäßigt bis heißen Sommern. Immerhin werden die besonders gefürchteten Hitzewellen, die der Mitte und dem Süden Deutschlands eines nicht allzufernen Tages regelmäßig zu schaffen machen, weiterhin an der Elbmetropole vorbeiziehen.

Während die Winter laut Simulation tendenziell etwas feuchter werden und die Durchschnittsniederschläge von 173 auf 191 Millimeter steigen, werden die Sommer mit 204 Millimeter (heute 229) etwas trockener; dafür dürften Unwetterereignisse prinzipiell zunehmen. So zumindest sieht es die Klimaprognose, die das US-amerikanische Magazin „National Geographic" für das Jahr 2070 für einzelne Städte weltweit erstellt hat. Aber auf allen Klimaprognosen lastet stets eine Restunsicherheit. Anfang 2024 sorgte eine Studie für Aufsehen, die warnte, im schlimmsten Fall könnte der Golfstrom kippen und zum Versiegen kommen.

Das wäre für die Hansestadt auf dem 53. bis 54. Breitengrad keine gute Nachricht, könnten in diesem Fall doch

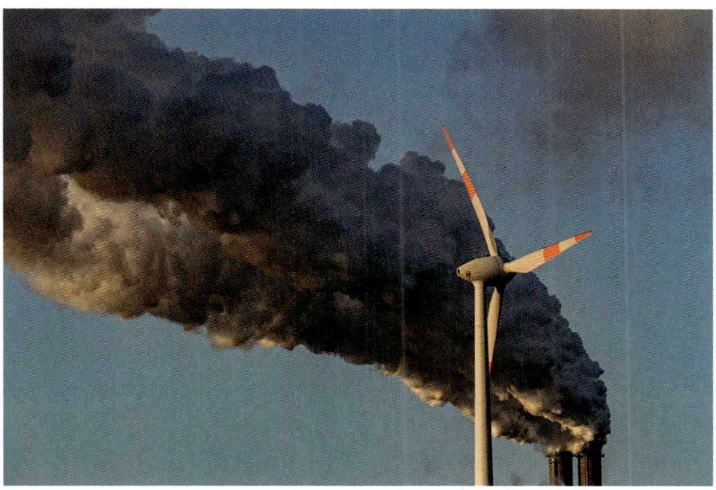

Hamburg ist durch den Klimawandel besonders herausgefordert: Zum einen muss die Stadt mehr in regenerative Energieerzeugung investieren, zum anderen sich mit den Klimafolgen befassen: Was muss sich ändern, wenn es wärmer wird?

die Temperaturen um bis zu zehn Grad sinken. Hamburg liegt auf derselben Höhe wie das kanadische Edmonton in Alberta: Dort fallen die Temperaturen im Winter wochenlang unter minus 20 Grad, die heißen Sommer währen nur zwei Monate. Aber bevor jemand nun sein Haus verkauft – dieses Szenario gilt weiterhin als sehr unwahrscheinlich.

Trotz alledem: Bei dem gigantischen Selbstversuch der Menschheit namens Klimawandel dürfte Hamburg nicht zu den großen Verlierern gehören. US-Forscher sagen sogar, dass Deutschland vom Klimawandel profitieren könnte. Im „Global Adaptation Index" („GAIN Country Index") der US-amerikanischen University of Notre Dame landet Deutschland unter 182 untersuchten Ländern hinter Österreich auf einem sehr passablen Rang 8.

Die Forscher aus Indiana haben klimarelevante Faktoren analysiert und abgeleitet, wo man bei fortschreitendem Klimawandel in Zukunft noch am besten leben kann. Die US-Forscher kommen zu dem Ergebnis: „Hamburg ist durch den Klimawandel kaum gefährdet." So gebe es kaum gefährliche Veränderungen, zudem sei die Bevölkerung „weniger anfällig für die Auswirkungen". Das Resümee: „Deutschland kann sich besser an den Klimawandel anpassen als andere Länder."

Auch die Wissenschaftler des Fraunhofer Instituts kamen in einer älteren Berechnung des deutschen „Integrierten Energie- und Klimaprogramms" zu dem Schluss, dass trotz der nötigen Milliardeninvestments zur Klimaanpassung das Land am Ende sogar profitieren könnte. Hier stehen 31 in den Klimaschutz investierte Milliarden 36 Milliarden Euro Energieeinsparungen entgegen. Hinzu kommen potenzielle Erntegewinne in den nördlichen Teilen der gemäßigten Klimazonen. Schwer beziffern lassen sich jedoch die Folgekosten des Klimawandels, etwa durch gestörte Lieferketten, Artensterben, größere Unwetterschäden, Wirtschaftsprobleme oder große Migrationsströme.

Und auch wenn es verlockend klingen mag, so *schön* ist schönes Wetter nicht zwangsläufig: „Im Zeitraum von 1961 bis 1990 hatten wir in Hamburg an 71 Tagen Temperaturen von über 30 Grad. In den drauffolgenden 30 Jahren waren es schon 174 Tage", rechnet der Hamburger Wetterexperte Frank Böttcher vor. Und in den kommenden 30 Jahren könnte die Stadt sogar auf 300 Tage kommen, durchschnittlich zehn Hitzetage pro Jahr.

Zugleich schwindet der Winter: „Zwischen 1961 und 1990 hatten wir in Hamburg 97 Wintertage mit Temperaturen unter minus fünf Grad. In den 30 Jahren danach waren es noch 39. Der Winter schmilzt förmlich dahin." Damit bewegt sich die Hansestadt langsam in eine andere klimatische Region. „Bis zum Ende des Jahrhunderts werden wir ein Klima bekommen, wie wir es heute aus Nizza, Split oder Bordeaux kennen. Allerdings wird die günstigste Lage nahe der Nordsee Hamburg helfen. Anders als etwa in Frankfurt und Freiburg dürfte die Hitze nicht wochenlang in der Stadt stehen."

Damit wird sich die Stadt verändern – etwa angesichts des ansteigenden Meeresspiegels. Rund ein Drittel der Fläche Hamburgs gilt als überflutungsgefährdet. Zwar hat die Stadt nach der verheerenden Februarflut von 1962 massiv in den Küstenschutz investiert. Das Hochwasser von 1976, das deutlich höher ausfiel, konnte der Stadt nichts anhaben. Damals betrug der Rekordwasserstand auf St. Pauli 6,45 Meter – Hamburgs Deiche sollen heute mehr als sie-

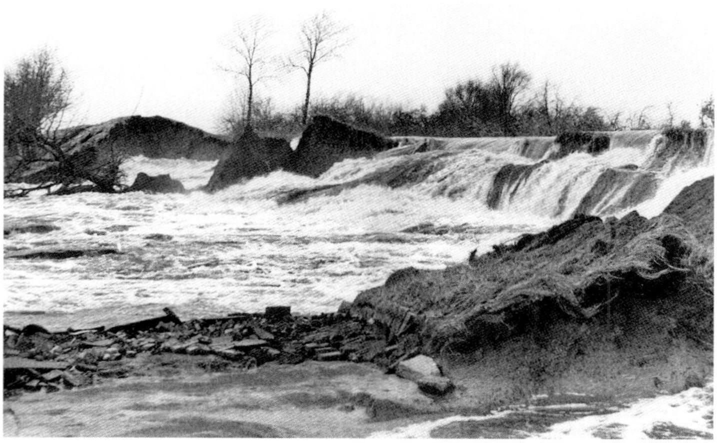

Die Stadt hat bei der Flutkatastrophe in der Nacht vom 16. auf den 17. Februar 1962 erlebt, wie gefährdet die Menschen sind. In Wilhelmsburg, Neuenfelde (Foto) und auf Finkenwerder brachen Deiche. 315 Menschen kamen ums Leben.

So schlimm wird es hoffentlich nicht kommen. Klimaexperten erwarten aber, dass der Meeresspiegel bis zur Jahrhundertwende um bis zu 80 Zentimeter steigen wird – möglicherweise sogar noch höher.

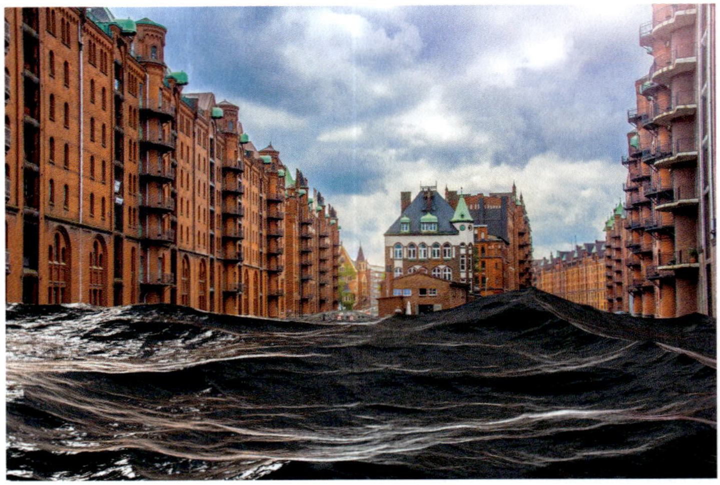

ben Metern standhalten. Wenn aber der Meeresspiegel bis zur Jahrhundertwende um bis zu 80 Zentimeter steigen sollte, könnte das nicht reichen. Der letzte Weltklimabericht zeigt in seinem Worst-Case-Szenario sogar, dass ein Anstieg um 1,7 Meter möglich ist.

Damit dürfte ein Thema aktuell werden, dem sich heute kaum jemand stellen mag: Der Bau eines Elbe-Sperrwerks. „Wollen wir nicht ein Drittel der Stadt aufgeben, werden wir in der Elbmündung ein Sperrwerk bauen müssen", sagte Umweltsenator Jens Kerstan (Grüne) schon 2019. Bereits dreißig Jahre zuvor hatte eine Kommission von Hochwasserexperten ein Sperrwerk im Raum Finkenwerder oder Brokdorf empfohlen.

„Wir können die niedrig gelegenen Gebiete, den Hafen und die Innenstadt nicht mit weiteren Mauern ausreichend schützen, wenn die Worst-Case-Szenarien Wirklichkeit werden", warnt auch Klimaexperte Frank Böttcher. „Hamburg wird eine Stadt am Meer, wenn der Meeresspiegel um einen Meter ansteigt. Dann müssten wir riesige Gebiete entlang der Elbe zusätzlich mit höheren Deichen schützen, weil auch Sturmfluten höher ausfallen."

Bei der Planung der HafenCity hat sich Hamburg bereits auf den Klimawandel eingestellt: Dort verzichteten die Experten auf einen Deich, und setzen auf ein Warftkonzept.

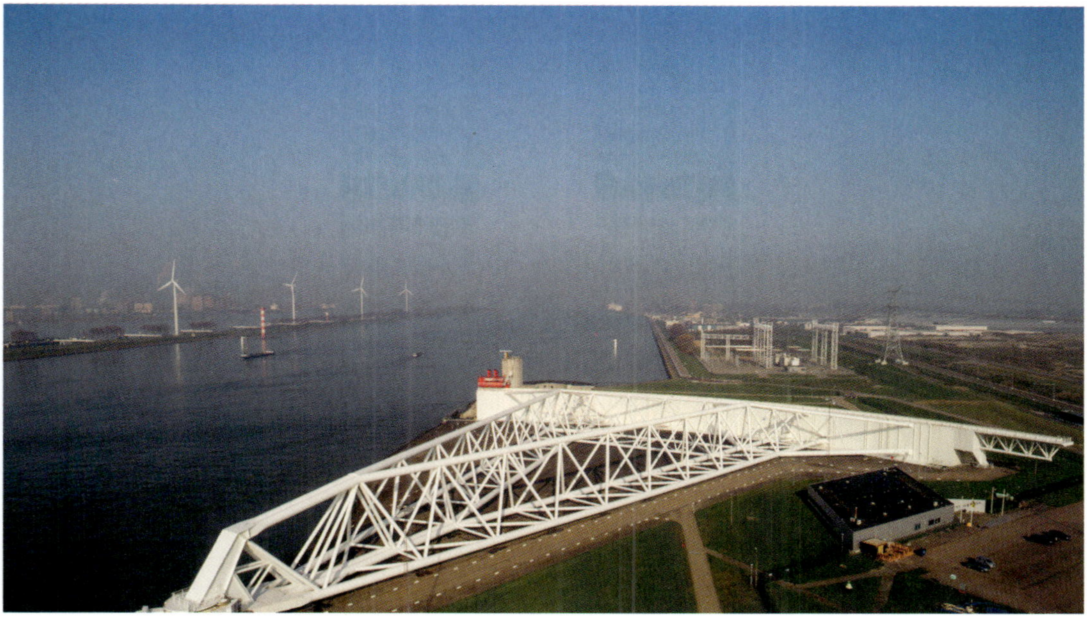

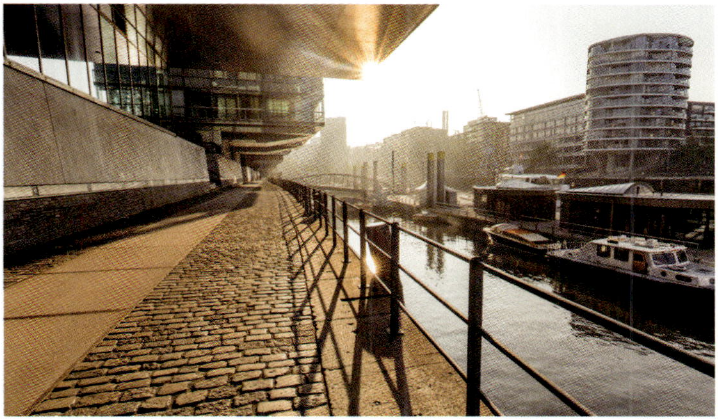

Ein Sperrwerk an der Unterelbe könnte bei steigenden Pegeln wieder zum Thema werden. „Wollen wir nicht ein Drittel der Stadt aufgeben, werden wir in der Elbmündung ein Sperrwerk bauen müssen", warnte Umweltsenator Jens Kerstan (Grüne) schon 2019. Eine der bekanntesten Anlagen ist das sogenannte Maeslant-Sperrwerk (oben), das den Hafen von Rotterdam vor Sturmfluten sichert.

Auf Zuwachs gebaut: Die Neubauten in der HafenCity verfügen über ein sogenanntes Warftgeschoss. Wie auf den Halligen bleiben die Bewohner bei Sturmfluten trocken – und kein hoher Deich verstellt den Blick auf das Wasser.

Nur so blieben die prägenden Wasserbezüge erhalten. Die Gebäude bekamen als Untergeschoss ein so genanntes Warftgeschoss mit wasserdichten Außenwänden. Beim Bummel entlang dem Sandtorkai lässt sich dieser Stil gut erkennen.

Der Klimawandel wird auch nicht spurlos an der Architektur vorbeigehen. Fassadenbegrünung, heute noch eine seltene Ausnahme, wird zum Normalfall, das Gründach zur Selbstverständlichkeit. Beide verbessern das Kleinklima, kühlen im

Dachbegrünung und Fassadenbegrünung – hier das frühere Fernsprechamt Schlüterstraße in Rotherbaum – verbessern nicht nur das Stadtklima, sondern sind auch ein optischer Hingucker.

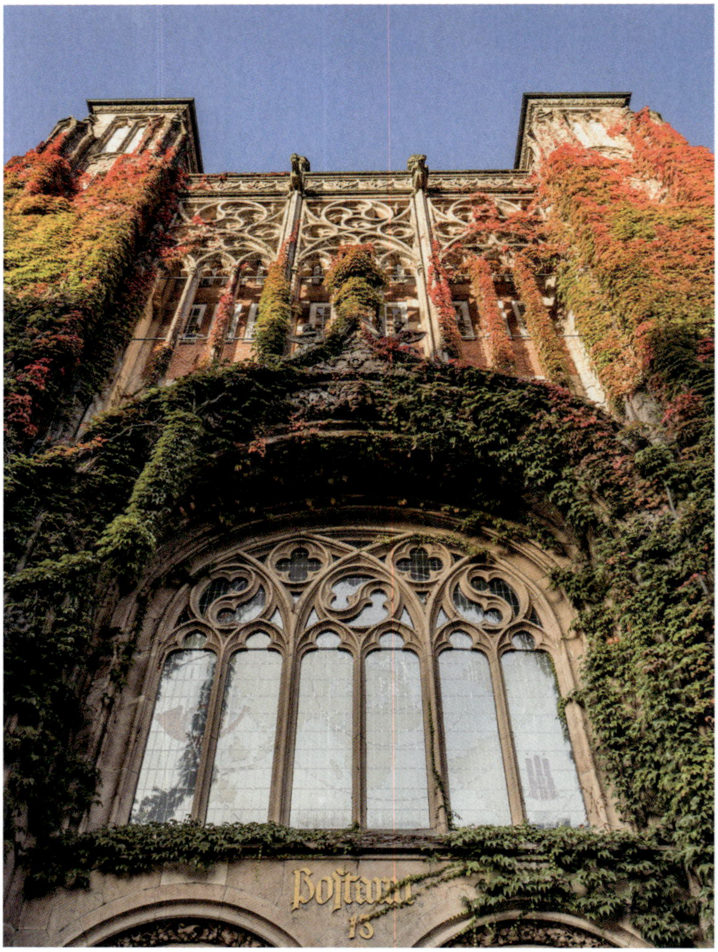

Sommer und schützen im Winter. Sie helfen, CO_2-Emissionen zu reduzieren und können Wasser speichern – und ganz nebenbei schützen sie auch vor Graffiti. Zugleich ist die Grenzbebauung, bei der das Gebäude direkt an eine gepflasterte Straße oder den Bürgersteig stößt, ein Auslaufmodell. Denn hier können in Zukunft nicht nur Wassermengen versickern, sondern auch Pflanzen für die Fassadenbegrünung wachsen.

Auch der Stil der Häuser dürfte sich ändern, südeuropäische Anleihen wie Fensterläden nicht ausgeschlossen. Wahrscheinlich wird die Stadt auch weißer, und der charakteristische rote Backstein zurückgedrängt werden. Denn die weiße Oberfläche wirft größere Mengen des einge-

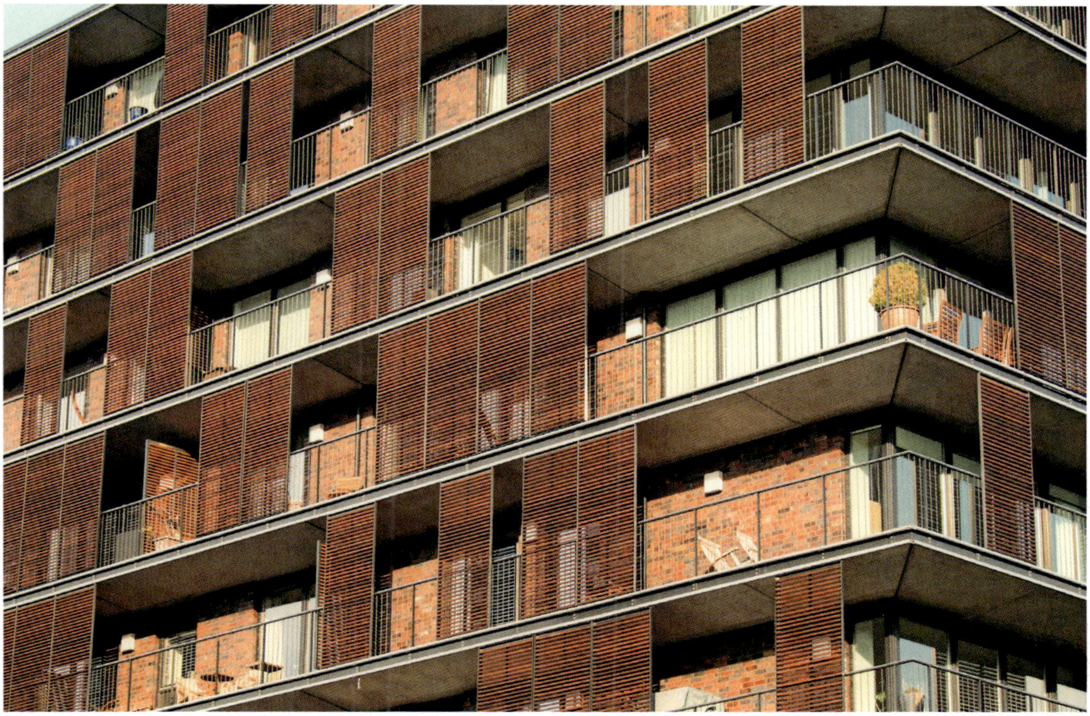

strahlten Sonnenlichtes zurück, sodass sich die Gebäude weniger stark erwärmen und nachts entsprechend weniger Wärme abgeben.

Und neue Baustoffe bekommen ihre Chance. In dem Maße, in dem CO_2-Bilanzen wichtiger werden, wird sich die Immobilienbranche wandeln müssen. Der frühere Chef des Potsdam-Instituts für Klimafolgenforschung, Hans Joachim Schellnhuber, sagt: „Ohne radikale Bauwende wird das Pariser Klimaabkommen scheitern." Schätzungen zufolge kommen bis zu 40 Prozent des CO_2-Ausstoßes vom Bau und Betrieb von Häusern. „Mit regenerativer Architektur könnten wir uns quasi aus der Klimakrise heraus bauen", meint der Klimawissenschaftler.

Holz wird wichtiger: Denn jedes Holzhaus bindet Kohlendioxid – und verschafft der Menschheit Zeit im Kampf gegen die Erderwärmung. So kompensiere ein Einfamilienhaus aus Massivholz allein den CO_2-Ausstoß von 100 Interkontinentalflügen zwischen Berlin und New York. In der

In der HafenCity hat das Büro Störmer, Murphy and Partner gerade das „ROOTS", das höchste Wohn-Holzhochhaus Deutschlands, gebaut. „Da haben wir alle graue Haare bekommen", sagt Architekt Michael Murphy. „Es war ein wahnsinnig komplexes Bauprojekt, weil die Anforderungen an Wohnungen viel höher sind als an Büros. Der Industriehafen liegt nicht weit entfernt, es gibt Lärm und Lichtimmissionen, ein Geruchsthema. Aber das ‚ROOTS' ist toll geworden."

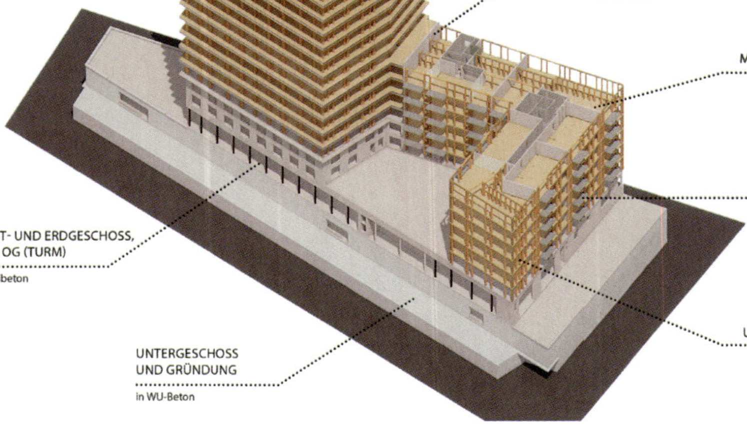

Die Obergeschosse und die tragenden Wände sind aus Massivholz, nur Unter- und Erdgeschoss sowie die Erschließungskerne des Gebäudes aus Stahlbeton. So wurde rund ein Drittel an CO_2 gespart. „ROOTS ist ein tolles Beispiel für gelebte Nachhaltigkeit. Etwas Gutes darf anstrengend sein", sagt Murphy. Der Bau dauerte statt zweieinhalb vier Jahre.

HafenCity ist mit dem Wohnhochhaus ROOTS ein Musterbeispiel entstanden. 5.500 Kubikmeter Nadel- und Buchenholz aus Deutschland und Österreich machen das „ROOTS" mit 65 Metern zum höchsten seiner Art. Das Haus könne länger als 100 Jahre stehen, wie alte Bauernhäuser in Österreich oder Stabkirchen in Norwegen. „Holz hält sehr, sehr lange, wenn man es richtig einsetzt und darauf achtet, dass Feuchtigkeit richtig abtrocknen kann", sagt der Bauherr Garbe Group.

Wegen der hohen Luftfeuchtigkeit wurden die unteren vier Geschosse konventionell errichtet, zum Wasser hin entstand ein Sockel aus Beton. Diese Fassade bietet auch eine sehr gute Wärmedämmung – ganz ohne Chemie. Und noch eine Stärke spielt der Holzbau in der HafenCity aus. Da der Untergrund dort sehr schlammig und schlickig und Holz leichter ist, konnte das ROOTS vier Geschosse mehr bekommen als ein konventioneller Bau.

Auch die ganzheitliche Betrachtung über die gesamte Lebenszeit spricht für Holz. Nicht nur die Produktion ist umweltfreundlicher, sondern auch das Recycling: Es entsteht so gut wie kein Abfall, und wenn sind es Sägespäne. Selbst nach einem Abriss kann man das Holz weiternutzen – für Möbel, Papier und schließlich Wärme.

In Zukunft wird ohnehin jedes alte Haus zum Steinbruch für Neues: Die Idee des „Urban Mining" will sämtliche Baustoffe eines Hauses als Rohstoff und nicht als Abfall verstehen. Neue Gebäude werden aus zertifizierten Rohstoffen errichtet, die an einer Wertstoffbörse hinterlegt sind und in den Buchwert des Gebäudes einfließen. Beim Rückbau hat man dann keine Schrottimmobilie, sondern ein Rohstofflager. Der Klimawandel zwingt zu neuen Ideen.

Auch die Stadt wird sich verändern: Die Bepflanzung wird eine zentrale Aufgabe für die Stadt im Klimawandel: 55 Prozent der Weltbevölkerung leben schon heute in Städten und sind für bis zu 70 Prozent der Emissionen verantwortlich. Grüne Inseln sind bei Hitzewellen, Dürren und Luftverschmutzung von zentraler Bedeutung, das Klima zu verbessern.

„Das hat auch eine soziale Dimension: Nicht jeder wohnt in einer Straße mit Bäumen, begrünten Innenhöfen oder Gärten", sagt Felix Holzapfel-Herziger, der Gründer des Hamburger Landschaftsarchitekturbüros L+, das den grünen Bunker an der Feldstraße bepflanzt hat. Pflanzen kühlen, spenden Schatten, reduzieren Feinstaub, dämmen Verkehrslärm, schaffen Biodiversität. Und sie tun der Seele gut. „Auch in Hamburg erleben wir mehr und extremere Wetterereignisse. Mehr Hitzetage, mehr Trockenzeit, steigende Risiken von Starkregen mit weitreichenden Folgen für die Infrastruktur und die Gesundheit der Menschen", sagt der Experte.

Dem Wassermanagement kommt dabei eine zentrale Bedeutung zu. Denn Starkregen wird zu einer Bedrohung für Leib, Leben und Immobilien. Im Juni 2024 fielen im Stadtpark binnen 20 Minuten ahrtalartige 47 Liter pro Qua-

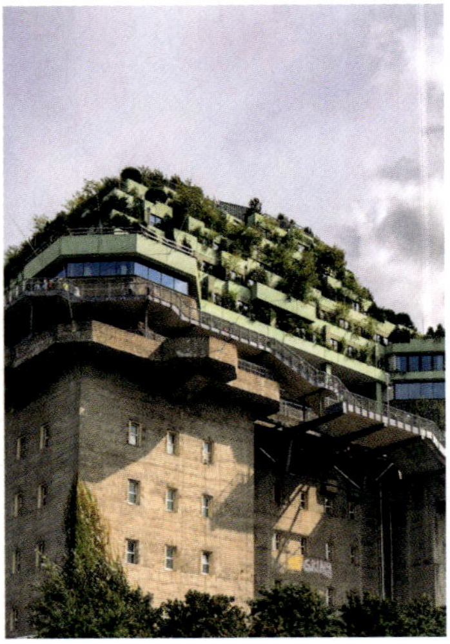

Eines der innovativsten Projekte der vergangenen Jahre ist die Begrünung und Aufstockung des 38 Meter hohen Bunkers an der Feldstraße. Er misst nun 58 Meter, birgt ein Hotel, Ausstellungsräume und Gastronomie. Der Clou ist der Dachgarten mit 4.700 Pflanzen, der über den sogenannten Bergpfad erreichbar ist. Fast 100 Millionen Euro hat der Investor Thomas Matzen hier investiert.

dratmeter, ein Jahrtausendregen, den man nie zuvor in Hamburg gemessen hatte. „Unsere Statistik sagt: Das war ein Regenereignis, wie es nur alle 10.000 Jahre einmal vorkommt", sagt Hamburg-Wasser-Geschäftsführer Ingo Hannemann. Aber es dürfte kein Jahrtausend bis zum nächsten Starkregen dauern.

Hamburg Wasser investiert deshalb mehr als eine Milliarde Euro ins Abwassernetz, in Pumpsysteme, Siele. Und die Stadtplaner erklären die Schwammstadt zum Ziel, die große Niederschläge speichert, Regenbassins und Sammelflächen baut. Zugleich kann die Stadt sich damit besser auf den Wassermangel einstellen, der ebenfalls eine Folge des Klimawandels ist. Längere Vegetationsperioden führen zu einer höheren Verdunstung und könnten den Grundwasserspiegel senken.

Der Gedanke der Nachhaltigkeit wird die Stadt deutlich verändern. Die Abrisswut – das böse Wort von der Freien und Abrissstadt Hamburg kommt wieder in den Sinn – hat keine Zukunft. Sogar bei der Anwerbung neuer Arbeitskräfte, glauben Experten, könnten in Zukunft alte Häuser helfen. Weil Bauen im Bestand das Stadtbild erhält, bekommen Nutzer alter Gebäude einen Vorteil.

Zudem wird Ästhetik wichtiger: „Ökonomie und Ökologie gehören zusammen. Wer Ressourcen sparen will, muss langfristig denken", sagt der Architekt Tim Hupe. „Wir wollen nur noch Gebäude bauen, die es wert sind, in 50 Jahren unter Denkmalschutz gestellt zu werden. Einige Bauherrn versuchen, hier zu sparen, die klügeren wissen, dass sich mit guten Gebäuden mehr und länger Geld verdienen lässt." Deshalb hätten die besseren Bauten der Gründerzeit so lange überlebt. „Häuser, die alt werden, haben vieles richtig gemacht. Das bedeutet Nachhaltigkeit im Kern: Gebäude müssen geliebt werden."

Hamburg profitiert von diesem Trend, weil gerade in der Innenstadt viele alte Gebäude den Krieg überdauert haben und nun revitalisiert worden sind. Gleich eine Vielzahl von Projektentwicklern hat das Alte neu entdeckt: Ob die Stadt-

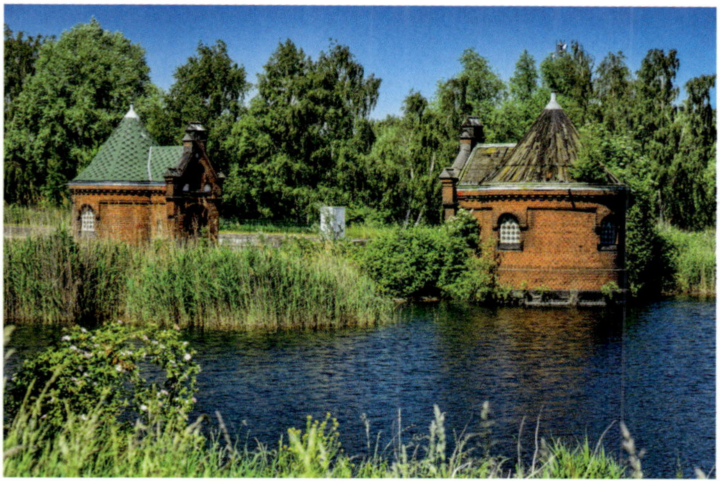

Auf der Elbinsel Kaltehofe ist mit der Schau Wasserkunst ein besonderes Museum entstanden. Das ehemalige Filtrationswerk belieferte Hamburg fast 100 Jahre lang mit sauberem Trinkwasser. 1990 wurde die Anlage stillgelegt und öffnete dann 2011 als Natur- und Industriedenkmal.

höfe, die Alte Oberpostdirektion, Commerzbank am Jungfernstieg oder der Alte Wall: Sie alle setzen auf das Bauen im Bestand. Die Art-Invest Real Estate hat mehrere City-Objekte revitalisiert und treibt nun die Verlängerung des Alten Walls voran.

„In keiner anderen Stadt bauen wir so viel im Bestand wie in Hamburg“, sagt Ferdinand Spies, als COO verantwortlich für das operative Geschäft bei der Art-Invest. Die Vorteile liegen auf der Hand: Die Sanierung reduziert den Flächenverbrauch, weil kein Quadratmeter versiegelt werden muss. Zudem schont die Verwendung der vorhandenen Substanz wertvolle Ressourcen. Gleichzeitig werden die alten Objekte energetisch und funktional auf den neuesten Stand gebracht.

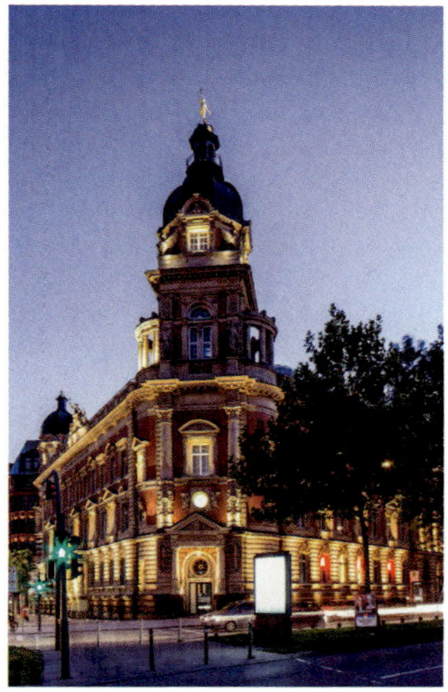

Die alte Oberpostdirektion am Stephansplatz wurde ab 2011 umfassend saniert und erweitert. Die Revitalisierung, die rund 150 Millionen Euro kostete, hat die gesamte Straße aufgewertet. Heute finden sich dort Geschäfte und ein medizinisches Versorgungszentrum.

„Wir müssen intensiver über Ästhetik sprechen“, sagt Spies. „Gute Architektur ist für mich zeitlos. Und nur schöne Häuser sind am Ende nachhaltig.“ Denn auch das Gebaute ist Teil der Umwelt, wer die Umwelt schützen will, muss also auch Gebäude schützen.

Am Ende ist es einfach: Nur was wirklich schön ist, bleibt lange erhalten – und ist nachhaltig im besten Sinne. Das wäre ein Klimawandel ganz ohne Temperatursteigerung.

Die Zukunft des Hafens oder ein gigantischer Möglichkeitsraum, um den Europa die Stadt beneidet

Ein Blick auf die Karte zeigt, was Hamburg von allen anderen Städten in Europa unterscheidet: Im Herzen der Stadt liegen gigantische Flächen, die bislang nicht die Stadt, sondern der Hafen nutzt. Rund ein Zehntel des Hamburger Stadtgebiets zählt zum Hafen. Insgesamt gehören ihm 7145 Hektar, davon sind 4226 Hektar Landfläche und 2919 Hektar Wasserfläche. Weitere 840 Hektar sind als Hafenerweiterungsgebiet vorgesehen.

In Hamburg gilt der denkwürdige Satz des früheren HHLA-Chefs Peter Dietrich, der 1992 sagte: „Der Hafen nimmt, der Hafen gibt." Er hat sich im ausgehenden 19. Jahrhundert die Speicherstadt genommen und ein Jahrhundert später die HafenCity gegeben, er ist südwärts gezogen und macht Teile des Grasbrook frei.

Aber immer drängender wird die Frage, ob angesichts des rasanten Strukturwandels in Stadt, Land und Welt das in Hamburg noch immer gültige Primat des Hafens weiterhin zeitgemäß ist. Immer lauter und immer vehementer fordern Stadtentwickler, aber auch Politiker eine Schwerpunktverschiebung ein.

Neu ist die Debatte indes nicht. „Der Senat sieht die sich ändernde Welt und wird sich initiativ darauf einstellen. Ihm wird die große Aufgabe zufallen, die vielfältigen Möglichkeiten zu koordinieren", sagte der frühere Bürgermeister Paul Nevermann (SPD). Das war 1961. Ein Jahr später warnte der damalige Innensenator Helmut Schmidt in seinem legendären Brief an die „Schlafende Schöne": „In Wahrheit neigt sich die große Zeit des Primats von Hafen und Überseehandel."

Ein halbes Jahrhundert später mahnten gleich drei wichtige Altpolitiker „in Sorge um Hamburg" einen Bewusstseinswandel an: Der frühere Bürgermeister Klaus von Dohnanyi (SPD) und die einstigen Senatoren und Vordenker Wolfgang Peiner (CDU) und Willfried Maier (Grüne) schrieben in ihrer Streitschrift: „Hamburg erlebte im Verlauf der vergangenen 100 Jahre im weltweiten Vergleich der Metropolen einen ständigen relativen Bedeutungsverlust.

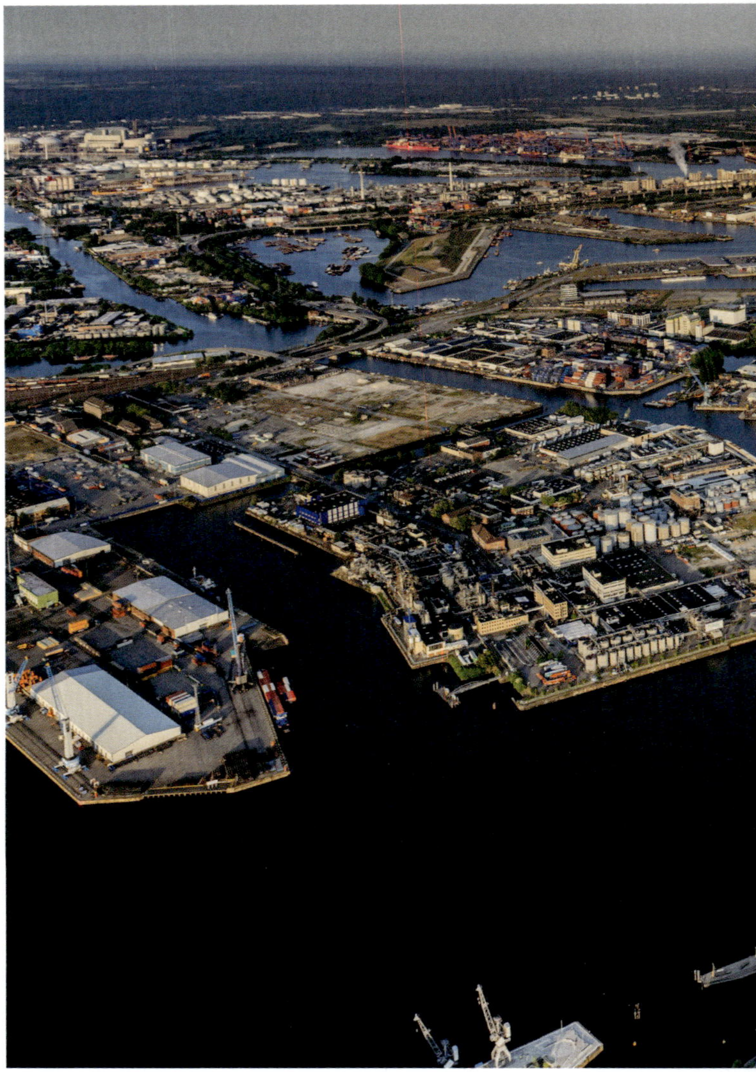

Diese Entwicklung hält unverändert an." Auf die bisherigen Stärken Hafen, maritime Cluster, Logistik, Finanzdienstleistungen, Luftfahrt und Medien zu setzen, sei riskant. Sie fordern einen Aufbruch in Forschung, Wissenschaft und neuen Technologien.

Zuletzt waren es zwei Stadtforscher, die der Hansestadt und der Hafenwirtschaft ordentlich eins einschenkten: Einer von ihnen ist der Zürcher Stadtforscher Thomas Sevcik. Er schlägt vor, den Hafen langsam zurückzubauen,

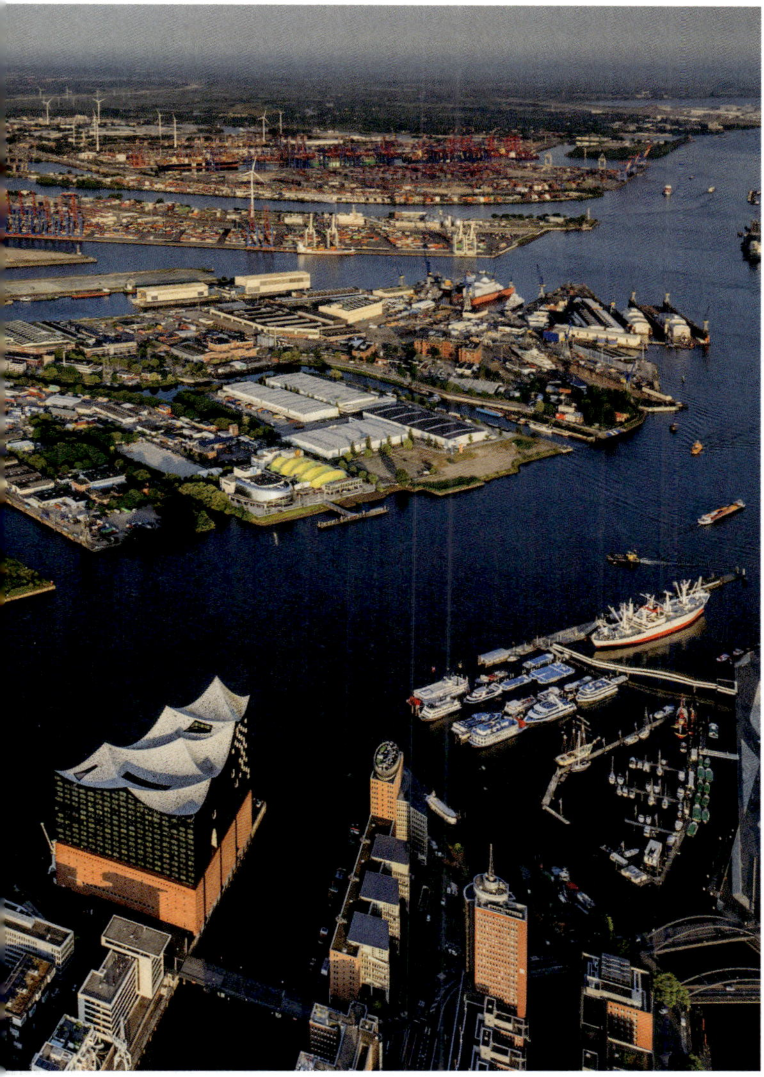

Hamburgs Hafen belegt ein knappes Zehntel der Stadtfläche. Er ist Wirtschaftsmotor, Sehnsuchtsort und gibt der Stadt Identität. Doch die Zukunft ist unsicher: Die alten Wachstumsprognosen musste die Politik längst kassieren, der Abstieg vom Welt- zum Regionalhafen ist nur schwer zu verhindern.

um ein neues Hamburg zu erschaffen: „Mir ist aufgefallen, dass es in Hamburg ein Missverhältnis zwischen dem Glauben an die eigene Kraft und der tatsächlichen Dynamik gibt.“ Hamburg sei eine der europäischen Städte, die am stärksten unter ihren Möglichkeiten bleibe – betrachtet man ihr Potenzial, ihre Bewohner, ihre formidable Lage.

Die von ihm geforderte Renaissance des Nordens setzt bei den großen innerstädtischen Hafenflächen an: „Der Hamburger Hafen ist wirtschaftlich wichtig für Hamburg, er ist aber nicht ökonomisch existenziell", sagt der Schweizer. „So liege seine Bruttowertschöpfung 2018 mit etwa fünf Milliarden Euro unter jener des international drittklassigen Finanzplatzes Hamburg. Der Hafen sei vor allem im Kopf groß und bedeutend – in der Realität spielt er für die Stadt eine immer geringere Rolle."

Sevcik fordert über die kommenden Jahre und Jahrzehnte, den Hafen und seine Flächennutzung herunterzufahren. Was London erlebt habe, drohe nun Hamburg: Der Hafen an der Themse wurde wegen der wachsenden Schiffsgrößen innerhalb weniger Jahren unbedeutend. „Aber die wichtigsten maritimen Wertschöpfungen sind geblieben, also Merchant-Banken, Reeder, Schiffsversicherer, Handelsfirmen. Die Kompetenz hat sich vom eigentlichen Schiffsverkehr emanzipiert." Zugleich festigte die britische Metropole mit dem großen Stadtentwicklungsprojekt Docklands ihren Platz als Medien-, Finanz- und Handelszentrum.

Die Angst um den Hafen könnte also überflüssig sein – denn der Strukturwandel ist nicht Bedrohung, sondern Chance. „Hamburg hat das Glück, im Hafen über viel Platz für intelligente urbane Produktion zu verfügen."

Ähnlich argumentiert der Hamburger Stadtforscher Dieter Läpple: „Durch seine geringe Innovationskapazität ist Hamburgs Wirtschaft nicht zukunftsfähig aufgestellt", konstatiert der Experte. „Nicht wegen des Bedeutungsverlustes des Hafens, sondern wegen dem politischen und mentalen Festklammern an einem Primat des Hafens."

Er sieht im östlichen Hafengebiet mit seinen unter- und ungenutzten Flächenreserven ein riesiges Potenzial. Keine andere Großstadt in Europa verfügt über so große Reserven mitten in der Stadt. Und diese Flächen gehören der öffentlichen Hand. „Aber ihre Nutzung für eine Innovationsoffensive ist durch das Hafenentwicklungsgesetz blockiert. All das, was man bräuchte – Flächen und Räume für Forschungs- und Entwicklungslabore, Start-ups, Experimentierbauten, vielfältige Nutzungsmischung – verbietet dieses Gesetz. Es verbannt alle nicht-hafenbezogene Funktionen."

Läpples Forderung: „Da dieser Teil des Hafens wegen des zu geringen Tiefgangs nicht mehr für den Containerumschlag geeignet ist, ist es überfällig, ihn aus dem Hafenentwicklungsgesetz zu entlassen."

Damit tut sich die Stadt naturgemäß schwer – denn Hamburg ist groß geworden mit und durch seinen Hafen. Er schrieb über Jahrhunderte die Erfolgsgeschichte mit, die Hamburg zur zweitgrößten Stadt Deutschlands und zur sechstgrößten in der EU gemacht haben.

„Am Hafen hängt viel mehr als der Hafen selbst. Das sollten sich alle stärker bewusst machen", sagt denn auch Wirtschaftssenatorin Melanie Leonhard (SPD) und verweist auf Studien, wonach weit mehr als 100.000 Arbeitsplätze in der Stadt direkt oder indirekt vom Hafen abhängig sind. „Es ist etwas kurz gesprungen, nur den direkten Umschlag an der Kaikante zu betrachten. Dem Hafen kommt eine zentrale Rolle zu bei der Versorgung der Bevölkerung."

Derzeit steht sie im Fokus der anschwellenden Diskussion. „Der Hafen ist wichtiger für die Stadt, als manche Debatten erahnen lassen: Er prägt Hamburg", betont die SPD-Senatorin. Sie kritisiert die verkürzte Debatte und die Fokussierung auf schlechte Zahlen. „Umschlag beispielsweise ist kein Selbstzweck. Über den Hafen kommen Rohstoffe, Vorprodukte oder Waren in die Stadt, die hier gehandelt oder weiterverarbeitet werden: Das macht die Stärke des Standortes aus, deshalb lohnt die Produktion hier trotz vergleichsweise hoher Grundstückspreise oder hoher Arbeitskosten." Der Hafen sei kein Industriedenkmal, sondern wichtig für die Stadt.

Auch das ist richtig. Der Hafen ist ein Herzens- und Sehnsuchtsort für die Stadt, er ist identitätsstiftend, das Pfund, mit dem die Stadt wuchern kann. Und er ist ein indirekter Standortvorteil, der Künstler, Kreative, Gründer an die Elbe lockt. Der Blick auf Containerriesen und Docks, auf Industrielandschaften und Lichter: Sie entwerfen ein Bild, das Heimat heißt. Ein Bild, das Gegensätze zusammenbringt. Fernweh und Heimweh verschmelzen in Ham-

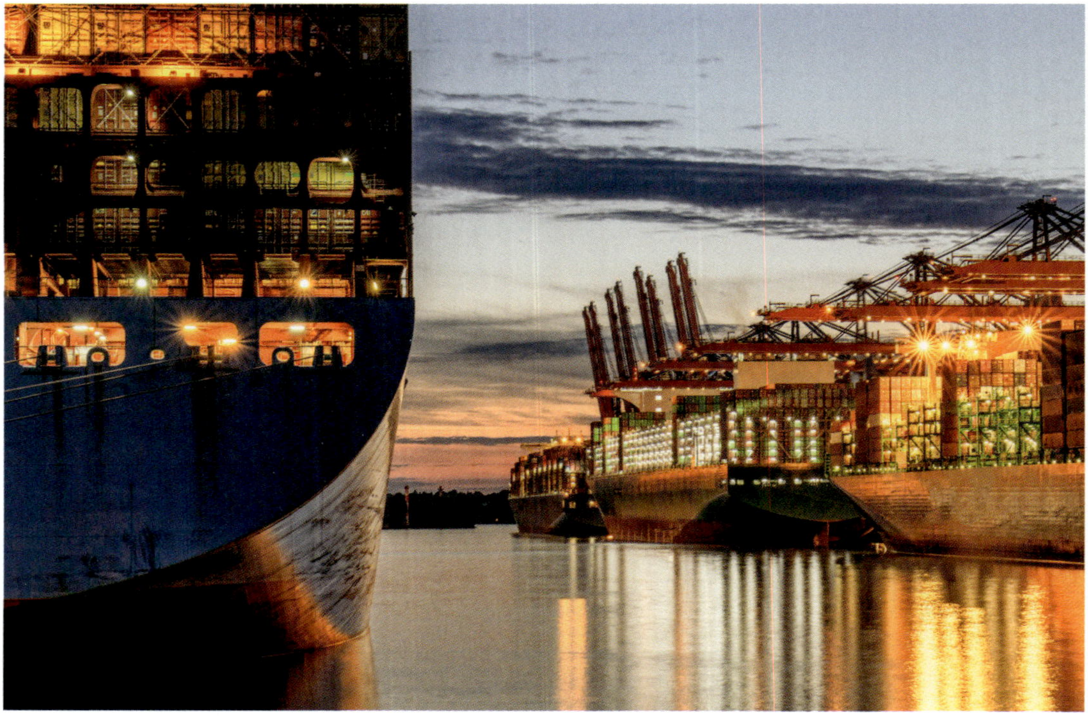

Hamburgs Hafen unterscheidet sich von fast allen anderen Welthäfen: Er versteckt sich nicht hinter Zäunen am Stadtrand, sondern präsentiert sich wie auf einer Bühne – vom Nordufer der Elbe oder den zahlreichen Barkassen zu bestaunen. Hier der Blick auf Containerriesen am Burchardkai.

burg genauso wie Natur- und Industrielandschaft. Wie viele Menschen aus nah und fern sind genau deshalb hier vor Anker gegangen? Eines der größten Architekturbüros wie Gerkan, Marg und Partner bestand ebenso auf Elbblick wie der Spiegel oder Gruner + Jahr.

Viele See- und Binnenhäfen fristen ein trauriges Dasein an der Peripherie, sie wenden den Metropolen den Rücken zu. Viel mehr als Drahtzäune und Lagerhallen gibt es dort nicht zu sehen. Der Hamburger Hafen liegt auf einem Präsentierteller – eine prächtige Bühne, die von der HafenCity bis zur Elbchaussee grandiose Einblicke eröffnet und einzigartiges Wassertheater bietet. Im öffentlichen Bewusstsein ist „der Hafen" noch immer das zentrale ökonomische Kraftfeld der Stadt.

Auch das muss man wissen: Wer den Hafen abräumt, raubt Hamburg die Seele, wenn nicht das Herz. Und doch kann das nicht das Argument sein, alles für immer so zu belassen, wie es ist. Sevcik zieht den Vergleich: „Andere Städ-

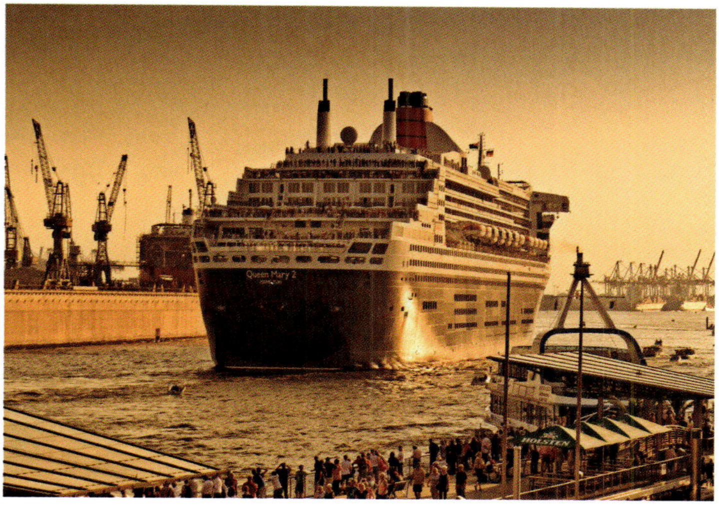

Spät entdeckte die Stadt für sich die Chance als Kreuzfahrtstandort. Mit der Begeisterung für die Queen Mary, die am 19. Juli 2004 erstmals die Stadt besuchte, änderte sich das. Mit dem neuen Kreuzfahrtterminal im Überseequartier bekommt Hamburg 2025 eine zentrale Anlaufstelle.

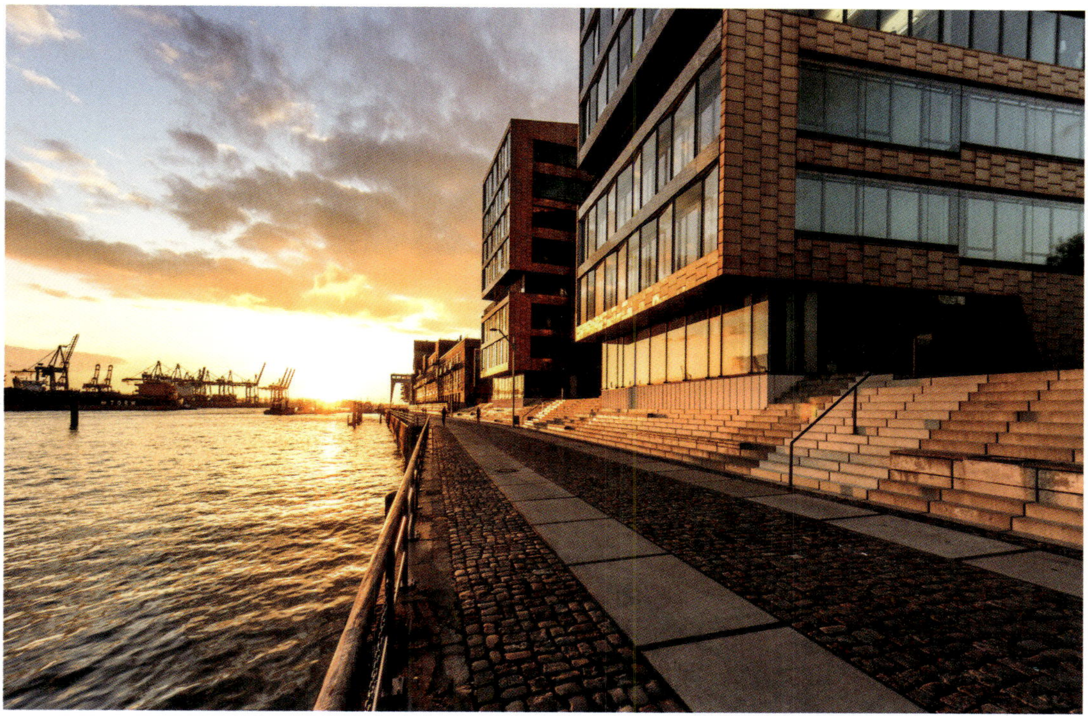

te wie München, die keine Rohstoffe haben und schlechter gelegen sind, bauten einen Flughafen. Aus Flugzeugen steigen Menschen, aus Containern kommen Waren."

Der Hafen hat die Stadt reich gemacht, jetzt muss sie schauen, dass sie nicht wegen des Hafens langsam ärmer

Entlang der Uferzone zwischen Fischmarkt und Övelgönne ist in den letzten Jahren eine „Perlenkette" aufregender Gebäude entstanden, die dem Hafenrand ein völlig neues Gesicht gegeben haben. Ein spektakulärer Ort zum Wohnen. Leben und Arbeiten.

wird. Man habe die Entwicklung in den vergangenen Jahren schleifen lassen, weil man durch Hafen, Logistik und Globalisierung leichtsinnig geworden ist, glaubt Sevcik. Er rät, die Trümpfe der Stadt auszuspielen und die Hafenflächen anders zu nutzen.

„Hamburg muss stärker werden bei Forschung und Wissenschaft, bei der urbanen Produktion. Das sollte man nicht unterschätzen – die Produktion kehrt zurück, aber nicht auf die grüne Wiese, sondern in ein urbanes Milieu, weil dort die Fachkräfte sind." Elektroautos oder Drohnen könnten zukünftig auf dem dann ehemaligen Hafengelände produziert werden.

Zudem kann die Stadt durch den Freiraum im Herzen der Stadt beim Thema Wohnen punkten. Auch in den Londoner Docklands sind riesige Wohngebiete entstanden, sagt der Schweizer Experte. Im Hafen könne man sich auf Neuland wagen, wenn die Stadt Planungs- und Genehmigungsverfahren verkürzt. „Wir könnten weggehen von der klassischen Stadt der 50er-, 60er-, 70er-Jahre, hin zu ganz neuen Konzepten oder Modellen, zu einer Art Spielwiese. Hamburg muss dringend solche Experimente zulassen und seine eingefahrenen Bahnen schleunigst verlassen."

Darin sieht der Metropolenberater die Chance, die Stadt neu zu positionieren. „Es wäre überraschend, wenn diese Spielwiese eben nicht in Athen, London oder Berlin, sondern an der Elbe entstünde. Heute steht Hamburg für eine wohlhabende Stadt, angenehm, ruhig, aber auch ein bisschen langweilig. Niemand hält Hamburg für aufregend." Eine Mega-Bauausstellung könne das ändern: „In Hamburg machen wir eine Experimentierwiese und diskutieren die Stadt für morgen. Dieses Narrativ, dass Hamburg eine Experimentierstadt wird, wäre eine unglaublich interessante Botschaft."

Er bringt noch ein weiteres Argument, warum Wohnungsbau elementar ist: „Es ist sehr wichtig, dass die Stadt schnell über die zwei Millionen-Einwohnermarke springt." Dieser Schritt sei psychologisch wichtig und für internationale Rankings entscheidend.

„Damit würde die Stadt zu großen Metropolen wie Rom oder Madrid aufschließen und nicht wie jetzt Gefahr laufen, etwa von München (1,53 Millionen Einwohner) überholt zu werden." Er traut der Stadt auf den Hafenflächen ein Wachstum von bis zu 400.000 neuen Einwohnern zu.

Ein Defizit sieht auch er in der Wissenschaftslandschaft, dem Fehlen großer Forschungseinrichtungen. „Hamburgs Hochschulen stehen im weltweiten Ranking relativ weit unten. Die Stadt glänzt nicht mit Exzellenz." Dabei sieht er durchaus Chancen, etwa beim Flugzeugbauer Airbus in Finkenwerder, aber auch in der Hightech-Industrie, die tendenziell verstärkt nach Europa zurückdränge.

Mit dem enormen Platz hat Hamburg alle Möglichkeiten, sukzessive in neue Sphären hineinzuwachsen. Auf dem Grasbrook beginnt schon die Umsetzung: Hier soll gegenüber der HafenCity und gleich neben der Veddel ein neuer Stadtteil entstehen: Das Gebiet umfasst eine Landfläche von 47 Hektar und wird aus zwei Quartieren bestehen, die durch den Moldauhafen getrennt werden: das Moldauhafenquartier im Norden und das Hafentorquartier im Süden.

Den Sprung über die Elbe diskutiert die Stadt seit der Jahrtausendwende. Bislang ist daraus nur ein Hüpfer geworden. Die Pläne, den gesamten Kleinen Grasbrook für die Stadtentwicklung zu öffnen, scheiterten mit dem Nein zu Olympia. Zuvor waren Planungen, eine neue Universität dort zu errichten, verworfen worden. Diese Visualisierung wurde 2017 mit einer abgespeckten Bebauung präsentiert.

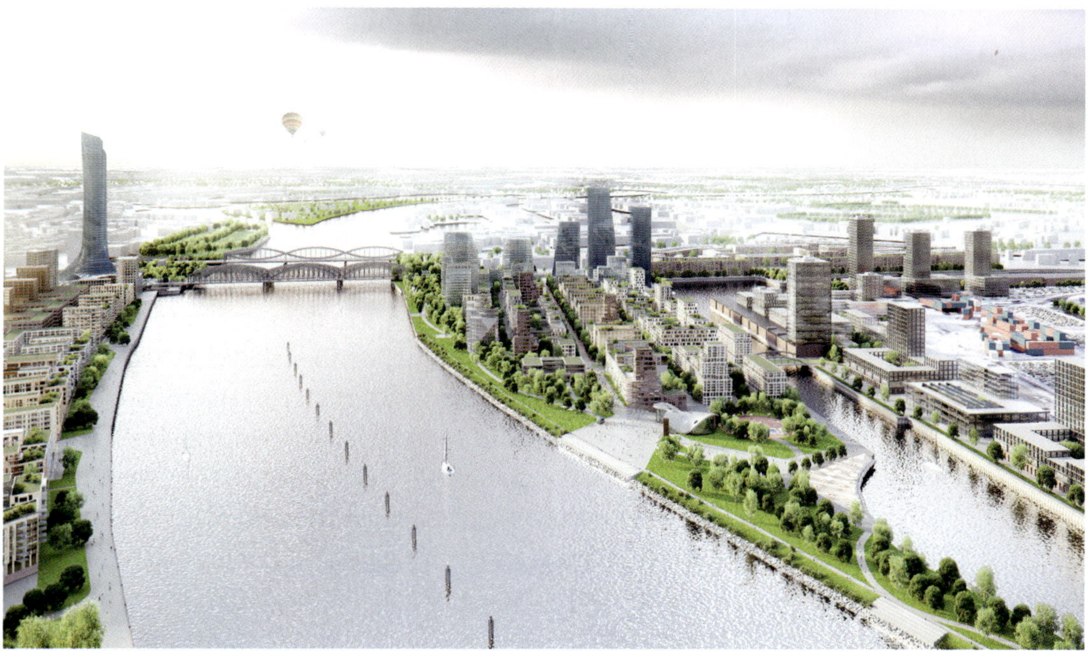

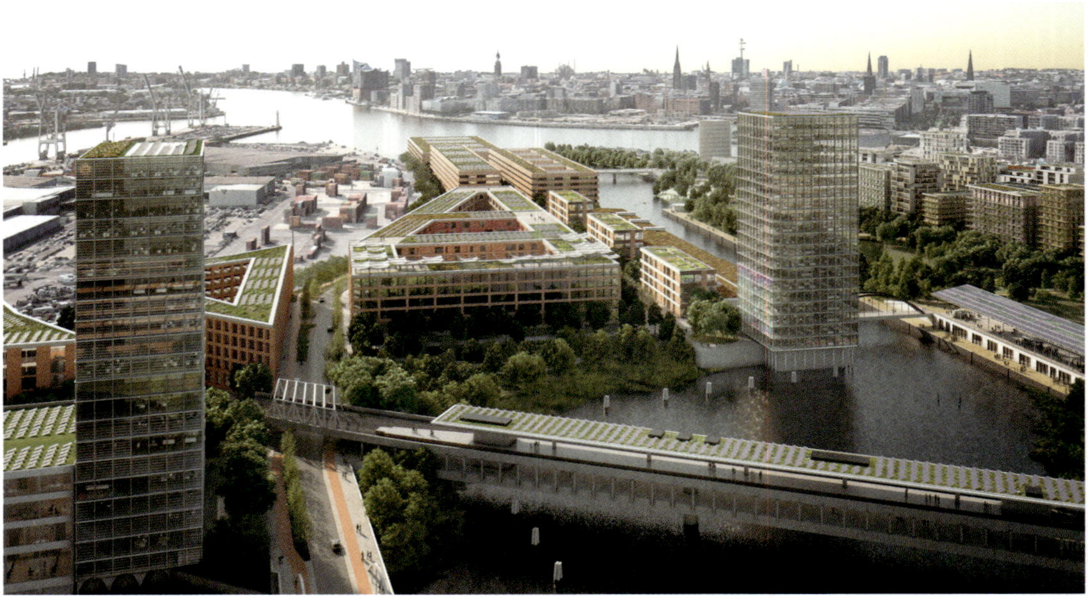

Der Grasbrook soll ein Scharnier werden zwischen Stadt und Hafen, der Veddel und der HafenCity. Wo bis vor kurzem Güter umgeschlagen wurden, wird bald ein neuer Stadtteil entstehen: Er verfügt über zwei Quartiere: Im Norden liegt das Moldauhafenquartier, im Süden das Hafentorquartier, wie diese Visualisierung zeigt.

Auf der Elbinsel Grasbrook, die bis vor kurzem der Hafen nutzte, sollen bis zum Jahr 2040 rund 3.000 Wohnungen entstehen, eine soziale Infrastruktur, aber auch Büros und Arbeitsstätten für bis zu 16.000 Menschen. Zugleich wird der Grasbrook einen großen neuen Park und viele Kilometer Uferpromenaden bekommen – und mit dem deutschen Hafenmuseum einen echten Magneten. Und doch bleibt der Bebauungsplan hinter den Möglichkeiten und den Ideen der Olympia-Bewerbung zurück. Mehr als die Hälfte des Kleinen Grasbrook verbleibt in Hafennutzung. Das verschärft die Konkurrenz und schafft Probleme etwa bei der Verkehrsorganisation, dem Lärm, aber auch dem Immissionsschutz.

Dabei war die Hafenwirtschaft grundsätzlich bereit, den östlichen Teil des Hafens für Olympia zur Verfügung zu stellen und die betroffenen Betriebe in andere Teile des Hafens zu verlagern. Der Osten wäre Teil der Stadtentwicklung geworden, im Westen hätte sich der Hafen in die Zukunft entwickeln können. Die Kosten hätten die Olympischen Spiele mitfinanziert.

Der langjährige Hafenmanager Gunther Bonz erzählt, dass auch nach der gescheiterten Olympiabewerbung eine

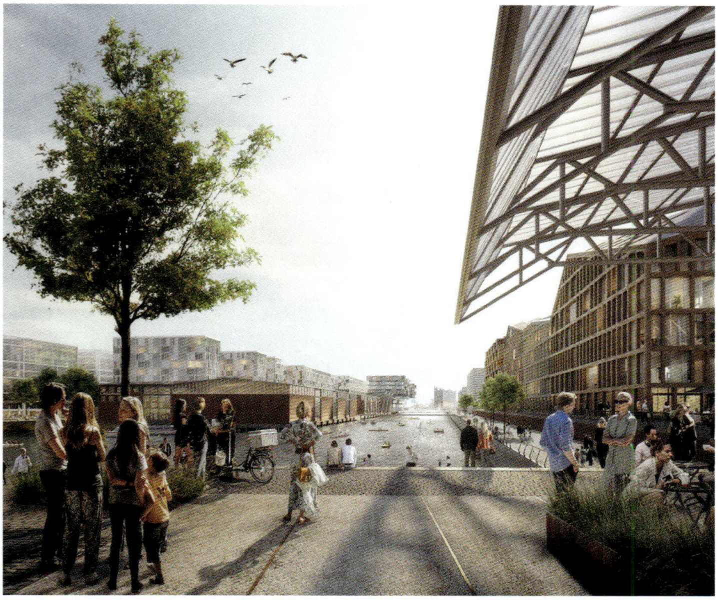

Der neue Stadtteil mit seinen zwei Quartieren – dem Moldauhafen- und dem Hafentorquartier – soll von kurzen Wegen profitieren: Einkaufsmöglichkeiten, Cafés, Schulen, Sport- und Spielplätze, Kitas und Ärzte sollen fußläufig innerhalb von zehn Minuten erreichbar sein.

große Lösung möglich gewesen wäre „Wir hatten damals neben dem Überseezentrum noch weitere Flächen angeboten, aber unter der Bedingung, dass dann im Tausch Moorburg zum Hafengebiet erklärt wird. Im Hafenerweiterungsplan ist Moorburg seit Jahrzehnten." Das wäre ein Projekt Altenwerder 2.0 – dort begann die Stadt in den 1960er-Jahren, Grundstücke aufzukaufen, später enteignete sie die Bewohner gegen Entschädigung, 1988 verließen die letzten Bewohner Altenwerder, heute steht dort ein großes Container-Terminal. Doch auf einen Kampf um ein Dorf wollte sich die Politik nicht einlassen.

Große Lösungen sind in Hamburg schwer geworden.

Die soziale Stadt oder warum Keller und Tiefgaragen bald Auslaufmodelle sind

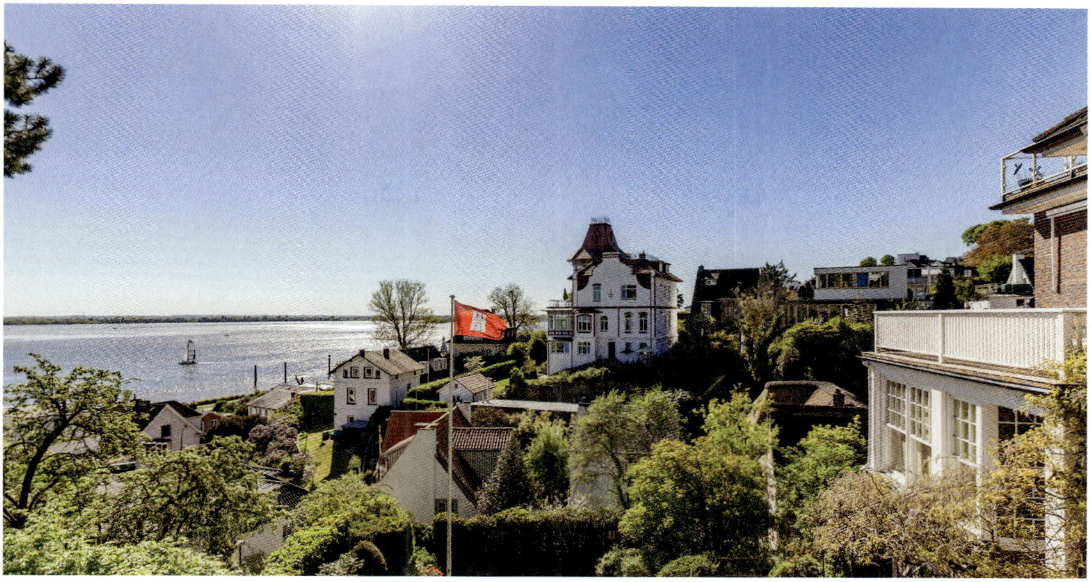

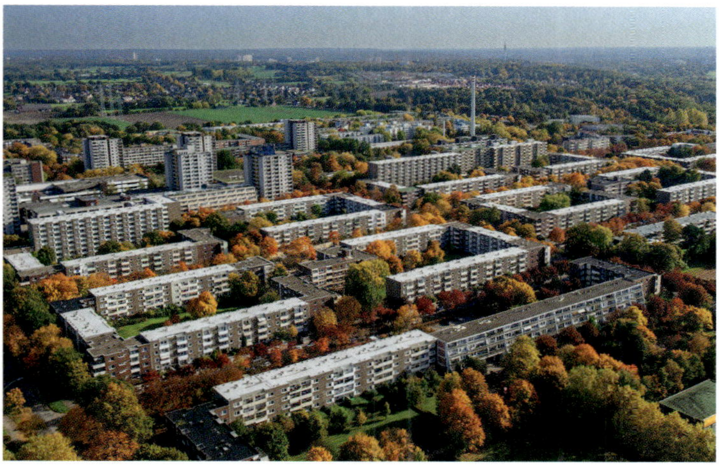

Die sozialen Unterschiede in der Stadt sind beträchtlich: Nach Nienstedten und Othmarschen haben die Bewohner in Blankenese (Bild) das höchste Durchschnittseinkommen. Es liegt mehr als zehnmal so hoch wie etwa auf der Veddel oder in Rothenburgsort.

Lange Zeit galt der Bau von Großwohnsiedlungen als probates Mittel im sozialen Wohnungsbau. Zwischen 1970 und 1979 baute die Neue Heimat Mümmelmannsberg in Billstedt. Insgesamt entstanden rund 7.300 Wohneinheiten.

Hamburg ist nicht nur eine Stadt, Hamburg besteht aus vielen Städten: Die Elbvororte gelten als größtes zusammenhängendes Villengebiet Europas, die Walddörfer haben etwas Kleinstädtisches, dazwischen aber gibt es auch soziale Brennpunkte, in denen sich viele arme und alte Menschen, oft mit Migrationshintergrund, ballen. Allerdings sind viele der Großwohnsiedlungen auch zwischen wohlhabenderen Quartieren entstanden – der Osdorfer Born nahe Groß Flottbek, Steilshoop nahe Ohlsdorf und Wellingsbüttel oder

Mümmelmannsberg an der Stadtgrenze zu Oststeinbek. Sozialer Wohnungsbau neben Patriziervillen sind in der Hansestadt keine Ausnahme, sondern durchaus Normalfall. Es kommen auch verschiedene Lebensstile und Einkommensgruppen immer wieder zusammen – im Sportverein, in der Schule oder der Kirchengemeinde.

So lässt sich der fortschreitenden Entmischung (Segregation) und Blasenbildung zumindest etwas Einhalt gebieten. Schon heute ist es so, dass sich das Leben in Stadtteilen wie Eimsbüttel oder Billstedt, Ottensen oder Lohbrügge massiv unterscheidet. Der eine beklagt den Lärm der Straßencafés, der andere wäre schon froh über ein Café. Die eine spart mit dem praktischen Deutschlandticket, die andere verfügt nicht einmal über einen U-Bahn-Anschluss. Und während sich in manchen Straßen Arzt an Arzt reiht, haben andere nicht einmal mehr eine einzige Kindermedizinpraxis.

Während Politik und Medien intensiv auf die Lebensumstände in den Szenevierteln schauen und von diesen Lebensumständen wiederum geprägt werden, finden andere Stadtteile in der Öffentlichkeit kaum statt. So regierte in der Corona-Krise wie der Klimakrise ein gewisser Altbaublick die Debatte. Und wer sich mit dem Auto oder dem Fahrrad bewegt, vermeidet sogar ein Zusammentreffen im Öffentlichen Nahverkehr. So liegen zwischen manchen Stadtteilen, die räumlich nur wenige 100 Meter trennen, gesellschaftlich manchmal Welten.

Diese soziale Durchmischung ist längst Ziel der Stadtteilentwicklung. Auch das erfolgreiche Hamburger Bündnis für das Wohnen fand eine kluge Formal mit dem so genannten Drittelmix für größere Neubauvorhaben: Ein Drittel der Wohnungen wird – attraktiv für Investoren – als Eigentumswohnung verkauft, ein Drittel als Mietwohnung erstellt und ein weiteres Drittel geht an den geförderten Wohnungsbau.

Die Zahlen sind bundesweit Maßstab setzend: Von 2011 bis 2023 wurden in Hamburg insgesamt gut 132.000 Wohnungen genehmigt und bis 2022 rund 94.000 fertiggestellt (davon etwa 26.000 öffentlich gefördert). Allein in den 37 großen Hamburger Stadtentwicklungsgebieten von HafenCity und Pergolenviertel kommen rund 70.000 neue Wohnungen hinzu, von denen knapp 13.000 bereits fertiggestellt sind.

Allerdings hat diese Erfolgsgeschichte zuletzt ein paar Kratzer abbekommen.

Nach dem Kompromiss des rot-grünen Senats Ende 2022 mit der Volksinitiative „Keine Rendite mit Boden und Miete" verschieben sich die Verhältnisse im Drittelmix, kritisiert die Immobilienbranche. Bei größeren Erschließungsflächen werden fortan 40 Prozent der Fläche für geförderten Wohnungsbau vergeben, der Rest im Drittelmix. Klingt unspektakulär, aber verschiebt die Statik: Damit bleiben von 300 Wohnungen nurmehr lediglich knapp 120 als Eigentums- oder Mietwohnungen, aus dem Drittelmix wird fast ein Zwei-Drittel-Mix.

„So funktioniert die soziale Durchmischung nicht mehr", warnt der Wohnungsbauunternehmer Sönke Struck. Hamburg drohe die alten Fehler der 1960er- und 1970er-Jahre zu wiederholen, als große Siedlungen mit kritischer Struktur entstanden, die bald zu sozialen Brennpunkten wurden. „In solchen Projekten wird sich kaum noch ein privater Investor engagieren, weil die Wohnungen viel schwerer zu verkaufen oder zu vermieten sind."

Seit den Zinserhöhungen und der Kostenexplosion am Bau sind aber Wohnungen fast unverkäuflich. So sind die Kosten im Wohnungsbau einschließlich der Grundstückskosten seit 2020 binnen vier Jahren im Mittel von 3.028 Euro pro Quadratmeter auf 4.318 Euro gestiegen, ein Plus von 42,6 Prozent. Größere Eigentumswohnungen kosten in Hamburg mindestens eine halbe Million Euro, ein Einfamilienhaus mindestens das Doppelte.

Für viele ist das unerschwinglich – und Objekte, die noch im Immobilienboom angestoßen wurden, stehen seit Monaten leer. Deshalb weichen manche Anbieter ganz auf den geförderten Wohnungsbau aus – der wiederum wird mit vergünstigten Zinssätzen in Hamburg gefördert.

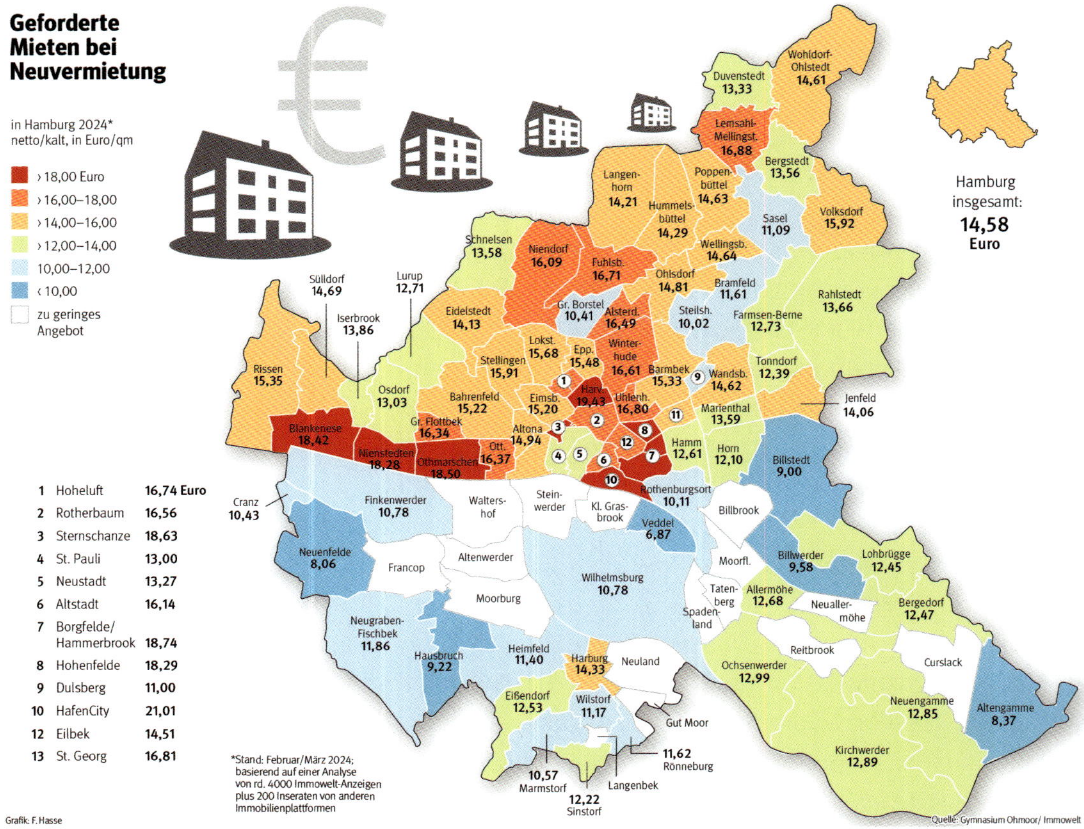

Die Mieten kennen seit einigen Jahren nur eine Richtung: nach oben. Insgesamt aber kann sich die Stadt glücklich schätzen, die eigene Wohnungsbaugesellschaft SAGA nicht privatisiert zu haben. Ihr Angebot von rund 140.000 Mietwohnungen konnte die Preisentwicklung zumindest etwas bremsen.

Exorbitant ist auch die Steigerung der Mieten – wer heute baut, muss angesichts der Steigerungen mindestens 20 Euro den Quadratmeter verlangen. Angesichts einer tatsächlichen Kaltmiete, die 2023 in Hamburg bei durchschnittlich 8,71 Euro pro Quadratmeter lag, lohnt sich Bauen nicht mehr. Es droht eine Zweiklassen-Gesellschaft: die der Besitzenden – und sei es nur die Besitzer eines Mietvertrags – und die der Habenichtse.

Angesichts der Verteuerung der Immobilien wird gutes Wohnen für viele zum Luxus: Fast jeder zweite befragte Haushalt, so brachte jüngst eine Studie zutage, überdenkt inzwischen angesichts der Kosten seine Wohnsituation – bei der jüngeren Generation bis 25 Jahre sind es sogar 60 Prozent. War vor zehn Jahren lediglich jeder zehnte Haushalt überbelastet, wendet mittlerweile nahezu jeder dritte

Haushalt mehr als 40 Prozent des verfügbaren Haushaltseinkommens fürs Wohnen auf. Fast jeder zweite Hamburger Haushalt zahlt mehr als 30 Prozent seines verfügbaren Einkommens fürs Wohnen.

Das ist zu viel – und hat fatale gesellschaftliche Folgen. „Aufgrund der soziodemografischen Entwicklungen ist für einen Großteil der deutschen Bevölkerung der private Vermögensaufbau mit Immobilien aktuell nicht mehr möglich“, warnt Andreas Pfnür, Leiter des Fachgebiets Immobilienwirtschaft und Baubetriebswirtschaftslehre an der Technischen Universität Darmstadt. „In der Konsequenz wird sich die Gesellschaft weiter in Arm und Reich spalten und Wohneigentum bleibt nur einer exklusiven Bevölkerungsschicht vorbehalten.“

Gerade die Mittelschicht geht leer aus – sie verdient oft zu viel, um geförderte Wohnungen zu bekommen, aber zu wenig, um sich Eigentum leisten zu können.

Fast 60 Prozent der Hamburger haben inzwischen Anspruch auf eine Wohnung im 1. und 2. Förderweg. Diese Entwicklung verändere Hamburg, fürchten Politiker. „Was macht es mit einer Gesellschaft, wenn ich 60 Prozent der Menschen die Botschaft vermittle, du schaffst es alleine nicht, du brauchst Zuwendung vom Staat? Liegt darin eine Erziehung zur Unselbstständigkeit?“

Auf jeden Fall hat es Konsequenzen für die Zusammensetzung der Stadtbevölkerung: Hamburg verliert jedes Jahr Netto-Steuerzahler ins Umland. Wer seinen Traum vom Häuschen mit Garten verwirklichen will, muss die Stadt verlassen. Zugleich ziehen vor allem Menschen in die Metropole, die keine oder nur wenige Steuern zahlen.

Es ist eine bittere Ironie, dass der Klimaschutz daran nicht ganz unschuldig ist. Im Bestreben, Häuser und Wohnungen nachhaltiger zu machen und den CO_2-Ausstoß zu senken, hat die Politik in den vergangenen Jahren kräftig draufgesattelt. Inzwischen gelten technische Anforderungen als großer Kostentreiber beim Bau – die Klimaschutzvorschriften verteuern nicht nur den Neubau, sondern auch den Betrieb: Wohnungsverwalter rechnen vor, dass Gebäude, die zwischen 1998 und 2005 erstellt wurden, am attraktivsten sind. Hier liegen die Betriebskosten bei lediglich drei Euro pro Quadratmeter.

Inzwischen aber ist so viel Technik in die Häuser eingezogen, dass moderne Neubauten mit Tiefgarage, Lüftung, aufwendiger Dämmung und Wärmerückgewinnung schnell mehr als 4,50 Euro Betriebskosten den Quadratmeter verschlingen. Hinzu kommt: Die CO_2-Minderung hält sich in Grenzen. Denn die Theorie hat die menschliche Praxis übersehen. In schlecht gedämmten Häusern verhalten sich die Bewohner viel effizienter als in Niedrigenergiehäusern. Dort wiederum verbrauchen die Menschen mehr als berechnet – keiner will beispielsweise das geöffnete Fenster missen.

Dietmar Walberg von der Arbeitsgemeinschaft für zeitgemäßes Bauen, einer der großen Experten im Wohnungsbau, kommt zu dem Schluss: „Der überwiegende Teil der baulichen Standards im Wohnungsbau, die in den letzten Jahren gebaut wurden beziehungsweise werden mussten, ist sowohl ökonomisch und auf tatsächlich wirksamen Klimaschutz hin verzichtbar."

Die Kostenfrage wird für die soziale Stadt der Zukunft zur Überlebensfrage. Entscheidend wird sein, Häuslebauen wieder erschwinglich zu machen. Das aber wird nur funktionieren, wenn Bauen insgesamt billiger wird. Bei den Baustoffen wird das kaum gelingen, weil aufgrund der hohen Energiepreise das Niveau hoch bleibt. Möglichkeiten hingegen liegen in der Entbürokratisierung. Bundesweit gibt es mehr als 7.000 anerkannte Regeln für die Branche, von denen aber nur einige Hundert im Baugenehmigungsprozess wirklich relevant sind. Das Problem: Die Bauträger halten sich in der Regel an alle Vorgaben, da sie andernfalls Klagen wegen Mängeln fürchten.

Hier will die Stadt Hamburg nun ran, sie möchte unter anderem Decken- und Wandstärken moderat absenken wie die Zahl der Steckdosen oder Vorgaben beschneiden,

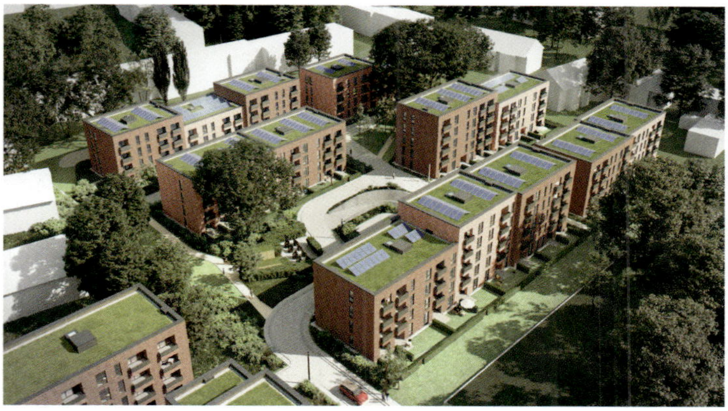

Die SAGA baut am Sportplatzring die Neue Mitte Stellingen. Die 153 Wohnungen unterschiedlicher Größe sind öffentlich gefördert und sollen mit einer Netto-Kalt-Miete von 6,90 Euro 2025 fertig sein. Jede der Ein- bis Fünf-Zimmer-Wohnungen verfügt über einen Balkon oder eine Terrasse. Mit dem angrenzenden Wohnungsbau soll ein neues Stadtteilzentrum entstehen. Für die Generalplanung zeichnet das Büro Gerber Architekten verantwortlich.

die über das Ziel hinausschießen: Die Stadtentwicklungsbehörde hofft, durch Lockerungen bei den Normen 20 Prozent der Baukosten einzusparen.

Auch die größte städtische Wohnungsbaugesellschaft SAGA experimentiert, wie sich günstiger bauen lässt. Verschiedene Teams erprobten, wie man den klimapolitischen und städtebaulichen Ansprüchen genügt, und trotzdem sparen kann. Das Experiment gelang. Hier lagen die Herstellungskosten je Quadratmeter Wohnfläche mit durchschnittlich 3.700 Euro rund 15 bis 20 Prozent unter dem Schnitt.

Klar ist aber auch: In Zukunft werden diese kostengedämpften Bauten einfacher ausfallen; die ambitionierten Wünsche werden die meisten Hamburger zurückschrauben müssen. Dann werden viele Mehrfamilienhäuser vermutlich keine Tiefgaragen und keine Keller mehr haben, Aufzüge wird es nicht überall, Balkone wird es nur in einfachen Ausführungen geben, Verblendmauerwerk durch verputzte Wände ersetzt. Und die geliebte Dachterrasse könnte Gründächern und Solaranlagen zum Opfer fallen.

Aber gegen diese Kostendämpfung gibt es keine Alternative. Wer die Stadt zusammenhalten will, muss dafür sorgen, dass sich alle noch die Stadt leisten können.

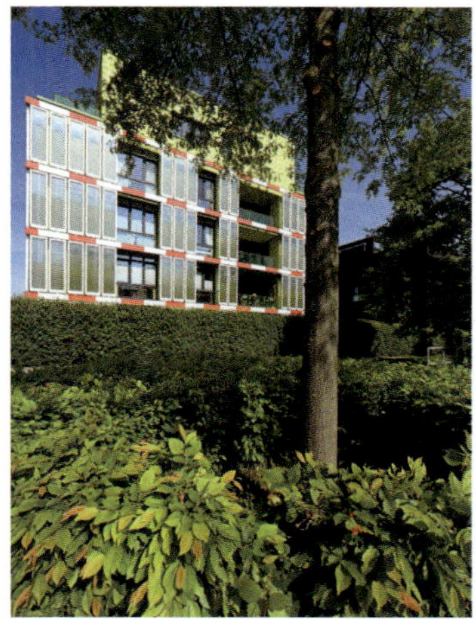

Die Internationale Bauausstellung 2013 in Wilhelmsburg war eine Baustelle der Experimente. Dabei wurde das Algenhaus vorgestellt, das einen neuen Weg der Energiegewinnung wagt. An der Außenfassade des Hauses sind 129 Glaspanels angebracht, die als Bioreaktoren fungieren. Darin wachsen Algen, die durch das Zuführen von CO_2 ununterbrochen im Wasser zirkulieren und Photosynthese betreiben. Die Technik aber war zunächst fehleranfällig.

Der neue Biedermeier – oder warum Hamburg eine Riesenchance aus der Hand gegeben hat

„Das gibt's nur einmal." Zumindest für Kinder klingt das nach einem Versprechen. Wenn die Welt noch jung, frisch und unverbaut erscheint, geht von diesen vier Worten ein unfassbarer Reiz aus, ein Versprechen, eine Verheißung. Für die Mehrheit der Hamburger, das wissen wir seit 2015, ist das Einmalige eher eine Bedrohung, eine Fährnis, eine Strapaze. An einem tristen Novembersonntag sagte Hamburg „Nein" zu Olympia, „Nein" zu den Sommerspielen 2024 (oder später) und auch „Nein" zu einer Beschleunigung der Stadtentwicklung.

Wer wagt, gewinnt, hieß es früher. Der Spruch taugt für die Mottenkiste der Geschichte. Wer wagt, verliert, lautet das Motto der Gegenwart. So gefällt's den Deutschen im 21. Jahrhundert besser. Nur ob man damit langfristig zu den Gewinnern zählen wird, darf bezweifelt werden.

Reisen wir in ein Paralleluniversum, in dem die Hamburger „Ja" gesagt hätten. Hamburg hätte inzwischen – noch vor Oberbillwerder – einen neuen Stadtteil bekommen: Auf dem Kleinen Grasbrook stünden das neue Leichtathletikstadion, die Schwimm- und Olympiahalle, das Olympische Dorf mit künftig 6.000 Wohneinheiten sowie den zwei neuen Elbbrücken.

Die Nachnutzung der Sportstätten war fester Bestandteil der Planung – Teile des Stadions wären zu Wohnungen

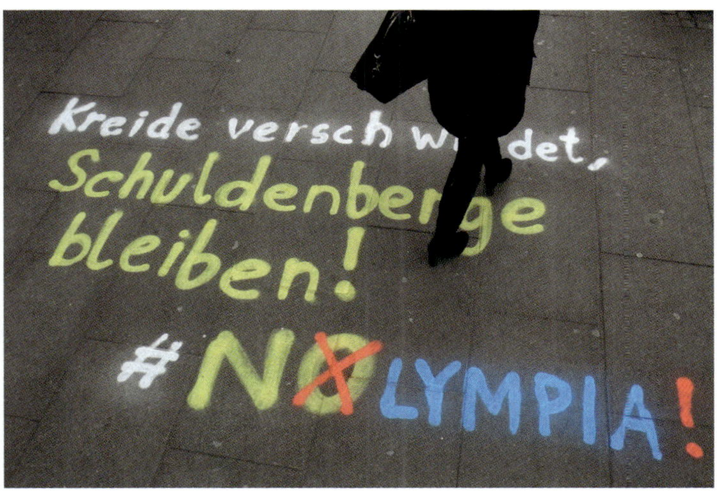

Das „Nein" zu Olympia kam überraschend. In Umfragen hatte stets eine Mehrheit für die Spiele plädiert, nur kleinere Gruppen und Institutionen machten Stimmung gegen Olympia und das IOC.

umgebaut geworden, das Olympiazentrum zum Kreuzfahrtterminal; die Schwimmhalle hätte sich in ein Erlebnisbad für alle Hamburger verwandelt, Sprungtürme, Saunen und Rutschen inklusive. Die Pläne waren so ambitioniert wie detailliert: Schon vier Wochen nach den Spielen, also im September 2024, hätten die ersten Hamburger ins Olympische Dorf einziehen sollen.

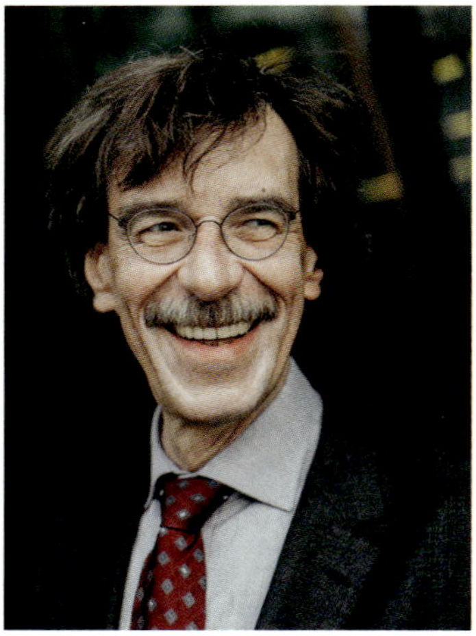

Jörn Walter wurde 1999 Oberbaudirektor in Hamburg, 2017 gab er sein Amt ab. „Sicherlich wäre ich sonst heute noch Oberbaudirektor. Olympische Spiele sind eine weltweit so seltene Gelegenheit, eine Stadt in einem überschaubaren Zeitraum zu modernisieren und für die Zukunft neu aufzustellen, der man sich als Stadtentwickler nicht entziehen kann", sagte Walter später.

„Wir hätten mit dem Konzept der ‚Spiele in der Stadt und am Wasser' bei kurzen Wegen und Bauten, die immer an der Nachnutzung orientiert waren, ein Zeichen gesetzt. Ein Zeichen, dass das IOC von seinen zum Teil völlig überzogenen Anforderungen herunterkommen muss, wenn Olympische Spiele nicht nur in Autokratien, sondern auch in Demokratien wieder mehrheitsfähig sein sollen", sagt der langjährige Oberbaudirektor Jörn Walter Jahre später.

Bis heute ärgert sich der Stadtplaner über „die vertane Chance" zur Verbesserung unserer Verkehrsinfrastruktur: „Wir hätten heute nicht nur ein völlig modernisiertes und deutlich erweitertes U- und S-Bahnnetz, sondern auch eine fertiggestellte Hauptbahnhofserweiterung, einen ausgebauten Harburger Bahnhof und vor allem viele Kilometer neuer leistungsfähiger und attraktiver Rad- und Fußwege."

Jörn Walter zählt auf, wie sich die Stadt mit den Spielen verändert hätte: „Hamburg hätte sich als die Zukunftsmetropole in Europa profiliert, und zwar in mehrfacher Hinsicht." Zum einen wäre die Stadt nachhaltig entwickelt worden: Bei höchsten Umweltstandards hätte die Bebauung des Kleinen Grasbrooks einen großen Entwicklungsschub für den seit Jahrzehnten diskutierten „Sprung über die Elbe" nach Süden und „Stromaufwärts an Elbe und Bille" nach Osten gebracht.

Und Hamburg wäre Sportstadt geworden: Nachdem sich die Metropole mit der Elbphilharmonie kulturell neu und weltweit positioniert hat, hätte das Gleiche auf dem Gebiet des Sports passieren können, ist sich Walter sicher. „Nicht nur mit den neuen Stadien, sondern mit der grundlegenden Erneuerung der Traditionsstandorte Volkspark,

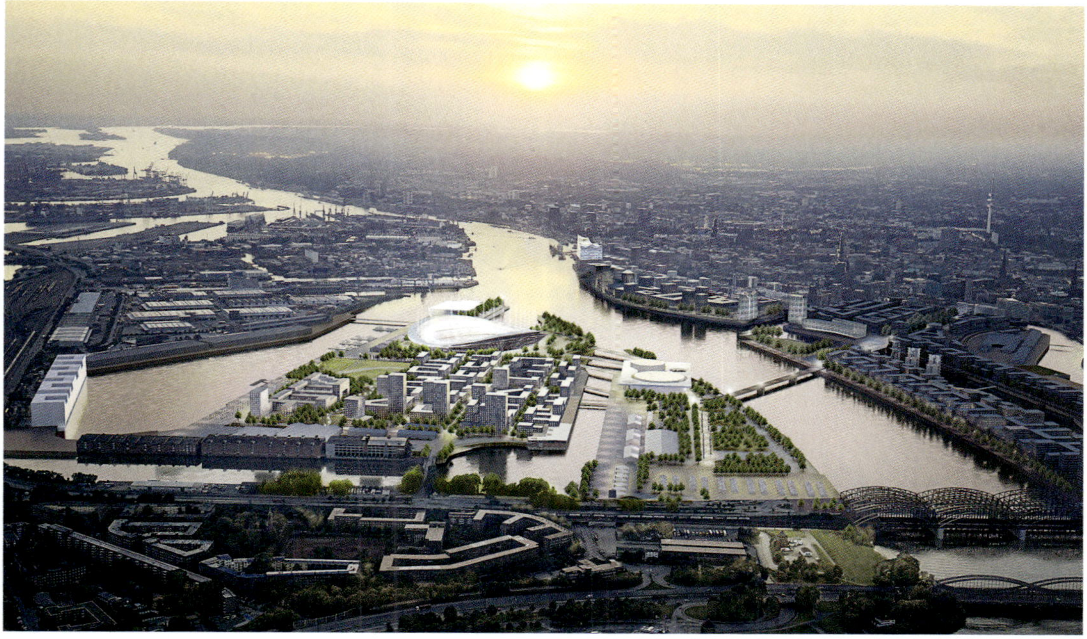

Rotherbaum, Klein Flottbek, St. Pauli, Dove-Elbe, vor allem aber der fertigen Sanierung von zwölf Schwimmhallen, 37 Sporthallen und 62 Sportfeldern für den Breitensport."

Sogar der Hafen hätte profitiert, betont der langjährige Oberbaudirektor. „Er hätte sich in Steinwerder und vermutlich auch auf der Kattwykinsel völlig neu aufgestellt und wäre mit dem in Kürze fertiggestellten Deckel der A7, der A26 mit neuer Süderelbequerung und der Anbindung des Veddeler Damms an die Anschlussstelle Georgswerder von vielen Sorgen befreit, die uns heute um seine Wettbewerbsfähigkeit umtreiben."

Auch für ihn persönlich hatte das Nein Konsequenzen. „Sicherlich wäre ich sonst heute noch Oberbaudirektor. Olympische Spiele sind eine weltweit so seltene Gelegenheit, eine Stadt in einem überschaubaren Zeitraum zu modernisieren und für die Zukunft neu aufzustellen, der man sich als Stadtentwickler nicht entziehen kann", erzählte mir Jörn Walter später. Die Ablehnung hatte viele Hauptamtler und Ehrenamtler seinerzeit schwer getroffen, das Nein war ein massenhafter Motivationskiller.

Eine Vision, für die den Hamburgern der Mut fehlte. Das Olympische Dorf für die Sommerspiele 2024 oder 2028 sollte auf dem Kleinen Grasbrook entstehen und hätte einen neuen Stadtteil in Rekordgeschwindigkeit entwickelt. Diese Visualisierung von KCAP | Arup | Vogt zeigt, wie die Spiele die Stadt geprägt hätten.

Im Votum der Hamburger tat sich ein Gefühl Bahn, das vielen Enttäuschungen und leeren Versprechungen geschuldet ist: Alles soll so bleiben, wie es ist! Keine Experimente, bitte! Wir wollen kein besseres Morgen mehr, sondern lieber ein gemütliches Heute. Das Biedermeier ist zurück. Eine tiefe Skepsis herrscht gegen alles, was Zukunft verheißen kann. Ja, sie ist uns in unserer Gegenwartsfixierung fremd geworden. In dieser Weltsicht ist das Morgen ein Dunkel, jede Utopie der Dystopie gewichen. Olympische Spiele 2024 waren für viele Gegner Science-Fiction, ein Horrorgemälde aus Terrorgefahr, Gentrifizierung und Ausnahmezustand. Welche Ironie, dass die Protagonisten des Nein schon das Hier und Heute ganz schrecklich finden. Nur der Wandel schreckt sie offenbar noch mehr.

Diese Unfähig- oder Unwilligkeit zum Morgen könnte sich in Deutschland in den kommenden Jahren noch verstärken: Es ist kein Zufall, dass eine zukunftsverzagte Gesellschaft so wenige Kinder hat. Und je weiter sich die Demografie verändert, desto wichtiger das Heute wird, umso nebensächlicher das Morgen. Ein Treiber des Fortschritts war stets die Hoffnung, dass es den Kindern einmal besser gehen soll. Doch was treibt eine Gesellschaft, in der viele keinen Nachwuchs mehr haben? Immer mehr Besitzstandswahrer treffen auf immer weniger Reformer.

Diese Zukunftsvergessenheit schlägt massiv auf die Politik durch – gerade in Kommunen, die Bürger- und Volksentscheide verbindlich gemacht haben. Auch die Politik in Stadt und Land hat ihre Lehren aus Hamburg 2015 gezogen. Großprojekte sind seit diesem Sonntag politisch noch riskanter. Das gilt für Großinvestitionen im Allgemeinen und für Olympia im Besonderen.

Seitdem ist die Stadt nur noch zweimal über ihren eigenen kurzen Schatten gesprungen – auch weil Bürgermeister Olaf Scholz der Metropole einen kräftigen Schubs gegeben hat.

Der spektakulärste Sprung ist wohl der grüne Bunker, der im Juli 2024 mit mehreren Jahren Verspätung endlich eröffnet hat. Die hängenden Gärten von Babylon waren einst eines der sieben Weltwunder. In der Antike wuchsen hier auf 25 Meter hohen großen Terrassen prächtige Pflanzen, die über ein ausgeklügeltes System bewässert wurden.

Jetzt erlebt Hamburg sein grünes Wunder an der Feldstraße. Dort hat sich der graue Weltkriegsbunker in einen Garten verwandelt: Der 560 Meter lange Bergpfad führt zu öffentlichen Grün- und Gemeinschaftsflächen und einem spektakulären Dachgarten.

Der bewachsene Aufbau birgt eine Veranstaltungshalle, ein Hotel, ein Restaurant, eine Bar und eine Gedenkstätte. Mehr als zehn Jahre dauerte es von der ersten Idee bis zur Vollendung. Die großartige Idee des Kreativen Mathias Müller-Using fand einen mutigen Investor: den Pächter des Bunkers, die Matzen Immobilien GmbH. Es gehört aber auch zur Wahrheit, dass es diesen spektakulären (Auf-)Bau ohne Olaf Scholz nicht gäbe – er wollte den grünen Bunker und wischte die mannigfaltigen Bedenken im Bezirk und der Partei fort.

Scholz war es auch, der den Elbtower wollte – den 245-Meter hohen Wolkenkratzer an den Elbbrücken. Auch hier hat er sich persönlich für den spektakulären Entwurf von David Chipperfield und den Investor René Benko stark gemacht. Schon vor der Grundsteinlegung war ein beträchtlicher Teil der Büros für insgesamt 5.000 Mitarbeiter vermietet; der internationale Konzert Nobu-Hotel, gegründet von Robert de Niro, sollte dort mit 191 Zimmern einziehen. Zudem waren Restaurants, Bars und eine Dachterrasse im 55. Obergeschoss geplant.

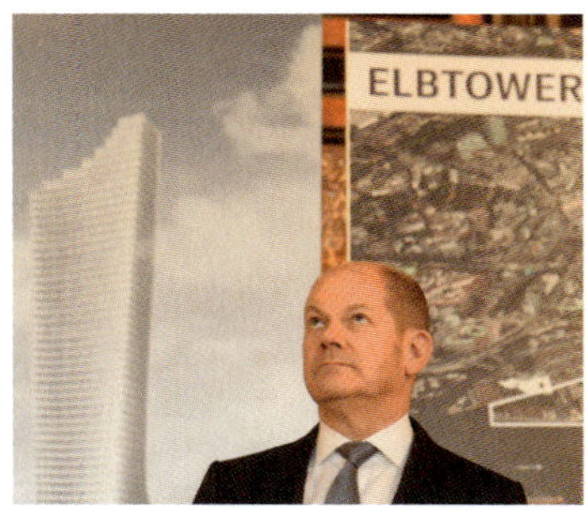

Bei seiner letzten Pressekonferenz als Hamburger Bürgermeister stellte Olaf Scholz 2018 den Entwurf des Elbtowers vor, der schon zuvor als Idee präsentiert worden war. Sein Traum damals: „Wenn der Elbtower fertig ist, möchte ich, dass die Hamburger sagen, das hat der Olaf Scholz gut gemacht!“

Doch die Turbulenzen der Immobilienkrise machte aus dem Wolkenkratzer nur einen „Kurzen Olaf“. Im Oktober 2023 wurde der Bau gestoppt, kurz vor Neujahr 2024 rutschte das gesamte Immobilienunternehmen des österreichischen Wunderwuzzi Benko in die Insolvenz. Die Politik reagierte geradezu paralysiert und redete sich damit heraus, dass dort im Elbschlick ein „privater Investor“ gescheitert sei und private Investoren das Projekt herausboxen sollten.

Seitdem ist Hamburg noch mutloser geworden. Wer Sympathiepunkte und Stimmen sammeln möchte, unterlässt am besten alles, was größer ist als das kleinste Karo. Mit dieser Politik hätte man sich nicht nur eine Elbphilharmonie gespart, sondern in der Vergangenheit eben auch die HafenCity, die Universität, den Hafen.

Vielleicht verlaufen Mut und Investitionen auch in Wellen – nach dem zwischenzeitlichen Desaster um die Elbphilharmonie, die sich im Preis fast verzehnfachte und deren Bau 2011 zwischenzeitlich gestoppt werden musste, geriet Hamburg schon einmal in Schockstarre.

Ein Opfer wurde die „Living Bridge", die bei der Präsentation 2005 noch auf Begeisterung und viel Zustimmung gestoßen war. Der Investor Dieter Becken und der Architekt Hadi Teherani präsentierten die Idee einer lebenden Brücke, eines Gebäudebandes als Brückenschlag über die Norderelbe.

In Höhe des Lohseparks sollte bis zum Grasbrook eine 700 Meter lange, mehrgeschossige Brückenanlage entste-

Bis heute bedauern viele, dass der Entwurf der „Living Bridge" von 2005 nie verwirklicht wurde. Hadi Teherani hatte ein Gebäudeband als Brückenschlag über die Norderelbe ersonnen. Vom Lohsepark bis zum Grasbrook sollte eine 700 Meter lange, mehrgeschossige Brückenanlage die Elbe überspannen – eine Parkachse, Weg und Wohnstraße in einem.

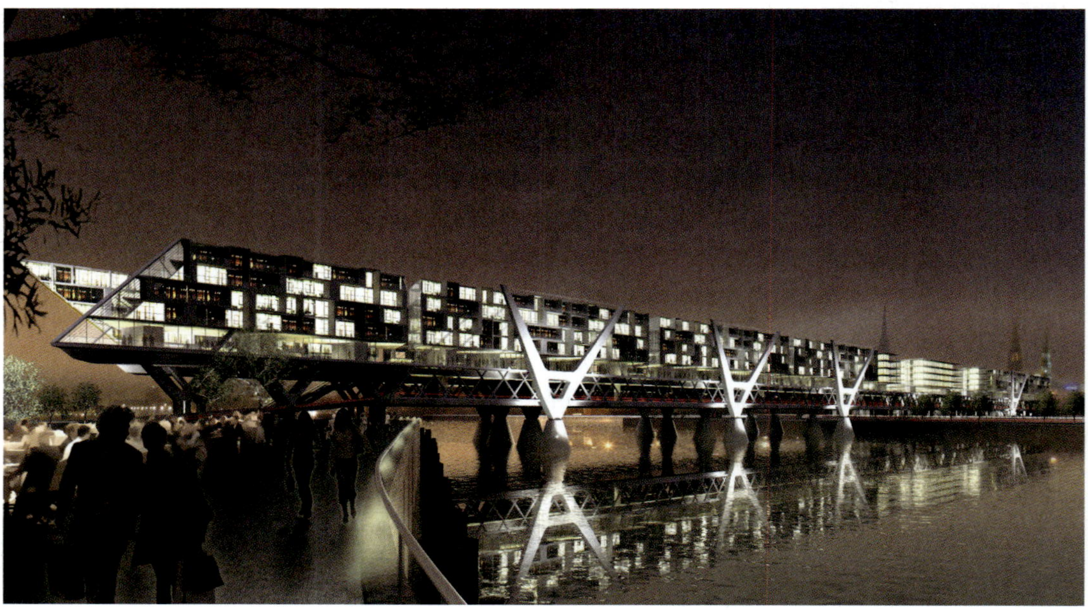

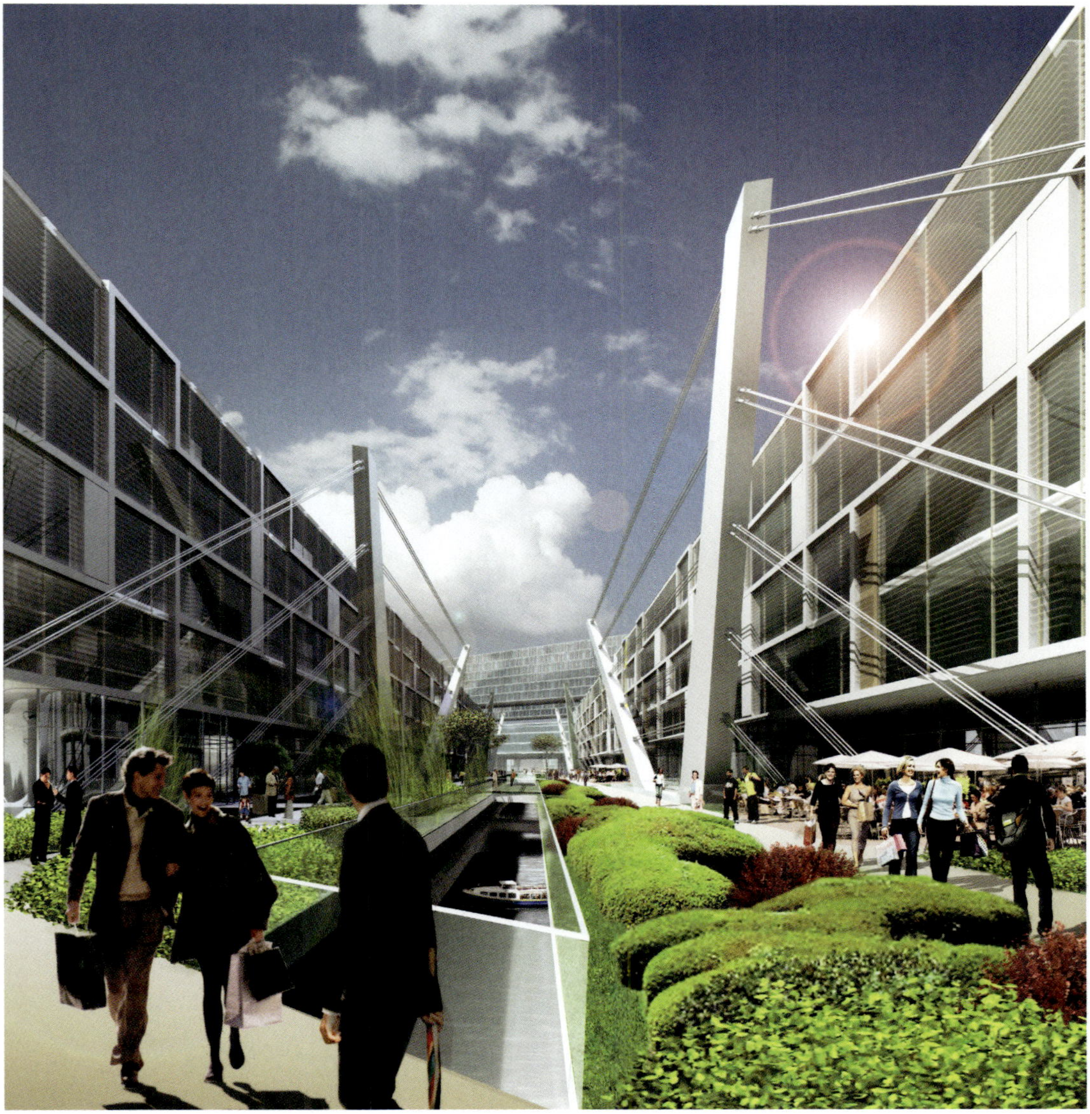

hen. Sie war als Parkachse, Weg und Wohnstraße auf einem Grundstück gedacht, das es eigentlich gar nicht gibt – auf dem Wasser. „Die Bürger sprechen mich bis heute an. Das war ein Maßanzug für Hamburg, eine Stadt, in der man am Wasser und über dem Wasser wohnt", sagt Hadi Teherani. Jetzt versuche man den Grasbrook und die Veddel zu entwickeln. „Mit der Living Bridge wären diese Stadtteile längst angebunden. Das ist eine Ponte Vecchio in Groß."

So hatten sich der Investor Dieter Becken und Hadi Teherani die lebende Brücke vorgestellt: rechts und links Büros und Wohnungen mit Wasserblick, in der Mitte ein Weg zum Flanieren. Das Projekt sollte 324 Millionen Euro kosten und Ende 2009 fertig sein. Geplant waren 1000 Wohnungen und 40.000 Quadratmeter Gewerbeflächen.

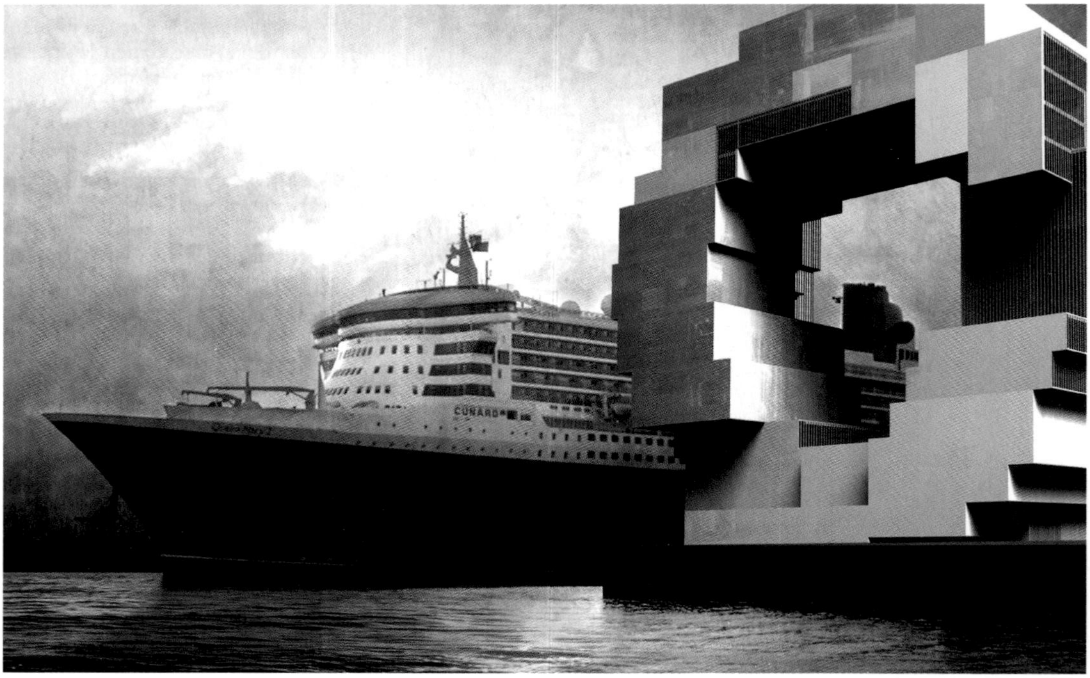

Ein frühes Opfer der Finanzkrise wurde das Science Center Hamburg. Der spektakuläre Entwurf der Architekten Rem Koolhaas und Ellen van Loon aus dem Jahr 2007 sah kubische Module vor, die aufeinandergestapelt die Form eines Ringes ergaben. Anfang 2008 ging die Stadt noch von einem Baubeginn 2009 und einer Fertigstellung bis 2011 aus.

Mehrere Jahre hat die Politik über diese Brücke nachgedacht, noch die schwarz-grüne Koalition wollte 2008 daran festhalten. „Als es Probleme mit der Elbphilharmonie gab, hat der Senat sich gescheut, ein weiteres Großprojekt zu wagen", erinnert sich Teherani.

Zur selben Zeit scheiterte auch das ambitionierte Science Center der Architekten Rem Koolhaas und Ellen van Loon, ein 70 Meter hohes Haus, das Module wie Container übereinanderstapelte. Dem spektakulären Gebäude fehlte die Wirtschaftlichkeit. Stattdessen wurde dort 2014 das Überseequartier an den Investor Westfield übergeben.

Die Geschichte zeigt, dass nach dem Stillstand neue Bewegung entstehen kann. Derzeit mag davon wenig zu spüren sein, Hamburg präsentiert sich arg ambitionslos. „Die Erzählung von Hamburg als wachsender Stadt, als Stadt im Aufbruch, hat sicher gelitten", konstatiert Jörn Walter mit Blick auf das verlorene Referendum. „Mit den Olympischen Spielen hätten wir zurzeit eine Entwicklungsdynamik in Hamburg, die eine breite Ausstrahlung auf die

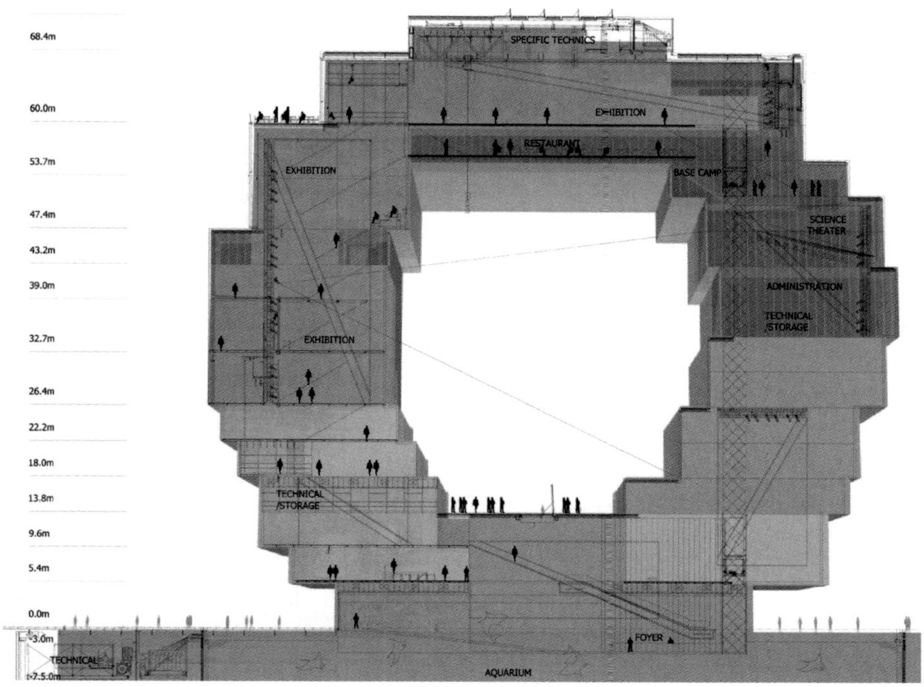

Direkt am Magdeburger Hafen gelegen sollte das Science Center die Verbindung zwischen Hafen und Stadt symbolisieren, ein Zeichen für Hamburgs ökonomische Stärke und das Interesse der Stadt an Wissenschaft und Technik werden. Nun steht dort ein Einkaufsviertel.

wirtschaftliche, zivilgesellschaftliche, kulturelle und soziale Attraktivität der Stadt hätte. Jetzt müssen wir uns eher Sorgen um Stagnation, Abwanderung und Arbeitsplatzverluste machen."

Die gute Nachricht: Kein Biedermeier währt ewig.

Wolfgang Borchert, der große Hamburger Dichter, schrieb einst:

Hamburg.
Das ist mehr als ein Haufen Steine, Dächer, Fenster, Tapeten, Betten, Straßen, Brücken und Laternen.
Das ist mehr als Fabrikschornsteine und Autogehupe – mehr als Möwengelächter, Straßenbahnschrei und das Donnern der Eisenbahnen – das ist mehr als Schiffssirenen, kreischende Kräne, Flüche und Tanzmusik – oh, das ist unendlich viel mehr.
Das ist unser Wille, zu sein.

Dieses Luftbild zeigt eindrucksvoll Hamburgs Wachstum und die Chancen der Stadt: Die HafenCity ist zu rund 80 Prozent fertiggestellt, nun beginnt auf dem Grasbrook (oben) die Stadtentwicklung. Auf 47 Hektar Fläche entstehen 3.000 Wohnungen, dazu Bildungseinrichtungen, Sport-, Freizeit- und Einkaufsmöglichkeiten sowie 16.000 Arbeitsplätze. Der Stadtteil soll zugleich mit einem großen Park und weiteren Anlagen sehr grün werden. Und für die kommenden Jahrzehnte hat Hamburg anders als viele anderen Metropolen enorme Wachstumspotenziale auf den Hafenflächen.

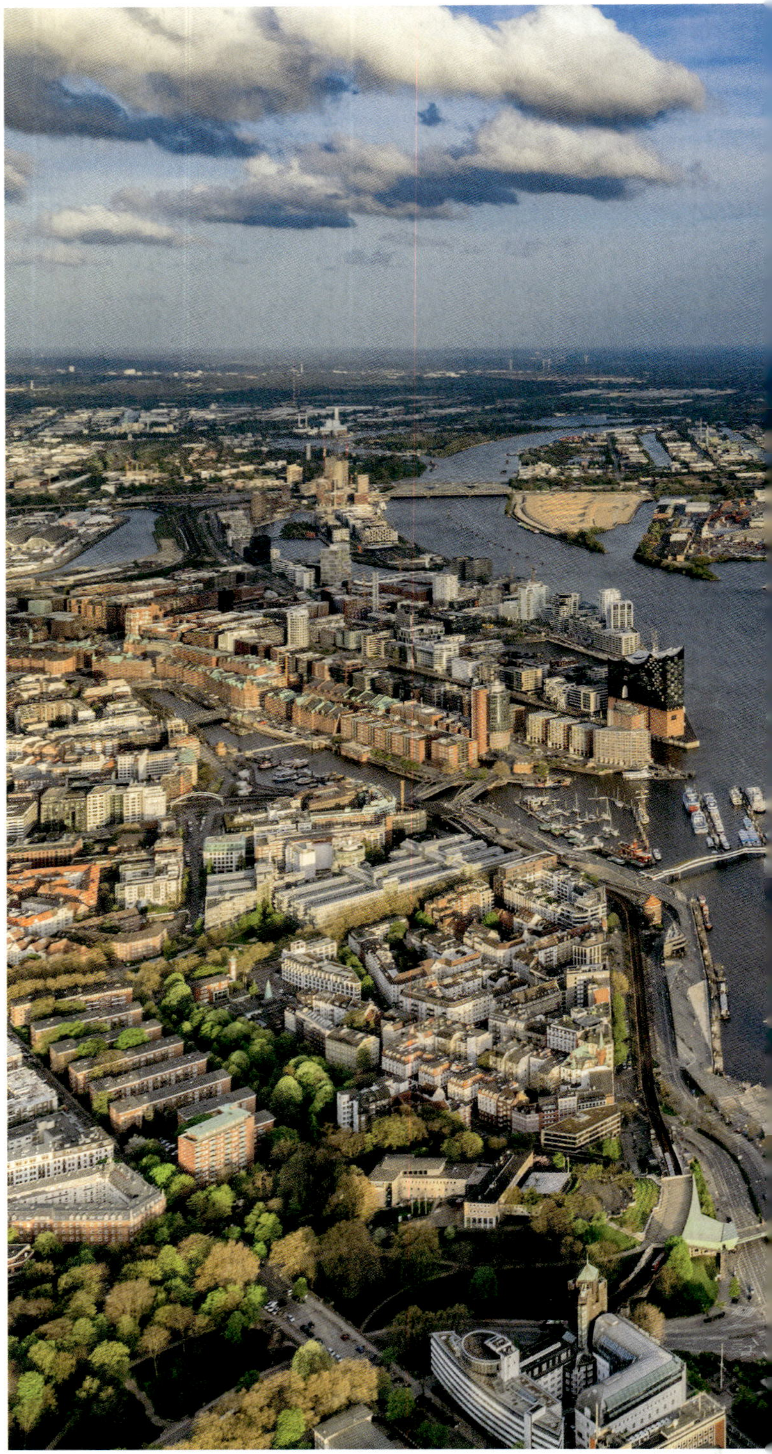

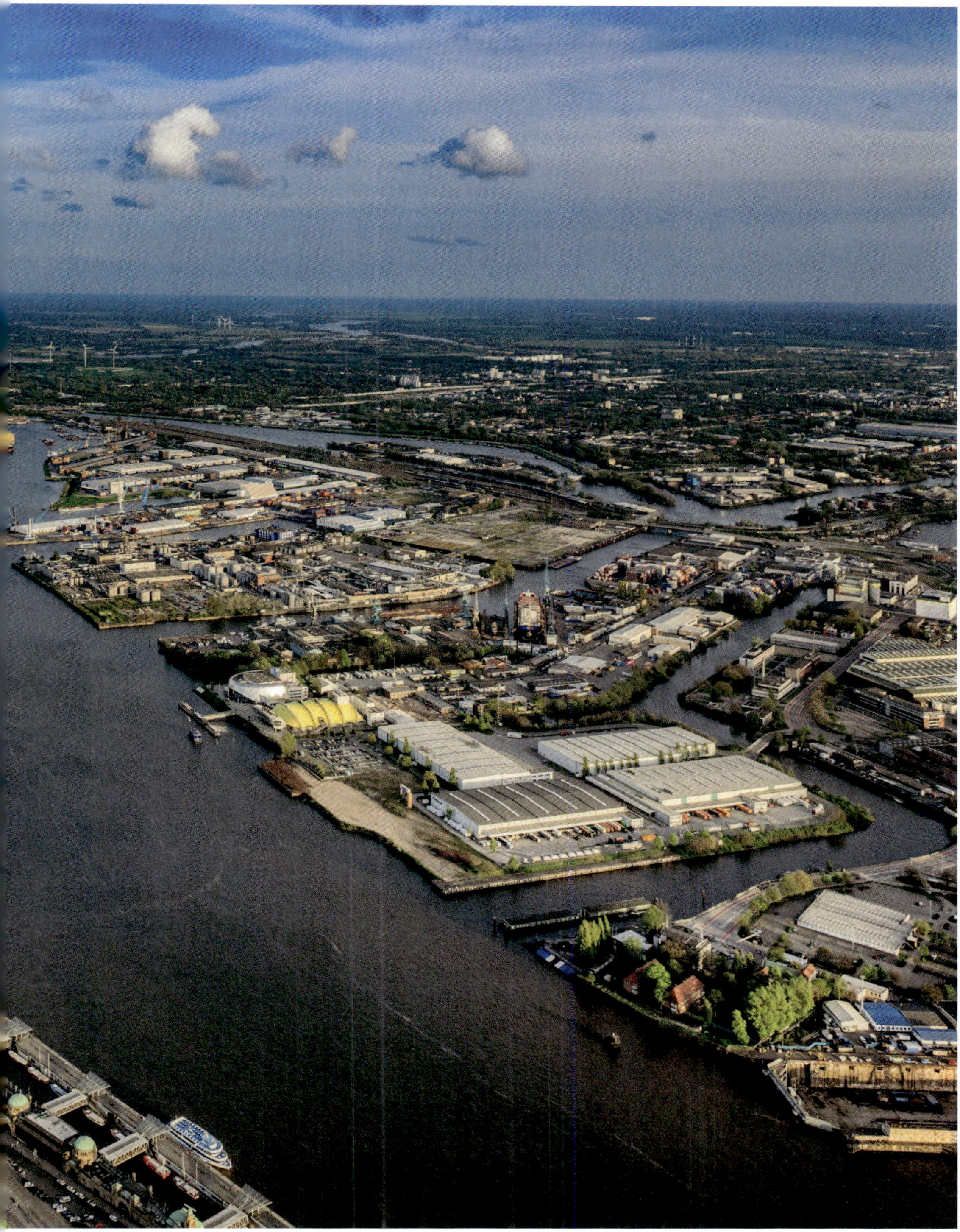

Anhang

Personenregister

T

U

V

W

Z

Literatur – Zum Weiterlesen

Dirk Bartels: „Stadträume bauen“, Jovis 2021

Jürgen Bruns-Berentelg, Jörn Walter, Dirk Meyhöger (Hg.): „HafenCity Hamburg. Das erste Jahrzehnt.“, Junius 2012

Hans Brunswig: „Feuersturm über Hamburg“, Motorbuch-Verlag, 4. Auflage 1981

Ulrich Höns (Hg.): „Das ungebaute Hamburg“, Junius 1991

Gert Kähler: „Von der Speicherstadt bis zur Elbphilharmonie. Hundert Jahre Stadtgeschichte", Dölling und Galitz 2009

Egbert Kossak: „Hamburg. Stadt im Fluss“, Ellert und Richter Verlag 1989

Egbert Kossak: „1100 Jahre Stadtbild Hamburg: Mythos. Wirklichkeit. Visionen.", Dölling und Galitz Verlag 2012

Jan Lubitz: „Die Mönckebergstraße – Hamburgs Weg zur Großstadt“, Junius-Verlag 2009

Jörn Walter: „Von der Großstadt zur Metropole. Hamburg, Dresden und der Städtebau“, Ellert & Richter Verlag 2017

Volkwin Marg und Gert Kähler: „Geheimprojekt HafenCity: oder Wie erfindet man einen neuen Stadtteil?“, Dölling und Galitz 2016

Dirk Meyhöfer: „Der Architekturführer“, Verlagshaus Braun 2007

Sylvia Necker: „Konstanty Gutschow: Modernes Denken und Volksgemeinschaftliche Utopie eines Architekten“, Dölling und Galitz 2012

Ortwin Pelc: „Hamburg. Die Stadt im 20. Jahrhundert“, Convent Verlag 2002

Dirk Schubert: „International und heimatlich zugleich. Die Mönckebergstraße. Planung und Bau einer Weltstadtstraße für Hamburg.“ In: Zeitschrift des Vereins für Hamburgische Geschichte, Band 76, 1990, S. 117-144

Fritz Schumacher: „Die Entstehung einer Großstadtstraße“, Braunschweig und Hamburg 1922

Ullrich Schwarz, Dirk Meyhöfer, Claas Gefroi: „Architekturjahrbuch“, Junius, diverse Jahrgänge

Ullrich Schwarz: „Das ungebaute Hamburg: Visionen einer anderen Stadt. Entwürfe von 1960 bis heute“, Dölling und Galitz Ende 2024

Autor

Matthias Iken ist stellvertretender Chefredakteur des „Hamburger Abendblatts“ und befasst sich seit Jahren intensiv mit der Stadt, in der er lebt. Er liebt die Schönheit Hamburgs, aber hasst das Selbstverliebte. Als Kolumnist spießt er regelmäßig Entwicklungen und Fehlentwicklungen seiner Wahlheimat auf. Alle zwei Wochen spricht er mit Architekten, Stadtentwicklern, Künstlern und Unternehmen in seinem Podcast „Was wird aus Hamburg“.

Dank

Dank gebührt vielen Menschen, ohne die dieses Buch nicht möglich gewesen wäre. Mit meinem Kollegen Oliver Schirg habe ich vor Jahren eine Abendblatt-Serie mit Hilfe des damaligen Oberbaudirektors Jörn Walter zur Stadtgeschichte erarbeitet, auf die der erste Teil dieses Buch zurückgeht. Teil 2 basiert auf Stadtspaziergängen, die ich mit Oberbaudirektor Franz-Josef Höing, HafenCity-Chef Andreas Kleinau und Kay Gätgens vom Team der IBA Hamburg unternehmen durfte und die Kerstin Schaefer, Constanze von Szombathely, André Stark, Henrike Thomsen, Susanne Marmon und Arne von Maydell organisiert haben.

Ganz besonders danken möchte ich meinen Gästen im Podcast „Was wird aus Hamburg?“ (www.abendblatt.de/podcast/was-wird-aus-hamburg/), die in folgender Reihenfolge zu Gast waren:

Senatorin Dorothee Stapelfeldt, Bezirksamtsleiter Kay Gätgens, Hans Joachim Rösner (STEG), Heike Sudmann (Die Linke), Kristina Sassenscheidt (Denkmalverein), Fabian von Köppen (Garbe), Martin Wolfrat von Art Invest, Oberbaudirektor Franz-Josef Höing, Bezirksamtsleiter Michael Werner-Boelz, Architekt Mathias Hein, Stadtforscher Dieter Läpple, Gunther Bonz (Präsident des Unternehmensverbandes Hafen Hamburg), Andreas Breitner (VNW), Karin Loosen von der Architektenkammer, Torben Vogelgesang (Signa), Lichtkünstler Michael Batz, Architekt Volkwin Marg, Karen Pein (IBA Hamburg), Bezirksamtsleiterin Stefanie von Berg, HafenCity-Chef Andreas Kleinau, Michael Seitz (Sprecher der Bau- und Ausbauwirtschaft), der Autor Arno Luik, Tourismus-Chef Michael Otremba, Peter Michelis (Gustav-Oelsner-Gesellschaft), Senator Anjes Tjarks, Bauexperte Dietmar Walberg, Thomas Krebs (SAGA), Peter L. Pedersen (Tiny-House-Pionier), Stadtforscherin Gesa Ziemer, Klaus Peter Hesse (ECE), Frank Engelbrecht (St. Katharinen), der Architekturkritiker Gert Kähler, der Architekt Caspar Schmitz-Morkramer, Anke Frieling (CDU-Fachsprecherin), Dirk Hünerbein (Westfield Überseequartier), Senatorin Katharina Fegebank, Brigitte Engler (City Management), Architekt Hadi Teherani, Architekt Tim Hupe, Innenstadtkoordinatorin Elke Pahl-Weber, Jan Petersen (Aug. Prien), Landschaftsarchitekt Felix Holzapfel-Herziger, Staatssekretär Rolf Bösinger, Klimaexperte Frank Böttcher, der Kreative Mathias Müller-Using, Senator a.D. Wolfgang Peiner, Tina Unruh (Hamburger Stiftung Baukultur), Stadtentwicklungsexperte Julian Petrin, Dominík Lorenzen (Fraktionschef der Grünen), Architekt Bernhard Winking, Axel Gedaschko (GdW), Bezirksamtsleiter Ralf Neubauer, Immobilienentwickler Lothar Schubert, Tulga Beyerle (Direktorin des Museums für Kunst und Gewerbe), Dennis Thering (CDU-Chef), Autor Ullrich Schwarz, Ferdinand Spies (COO Art Invest), Florian Reiff (Tishman Speyer), Architekt Dirk Heubel, Michael Kaschke (WES Landschaftsarchitektur), Jean Jaques de Chapeaurouge und Nicole C. Unger (Trägerverbund Innenstadt), Stadtforscher Thomas Sevcik, Stadtentwickler Dirk Meyhöfer, Senatorin Melanie Leonhard, Altbürgermeister Ole von Beust, Unternehmer Sönke Struck, Immobilienwirtschaftsexperte Andreas Pfnür, Stadtplaner Rasmus Duong-Grunnet (Jan Gehl), Ökonom Henning Vöpel, Alexandra Friese (Omen), SPD-Fraktionschef Dirk Kienscherf, Martin Schaer (Matrix), Gastronom Patrick Rüther, Torsten Flomm (Grundeigentümerverband), Handelskammerpräses Norbert Aust, Thore Debor (Geschäftsführer des Clubkombinats), Andreas Mattner (ZIA), Architektin Anna Katharina Zülch, Architekt Marc Ewers, FDP-Vorsitzende Sonja Jacobsen, Ehrenbürger Michael Otto, Christian Heine (Hamburger Energiewerke), Senator Carsten Brosda, Architektin Alexandra Czerner, Frederik Braun (Miniaturwunderland), Rolf Strittmatter (Hamburg Marketing), Architekt Martin Murphy, Stadtforscher Thomas Krüger, Senator Andreas Dressel, Hamburg-Wasser-Chef Ingo Hannemann, Immobilienentwickler Dieter Becken, der Architekt Johann-Christian Kottmeyer, Joseph Frechen (Bulwien Gesa), Bauunternehmer Stephan Wulff...

Weitere werden hoffentlich folgen.

Zudem danke ich den Verlegern Gerhard Richter, Marita Ellert-Richter, Raphael Iwanczuk, dem Gestalter Heiko Aping, meinen Abendblatt-Kolleginnen und Kollegen Klaus Bodig, Marcelo Hernandez, Roland Magunia, Michael Rauhe, Ulrich Gaßdorf, Frank Hasse, Monika Drews und Mark Sandten – allen voran aber Sibylle Schomaker.

Und natürlich: meiner Frau und meiner Familie.

Bildnachweis

1KOMMA5°: 157
Architektur / Darstellung A. Gärtner & O. Christ GbR: 316, 317
Architektur: Duplex Architekten, Landschaftsarchitektur: TREIBHAUS Landschaftsarchitektur, Visualisierung: Jonas Bloch: 180, 181
Archiv Egbert Kossak: 32/33, 85
Archiv Ellert und Richter, Hamburg: 15u, 281
Art-Invest Real Estate: 161u, 162o, 162u, 185, 186o, 187, 222u, 224
Becken Holding GmbH: 95u
BILTON Real Estate / bloomimages: 135o
bpk, Berlin: 69, 71, 75r, 83
Bruno Fioretti Marquez Rendering, image by PONNIE: 136u
büro luchterhandt & partner: 176/177
C.F. Møller Architects: 206
CARSTEN ROTH ARCHITEKT / RAWLIGHT: 138
Christ & Gantenbein, image by PONNIE: 183
DESY, Marta Mayer: 205
DESY/HPP International: 212
DFZ Architekten: 218/219, 220
Diener & Diener Architekten, Urheber Visualisierung: Univ.-Prof. Alexander Bartscher, PONNIE Images: 160u, 161o
ECE: 251
Erich Staisch, Heikendorf/Kiel: 30
euroterra GmbH: 216o
Florian Läufer: 38
Franziska Husung Fotografie: 239o
Garbe Immobilien Projekte, Störmer Murphy and Partners: 243
Gerber Architekten: 309 o.
gmp Architekten / Moka Studio: 301
Gommlich, Robert: 237
Gottfried, Horst: 155o
H. Frank (Hg.): Hamburger Staatsbauten, Bd. 2, 1921: 47o
haascookzemmrich, STUDIO2050: 238
Hamburger Abendblatt, Frank Hasse: 306
Hamburgisches Architekturarchiv: 63o (Bestand Konstanty Gutschow), 141
Hansen, Volker: 101u
HASCHER JEHLE Architektur, Visualisierung / bloomimages: 241
HCZ HafenCity Zeitung | Wolfgang Timpe: 250
HENN: 244, 245
HGEsch Photography: 158u, 159
Hobenköök: 221
Hosoya Schaefer Architects / Rendertaxi: 299
huber images, Garmisch-Partenkirchen: 40, 42u, 105r, 108o, 111, 112o, 113, 121, 215u, 266
Image by Play-time, Architekten KCAP/ K+H: 253o
imago images, Berlin: 207u, 223, 231, 232, 240, 249, 283o
Ingo Boelter: 163
Jan-Marius Komorek: 168, 169
Jan-Niklas Pries: 133
Jochen Stuhrmann: 227
Joerg Harms, MPSD: 207o
Jörn Walter, Hamburg: 312
Karres en Brands + ADEPT: 192/193, 196, 197, 198/199
KG Architekten: 274
KiS Architektur: 235
Klaus Bodig / FUNKE Foto Services: 315
KPW Papay Warncke Vagt Architekten PartG mbB / bloomimages: 139
Marc Hübner / www.Fotowelt-Hamburg.de: 109o
Marcelo Hernandez / FUNKE Foto Services: 175r, 186u, 234u
Marcus Bredt: 165
Matthias Iken, Hamburg: 134, 188, 210
mauritius images, Mittenwald: 41, 54o, 90o, 91, 92, 102, 105l, 108u, 109u, 110, 112u, 115, 116, 117o, 117u, 118, 119, 120, 125, 135u, 136o, 143, 156, 175l, 200, 225u, 239u, 246, 262, 267, 271o, 271u, 277, 279, 282, 283u, 285, 288, 289o, 289u, 296, 297o, 297u, 303o, 303u
MediaMarktSaturn: 152
Michael Rauhe / FUNKE Foto Services: 276
moka-studio: Cover, 126, 148, 160o, 203, 204, 209, 225o, 233, 234o, 254/255, 275, 300
Moringa GmbH by Landmarken, Urheber: kadawittfeldarchitektur: 247, 248o
Nicolas Döring / Art-Invest: 222o
OMA/vg Bildkunst, Bonn 2024: 318, 319
PantherMedia / Werner Thöle: 26u
PASCH Panahi & Schumacher Design (pasch-design.com): 273o, 273u

picture-alliance, Frankfurt a. Main: 45o, 87, 122/123, 127, 284, 292/293, 311, 313, 320/321
Ralph Appelbaum Associates, 2022 Foto Trawler Pierre Gleizes_Greenpeace: 236
Renger-Patzsch: Hamburg. Photographische Aufnahmen, Hamburg 1930: 55
Roland Magunia / FUNKE Foto Services: 191, 263
Sergison Bates architects and rethmeierschlaich architekten for Redevco, image: Secchi Smith 155u
Staatsarchiv, Hamburg: 15o, 16/17, 19, 29, 35l, 37, 39, 51, 52, 53, 61, 62, 75l, 76, 77, 81, 83, 84o,84u, 95o
Stadtteilarchiv Ottensen, Hamburg: 55u
STLH-Architekten für die IBA Hamburg GmbH / Wettbewerb zum Mobility Hub 7 und Mobility Hub 6, gefördert vom Bundesministerium für Wohnen, Stadtentwicklung und Bauwesen im Zuge des Förderprogramms Nationale Projekte des Städtebaus: 195
Störmer Murphy and Partners / assmann: 286
SUB Hamburg: 46, 47u
teamLab: 252
Thomas Krenz: 261
Tishman Speyer: 142, 144, 145, 146/147
TORTUE HAMBURG: 164o, 164u
TPA Design GmbH: 242
ullstein bild - H. Schmidt-Luchs: 171
Vanja Schneider privat: 248u
Vierhundert Jahre Hamburger Börse 1558 bis 1958. Hrsg. von Handelskammer Hamburg und dem Gesamtbörsenvorstand Hamburger Börse: 25
WES LandschaftsArchitektur: 173, 174
West 8 Urban Design and Landscape Architecture: 140, 172, 178/179
wikimedia commons: 11, 12, 13o, 13u, 14, 18o, 18u,19o, 20u, 21, 22, 26o, 27, 28, 34, 35r, 42o, 43, 48/49, 57, 58, 59, 63u, 64u, 65l, 65r, 66o, 66u, 67, 89, 90u, 95u, 96, 97u, 99o, 99u, 100o, 100u, 101o, 107, 217o, 226, 228, 229
Wilfried Dechau: 253u
Wrage, Götz: 215o
www.Hamburg-Bildarchiv.de: 36, 45u, 56, 79, 80, 86, 97o, 98, 103, 106, 182
Zapf, Michael, Hamburg: 64o, 208, 309
Zeichnung Reinhard Schulz-Schaeffer, Magazin GEO: 73
Zum Felde BID Projektgesellschaft mbH: 184

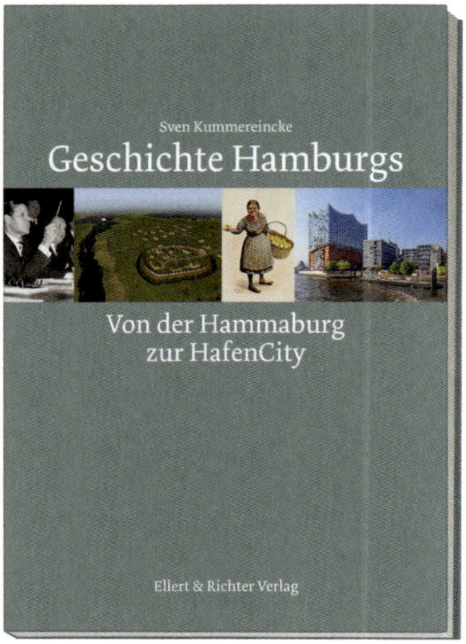

Sven Kummereincke
Geschichte Hamburgs
Von der Hammaburg
zur HafenCity
978-3-8319-0790-8

Ein neues Buch über die Geschichte Hamburgs? Hat sie sich verändert? Selbstverständlich nicht. Zwar gab es gerade in der jüngeren Vergangenheit erstaunliche Erkenntnisse, vor allem über die ersten Jahrhunderte der Stadt, aber das war nicht ausschlaggebend, sondern die Idee, die Historie einmal anders zu erzählen.

Und so ist dieses Buch nicht chronologisch aufgebaut, sondern nach Themen geordnet: Stadtentwicklung, Politik, Kultur, Bildung, Verkehr... und angereichert mit vielen kleinen Biografien. Es muss also nicht von vorne nach hinten gelesen werden, um es zu verstehen, jedes Kapitel erzählt seine eigenen Geschichten. Sven Kummereincke ist Journalist, schreibt daher so unterhaltsam und interessant wie möglich, aber dennoch faktentreu.

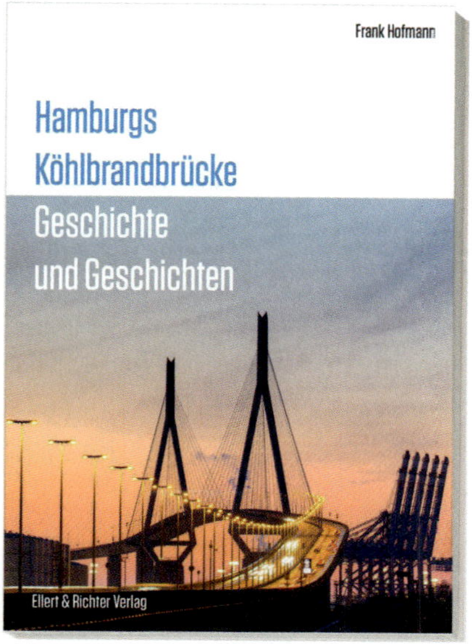

Frank Hofmann
Hamburgs Köhlbrandbrücke
Geschichte und Geschichten
978-3-8319-0843-1

Nicht nur für Hamburger gehört die Köhlbrandbrücke so selbstverständlich zur Hansestadt wie Michel, Fischbrötchen und Hafenrundfahrt. Im September 2024 wurde die Köhlbrandbrücke, die trotz ihrer stattlichen Größe so filigran wirkt, 50 Jahre alt. Beim nächsten runden Geburtstag wird schon der Nachfolgebau stehen.

Damit die alte Brücke in den Herzen weiterleben kann, schildert dieses Buch kompetent und detailreich in Wort und Bild die Vorgeschichte dieses Bauwerks, das ästhetische Konzept des genialen Architekten Egon Jux, die Ingenieursleistungen, die für ihren Bau nötig waren, und gewährt Einblick in geheimnisvolle Hohlräume.

Auch die Zukunft der Köhlbrandquerung wird erörtert. Ein Anhang mit einer Rundfahrt zu den schönsten Perspektiven auf die Köhlbrandbrücke rundet das Buch ab.

Ein Standardwerk für Hamburg-Fans und Brückenbegeisterte.

Impressum

Bibliografische Information der Deutschen Nationalbibliothek
Die Deutsche Nationalbibliothek verzeichnet diese Publikation in der Deutschen Nationalbibliografie; detaillierte bibliografische Daten sind im Internet über http://dnb.d-nb.de abrufbar.

ISBN 978-3-8319-0870-7

Titelfoto:
Visualisierung Westfield Hamburg-Überseequartier
(© moka-studio)

Text und Bildlegenden: Matthias Iken, Hamburg
Redaktion: Raphael Iwanczuk, Mareike Matlis,
Daniela Zietlow, Hamburg
Gestaltung: BrücknerAping Büro für Gestaltung, Bremen
Gesamtherstellung: Florjancic tisk printing house,
Maribor / Slowenien

www.ellert-richter.de
www.facebook.com/EllertRichterVerlag
www.instagram.com/ellert_richter_verlag

Der Verlag dankt für die großzügige Förderung dieses Buchprojekts:

Becken Holding GmbH

BECKEN
EST. 1978

Garbe Immobilien-Projekte GmbH

GARBE.
Immobilien-Projekte

gmp Architekten von Gerkan, Marg und Partner

AUG. PRIEN Immobilien
Gesellschaft für Projektentwicklung mbH

AUG.PRIEN
IMMOBILIEN